国家社会科学基金重大项目"政府债务管理及风险预警机制研究"（批准号：14ZDA047）

国家社科基金丛书
GUOJIA SHEKE JIJIN CONGSHU

政府债务管理与
风险预警机制研究

Study on the Government Debt Management and
Risk Early Warning Mechanism

陈梦根　尹德才　刘　浩　彭　刚　等著

人民出版社

目　录

前　言

政府债务是筹集财政资金和弥补财政赤字的一种信用方式,也是政府调度社会资金并借以调控经济运行的一种手段。中国自"九五"时期以来政府债务规模不断扩大,特别是为了应对 2008 年国际金融危机,实施积极财政政策,中央和地方政府债务规模快速上升,成为财政和金融系统的一个潜在风险源。本书旨在厘清政府债务的经济效应,对政府债务管理与风险预警机制开展创新研究,科学认识政府债务对经济影响的传导机制,系统分析政府债务管理模式与国际经验,考察中国政府债务管理存在的问题,完善政府债务管理制度,发展政府债务风险监测理论和方法,设计科学高效的政府债务风险预警机制,促进中国政府债务的健康、可持续发展,为改善政府宏观经济管理服务。

本书以政府债务为研究对象,系统考察政府债务的内涵、起源、发展、管理制度、核算框架、风险监测和预警机制问题,通过对政府债务管理体系的国际比较研究,归纳、总结各国政府债务发展和管理的实践经验与教训,为中国改革和完善政府债务管理体系提供理论与实践支持。本书澄清和检验了政府债务的经济效应,全面整理政府债务既有文献,对政府债务管理与风险问题开展创新研究,为政府债务结构分析、限额管理、风险监测等提供理论支持,有助于丰富和发展政府债务理论,具有重要的理论价值。同时,本书还深入探讨了政府债务管理与风险监测理论方法,对改进和发展我国的政府债务统计体系,更准确地认识我国政府债务的规模与结构状况,有助于借鉴国际先进经验,优化我国政府债务的管理框架,提高政府债务管理水平,科学制定政府债务发展策略,防范和化解政府债务风险,具有重要的实际意义。

在结构上,全书共分15章,主体部分包括上、中、下三篇,分别涉及三大主题:一是政府债务的经济效应;二是政府债务管理问题;三是政府债务风险监测与预警。上篇重点分析政府债务的经济效应,从政府债务理论概念、发展脉络、经济增长效应、货币增长效应、通货膨胀效应和利率效应等方面对政府债务的经济影响及传导机制进行理论与实证分析。研究内容主要包括以下六个方面:(1)政府债务经济效应理论研究;(2)政府债务经济增长效应研究;(3)政府债务货币供给效应研究;(4)政府债务通货膨胀效应研究;(5)政府债务利率效应研究;(6)人口结构、储蓄率与政府债务关系研究。

中篇主要研究政府债务管理问题,从管理制度、核算管理、统计体系、总量测算与结构分析、限额管理等方面进行理论与实证研究,考察了中国政府债务发展与管理中存在的主要问题,对政府债务管理模式及管理制度进行国际比较研究,归纳、总结各国政府债务发行和管理的实践经验与教训,为改革和完善中国政府债务管理体制提供理论参考。研究内容主要包括以下五个方面问题:(1)政府债务管理体系与制度研究;(2)政府债务核算管理问题;(3)政府债务统计体系改革问题;(4)政府债务总量测算理论与应用研究;(5)政府债务限额决定模型及实证分析。

下篇集中探讨政府债务风险监测与预警问题,研究了政府债务风险分类、政府债务风险监测理论与方法,并从国际视角出发,全面、深入地分析和总结主要经济体政府债务风险监测的实践经验,对中国政府债务违约风险展开实证研究,构建了中国政府债务风险预警机制,为我国防范和化解政府债务风险提供理论支持。研究内容主要包括以下五个方面:(1)政府债务风险监测理论问题;(2)政府债务风险监测国际实践;(3)中国政府债务风险监测与评估;(4)政府债务违约风险研究;(5)政府债务风险预警机制研究。

　　本书通过上述理论、实证及应用研究,得出了如下重要理论观点:(1)在现代经济社会中,政府债务不仅是政府获取财政收入的手段,还已成为经济运行中的重要变量,政府债务的经济效应可分为微观经济效应和宏观经济效应;(2)政府债务与经济增长之间的因果关系具有明显的异质性,这种异质性存在于不同国家之间、同一国家的不同时期,意味着政府债务与经济增长之间关系非常复杂,不能轻易接受或拒绝政府债务与经济增长关系的某种判断;(3)我国政府债务余额与不同层次的货币供给量之间存在长期均衡关系,政府债务余额的变化将引起不同层次货币供给量的变动;(4)通货膨胀与政府债务增长、经济增长之间存在长期均衡关系,不管是长期还是短期,实际经济增长对通胀的影响是对称的,而政府债务增长对通胀的影响是非对称的;(5)政府债务对利率的影响具有不确定性,政府债务增加可能导致利率提高或者降低,这种不确定性源自政府债务对货币供给的影响;(6)储蓄率对政府债务有显著负向作用,抚养比(包括总抚养比、老年抚养比和少儿抚养比)对储蓄率有抑制作用,老年抚养比对政府债务有直接显著正向作用,老年抚养比越高,政府债务越多,而储蓄对政府债务有显著负向作用,抚养比会通过储蓄对政府债务产生影响;(7)政府债务不同管理模式反映了一国政治、经济等历史背景以及财政、金融制度差异,一国选择什么样的模式应与本国国情相结合,且随着特定环境的改变而改变,相比而言,规则控制型可能是我国政府债务管理的可行模式;(8)中国政府债务统计存在范围不够明晰、工具分类较少、指标体系单一、估算口径不一等问题,尚无完善的政府债务信息披露制度,建立一个规范的政府债务统计体系是完善政府债务风险监管的重要前提;(9)地方政府债务限额可从收支平衡、负债率或债务率角度分别估计,当前我国政府债务总体规模可控,但个别地方存在较为严重的超出偿付能力现象,可能是一个应该引起重视的风险隐患;(10)目前中国政府债务举债规模不断增大,举债方式及结构日益复杂,潜在风险有所上升,完善政府债务管理体系、健全债务管理法规、改进债务管理制度、建立政府债务风险预警机制已成当务之急;(11)我国中央政府债务风险逐步降低,但是地方政府债务规模高速增长,短期到期规模过大,在经济新常态背景下未来地方政府债务风险将继续加大,应提前做好危机化解与处置预案,严格监测来自国际和国内环境的政府债务风险状况变化;(12)基于或有权益分析表明,我国政府债务违约风险较小,与日本和拉美国家相比,我国政府债务存在经济下行风险、信贷风险、汇率风险、资本市场风险和财政风险;(13)中国现行政府债务风险指标单一,只考虑债务本身的评价指标,不能全面反映或有负债和债务本身之外因素的影响,应尽快建立一个科学高效的政府债务风险预警机制。

按照党中央、国务院的决策部署,全面贯彻落实党的十九大精神,加强政府债务管理,避免发生区域性系统性债务风险,应改革和优化政府债务管理体系,加快构建政府债务风险预警机制。为此,本书提出如下对策建议:(1)拓宽地方政府融资渠道;(2)优化政府债券发行制度;(3)完善政府债务管理体系;(4)强化地方融资平台管理;(5)改进政府债务统计;(6)完善政府债务信息公开制度,定期披露政府债务信息;(7)构建多层次的政府债务风险动态监测体系;(8)积极建立政府债务五大监管机制,具体包括发行限额机制、常规监管机制、风险评估机制、风险预警机制和危机处置机制;(9)建立和完善政府债务风险预警体系;(10)完善政府债务风险处置措施。

第一章　研究背景、内容与创新

第一节　研究背景与意义

本书研究政府债务管理和风险监测在理论方法、实践过程、结果应用中所面临的问题。改革开放后,中国政府债务规模逐年扩大,"九五"时期以来有了更快发展,尤其是为了应对 2008 年国际金融危机,中国实施积极财政政策,中央和地方政府债务规模进一步扩大,理论界与实际工作部门对政府债务的关注迅速升温。特别地,地方政府债务由于规模巨大和结构复杂,已成为财政和金融系统的一个潜在风险源。根据财政部的最新统计,截至 2021 年 3 月末,全国地方政府债务余额 262052 亿元,其中一般债务 130433 亿元,专项债务 131619 亿元;政府债券 260301 亿元,非政府债券形式存量政府债务 1751 亿元。因此,加强和改进对政府债务的管理与风险预警监测,成为摆在理论与实务工作者面前的一项重大课题。①

本书以政府债务为研究对象,系统考察政府债务的内涵、起源、发展、发行、管理、风险监测和预警,通过对政府债务管理体系的国际比较研究,归纳、总结各国政府债务发展和管理的实践经验与教训,为中国改革和发展政府债

---

① 数据引自财政部预算司:《2021 年 3 月地方政府债券发行和债务余额情况》,2021 年 4 月 20 日。

务管理体系提供理论方法与实践经验支持。同时,深入探讨政府债务风险监测与预警理论方法的前沿进展,针对(特别是2008年国际金融危机及欧洲主权债务危机、美国财政悬崖事件之后)政府债务风险监测和预警所面临的理论与实践难题开展研究,并对中国如何正确理解、评估、防范和化解政府债务风险进行理论、实证及案例研究,提出相关政策建议。

现有文献对政府债务理论、方法及实践开展了不少研究,特别是在欧债危机、美债危机持续蔓延与产生巨大冲击的背景下,国内外学者对政府债务问题的关注和重视程度不断上升,涌现了大批优秀研究成果。从已有文献来看,代表性的成果主要集中在以下几个方面:(1)李嘉图等价定理(Ricadian Equivalence Theorem),尽管以理性预期为前提的李嘉图等价定理遭到许多经济学家的批判,但它开辟了新古典宏观经济学财政政策研究的新篇章,在更广泛的领域扩大了新古典主义的影响,而且由于李嘉图等价模型的简明性和逻辑性,许多学者仍以之作为分析政府债务问题的基石;(2)政府债务对经济增长、投资消费的影响研究,归根结底,政府债务要服务于经济的发展,众多研究者对政府债务与经济增长之间的关系进行了大量的理论分析与实证研究,此外,由于政府债务筹集大量资金到政府手中,对经济中的投资、消费可能产生直接影响,因而受到研究人员的广泛关注,国际范围内大量学者进行理论与实证研究,但结果不尽相同,特别是样本时间跨度、检验方法、国家特征等不稳健;(3)政府债务与财政可持续性研究,政府债务首先是一个财政问题,一些学者从财政可持续性与财政稳健角度对政府债务进行研究,取得了不少有创见的成果;(4)政府债务管理有关问题研究,此类文献较多,涉及的内容较为零散、广泛,一些问题如财政债务规则、期限结构等具有普适性,但多数研究的地域性、政策性特征较强;(5)地方政府债务问题研究,随着地方政府债务规模和潜在风险增大,对地方政府债务的研究文献急剧膨胀,取得了众多有价值的成果,内容涉及中央与地方政府举债权限、地方政府债务管理、地方债发行机制等各个相关层面;(6)政府债务风险评估问题研究,已有较多的相关研究,形成了单一指标法、综合指标分析法和财政收支平衡法三类主要评估方法;(7)政府债务风险预警问题研究,政府债务风险问题受到各国高度重视,形成了参数模型预警和非参数模型预警两类方法,但在欧洲主权债务危机及之前的历次债务危机事件中,现有方法未能提供有效的提前预警信号,对政府债务风险预警开展理论方法研究显得极为迫切;(8)国际债务危机成因及影响研究,近二三十年来,国际范围内债务危机事件频发,从20世纪80年代的拉美债务危机到近期欧洲主权债务危机,对相关国家甚至全球经济造成巨大冲击,学术界对债务危机成因、影响及防范进行了深入研究。

2008年国际金融危机之后,全球主要经济体财政赤字不断膨胀,政府债务负担持续加大,严重危及财政、金融、经济安全,欧债危机、美债危机的持续发酵,引发了国际金融市场的剧烈动荡,令全球经济复苏前景更添不确定性,政府债务问题受到空前关注。本书针对政府债务管理及风险预警机制开展研究,具有重要的理论价值、应用价值和实际意义。具体体现在以下几个方面:

(1)有助于准确认识政府债务的经济效应,制定科学的政府债务发展策略。本书从多角度全面、深入考察政府债务的经济效应,澄清与检验政府债务对经济增长、货币供给、通货膨胀、利率、储蓄等的影响,有助于更科学、合理地制定政府债务发展策略,服务于经济发展,进一步丰富和发展经济与财政理论。

(2)有助于改进政府债务规模与结构统计。目前我国对政府债务规模特别是地方政府债务规模的统计仍是一笔糊涂账,开展政府债务统计体系的国际比较与国际标准研究,改进和发展我国的政府债务统计体系,有助于更准确地统计我国政府债务的规模与结构状况。

(3)有助于优化政府债务管理体系。通过对政府债务管理体制和政策措施的国际比较研究,借鉴国际先进经验,分析我国政府债务管理框架,并评估我国政府债务管理效果,取长补短,进一步优化我国政府债务的管理框架,可以促进我国政府债务管理体制机制的改革和发展,将有助于提高我国政府债务管理能力与水平。

（4）能够丰富和发展政府债务风险监测理论与方法。本书深入研究政府债务规模适度性和影响因素问题，立足前沿难点，开展创新研究，提出并论证动态风险警戒线理论、神经网络模型预警方法等，进一步发展政府隐性债务风险测度方法，丰富和发展政府债务风险监测理论。

（5）有助于评估、防范和化解政府债务风险。欧债危机、美债危机给有关国家的财政、金融、经济带来了巨大的压力与挑战，目前中国地方债务问题形势严峻，政府债务风险预警与财政可持续性问题受到空前关注，准确地测度政府债务负担，评估政府债务风险，建立、健全科学的政府债务风险预警管理体系，是防范和化解主权债务风险的前提与基础，对实现财政可持续性发展具有重要意义。

（6）有助于加强和改进我国的宏观经济调控。从国际范围看，政府债务已成为一国或地区重要经济与财政问题之一，开展政府债务管理与风险预警问题研究源自强烈的实践需求，研究结论能够为完善政府债务管理和风险监测提供支持，进而为加强和改进中国宏观经济调控提供理论参考与政策建议。

第二节　研究目标与主要创新

本书以政府债务问题为研究对象，系统地考察政府债务的内涵、起源、发展、管理制度、核算框架、风险监测和预警机制问题，通过对政府债务管理体系的国际比较研究，归纳、总结各国政府债务发展和管理的实践经验与教训，为中国改革和发展政府债务管理体系提供理论方法与实践经验支持。本书还探讨政府债务风险监测与预警理论方法的前沿进展，针对2008年国际金融危机及欧洲主权债务危机、美国债务危机之后政府债务风险预警监测所面临的理论与实践难题开展创新研究，并对中国如何正确理解、评估、防范和化解政府债务风险进行理论、实证及案例研究，提出相关政策建议。

　　在结构上全书共分 15 章,第一章主要介绍研究背景与意义、研究内容与框架、研究目标与方法、主要创新等。第二至十四章为研究主体部分,分上、中、下三篇,内容涉及三大主题:一是政府债务的经济效应;二是政府债务管理问题;三是政府债务风险监测和预警。第十五章为全书总结与政策建议。

　　本书主要内容、基本框架与研究思路如图 1-1 所示。

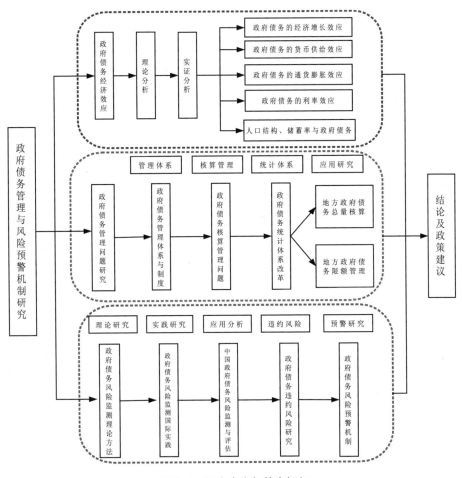

图 1-1　研究内容与基本框架

一、研究目标

本书研究目标主要包括以下几个方面：

（一）科学认识政府债务的经济效应

从政府债务的概念、起源、发展等角度入手，深入研究政府债务的经济效应，剖析政府债务与经济增长、货币、价格水平之间的内在联系，在此基础上，进一步探讨政府债务对利率、储蓄等的影响，全面分析政府债务的宏观与微观经济效应，为中国正确认识政府债务与经济发展之间的关系、合理利用政府债务服务经济建设提供理论支持。

（二）系统分析政府债务管理模式与国际经验

本书拟深入探讨政府债务管理的核心要素，从理论上分析政府债务管理的主要维度，研究政府债务管理体系的基本框架，进一步丰富和发展政府债务管理的基本理论，为政府债务管理实际工作提供理论指导与参考。近几十年来，政府债务问题频频对有关国家经济和财政带来冲击甚至酿成危机，如拉美债务危机、欧洲主权债务危机、美国财政悬崖事件等。本书将分析和总结政府债务发行、管理等方面的国际经验，对主要发达国家和发展中国家债务管理制度与政策的利弊得失、演进趋势进行客观分析，为中国改进政府债务管理提供经验借鉴。

（三）探讨适合本国国情、遵循国际惯例的中国政府债务管理体系

理论源于实践，也服务于实践，本书在对政府债务管理理论问题和国际实践的深入研究基础上，致力于探索如何构建一个既符合国际一般惯例、又适应本国国情的中国政府债务管理体系，对政府债务发行、管理、规模、结构、偿债、

期限结构等方面的一般理论、方法、原则进行深入剖析、澄清和说明,以更好地服务于中国政府债务管理的实践发展。

（四）发展政府债务风险监测、预警的新理论和新方法

深入研究政府债务风险监测、预警理论和方法,对现有文献中的有关方法进行系统评估与比较,厘清不同方法的机理、特征、适用条件与效果,由此开展理论方法创新研究。在2008年国际金融危机特别是欧洲主权债务危机和美债危机的巨大冲击与挑战下,开发政府债务风险预警监测的新方法极为迫切,这也是本书最重要的目标之一。

（五）设计科学、有效的政府债务风险监测与预警机制

受其他国家债务危机和本国地方政府债务风险的影响,当前中国政府部门和社会各界对政府债务风险问题高度关注,开展政府债务风险理论方法创新性研究,应用于设计一个科学、有效的中国政府债务风险监测预警机制,有助于为决策服务。

二、主要创新

现有文献对政府债务理论、方法及实践开展了不少研究,但结合中国具体国情研究政府债务管理与风险预警机制的创新性研究并不多。本书重点探讨政府债务管理和风险预警的理论与实践问题,在政府债务经济效应、政府债务管理模式、政府债务核算管理、政府债务限额决定、政府债务风险预警机制等方面开展了深入探讨,主要工作及创新之处包括:

（1）本书构建了一个较为系统的政府债务经济效应分析框架,从政府债务理论概念、发展脉络、经济增长效应、货币供给效应、通货膨胀效应和利率效应等方面对政府债务的经济影响及传导机制进行理论与实证分析。

（2）本书系统探讨了政府债务管理制度问题,从政府债务管理的核心要

素和基本框架出发,分析了政府债务管理的国际实践,对政府债务管理模式进行国际比较研究,归纳、总结各国经验教训,为中国改革和完善政府债务管理体系提供借鉴。

(3)本书深入研究了政府债务统计体系,厘清了政府债务的概念及内涵,通过对政府债务统计国际标准的研究,发展和构建中国政府债务统计体系,为提高政府债务统计数据质量提供理论依据。在此基础上,开展中国政府债务规模、结构、债务负担、适度性、管理效率及风险测度研究,研究视角较为独到,具有一定特色。

(4)本书运用规范的核算框架开展了政府债务总量测算,对中国地方政府债务统计主体、分类、总量测算方法进行研究,测算了中国地方政府债务的总体规模,并用以进行风险监测与预警管理研究。

(5)本书探讨了政府债务限额决定模型,从收支平衡角度入手研究地方政府债务限额的问题,基于负债率或债务率指标,通过数学建模与统计分析,探讨地方政府债务的影响因素,提出地方政府债务限额的决定模型,并展开实证分析。

(6)本书率先提出并论证动态风险警戒线理论,用以评估和监测政府债务风险问题。20 世纪 90 年代以来历次危机特别是 2008 年国际金融危机表明,传统的政府债务风险监测理论与方法存在不足,实际效果不佳,本书在深刻反思传统方法缺陷的基础上开展理论方法创新研究,如动态警戒线理论、多层次政府债务风险动态监测体系等。

(7)本书尝试构建中国政府债务风险监控指标体系,设计中国政府债务风险预警机制。当前,国际上频频爆发的债务危机或风险事件给中国敲响了警钟,国内地方政府债务风险和融资平台问题日趋严峻,政府债务风险不容忽视,可能对本国经济、财政、金融带来巨大的潜在脆弱性与风险。本书通过理论分析和实证研究提取政府债务风险的影响因素,建立债务风险监测指标体系,进而设计一个适合国情、科学高效的政府债务风险预警机制。

上 篇

政府债务经济效应研究

第二章　政府债务经济效应的理论分析

第一节　基本概念界定

一、政府债务内涵

考察和分析政府债务的经济效应问题,应该从政府债务概念的界定开始。在现有文献中,部分学者将公债、国债、政府负债视为政府债务的代名词,忽视了这些概念彼此间的差异,造成了概念的混淆与乱用。下文首先对债务与负债进行辨析,厘清政府负债与政府债务的区别,然后再对政府债务、公债以及国债这三个债务概念进行辨析,以加深对政府债务概念的理解。

债务和负债是两个既相互联系,又存在差异的概念。无论从两者的定义,还是从两者所包含的金融工具进行区分,均可得出如下结论:债务与负债并非同一个概念,债务必定是负债,但负债未必是债务,其原因如下:

第一,从两者的定义来看,二者内涵有所不同。当某个单位(或债务人)有义务在特定条件下向另一单位(或债权人)提供资金或其他资源时,即形成负债。就债务而言,《2008 年国民账户体系》认为,一般来说,债务是指在将来某个日期或某些日期需要由债务人向债权人支付(本金或利息)的所有负债。从支付发生的条件来看,负债概念提到的"特定条件"与债务概念提到的"将

011

来某个日期或某些日期"存在范围上的区别,显然前者覆盖后者,债务必定为负债,但反之并不一定成立。通过比较负债与债务所包含的金融工具,将更容易理解两者支付条件的差异。

第二,从所包含的金融工具来看,二者范围不同,债务所包含的金融工具的类别较少。负债与金融资产相对应,任一金融资产均可视为一种负债。而由债务的定义可知,股权和投资基金份额、金融衍生工具和雇员认股权等形式的负债不能被视为债务。《公共部门债务统计指南》认为符合债务定义的金融工具为:特别提款权(SDRs)、通货和存款、债务证券(Debt Securities)、贷款、保险、养老金和标准化的担保安排以及其他应付款。另外,鉴于具体的法律、制度以及实际安排,还有两种相对狭义的债务定义,其一仅包含货币与存款、债务证券与贷款,这是一种限于昔日"筹资"工具的狭义定义;其二包括除保险、养老金和标准化担保计划外的所有债务工具,这是更广义的定义,接近基本上不含养老金负债的总债务。因此,相比于负债,债务所包含的金融工具的类别较少。

关于政府债务的界定,萨缪尔森和诺德豪斯在其所著的经典教科书《经济学》中指出:"政府债务(公债)指政府借款总额或累计额。"国际会计师联合会(IFAC)认为政府债务是"政府由于获得了某种经济利益而承担的产生于过去某种事项并且在未来会导致政府资源流出的现有责任"。史锦华等(2011)认为"政府债务是指政府作为债务人,与债权人发生的权利义务关系。从经济社会角度来看,政府承担和化解公共风险,就必然导致财政资源流出,不管这种流出是现时义务还是将来可能产生的义务,作为承担和化解公共风险的必然结果,政府债务得以产生"。由上述定义可以看出,关于政府债务的定义表面上各有不同,但内涵上并不存在实质性分歧。根据政府部门的层次划分,政府债务可分为广义政府债务、中央政府债务、地方政府债务;根据发行对象,可分为政府内债和政府外债。

诚如萨缪尔森和诺德豪斯关于政府债务的定义,学者大多将公债等同为政府债务,认为公债即为政府债务。《新帕尔格雷夫货币金融大辞典》指出,"公债(政府债务)是政府方面的一种法律义务。按照规定的时间表,政府应对法定的债权持有者支付利息,并应分期偿还债务。公债是由于政府向个人、公司、社会事业单位及其他政府借款而产生的。"蒋洪(2001)认为"公债即公共债务,是政府向团体、公司、个人或别的政府所借的债务,它反映着以国家为主体的一种分配关系"。高培勇和宋永明(2004)认为"公债是政府为履行其职能而取得收入的一种形式。它指的是,政府以债务人身份,通过在国内外发行债券(或向外国借款)的方法而筹集、取得的那一部分财政收入"。杨志勇和张馨(2005)认为"公债是国家或政府以其信用为基础,在向国内外筹集资金的过程中所形成的债权债务关系,也就是国家或政府以债务人的身份,采取信用的方式,通过借款或发行债券等方式取得资金的行为"。肖鹏和李新华(2012)认为"公债是以政府为债务主体、利用国家信用形式,通过贷款或发行债券等手段而形成的一种特殊的债权债务关系"。陈志勇和李祥云(2012)认为公债是"政府以债务人的身份,通过在国内外发行债券(或向外国借款)的方法而筹集、取得的那一部分财政收入"。

然而,也有学者从公共部门角度定义公债,如朱柏铭(2002)认为"公债是指公共部门举借的债务"。张雷宝(2007)认为,"公债具体指公共部门以公共信用方式举借的各类债务,公共部门主要包括政府、公共企业和公共事业等三大组成部分"。根据上述定义,学者关于公债定义的分歧,主要在于借债主体不同,即部分学者认为公债的借债主体为公共部门,另有学者认为借债主体为政府部门。

国债概念与政府债务及公债概念不同,其差异在于债务人不同,国债的债务人为中央政府,国债即为中央政府举借的债务(陈共,2003)。2004年财政部发文指出:"国债是中央财政发行的国家公债,包括在境内外发行的内债和外债"。史锦华等(2011)认为"国债即中央政府债务,是为了弥补财政赤字和国家建设等而举借的债务"。国债有内债和外债之分,内债的债权人为本国居民,而外债的债权人为外国政府或者外国居民。根据上述定义可知,政府债务、公债及国债三者的最大差异在于债务人不同。国债的债务人为中央政府,而根据公债定义的差异,公债的债务人为政府或者公共部门。因此,国债仅为政府债务或公债的一部分,而政府债务等同于公债或者为公债的一部分。

值得注意的是,国内学者通常将国家视为公债的举借主体,未对国债与公债进行区分(张雷宝,2007)。陈共和类承曜(2002)认为,在我国公债即为国债,均指中央政府发行的债务。国内权威出版物也相应地对国债进行定义,《社会主义财政学》指出:"国家以债务人的身份向国内和国外筹借的借款,称为公债,或称国债,它是用来弥补国家财政收支不足或进行大规模经济建设,动员筹集财政资金的一种形式";1990年出版的《财经大辞典》指出,"国家公债,亦简称国债。"郭红玉(2005)认为,在我国公债通常被称为国债的根本原因在于我国的预算管理制度,在现行的预算管理制度下,地方政府没有形成完全独立的财政预算,地方财政仅为国家财政的一部分;同时,为避免滥发公债,原来的《中华人民共和国预算法》没有赋予地方政府发债权,地方政府所运用的国债资金都由中央财政转贷。

本书的研究对象为政府债务,具体包括政府发行的国内债务以及由中央财政负责偿还本息的"统借统还"外债,实质上等价于公债,这一处理相当于扩大了国债的范畴,缩小公债的范畴。在本书的表述中,政府债务与公债是同一的。由于我国政府债务与国外公债指代的相似性以及相同的内在属性与外在功能,这里借鉴参考的国外研究文献包括对公债的研究,且有关公债研究的文献占多数。这里仍然使用公债这一名词,以保持与外文文献中的表达及意义相一致;但在对我国政府债务经济效应进行理论分析与实证研究的过程中,文中使用政府债务这一称谓。

二、政府债务经济效应

在现代经济社会中,政府债务不仅仅是政府获取财政收入的手段,随着规模的提高,政府债务已经成为经济运行中重要的变量,对其他经济变量产生影响,即产生政府债务的经济效应,这已经成为经济学研究中的一个重要课题。政府债务经济效应的研究涉及诸多方面和内容,从现有文献来看,一些学者将政府债务的经济效应分为政府债务的微观经济效应和宏观经济效应。

政府债务的微观经济效应主要表现为两个方面:其一,影响经济效率。政府向政府债务的债权人支付的利息来源于税收,然而任何一种税的征收,即使部分人获得的政府债务利息与纳税额相等,也会出现"对积极性的扭曲效应",导致公众的储蓄额及工作的努力程度下降。这样,政府债务就通过税收造成效率损失。其二,影响收入分配,比较明显的是政府债务会增加下一代人的负担。政府债务分为内债和外债。举借内债,致使社会资本的供给相对减少,引起利率上升,民间投资减少,使留给下一代人的资本存量较少,进而使产出较少。如果为避免挤占民间资本而举借外债,就会增加下一代人对外债还本付息的负担。

政府债务的宏观经济效应主要表现为:其一,影响经济稳定。在经济萧条时期,社会有效需求不足,政府应当减少收税,增加支出。相应的财政赤字可通过政府举债弥补,这样可以增加社会总需求,有助于克服经济萧条。在经济繁荣时期,政府税收增加而支出减少,出现财政盈余,这时盈余部分应作为闲置资金冻结起来,而不应用财政盈余大规模地偿还政府债务,否则公众会因为持有的现金增加而增加消费和投资,不利于抑制通货膨胀。其二,影响经济增长。有观点认为,政府支出增加过多将产生财政赤字,而通过政府债券弥补赤字,会导致市场利率上升,从而抑制民间投资。其结果是国民生产总值中政府支出与消费的比重增加,投资所占的比重下降,而投资减少会使经济增长率降低。如果政府发行债券没有因导致利率上升而产生挤出效应,增加财政支出会促进经济增长。

与上述分类不同,依据《财经大辞典》政府债务的经济效应可分为:财政效应、政府债务的货币信用效应、政府债务投资的"引致效应"和"挤出效应"、政府债务的宏观经济调控效应。

财政效应,即发行政府债券对财政收支的影响。其影响是多方面的,既有积极影响,也有消极影响,关键在于政府债券的发行规模是否适度,时机是否恰当,债券收入的用途是否合理,使用效率是否高。

政府债务的货币信用效应。政府债券具有较高的信用水平,被广泛应用于经济活动中,其结果必然是加速资金周转,致使货币投放和信用规模扩张。政府债务较高的信用和一般来说高于普通存款的利率,对投资者形成很强的吸引力,导致部分银行存款或潜在的银行存款流向政府债券,减少了银行的资金来源,冲击金融系统原有的信贷平衡。

政府债务投资的"引致效应"和"挤出效应"。政府债务投资通常用于增加财政投资支出,通过政府债务投资,政府具有更强的资源配置能力,特别是对基础设施的完善、经济结构的调整、促进重要产业及重点领域的发展,能产生明显的效果。政府债务不仅能将社会闲散资金集中起来重点运用,同时还会产生"引致效应",即为民间部门投资提供更多的机会并引导资金流向。政府债务投资还会产生"挤出效应",使相关领域民间投资减少。

政府债务的宏观经济调控效应。增加政府债务发行意味着扩大公共预算支出,有助于提高总需求水平,促进就业和经济增长。然而,如果政府债务发行规模过大,就可能导致社会需求过度膨胀,致使物价上涨。从货币政策的实施来看,政府债券还是中央银行实施公开市场业务的操作对象。通过向商业银行买进或卖出政府债券,中央银行可以有效地调节商业银行的资金,影响商业银行的信贷和投资,进而调控资金和货币流量,刺激或抑制社会总需求水平。

如上所述,政府债务经济效应的研究涉及诸多方面的内容,本书主要分析政府债务对经济增长、货币供给、通货膨胀以及利率等方面的影响。之所以选择这几个方面,原因主要在于:其一,经济增长历来是政府债务经济效应研究的重点,备受关注;其二,与现有文献一致,政府债务的货币效应指政府债务对货币供给的影响;其三,政府债务通过对货币供给的影响进而影响利率与通货膨胀;其四,货币供给变化并不是政府债务导致利率与价格水平变化的唯一原因。

第二节　文献综述

一、政府债务理论的发展脉络

一直以来,作为具有很强现实意义的理论问题,政府债务的经济效应是经济学研究的重要课题。关于政府债务理论的探索与政府债务发展的历史一样久远,而且随着经济社会的发展而不断地发展。下面主要以政府债务理论的演进为主线,阐述政府债务理论的发展脉络,以对政府债务理论有一个相对清晰的认识。

尽管政府债务理论学说在 18 世纪中期形成,但在此之前有关政府债务的思想就已经出现,如经院哲学家托马斯·阿奎那、财政学者吉恩·博丹均在各自著作中阐述了其关于政府债务的思想,总体而言他们都反对国家举债。英国经济学家大卫·休谟也反对国家举债,他提出"国债亡国论",并指出:"不必未卜先知,就能猜出即将发生的灾难,二者必居其一:不是国家毁了公共信贷,就是信贷毁了国家"。休谟的这一观点对古典学派的政府债务观点产生了重要影响。

18 世纪后,西欧国家逐渐迈进自由资本主义时代,这一时期的经济学家大多主张自由竞争,反对国家干预经济。相应地在政府债务问题上,这一时期的经济学家大多反对国家举债,对政府债务持否定态度。他们认为,政府支出是非生产性的,国家举债使一部分资本从生产性用途转向非生产性用途,这无益于国民财富的增加和国家的经济增长。20 世纪经济大萧条后,直到 20 世纪 70 年代,凯恩斯主义经济学成为主流经济学,该学派支持国家举债,认为减税举债,可以增加有效需求,促进经济增长。20 世纪 80 年代起,凯恩斯的追随者重建了凯恩斯主义理论体系,形成新凯恩斯主义。新凯恩斯主义对凯恩斯主义的政府债务理论进行修正,认为即使在长期内政府债务仍可能促进经济增长。20 世纪 60 年代后,西方发达资本主义国家普遍出现经济滞胀现象,由于凯恩斯主义解释的无力,许多经济学派兴起,这些经济学派对政府债务也是各有观点。理性预期学派的代表人物巴罗,在一系列假设下,基于生命周期假说和跨期模型证明了李嘉图等价定理,认为无论在长期还是短期政府债务均呈中性。供给学派则认为,政府债务具有挤出效应,不利于经济增长,因此主张缩减政府债务。公共选择学派的代表人物布坎南同样反对政府举债,并基于公共选择理论对凯恩斯有关政府债务的观点进行了猛烈抨击。

尽管在经济学领域,关于政府债务的理论仍然是观点各异、争论不休,没有达成统一结论,但是在某些方面却是得到了当今多数经济学家的认可:第一,就封闭经济体而言,政府债务不会成为负担,因为债务的偿付仅仅影响收入分配,不会致使资源转移到国外。第二,对整个国家而言,政府债务的负担体现在两个方面:其一,导致国民总储蓄下降,进而影响资本形成;其二,若将来通过征税偿付债务,会造成额外的经济损失。第三,短期内,政府举债增加社会有效需求,在失业严重时会引致更多的消费和投资,进而促进就业、增加总产出。第四,长期内,政府举债导致社会储蓄下降,社会资本存量减少,进而使总产出减少。第五,政府的经常性支出不能形成资本积累,政府的资本性支出一般用于基础设施建设,可提高未来的生产能力,当代人与后代人都受益,因此当代人与后代人应该公平合理地分担资本性支出,而政府债务是一个恰当的工具。

二、政府债务的经济增长效应

关于政府债务与经济增长关系的实证研究方面,目前远未得到一致结论(Puente-Ajovín 和 Sanso-Navarro,2015)。自 20 世纪 80 年代拉美国家债务危机以来,学术界关注的焦点多为发展中国家外债对经济增长的影响。从结果来看主要有两类,一类研究认为政府债务不利于经济增长,如库宁汉姆(Cunningham,1993)对16个发展中国家1971—1979年数据的分析发现,债务对经济增长产生消极影响,高公债规模会降低资本与劳动的生产效率。利维和乔德哈利(Levy & Chowdhury,1993)也认为,公共外债及公共担保外债增加会间接抑制经济增长,因为外债规模的增加会造成未来税收预期增加,这不仅不利于资本积累还会造成资本外流。之后的许多研究(Easterly,2002;Mohamed,2005;Malik & Hayat,2010)也证实,外债对经济增长会产生消极影响。另一类研究认为,政府债务对经济增长的影响是非线性的,当外债规模低于阈值时对经济增长起积极作用,反之则不利于经济增长(Smyth & Hsing,1995;Cohen,1997),这也意味着存在外债的最优规模,但不同研究得到的最优规模不同。帕提罗(Patillo et al.,2002)发现发展中国家外债与经济增长之间呈倒U型非线性关系,当外债规模较低时外债对经济增长产生积极影响,规模较大时则产生消极影响,债务规模阈值以负债率衡量在35%—40%之间。科德拉等(Cordella et al.,2005)关于高债务率贫穷国家(HIPC)及非HIPC国家的研究表明,外债与经济增长的关系取决于外债规模、金融市场制度和政策的完善程度,拥有良好政策及制度的国家当其外债占GDP比例达15%—30%以上时会面临风险,债务对经济增长的边际效应为负;但当这一比值超过70%—80%时,债务与经济增长相关关系不显著。

欧洲主权债务危机爆发后,研究者的视野开始转向发达国家,重点关注政府债务对经济增长的影响,其中莱茵哈特和罗格夫(Reinhart & Rogoff,2010)的研究最具影响力。该研究通过对44个国家200多年的数据进行分析指出,负债率低于90%时政府债务与经济增长关系较弱,但当负债率超过90%时长期增长率的中位数为1%,经济增长与政府债务存在较强的负相关关系。

莱茵哈特和罗格夫(2010)的研究激发了许多学者对政府债务与经济增长非线性关系的兴趣,但结论却存在差异,主要在于政府债务的阈值及两者间

是否存在稳定的单一关系。例如,切凯蒂(Cecchetti et al.,2011)对 18 个
OECD 国家 1980—2010 年的数据分析发现,两者间存在非线性关系,债务阈
值约为 85%。谢切里塔韦斯特帕尔和罗瑟(Checherita-Westphal & Rother,
2012)利用 12 个欧盟国家 40 多年的数据,发现两者间存在非线性关系,阈值
为 90%—100%。张启迪(2015)对 1970—2012 年间欧元区 16 国分析表明,政
府债务对经济增长的影响存在门槛效应,阈值水平大概在 54%—78%之间。
同时,卡纳等(Caner et al.,2010)认为政府债务对经济增长影响的临界值为
77%,米尼和帕伦特(Minea & Parent,2012)认为债务阈值为 115%,埃尔梅斯
科夫和萨瑟兰(Elmeskov & Sutherland,2012)基于对 12 个 OECD 国家的分析
却认为债务临界值为 66%。郭步超和王博(2014)也认为,政府债务对经济增
长的影响具有门槛效应,新兴市场国家政府债务的阈值显著高于发达国家水
平。此外,程宇丹和龚六堂(2014)则发现政府债务阈值为 35%,其中发达国
家政府债务低于 35%时对经济增长的整体影响显著为正,超过 35%后显著为
负;发展中国家的政府债务低于 35%时,债务对经济增长的整体影响不显著,
超过 35%后显著为负。

值得关注的是,也有部分研究对莱茵哈特和罗格夫(2010)的结论提出质
疑,认为政府债务与经济增长间并不存在稳定的单一关系。例如,赫登等
(Herdon et al.,2013)复制了莱茵哈特和罗格夫(2010)的研究过程,发现该研
究选择性地排除了部分数据,使用的权重不恰当,且存在明显的代码错误,利
用原始数据重新计算发现政府债务负债率超过 90%的国家平均 GDP 增长率
为 2.2%,并非-0.1%,这意味着债务阈值并不存在。佩斯卡托里(Pescatori et
al.,2014)也指出,不存在明确的债务阈值使得中期经济增长受到损害。刘洪
钟等(2014)研究发现,发达国家和发展中国家政府债务与经济增长间普遍存
在倒 U 型关系,但债务阈值随通货膨胀、利率、经济账户和金融发展的变化而
表现出动态特征,不具有确定性和唯一性。艾及特(Égert,2015)进一步指出,
债务与经济增长的非线性关系不稳健,易受到时间跨度和数据频率的影响,莱

茵哈特和罗格夫(2010)中债务阈值为90%是统计上的错误,债务阈值最小应为20%,而更高的阈值可能存在,但大小不确定。

政府债务与经济增长非线性关系检验最简单的模型设定为二次项模型。该方法在经济增长回归模型中引入政府债务规模的平方项,并通过分析二次项系数的显著性判断非线性关系是否成立。如果债务规模平方项的系数显著为负,则政府债务与经济增长之间存在倒U型非线性关系。谢切里塔韦斯特帕尔和罗瑟(2012)将二次项模型设定如下:

$$g_{i,t,t+k} = \beta_0 + \beta_1 \ln y_{i,t} + \beta'_2 X_{it} + \beta_3 D_{it} + \beta_4 D_{it}^2 + u_i + v_t + \varepsilon_{i,t} \qquad (2-1)$$

其中,$g_{i,t,t+k}$ 为 i 国家 t 年到 $t+k$ 年的人均 GDP 平均增长率;$y_{i,t}$ 为实际人均 GDP;D_{it} 与 D_{it}^2 为政府债务规模及其平方项;$X_{i,t}$ 为其他控制变量;u_i 与 v_t 为个体及时间固定效应。

谢切里塔韦斯特帕尔和罗瑟(2012)使用系统广义矩法及两阶段最小二乘法对式(2-1)进行估计,发现存在倒U型关系且债务阈值在90%—105%之间。需要注意的是,该模型存在一些问题,如帕尼萨和普雷斯比泰罗(Panizza & Presbitero,2013)指出,二次项模型设定对极值非常敏感,而且这种驼峰型关系可能会被少数观察值驱动。此外,谢切里塔韦斯特帕尔和罗瑟(2012)没有证明这一强加的倒U型关系是否被 Sasabuchi-Lind-Mehlum 的检验(Lind 和 Muhlum,2010)所支持。

样条回归模型为另一种常用的函数设定方法,如吴和库马尔(Woo & Kumar,2015)、艾及特(2015)等均采用该方法检验政府债务与经济增长的非线性关系。其中吴和库马尔(2015)基于式(2-2)对发达经济体和新兴经济体进行分析:

$$\begin{aligned} g_{i,t-(t-4)} &= \alpha \ln y_{i,t-4} + \beta_1 D_{i,t-4} \times D_{30} + \beta_2 D_{i,t-4} \times D_{30-90} \\ &\quad + \beta_3 D_{i,t-4} D_{90} + \gamma X_{i,t-4} + u_i + v_t + \varepsilon_{i,t} \end{aligned} \qquad (2-2)$$

其中,$g_{i,t-(t-4)}$ 表示 i 国 $t-4$ 期到 t 期的人均 GDP 增长率,当 $D < 30$ 时,D_{30} 取值为1;当 $30 < D < 90$ 时,D_{30-90} 取值为1;当 $D > 90$ 时,D_{90} 取值为1,

其他情况虚拟变量取值为 0。

吴和库马尔(2015)利用普通最小二乘法、系统广义矩法等多种方法估计式(2-2),认为政府债务与经济增长存在非线性关系。然而,艾及特(2015)并不支持这一结论,该研究基于相对简单的模型样条回归模型(解释变量未包含 $\ln y_{i,t-4}$, X 与 v_t),并使用汉森(Hansen,1999)的检验程序来确定阈值,认为确定政府债务与经济增长间的非线性关系是困难的。

政府债务与经济增长的非线性关系表明,当政府债务规模超过阈值时,政府债务与经济增长负相关,但负相关并不意味着存在因果关系(Panizza & Presbiteto,2013,2014)。为此,部分学者探究了政府债务是否为经济增长的格兰杰原因,例如,费雷拉(Ferreira,2009)对 20 个 OECD 国家的分析发现,人均GDP 与政府债务间存在双向因果关系,表明政府债务为经济增长的格兰杰原因。但也有研究(帕尼萨和普雷斯比泰罗,2014;Lof & Malinen,2014;Puente-Ajovín & Sanso-Navarro,2015)指出,没有证据表明政府债务为经济增长的格兰杰原因。与上述研究均采用的面板技术不同,戈麦斯谱格和索斯维拉里维罗(Gómez-Puig & Sosvilla-Rivero,2015)运用肖(Hsiao,1981)的因果检验方法对 11 个 EMU 国家分别进行分析,同时利用单结构间断点检验(Andrews,1993)及多结构断点检验(Bai & Perron,1998,2003)方法对因果关系的动态变化进行分析,发现就政府债务是否为经济增长的格兰杰原因而言,在空间(不同国家间)和时间(同一国家内)两方面均存在异质性。

三、政府债务的货币供给效应

国外文献大多基于货币政策与财政政策相互配合协调的角度出发,分析赤字、国债与货币供给间的关系。在理论上,大多数学者普遍认为政府财政赤字与货币供给之间是否存在联系,主要取决于一国货币当局是否具有独立性(Beardt & Mcmillin,1986)。实证研究的结果主要有两类:一类认为货币供给不受财政赤字影响或者影响微弱,如米多(Meador,1984)分析 1947—1960 年与1961—1979年两个时期内政府债务与货币供给的关系,结果表明财政赤字对货币供给的影响不显著。德哈安和泽尔霍斯特(De Haan & Zelhorst,1990)对发展中国家的研究支持了米多(1984)的结论。另一类认为财政赤字对货币供给的影响显著存在,玛吉等(Maji et al.,2012)探究1979—2009年尼日利亚国内生产总值、政府财政赤字及广义货币供给量三者间因果关系的存在性,结果表明财政赤字引致经济增长,进而导致货币供给量的更快增长。

此外,由于国外货币政策多以利率而非货币供应量为中间目标,且国债在债券市场中的所占比例较小,有学者从利率角度出发分析央行公开市场操作对货币供应量的影响。例如,坦普尔曼(Templeman,2009)通过分析1997—2009年间通货与美联储持有的国债量之间的联系,发现在2008年前两者基本为一对一的紧密联系,但2007年12月后,通货增加而美联储所持国债量却减少。究其原因,前一现象是因为当银行向美联储索取通货从而导致准备金下降时,为了保持不变的联邦基金利率,美联储从国债市场购买国债以抵消准备金的下降;而后一现象是因为美联储为应对金融危机,实施信贷支持使得市场注入大量流动性货币,为了应对由此导致的基金利率下降,美联储通过出售国债来促使基金利率的回升。

自我国恢复国债发行后,国内一些学者也逐渐意识到债务对货币供给的影响,并进行了实证方面的研究。国债对货币供给影响的实证研究主要从两个角度展开:

一是基于国债发行对货币供给的影响、国债余额对货币供给的影响开展研究。邓子基等(1990)对美国1950—1990年间国债发行量与货币供给量数据进行回归分析,结果表明美国的国债和货币供给量之间存在着正相关关系,而且德国、英国、日本等发达国家的国债发行与货币供给也表现出同样的实证特点。高培勇(1996)对我国国债发行额与广义货币供应量的实证研究也表明,国债发行对货币供应量的影响呈现出扩张性。汤凤林(2007)利用回归分析探究1985—2003年我国国内债务发行额与现金、基础货币、狭义货币及广义货币的关系,研究表明我国的国债发行展现出巨大的货币供给效应,当国债新增1元时,流通中的现金会增加0.23元,狭义货币将增加1.625元,广义货币将增加4.331元。不管商业银行的购买资金是超额准备金还是央行再贷款,都会引起货币供给量的增加。然而,就个人而言,用现金购买与用储蓄购买对货币供应的影响明显不同。用现金购买,货币供应量不受影响;用储蓄购买,M2总量不受影响,但M1增加,由此M1/M2上升。邓晓兰、黄玉和黄显林(2010)分析1999—2008年间国债发行额与各层次货币供应量的关系,指出国债发行额不是M0与M2变化的格兰杰原因,但M0与M2是国债发行额变化的格兰杰原因;国债发行额与M1互为格兰杰原因。另外,他们还分析了国债的期限结构与货币供应量间的关系,认为中期国债和长期国债的发行会吸收市场中的流动性,引起货币供应量的减少。与上述研究相反,有学者研究认为国债发行对货币供给的影响并不显著。例如,王宁和原擒龙(1999)以同期国债发行量的对数和前一期的广义货币量的对数为解释变量,用时间序列模型对同期广义货币量的对数进行回归分析,考察1981—1997年间广义货币量与当年国债发行量之间的关系,发现自从1981年重新开始发行国债以来,新发行的国债对下年的广义货币量有一定的收缩作用。汪洋(2008)研究表明,1981—1993年间我国国债发行没有对货币供应量产生影响,而1994—2006年间的国债发行具有明显的货币供给效应。谢子远(2008)研究发现,国债发行对狭义货币供给量及活期存款没有明显影响,但对现金、广义货币供给量及准货币具有明显的扩张作用。

二是基于国债余额探究国债对货币供给的影响,主要有包建祥和张文凯(1999)、靳卫萍(2003)、彭志远(2004)、毛定祥和陈婷(2008)等。其中包建祥和张文凯(1999)利用一元线性回归分析1987—1997年间国债余额变动对现金、狭义货币、广义货币的影响,发现国债余额变动与货币供应量变动都有显著的相关关系,且随着货币层次的扩展,有显著增强的趋势。靳卫萍(2003)利用我国1985—2000年国债余额与广义货币供应量M2的数据统计,通过普通最小二乘估计方法分析了国债余额对广义货币供应量的影响,结果表明国债发行对货币供应量有相当大的扩张效应。彭志远(2004)以国有非政府固定资产投资、财政透支、国债为解释变量,利用普通最小二乘回归方法分析1981—1993年国债余额与货币供给量的关系,发现国债对不同层次的货币供给量均没有影响。毛定祥和陈婷(2008)采用詹森(Johansen)方法分析1979—2005年国债余额与广义货币,认为两者间存在长期均衡关系,而且前者是后者的格兰杰原因,即国债规模增加是货币供应量增加的格兰杰原因。

另外,还有学者分析国债交易对货币供给产生的影响,如甘行琼和汤凤林(2008)基于2002—2006年月度数据的分析表明,尽管理论上政府债券流通对货币供应量有较大影响,但实证分析表明长期来看这一影响较弱,短期内也无明显扩张性影响。邓晓兰、李铮和黄显林(2014)从国债政策与货币政策相互协调配合的视角出发,分析中国2005—2012年的月度数据后发现,央行的国债交易对货币供给的影响微弱;商业银行进行的国债交易可在短期内稳定货币供给量,并保证货币供应量持续稳定增长;个人的国债交易对货币供给不产生影响,现阶段我国的国债流通对货币供给量的冲击不大。

四、政府债务的通货膨胀效应

就现有文献来看,有关政府债务对价格或通货膨胀影响的实证研究相对较少,且未达成一致结论。威勒(Wheeler,1999)采用脉冲响应和方差分解方法探讨了20世纪80年代和90年代美国政府债务的宏观经济影响,结果支持极端的李嘉图等价假设,认为财富随着政府债务的增加而减少,因此政府债务的增加会导致价格水平的下降。布里尼(Bleaney,1996)基于17个OECD国家数据的分析表明,1973—1982年间政府债务与通胀的平均相关系数为0.36,而在1983—1984年间平均相关系数为-0.19。塔格哈维(Taghavi,2000)对德国、意大利、法国及英国1970—1997年间的数据进行分析,结果表明长期来看政府债务在多数情形下会导致通胀,但在短期内政府债务对通胀的影响不明确。纳斯坦斯基和斯特罗伊(Nastansky & Strohe,2015)采用向量误差修正模型分析 1991—2014 年间德国公债、货币和价格水平间的关系,结果表明不论长期还是短期债务均显著推高了价格水平。比尔迪里吉和埃尔辛(Bildirici & Ersin,2007)对高通货膨胀国家的研究指出,内债成本的提高导致通货膨胀,债务负债率的增加导致这些国家的借贷成本增加,且借贷期限缩短。阿哈默德等(Ahmad et al.,2012)分析了 1972—2009 年间巴基斯坦政府内债对通货膨胀的影响,结果表明政府内债规模及其偿付推高了价格水平,他们还进一步指出,债务成本是导致预算赤字的主要原因,而政府通过多种手段弥补财政赤字引发了通货膨胀的产生。

然而,也有部分研究指出政府债务对通货膨胀影响不显著或不同国家间存在显著差异。例如,吉安尼特萨罗和斯科特(Giannitsarou & Scott,2006)研究发现,在 1960—2005 年间工业化国家的公债与通货膨胀间不存在显著关系。科翁等(Kwon et al.,2009)基于 71 个国家 1963—2004 年面板数据的研究表明,在主要发达国家政府债务增加不会引起通货膨胀,在高债务发展中国家政府债务增加具有典型的通货膨胀倾向(Typically Inflationary),在其他发展中国家政府债务具有通货膨胀倾向但影响相对较弱,特别地,在固定汇率制或管理的汇率制国家,政府债务与通货膨胀关系较弱。

从国内研究来看,关于价格水平或通货膨胀的研究大多从货币供给、汇率传递、能源价格等不同角度分析其成因。例如,龙如银等(2005)、王少平和彭方平(2006)、张屹山和张代强(2008)等对通货膨胀的动态特征进行了分析。赵留彦和王一鸣(2005)、马龙和刘澜飚(2010)、卢二坡和沈坤荣(2015)等分析了货币供给对国内价格水平的影响。卜永祥(2001)、陈六傅和刘厚俊(2007)、施建淮等(2008)、徐奇渊(2012)等考察了人民币汇率变化对国内价格水平的传递作用,其中施建淮等(2008)发现,如果人民币名义有效汇率升值1%,六个季度后的进口价格、十二个季度后的工业品出厂价格、消费者价格将分别下降 0.52 个、0.38 个和 0.20 个百分点,平均来看,2005 年人民币汇率制度改革后人民币升值对降低国内通货膨胀具有显著的解释力。此外,林伯强和王锋(2009)、任泽(2012)等考察了能源价格变动对我国价格水平的影响。总体上,现有文献较少关注政府债务对我国价格水平的影响,马拴友等(2006)扩展了余永定(2000)的模型,对国债与通货膨胀的关系进行了动态分析,发现在一定条件下二者处于鞍点稳定状态,国债余额对通货膨胀的影响很小,几乎可以忽略不计。

五、政府债务的利率效应

政府债务是否会提高利率,理论分析未能得出一致结论,为此许多学者进行了实证研究,但实证研究同样没有达成共识。巴斯等(Barth et al.,1991)指出,政府赤字与利率间是否存在显著的统计和经济关系,实证分析没有形成一致性意见,虽然不能完全相信预算赤字会提高利率、减少储蓄和资本形成,但也不能说预算赤字没有这些影响。针对造成这些结果的原因,米勒和卢瑟克(Miller & Russek,1996)认为是经济计量方法不同,恩金和哈勃德(Engen & Hubbard,2004)及帕埃萨尼等(Paesani et al.,2006)则指出,实证结果的差异不仅与所用经济计量模型有关,还与政府债务和利率定义的差异、数据来源的差异有关,而且模型、定义和数据来源的差异使得不同实证结果的比较变得困难和复杂。

依据实证分析的结果,现有实证研究可分为两类,第一类实证研究的结果认为预算赤字或者政府债务对利率不存在显著的影响,这类研究在一定程度为李嘉图等价定理的正确性提供了实证证据。例如,普罗索(Plosser,1982、1987)和伊文斯(Evans,1987)利用包含理性预期的向量自回归模型探究政府债务对利率的影响,结果表明,政府债务对长期利率并没有显著影响。然而,盖尔和奥萨格(Gale & Orszag,2002)指出他们的研究方法存在一些问题,而且最近的实证研究很少使用 VAR 的方法(Kameda,2014)。另外,伊文斯(1985、1987)、巴罗(Barro,1987)、德拉维等(Deravi et al.,1990)、西特尔(Seater,

1993)以及古雷(Gulley,1994)的实证研究均表明,并未发现政府债务与利率之间存在关系。卡卢卢米尔(Kalulumia,2002)以组合平衡模型(Portfolio Balance Model)为理论框架,利用托达和菲利普斯(Toda & Phillips,1994)的序列因果关系检验和詹森(1988)误差修正模型方法,探究了美国、德国、英国和加拿大政府债务对利率的影响,结果表明,长期来看政府债务与利率间不存在格兰杰因果关系。卡卢卢米尔(2002)不仅分析了政府债务对利率的直接影响,还通过分析政府债务对汇率和利率等的影响进而探讨债务对利率的间接影响。

第二类研究强调政府债务对长期利率的显著影响。例如,福特和拉克斯顿(Ford & Laxton,1999)基于对 9 个 OECD 国家数据的分析表明,20 世纪 70 年代 OECD 国家政府债务水平的增加,是 80 年代及 90 年代早期实际利率增加的主要因素。奥尔等(Orr et al.,1995)对 17 个 OECD 国家的数据进行分析后发现,债务比率的增加对长期利率产生显著的影响。阿达格纳等(Ardagna et al.,2004)通过对 16 个 OECD 国家的数据进行分析发现,在政府债务水平超过平均债务水平的国家,政府债务对长期利率的影响是显著的。托马斯(Thomas,2003)探究预期联邦政府赤字和债务同预期长期利率的关系,结果表明,政府债务对利率具有显著的影响。政府债务的累积如何影响长期利率,该影响在不同国家间是否具有溢出效应,帕埃萨尼等(2006)对此进行了研究,鉴于美国、德国、意大利在全球市场的重要性,他们利用多变量经济计量模型对这三个国家 1983—2003 年的情况进行分析。实证结果表明,一个更可持续性的债务累积过程至少短期内会导致一个更高的长期利率,而且这种短期影响具有跨国的溢出效应,但溢出方向主要从美国向德国和意大利。同时,该研究还表明,持续的债务累积对长期利率的影响在三个国家中是不同的。此外,菲尼(Faini,2004)基于欧元区国家的分析表明,政府负债率对实际长期利率有显著影响,负债率增加 1 个百分点将引起实际利率增加 5—7 个百分点。恩金和哈勃德(2004)基于美国数据的研究表明,政府负债率增加 1 个百分点可以预期实际利率增加 2—3 个基点（Basis Point,BP）。卡米达（Kameda,2014）研究发现,预期负债率提高 1 个百分点,10 年期利率将增加 4 个基点,5年期利率将增加 5 个基点。

最后,就我国政府债务利率效应的研究而言,同样存在两种不同的结论。例如,刘溶沧和马拴友（2001）针对我国的实证分析表明,预算赤字对利率没有影响;马拴友（2003）基于 OLS 的实证检验发现我国的预算赤字并没有提高利率,国债的利率效应并不明显;邓子基（2005）指出我国市场利率受到政府管制,并非完全由市场决定,故国债的利率效应较小。然而,郭庆旺、赵志耘和何乘才（2004）从国债的流量和存量效应两个角度进行研究发现,国债扩大了货币和产品需求,进而引起利率上升;马拴友、于红霞和陈启清（2006）利用向量自回归模型对我国 1996—2003 年间的月度数据进行分析,结果表明,政府债务对实际利率的影响显著,但程度较小;王俊霞、李智慧和李雨丹（2010）基于 OLS 方法和格兰杰因果检验的研究表明,我国中长期国债对市场利率具有微妙的正面效应,长期国债利率正面效应相对显著。

六、政府债务的其他经济效应

（一）政府债务对私人投资的影响

凯恩斯主义者认为,短期内暂时性减税、增加政府债务可提高当期可支配收入,刺激私人消费和增加总需求,弥补有效需求不足,并通过"乘数效应"增加国民收入、通过"加速效应"提高私人投资。但新古典学派则认为,政府大量发债会抬高实际利率,挤占私人部门的资金,从而降低私人部门的投资率,也就是说,政府债务存在"挤出效应",会排挤私人投资。自阿罗和库尔茨（Arrow & Kurz,1970）开始,部分经济学者指出公共投资与私人投资间存在互补,政府债务带来的公共投资增加,能够提高私人资本和劳动的生产性,从而促进私人投资,这就是所谓的"挤进效应"（Aschauer,1989;Baxter & King,

1993）。

政府债务对私人投资的影响,理论研究未能得出一致结论,实证分析同样未能得出一致结论。现有文献除直接分析政府债务对投资的影响外,还通过分析政府债务对利率的影响,以间接分析政府债务对投资的影响。此处仅对采用直接方法的研究进行综述,发现此类研究大多表明政府债务具有挤出效应。格塔克和格塔克(Ghatak & Ghatak,1996)运用多变量协整方法和误差修正模型进行分析,发现1950—1986年间印度政府债务在一定程度上挤出私人投资。沃斯(Voss,2002)基于向量自回归方法的分析表明,1947—1996年间美国和加拿大的政府债务均产生挤出效应。尹恒和叶海云(2005)基于1970—2002年间208个样本国家的数据,运用截面数据和面板数据的分析显示政府债务存在挤出效应,此外,通过引入负债率的二阶项和方差,他们发现负债率对私人投资率的影响呈现一定的非线性,政府债务的波动对私人投资也存在显著的消极影响。

基于1970—2009年间OECD国家的数据,特瑞克罗奇和西蒙(Trecroci & Simone,2012)对挤出效应进行量化分析,同时检验挤出效应是否存在非线性。结果表明,随着政府债务规模的增加,私人投资显著下降,而且投资对政府债务负债率的弹为-0.25。为检验非线性关系,他们通过引入负债率的平方项、负债率与虚拟变量的交互项等方式设定不同的模型并进行检验,此外还运用汉森(1999、2000)的内生门限方法检验非线性,但未得出政府债务挤出效应为非线性的结论。

尽管实证研究多表明政府债务挤出私人投资,但这不能成为挤进效应不存在的充分条件。上述实证研究仅通过对政府债务与投资的简化模型进行估计得出结论,没有考虑到引发债务增加的政策可能产生的影响。为此,特劳姆和杨(Traum & Yang,2010)运用DSGE方法就美国政府债务何时会挤出投资进行分析,指出在短期内投资被挤进还是挤出取决于引发政府债务规模增加的政策类型。

（二）政府债务对私人消费的影响

经济学界关于政府债务对居民消费行为影响的研究由来已久,形成了"凯恩斯主义"和"李嘉图主义"两种基本理论观点。凯恩斯主义债务观认为,社会中存在大量短视且面临流动性约束的消费者,其消费对当前可支配收入的变化非常敏感。政府暂时性减税、增加债务会让消费者觉得当期可支配收入增加,进而增加消费,引起社会总需求增加。与凯恩斯主义债务观不同,李嘉图主义债务观认为,消费者并非如此短视,他们会意识到当前政府债务的增加意味着未来政府债务偿付的负担会增加,未来的税收负担也会相应增加。也就是说,当前的债务即为未来税收,消费者不会将政府债券视为财富,政府举债不会影响消费。

在巴罗(1974)之后,许多学者对李嘉图等价定理进行实证检验,部分研究支持李嘉图等价定理,如科门迪(Kormendi,1983)对美国政府债务和政府支出对私人消费行为的影响进行实证分析,结果支持李嘉图主义债务观;列瓦基(Levaggi,1999)利用意大利的数据进行微观分析,认为政府债务不会挤出个人消费。部分学者则认为李嘉图等价定理不成立,例如,格拉哈姆(Graham,1995)指出科门迪(1983)的研究方法存在问题,其实证结论没有说服力。另外,达拉姆格斯(Dalamagas,1994)和理奇曼(Leachman,1996)利用协整方法分析财政赤字及公债对居民消费的影响,结果表明李嘉图等价定理不成立。

近期研究表明,政府债务与私人消费间存在着非线性关系,随着政府债务规模的增加,个人消费从"非李嘉图"方式向"李嘉图"方式转变。基于17个OECD国家的数据,贝尔本和布洛森斯(Berben & Brosens,2007)使用线性自回归分布滞后模型分析政府消费与私人消费的关系,发现私人消费与政府债务之间存在非线性关系。此外,研究还表明,当负债率低于55%时,政府消费对私人消费产生正向影响,而当负债率超过75%时,产生负向影响。巴塔克亚和慕克吉(Bhattacharya & Mukherjee,2010)对18个OECD国家的分析发现,随着债务规模增加,理性个人预期未来税负增加,会减少当前消费,使得消费行为由"非李嘉图"方式转变为"李嘉图"方式。此外,考虑到国家间的异质性变化以及参数随着转换变量做平滑的非线性转变,杨子晖(2011)及科欧和瑞伊(Cho & Rhee,2013)均运用面板平滑转换回归模型(PSTR 模型)进行非线性检验,研究结果均表明存在非线性关系。此外,科欧和瑞伊(2013)发现债务的阈值为 83.7%。值得注意的是,使用 PSTR 模型存在一个缺陷,即只能对财政政策的短期影响进行分析,而不能分析财政政策的长期效应。

(三)政府债务对金融发展的影响

许多学者探究金融发展与经济增长的关系,但对金融发展决定因素的研究较少,就政府债务对金融发展影响的研究更少。根据现有文献,有关政府债务对金融发展的影响存在两种代表性观点:"安全资产"观点和"懒惰银行"观点。

1."安全资产"观点

持该观点的学者认为,政府债务提供了一种相对安全的金融资产,促进了金融发展。作为安全资产,政府债券的积极作用主要表现为:第一,有助于克服制度的不完善,即可以把公债作为抵押品,而不是必须以实际资产或者可移动财产为抵押品(DeSoto,2000);第二,政府债券的收益曲线为公司证券和股票的定价提供了基准(Reinhart & Sack,2000;World Bank & IMF,2001);第三,在金融机构的资产负债表中,更多的政府债券作为抵押品,降低了风险环境下储户对其资金安全性的担心(Kumhof & Tanner,2005)。

2."懒惰银行"观点

持该观点的学者从银行部门本身出发,认为政府从银行借贷将减少私人部门在银行的借贷额,不利于金融发展。霍纳(Hauner,2009)指出,银行部门持有大量政府债务后将不再积极有效地去开拓市场,从而降低了银行效率,延缓金融发展。另外,伊斯米汉和奥兹坎(Ismihan & Ozkan,2012)基于两期政策制定模型的理论分析表明,如果政府是银行部门的主要贷款对象,公债将不利于金融发展,而且金融深化程度越低,政府借贷的不利影响越大。

从现有文献来看,多数实证结果表明政府债务抑制了金融发展。尽管霍纳(2009)认为政府债务对金融发展的作用可能是非线性的,但没有得到实证支持。艾姆兰和法拉奇(Emran & Farazi,2009)研究发现,政府在本国银行的借贷减少了私人部门可从银行获取的借贷额度,政府借贷增加1美元,私人信贷将减少1.4美元。此外,巴斯蒂和科克萨(Basti & Köksal,2011)及奥特里吉尔和阿凯(Altayligil & Akkay,2013)的研究均发现,土耳其政府债务对金融发展产生不利的影响。穆恩和伊斯梅尔(Mun & Ismail,2015)对马来西亚1980—2010年间的情形进行分析,同样发现政府从银行借贷对金融发展产生不利的影响,而且该影响在金融危机期间更为明显。

七、总结与简要评述

(一)不同学派理论的主要分歧

通过前面关于政府债务理论发展脉络的分析,不难看出各种政府债务理论之间存在一些共性,然而相对于这些共性而言则存在更多的分歧和差异。合理看待这些分歧与差异,充分探究这些分歧与差异背后的原因,对正确理解不同学派的公债思想、公债理论具有重要意义。

1. 政府债务有益、有害还是中性

总体来看,西方经济学家的政府债务理论可分为如下三类:政府债务有害论、政府债务有益论、政府债务中性论。政府债务有害论以古典学派和公共选择学派为代表,政府债务有益论以凯恩斯学派为代表,政府债务中性论以理性预期学派为代表。古典学派认为,政府举债意味着资金从资本机能转向收入机能,具有非生产性,不利于经济发展。与古典学派相反,凯恩斯学派则主张发行政府债券,并将其视为政府干预经济、稳定经济的重要工具和手段。然

而,理性预学派则认为,政府债务是中性的,对经济不会产生影响。

2. 政府债务是否会产生代际负担

政府债务是政府弥补财政赤字的重要手段,其是否会成为后代的经济负担?凯恩斯主义者勒纳认为,外债的偿付将造成本国资金的流出,会影响后代人的消费并产生负担。关于内债,勒纳进一步指出,内债只是"右手欠左手的债",不会成为后代人的负担。然而,公共选择学派的代表人物布坎南却提出政府债务负担论,认为政府债务负担由后代承担,而且区分内债与外债没有意义,内债与外债都会造成代际负担。

3. 政府债务与税收是否存在区别

李嘉图等价定理认为,在政府筹资的过程中,税收与政府债务对经济的影响一样,但在凯恩斯主义者看来政府债务与税收对经济的影响有着本质的差别。凯恩斯主义者认为,税收将会抑制有效需求,而政府债务不仅可以弥补赤字还能增加有效需求。

(二)不同学派理论差异的原因

不同学派政府债务理论的差异主要源于如下两个方面:理论产生的经济社会背景不同、不同的政府债务理论具有不同的理论假设和前提条件。

首先,不管是政府债务有害论,还是政府债务有益论抑或是政府债务中性论,都是基于不同的时代背景提出的,其分析结论通常适用于这一特殊的时代背景。从该角度讲,每种政府债务理论都有其科学性、合理性的一面。比如,在亚当·斯密所生活的时代,君主具有奢侈浪费倾向,他们通常将政府债务筹集的资金用于战争,这显然不利于经济发展,因此斯密提出的政府债务有害论就不难理解;在经济大萧条时期,政府减少税收,增加支出,通过政府债务筹资弥补赤字,刺激了社会需求并使得经济复苏,凯恩斯的政府债务有益论就易于接受了。

其次,每种政府债务理论背后都有支撑其结论的前提条件或理论假设,尽管这些条件或假设可能没有被明确提出。政府债务有益的观点背后通常存在如下假设:社会上存有大量闲置资本,政府债务资金源于闲置资本,政府债务所筹资金主要用于生产性项目或者被用来拉动消费,政府债务产生的综合收益现值大于政府债务偿付的负担。政府债务有害论通常假设:社会上没有闲置资本存在,政府债务所筹资金源于生产性资本,政府债务所筹资金被用于战争等非生产性消费,政府债务的综合收益大于其偿付所产生的负担。

必须看到,任何政府债务理论都有其合理的一面,同时不可避免地存在不合理的一面。绝对正确、对任何经济社会背景都适用的政府债务理论是不存在的,完全错误的政府债务理论同样不存在,唯有结合政府债务理论产生的背景,才能给予政府债务理论公正客观的评价。

最后,尽管政府债务实践是检验政府债务理论正确与否的重要标准,但实践本身兼具确定性和不确定性,政府债务的实践效果在不同的国家或者同一国家的不同时期可能不同,因此,政府债务的经济效应很难单纯地由某一经济学派的理论给出完美的解释。

(三)实证分析存在的问题

从实证研究结果看政府债务的经济影响有两个特点:第一,整体而言政府债务的经济影响具有异质性,这不仅表现在不同国家或国家组别间,还表现在同一国家不同的时间跨度内。第二,政府债务对经济增长、消费及投资的非线性影响存在不确定性,这表现为三个方面:首先,政府债务对不同经济变量的影响是否为非线性不确定;其次,政府债务阈值的具体值不确定;再次,债务规模超过阈值后所产生影响的程度不确定。

实证研究结果表现出的异质性和不确定性,一方面源自实际经济运行的复杂性,另一方面源自经济计量模型、政府债务数据来源的差异。本书认为对我国政府债务经济效应的实证研究应注意以下三个问题:(1)政府债务规模的合理测度。毋庸置疑,政府债务规模合理测度对债务经济效应研究具有重要性,正如恩金和哈勃德(2004)、帕尼萨和普雷斯比泰罗(2013)所指出的,政府债务数据来源差异是政府债务经济效应实证结果不同的原因之一。我国当前的政府债务统计存在诸如统计口径不统一、无净债务统计、地方政府债务统计不准确等问题。因此,在对我国政府债务经济效应及最优政府债务规模进行研究时,要特别注意政府债务数据的含义。(2)变量的内生性。在设定政府债务经济效应计量模型时,内生性是一个需要特别注意的问题。针对政府债务与经济增长关系的实证研究中,内生性问题往往更加突出,帕尼萨和普雷斯比泰罗(2013)详细分析过该问题,在此不多做赘述。关于内生性问题的解决方法,吴和库马尔(2015)认为,动态面板 GMM 估计方法为不错的选择,而更常用的方法为工具变量法。(3)计量方法的选择。对我国政府债务经济效应的实证研究,通常基于《中国统计年鉴》或《中国金融年鉴》的数据进行,可用样本容量较小,这种情形下为得到更加可信的实证结果,恰当方法的选择显得尤为重要。

第三节 经济学中的政府债务理论

自政府债务出现以来,与之相关的思想和理论就层出不穷。从亚当·斯密、大卫·李嘉图到凯恩斯,再到当今,政府债务理论一直在不断地演进与发展。在这一过程中经济学家关于政府债务经济效应的理论研究始终未能得出一致结论,本节将对不同经济学流派的政府债务理论进行系统全面的阐述,以更好地理解政府债务理论。如前所述,在下面的表述中政府债务与公债是同一的,为保持与原文献一致,本部分的分析中也主要使用公债这一概念。

一、早期的理论

早在中世纪,政府债务的思想就已经出现,许多学者如托马斯·阿奎那、吉恩·博丹、大卫·休谟均阐述了他们的政府债务思想。

阿奎那为经院哲学家,反对借贷与利息,也反对国家举债,认为这将使国家变弱,降低国家威望。作为僧侣和封建主的利益代言人,阿奎那的学说在封建社会兴盛时的西方各国占据统治地位,其关于政府债务的言论表明,反对政府举债的思想在当时处于统治地位。十字军东征后,西欧商品经济日益发达,促进了财政思想的发展。法国财政学者吉思·傅丹以"财政为国家神经枢纽"说明财政的重要性,认为国家应该以国王所有的土地收入、关税收入和赋税收入为主要财源。他还提出,国家应该避免举债,因为公债不仅是导致王室财政崩溃的主要原因,而且影响国民经济的发展。大卫·休谟也反对政府举债,提出"国债亡国论",并指出:"不必未卜先知,就能猜出即将发生的灾难,二者必居其一:不是国家毁了公共信贷,就是信贷毁了国家"(费尔南·布罗代尔,1996)。

二、古典学派的理论

18 世纪后,西欧国家步入自由资本主义时代,这一时期的经济学家大多主张自由竞争,反对国家干预经济。相应地在公债问题上,这一时期的经济学家大多反对国家举债,对公债持否定态度。他们认为,政府支出是非生产性的,国家举债使一部分资本从生产性用途转向非生产性用途,这无益于国民财富的增加和国家的经济增长。

亚当·斯密引申了休谟的公债观点,给予了公债更严厉的批判。亚当·斯密在其名著《国民财富的性质和原因的研究》中专门就公债问题进行论述,其主要观点可概括如下:首先,公债根源于当权者的不节俭,将助长浪费,鼓励奢侈;其次,国家举债使一部分生产性资本转向非生产性用途,这将不利于国家的经济发展;最后,公债会引起通货膨胀,甚至会导致国家破产。

大卫·李嘉图承袭了亚当·斯密的公债理论,同样对公债持否定态度。他将公债比喻成"空前无匹的灾祸",一方面认为,公债的重要负担不仅在于利息的转移,更重要的在于部分生产性资本被公债筹集后用于非生产性领域;另一方面指出,公债的弊病除减少了生产性资本外,还掩盖了真实的情况,让人民不知节俭。

李嘉图提出举债与征税都是政府取得收入的手段,会产生相同的影响,并在《政治经济学与赋税原理》第 17 章中进行了论证。他指出:"如果为了一年的战费支出而以发行公债的办法征集 2000 万英镑,这就是从国家的生产资本中取出了 2000 万英镑。每年为偿付这种公债利息而征课的 100 万英镑,只不过是由付这 100 万英镑的人手中转移到收这 100 万的人手中,也就是由纳税人手中转移到公债债权人手中;政府可通过赋税的方式一次性征收 2000 万英镑,这种情形下就不必每年课征 100 万英镑。但这样做并不会改变这一问题的性质。"这一观点被布坎南称之为"李嘉图等价定理"(Ricadian Equivalence Theorem)。值得指出的是,李嘉图认为举债与征税等效只是在经济上成立,即在有完全远见和理性行为的假定下才成立。

法国经济学家萨伊进一步发展了亚当·斯密的公债思想,尽管萨伊为庸俗经济学的代表人物,但其公债思想确有独特之处。首先,他指出,公债筹集的资金,使一部分民间资本从生产领域转到非生产性消费领域,会导致通货膨胀发生,而且,公债将变成后代的赋税负担。其次,萨伊指出,公债的优点是它能够把意外紧急事件所必需的费用分摊到之后的若干年。"如果公债数额不大,所收到的债款很好地或适当地花费在有益的事业上,就是给那些不懂得好好利用资本的少数人提供投资机会。"

约翰·穆勒是西方经济学说史上里程碑式的重要人物,总结了当时经济学理论的成果,进行了经济学的第一次综合,成为古典学派经济理论体系的集大成者和最终完成者。约翰·穆勒认同亚当·斯密和大卫·李嘉图的公债理论观点,对公债持否定态度,同时进一步发展了亚当·斯密等人的理论,与公债有害论保持了一定的距离。首先,穆勒对公债持否定态度,认为应该减少公债发行,节约政府的财政支出。他指出,公债是为"战争和其他非生产性支出"筹措资金的重要手段,是一种于国不利的财政手段,因为"公债是从资本取出来的借款,所以必定要使国家贫困"(约翰·穆勒,1936)。其次,约翰·

穆勒修改并发展了亚当·斯密等人的公债理论,认为在存在过剩资本的前提下可以发行公债。他指出,如果外债或国内闲置资金作为公债来源,公债将会发挥有利作用。其原因在于"第一是,借入的资本为外国资本,为世界一般性储蓄的剩余(泛滥额)部分;第二是,没有这种投资方法时,所借的这种资本将不会储蓄起来,或在非生产性企业中浪费,或送往外国去投资"。显然,约翰·穆勒的理论观点与其所处的历史背景,如英国资本主义成熟阶段,社会出现闲置或过剩资本等密切相关。

三、凯恩斯学派的理论

凯恩斯反对萨伊供给创造需求的观点,认为社会面临的主要问题是"有效需求不足",主张国家运用赤字财政政策,增加社会有效需求。鉴于发行货币一般容易诱发通货膨胀而得不到民众的支持,凯恩斯认为政府应通过举债进行融资。凯恩斯在其名著《就业、利息和货币通论》中指出,如果社会有效需求不足,政府可通过举债筹集资金,以用于增加有效需求,促进经济增长,而且国债是经济危机时期促进经济增长的最佳政策工具。此外,凯恩斯认为国债不会成为下一代的负担,因为政府举债增加了资本与消费,为后代留下了更多的财富。

阿尔文·汉森在1949年出版的《货币理论与财政政策》指出:"社会收入只有随着生产力的增长而增加,才能保证社会不会面临失业的问题。经常增加失业的社会是无法生存的,政府有义务促进国民收入的经济增长,而且增加国民收入是政府考虑债务问题的必要条件。"他认为在经济衰退时,政府应该实施增加赤字的财政政策,通过扩大国债发行来增加公共支出,刺激宏观经济回升;在经济繁荣时,政府应该削减国债的发行,减少公共支出,实现财政平衡或有所盈余,并以盈余补偿经济衰退时期的赤字。

四、新剑桥学派的理论

新剑桥学派是凯恩斯主义的重要分支,认为自己是正统的凯恩斯主义,其之所以得名是因为其代表人物,比如琼·罗宾逊、斯拉法及卡尔多等均任教于剑桥大学。

该学派认为,当社会有效需求不足时,政府应该扩大开支,以增加有效需求,刺激就业,而由此导致的财政赤字,应该通过发行公债予以弥补。这种公债的存在将提高国家的生产能力,促进经济发展,造福于后代。这是因为由公债得到的资金被投资于公共工程,可为后代建造更多的生产设备、房屋、交通工具以及其他福利设施。

此外,该学派认为国家发行公债的额度应该控制在一定的范围之内,尤其是在社会的就业情况接近充分就业目标时,政府应实行平衡财政政策,用财政盈余清偿债务。就内债而言,中低收入者是债务负担的承担者,而高收入阶层为获利者。这是因为尽管表面上是人民自己偿付自己,但实际上购买政府债券的通常是高收入阶层,尤其是社会中的食利阶层,这造成收入分配的不合理,进一步拉大了贫富差距。

五、新凯恩斯主义的理论

自20世纪80年代起,凯恩斯主义的追随者重建了凯恩斯主义理论体系,形成了新凯恩斯主义。该学派以理性人、理性预期、市场非出清作为假定,为凯恩斯主义构筑了微观基础。

关于公债理论,该学派继承了凯恩斯主义国家干预的思想,拓展了"代际交叠模型",并以此为基础修正凯恩斯主义公债的长期经济效应为负的观点。关于公债的长期经济效应,凯恩斯主义认为尽管短期内公债政策可以促进经济增长,但从长期来看公债的挤出效应,降低了资本存量,降低了资本形成率,不利于长期经济增长。新凯恩斯主义则认为,如果过度积累则经济系统可能出现动态无效,在这种情况下即便从长期来看公债政策仍然能增加社会福利。值得注意的是,尽管在理论上动态无效可能存在,但在现实中未必会出现。此外,新凯恩斯主义从理论上论证了李嘉图等价定理不成立。

六、理性预期学派的理论

理性预期学派从"理性预期""市场连续出清"两个基本假设出发,认为对经济的干预将引起经济的波动,所以主张市场机制的自发调节作用,反对任何形式的国家干预。该学派的公债理论主要体现为巴罗复苏的李嘉图等价定理。巴罗(1974)在《政府债券是净财富吗?》中基于一系列假设,诸如理性预期,个人具有充分的信息和完全的预见能力,人们会关心后代的生活状况因而会留给后代一笔遗产,所有的税收均是一次性总量税,证明了李嘉图等价定理,即政府支出的资金采取征税或者是发行公债来筹集是等价的。他还进一步指出,赤字财政还会给社会经济带来很多危害,财政支出成本太高会导致经济中的资源被政府无效率地使用。

巴罗的分析遭到许多经济学者的批评和质疑,许多人对李嘉图等价定理的假设提出质疑:首先,理性预期假设难以成立,该假设为李嘉图等价定理的核心假设。该假设认为人们可以利用一切可以利用的信息,作出最好的决策,不会犯系统性错误。然而,由于人们的知识水平有限,以及不能获得充分信息,在实际生活中理性预期并不成立。其次,并非所有的父母均会给后代留下资产。鉴于社会在不断发展进步,有些父母可能认为孩子的生活可能会比他们更好,因此这些父母不会给后代留下资产,而是留给后代负资产。再次,就一次性总量税假设而言,在实际生活中,大多数税收通常取决于人们的收入,而并非是一次性总量税,这会对经济产生一定的抑制作用。

尽管理论上有许多理由反对李嘉图等价定理,但判断其是否正确还需要实证研究的检验。从文献上看,针对李嘉图等价定理的实证检验却得到两种截然相反的结果。一些研究反对李嘉图等价定理,如达拉姆格斯(1994)和理奇曼(1996)通过协整方法分析了财政赤字及公债对居民消费的影响,以检验李嘉图等价定理,结果表明李嘉图定理很难成立。本赫姆(Bernheim,1987)对李嘉图等价定理进行实证检验,也认为由于这一定理建立在很多严格的假设条件上,而这些大多是不符合经验观察的,因此在实际中李嘉图等价定理很难成立。但是,还有许多研究支持李嘉图等价定理,如科门迪(1983)基于联立方程的方法考察了国债与居民消费及储蓄的关系,结果表明国债不会对居民消费产生影响。

在针对李嘉图等价定理所进行的一次全面回顾中,道格拉斯(Douglas,1987)得出的结论是:诸多研究表明,赤字与总消费之间存在较强的短期联系。尽管这种情况可以有多种解释,但它至少与传统的(非李嘉图等价定理的)凯恩斯学派的观点相一致。同时,尽管时间序列证据对李嘉图等价定理不利,但还不足以将其推翻。

七、公共选择学派的理论

在公债问题上,公共选择学派的理论既不同于凯恩斯学派,也不同于理性预期学派。公共选择学派主要从征税还是借债这个古典财政选择角度对公债负担问题进行阐述,揭示了公债负担在代际间转移的可能性。该学派反对政府大规模举债,提出"要明确地确立财政账户收支双方的平衡原则来有效地控制公共开支",以此来限制政府规模的膨胀。

该学派的领袖人物布坎南,按照公共选择理论对凯恩斯的赤字财政政策进行了猛烈的抨击,提出了相反的观点。布坎南的公债理论包括以下几点:一是布坎南在《公债的公共原则》一书中提出的观点,即公债是有负担的,但其负担往往不是由现代人的利益"牺牲"承担的,而是转移到了后代子孙身上(Buchanan,1958);二是作为替代税收来筹措公共支出所需资金的公债,会扩大在权衡财政预算决策时成本、收益两方面可能产生的不一致;三是公债会产生财政幻觉,使得个人不会作出适当的计划来履行到期的财政义务;四是公债工具中包括"或有负债因素",会导致人们在某种程度上反对公债制度。

八、供给学派的理论

20世纪70年代,西方发达资本主义国家普遍出现了"滞胀"局面,政府财政赤字庞大,通货膨胀严重,居民税负加重,收入下降,经济进入衰退。面对这种局面,传统的凯恩斯主义经济学无能为力,供给学派应运而生。供给学派推崇萨伊定律,反对凯恩斯学派提出的需求创造供给的理论。该学派没有对公债理论的专门总结及分析,其公债理论散落在供给学派文献的相关论述中,主要包括以下内容:

(一)公债有挤出效应

供给学派认为,在某种程度上公债的增加类似于增税,对私人部门支出具有"挤出效应",对供给没有任何刺激效果。他们指出,依赖增发公债的政府支出膨胀吸取了大量私人储蓄,影响了企业的资本形成率,同时提高了实际利率及私人部门的融资成本。这意味着,效率较低的公共部门挤占了部分私人部门可利用的资源,不利于增加社会供给及促进经济增长。因此,供给学派主张缩减公共债务。

(二)公债是弥补财政赤字的最好手段

供给学派认为,就弥补财政赤字的途径而言,发行公债是较之于增税更为有利和可取的手段。供给学派认为,其减税政策效应在达到"拉弗曲线"所揭示的促使税收收入增加之前肯定有一段滞后时间,因此必然导致财政赤字的出现。但他们认为这种赤字是"增加私人储蓄的赤字",是刺激供给和促进经济增长的必要代价,完全不同于凯恩斯主义的那种故意增加政府开支的、赤字财政政策下的"耗尽私人储蓄的赤字"。对此,供给学派主张通过举债而非征税来弥补赤字。

供给学派一方面认为公债的挤出效应抑制了供给、无助于经济增长,另一方面又认为举债是弥补减税效应滞后所引起赤字的更好手段。可见,供给学派将公债视作为其政策服务的工具。20世纪80年代里根政府执行了该学派的政策主张,但令所有供给学派人士失望的是,美国经济及其宏观管理政策的走向并未像他们所预期的那样发展,财政预算没有出现自偿性平衡,赤字与公债率均有大幅上升。

第四节 政府债务经济效应:理论分析框架

一、理论分析框架

本书以埃尔门多夫和曼昆(Elmendorf & Mankiw,1999)的分析为基础,参考许雄奇(2007)等的研究,同时综合考虑各学派有关政府债务经济效应的理论以及近年来政府债务经济效应的最新理论研究成果,提出一个比较完善和系统的政府债务经济效应的理论分析框架,以期为研究政府债务的经济效应提供理论支撑及逻辑脉络。埃尔门多夫和曼昆(1999)没有对政府债务的通货膨胀效应、货币供给效应等进行分析,相比而言,这里的分析框架改进之处主要表现为补充了图 2-1 中的传导机制③、④、⑤。

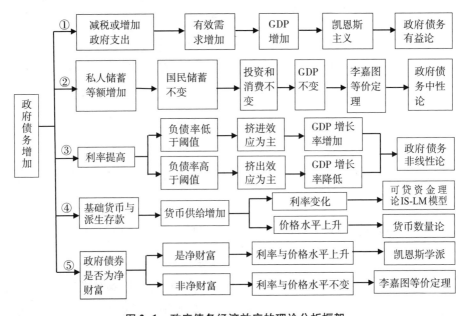

图 2-1 政府债务经济效应的理论分析框架

二、对理论分析框架的说明

（一）对经济增长的影响

政府债务对经济增长影响的理论研究是宏观经济学中备受关注的主题，从古典学派的政府债务有害论到凯恩斯主义的政府债务有益论，再到备受争议的李嘉图等价理论，政府债务对经济增长影响的理论研究一直在不断地演进发展。图2-1中的传导机制①、②、③分别总结了凯恩斯学派、李嘉图等价定理以及阿莱等（Arai et al.，2014）关于政府债务如何影响经济增长的理论思路。

传导机制①总结了凯恩斯主义的政府债务有益论。凯恩斯主义认为，居民消费支出由其拥有的财富或可支配收入决定，当政府为减税或扩大支出而进行举债时，居民财富或可支配收入的增加将导致居民的消费需求与社会总需求增加。根据凯恩斯主义的观点，在短期内商品价格与工资具有粘性，这样总需求的增加导致对生产要素需求的增加，并最终导致产出增加。在产能严重不足时，对总产出的刺激作用将更大。

需要注意的是，从长期来看，增加政府支出、削减税收并不一定具有凯恩斯学派的上述短期效应（Elmendorf & Mankiw，1999）。在长期内，如果私人储蓄的增加不能完全弥补更高赤字引起的公共储蓄下降，将引起投资总额下降。投资总额下降将引致更低的资本存量、更高的利率、更低的劳动生产率和工资，进而导致更低的GDP总量。科克兰（Cochrane，2011）进一步指出，如果公债规模增加引起不确定性增加，公债的不利影响将更大，甚至即使短期内也可能对经济增长产生消极影响。

然而，从长期和短期角度的分析忽略了持续经济衰退会降低未来潜在产出水平这一事实，有证据表明，衰退会对未来的国内生产总值产生持久影响（Cerra & Saxena，2008）。鉴于此，德龙和萨默斯（DeLong & Summers，2012）提出了滞后理论(Hysteresis theory),认为在一定条件下,长期严重的衰退将影响未来潜在产出(即滞后效应)。低迷经济中滞后效应的存在,紧缩性政策可能是非生产性的,不利于长期财政平衡,而刺激性政策则与之相反。因此,不论长期还是短期政府支出都对产出有积极影响,该理论表明低经济增长导致高政府债务。

李嘉图等价定理对上述传统观点提出质疑,传导机制②为对其理论思路的总结。李嘉图等价定理从经济效应角度看,认为政府的融资方式——税收和借款是等价的,因为当前的负债即是未来的税收。该观点由李嘉图在《政治经济学及赋税原理》中首次提出,后由巴罗(1974)仔细论证后复活,引起理论界的激烈争论。如下的数学表述常被用于证明李嘉图等价定理,代表性家庭的消费受(2-3)式约束:

$$\int_{t=0}^{\infty} e^{-R(t)} \, C(t) \, dt \leqslant K(0) - B(0) + \int_{t=0}^{\infty} e^{-R(t)} \left[\, W(t) - T(t) \, \right] dt \quad (2\text{-}3)$$

其中, $C(t)$ 表示 t 时刻的消费, $W(t)$ 表示 t 时刻的劳动收入, $T(t)$ 表示 t 时刻缴纳的税收; $K(0)$ 为 0 时刻持有的资本, $B(0)$ 为 0 时刻持有的政府债务。即有:

$$\int_{t=0}^{\infty} e^{-R(t)} \, C(t) \, dt \leqslant K(0) - B(0) + \int_{t=0}^{\infty} e^{-R(t)} \, W(t) \, dt - \int_{t=0}^{\infty} e^{-R(t)} \, T(t) \, dt$$

$$(2\text{-}4)$$

政府同样受预算约束,需要满足:

$$\int_{t=0}^{\infty} e^{-R(t)} \, G(t) \, dt \leqslant B(0) + \int_{t=0}^{\infty} e^{-R(t)} \, T(t) \, dt \qquad (2\text{-}5)$$

其中, $G(t)$ 表示政府 t 时刻的支出总额。若将(2-5)式代入(2-4)式可得:

$$\int_{t=0}^{\infty} e^{-R(t)} \, C(t) \, dt \leqslant K(0) + \int_{t=0}^{\infty} e^{-R(t)} \, W(t) \, dt - \int_{t=0}^{\infty} e^{-R(t)} \, G(t) \, dt$$

$$(2\text{-}6)$$

(2-6)式表明,进入家庭预算约束的仅为政府购买现值,税收和举债均未进入,所以在任何时刻都没有必要区分政府是通过税收还是债券为其支出进行融资。同理,因为投资等于资产减去总消费和政府购买,因此影响资本积累的是政府购买而非税收。可见,只有政府支出会影响经济,而融资方式是采用税收还是举债则对经济并无影响。

根据李嘉图等价定理,私人储蓄的增加额等于政府储蓄的减少额(即财政赤字增加的数量),因此国民总储蓄保持不变,不需要进一步的调整(Barro,1974)。其传导机制在于:政府举债引起私人储蓄等额增加,若政府支出保持不变,则居民消费不变,也没产生国民收入增加的乘数效应,于是 GDP 不变。因此,政府举债增加对经济没有任何影响。

传导机制③总结了政府债务非线性论的逻辑思路。欧债危机发生后,许多学者针对政府债务与经济增长关系的实证分析发现,两者间存在非线性关系,并不是简单的正相关或者负相关关系。然而,与此相关的理论研究却较为缺乏,没有一个较好的模型可以形成债务与经济增长间的倒 U 型关系(Greiner,2012),没有发现任何增长模型可给出政府债务临界值点(Panizza & Presbitero,2013)。通过将政府部门引入库尼达和施巴特(Kunieda & Shibata,2016)的动态一般均衡模型,阿莱等(2014)的分析为政府债务对经济增长非线性影响这一实证结论提供了理论依据。根据传导机制③可以看出,政府债务非线性论的逻辑思路:政府债务增加→利率提高→低生产率个体退出生产而高生产率个体获得更多生产资源→挤出效应与挤进效应出现。如果政府债务负债率低于阈值,挤进效应占主导,政府债务规模增加使得经济增长率提高;反之,如果政府债务负债率高于阈值,挤出效应占主导,政府债务规模增加则降低经济增长率。

下面对阿莱等(2014)的模型进行简要阐述。假定经济系统中总人口不变,每个个体可以无限期存在,且既是消费者又是生产者。由于生产率的冲击,仅具有较高生产率的个体从事一般性商品生产。每一期个体有两种储蓄方式:其一是在金融中介储存其财富,$t-1$ 期存储 1 单位一般商品,t 期将获得

r_t 单位一般商品;其二是用于投资进行生产,$t-1$ 期存储 1 单位一般商品,t 期将获得 $A \Phi_{t-1}$ 单位一般商品,其中 A 为常数,Φ_{t-1} 为生产率是随机事件 w_{t-1} 的函数。在每一期个体都会受到异质的生产率冲击,在 t 期个体决定是否要进行投资时仅知道 t 期之前的生产率冲击情况 $w^{t-1} = \{w_0, w_1, \cdots, w_{t-1}\}$ 以及相应的生产率 $\Phi^{t-1} = \{\Phi_0, \Phi_1, \cdots, \Phi_{t-1}\}$。基于上述假设,每一个体在 t 期面临的最大化问题如下:

$$\max U_t = E\Big[\sum_{s=t}^{\infty} \beta^{s-t} \ln c_s(w^s) \mid \Phi^t(w^t)\Big]$$

$$\text{s.t.} \ k_s(w^s) + b_s(w^s) = [A \Phi_{s-1}(w_{s-1}) k_{s-1}(w^{s-1}) + r_s b_{s-1}(w^{s-1})](1 - \tau_s) - c_s(w^s)$$

$$b_s(w^s) \geqslant -\lambda \alpha_s(w^s), k_s(w^s) \geqslant 0 \tag{2-7}$$

其中,$k_s(w^s)$ 表示个体在 s 期进行的投资;$b_s(w^s)$ 表示个体在 s 期的信贷;$\alpha_s(w^s)$ 表示个体的储蓄;$\lambda \in [0,1)$ 表示金融市场的完备程度。个体可以从金融部门获得贷款,但面临信贷约束。异质性生产率冲击($\Phi_{t-1}(w_{t-1})$)是私人信息,个体下一期的产出具有不确定性,因此金融部门依据个体持有的净资产给予个体信贷额度。

政府面对的预算约束如下:

$$B_t = r_t B_{t-1} + E_t - T_t \tag{2-8}$$

其中,B_t 与 T_t 分别表示 t 期的政府债券发行额与税收收入;E_t 表示政府支出,而且每期政府支出占 GDP 的份额不变,即 $E_t = \theta Y_t, \theta \in [0,1)$。每一期政府都会调整税率 T_t,由于 θ 为常数,通过控制税率以维持财政可持续等价于控制财政盈余。

金融部门吸收存款,并向投资者提供贷款或者购买政府债券。金融部门的各个企业之间是完全竞争的,因此金融中介并不能获得利润。金融部门利用其超额储蓄资金购买政府债券,即:

$$B_{t-1}^d = \int_{\Omega^t} b_{t-1}(w^{t-1}) d P^t(w^{t-1}), w^{t-1} \in (\Omega^t, F^t, P^t) \tag{2-9}$$

因此,政府债券市场出清意味着:

$$B_{t-1} = \int_{\Omega^t} b_{t-1}(w^{t-1}) \, d\, P^t(w^{t-1}) \tag{2-10}$$

根据对经济主体的以上假设,在市场出清时可得到经济增长率方程如下:

$$\frac{Y_{t+1}}{Y_t} = \frac{\beta A(1-\theta)\,F(\Phi_t)}{1-\mu-\beta[\,G(\Phi_t)-\mu\,]} \tag{2-11}$$

若 $t-1$ 期发行的政府债券额增加,政府将提高利率 r_t 让债券市场出清,这将使得 Φ_t 增加,一方面,将导致 t 期投资者减少,总投资额可能减少,t 期总产出可能减少,这体现为(2-11)式中的 $F(\Phi_t)$ 减少。另一方面,Φ_t 增加,导致 t 期低生产率个体不再从事生产活动,高生产率个体的信贷约束放松,将获得更多的生产资源,可以增加投资,因此 t 期产出存在增加的可能,这体现为 (2-11)式中的 $G(\Phi_t)$ 增加。上述分析表明,政府债务的增加,既产生挤出效应,又产生挤进效应,这样经济增长率既可能提高也可能降低,那么经济增长率会如何变化? 基于如下技术假设:$\beta F(G^{-1}(\mu)) > G^{-1}(\mu)(1-\mu)$,阿莱等(2014)证明,存在负债率水平 $(B/Y)^*$ 如下:

$$(B/Y)^* = \beta(1-\theta)(G(\Phi^*)-\mu)/[\,1-\mu-\beta(G(\Phi^*)-\mu)\,] \tag{2-12}$$

当 $\dfrac{B_t}{Y_t} \in [\,0, (\dfrac{B}{Y})^*\,]$ 时, $\dfrac{Y_{t+1}}{Y_t}$ 随着 $\dfrac{B_t}{Y_t}$ 的增加而增加;当 $\dfrac{B_t}{Y_t} \in [\,(\dfrac{B}{Y})^*,$ $\dfrac{\beta(1-\theta)}{1-\beta}\,]$ 时, $\dfrac{Y_{t+1}}{Y_t}$ 随着 $\dfrac{B_t}{Y_t}$ 的增加而降低。这表明 $\dfrac{B_t}{Y_t} = (\dfrac{B}{Y})^*$ 时,经济增长率达到最大值。

(二)对货币供给的影响

货币供给量应该满足流通所需要的货币必需量,如果货币供给量等于货币需求量则货币市场处于均衡状态,货币政策的目标之一就是通过调节货币供给量使之符合经济稳定增长的要求。为满足经济流通的需要,中央银行发行基础货币,形成流通中的现金及商业银行的原始存款。现代商业银行的运行机制致使商业银行在持续的存贷业务中,经由货币乘数的作用,产生数倍于原始存款的派生存款,从而形成了数倍于基础货币的货币供给量。中央银行正是通过对基础货币的控制以及对派生存款的影响来影响货币供应量以实现相应的政策目标。

如传导机制④所示,政府债务对货币供给量的影响也是通过其对基础货币和派生存款的影响而实现的,国内学者如倪志良和赵春玲(2001)、彭志远(2004)、李中义(2013)等对此进行了分析。其中,倪志良和赵春玲(2001)、彭志远(2004)分析了不同应债主体购买国债对货币供给量的影响:当居民等非银行部门作为应债主体时,国债对货币供给量的影响是中性的;当商业银行作为应债主体时比较复杂,若商业银行用超额准备金购买国债则会增加货币供应量,若商业银行动用信贷资金来购买国债则对货币供给没有影响;当中央银行直接购买国债时,相当于直接向中央银行透支,因而多数国家都禁止这种行为。李中义(2013)从发行、流通、偿还三个角度探析国债对货币供给量的影响,指出在发行、流通及偿还的过程中,中央银行购买国债、商业银行以准备金或以来自中央银行的再贷款购买国债,都会引起货币供给量的增加;商业银行通过收回贷款购买国债、非银行部门买国债,都不会影响货币供给;国家以税收偿付债务时,对中央银行的偿还会引起货币的收缩效应,而对其他部门的偿还呈现中性效应。

(三)对通货膨胀的影响

价格水平如何决定或者说通货膨胀水平由什么决定?这是经济学理论界、政府部门尤其是中央银行特别关注的问题。传导机制④、⑤分别总结了不同经济理论下政府债务对价格水平的影响。

弗里德曼认为,"通货膨胀总是,而且永远是一个货币现象"。根据传导机制④,政府债务增加引起经济中的货币供给量增加,而依据货币数量论,货币供给量决定价格水平,货币供给量的增加将提高价格水平。此外,依据凯恩斯主义的观点,货币供给增加将引起总需求曲线右移,进而可能导致需求拉动的通货膨胀。

对于传导机制⑤,根据李嘉图等价定理,政府债券并不是净财富,因为政府举债只不过是征税的延迟,居民会等额地增加储蓄以应对将来的税收。如果政府通过举债融资取代税收融资,持有公债的消费者会认为自己的资产(财富)增加了,消费支出将增加,就会产生扩张性效应(Patinkin,1989),从而引发通货膨胀。根据凯恩斯主义的理论,如果资源没有充分利用,预算赤字的增加就会对总需求具有正效应。总需求的扩张通过乘数效应增加国民收入,货币交易需求随之增加,央行将不得不适应货币需求的变化而增加货币供给,从而提高价格水平。

巴罗(1974)则认为,公债不是净财富,在政府财政支出不变的情况下,债务融资与税收融资的相对数额变化,对利率、资本形成、总需求以及总产出都没有影响。这样,政府债务增加对货币供给和价格水平都没有影响。

(四)对利率的影响

政府债务对利率的影响,是指由政府举债而引起的市场利率波动。理论上,政府债务与利率的关系问题远未达成一致,不同学派的学者持有不同的观点。如传导机制⑤所示,根据凯恩斯学派的观点,政府债务举债导致利率水平上升;然而根据李嘉图等价定理,政府举债对利率没有影响。

根据凯恩斯的流动性偏好理论,利率由既定条件下的流动性偏好和货币数量决定,货币的供求关系决定利率水平。政府通过债务融资为积极的财政政策提供资金,刺激总需求并增加产出,居民收入增加,进而导致货币需求增加,利率水平提高。然而,如果经济处于流动性陷阱这一特殊情形,政府举债并不影响利率水平。

根据李嘉图等价定理,政府债务不存在利率效应。罗伯特·J.巴罗在《政府债券是净财富吗?》中提出著名的无限期界模型,根据利他动机函数分析指出,第 t 代的效应不仅取决于自身在劳动期中的消费和退休后的消费,还取决于第 $t+1$ 代的消费,从而界定了国债引发的即期减税和远期纳税之间的关系,以及现在消费与将来消费间的替代关系。在特定的假定下,该模型表明政府举债带来的收入将全部被用于储蓄,这样,国民总储蓄不变,政府债务对利率水平无影响。

然而根据传导机制④,很难判断政府举债对利率的影响。这是因为根据可贷资金理论,政府举债导致资金需求增加,而同时也会使货币供给量增加,因此很难判断利率的变化方向。根据 IS-LM 模型,政府积极的财政政策引起 IS 曲线右移,货币供给量的增加导致 LM 曲线也右移,同样不能判断利率的变化方向。

此外,政府债券利率的变动会扩散到整个利率体系,引导金融资源的配置。因此,政府债券的利率具有较强的示范和基准作用,对中央银行进行宏观金融调控具有良好的参考作用,这也是中央银行买卖政府债券以进行公开市场操作影响市场利率的重要原因。

三、实证研究安排

(一)基本研究

本书有关政府债务经济效应的实证研究主要基于上述理论分析框架展开,实际上,在政府债务经济效应的范畴之下还有众多其他议题,例如,政府债务与投资、政府债务与消费等。但是,正如前面文献综述所指出的,政府债务经济效应是一个经历了较长时期发展的研究热点,部分议题已有大量研究,暂时很难作出较有创新意义的拓展研究,另有部分议题受数据、资料及研究时间制约,无法取得有突出学术价值与实践意义的成果。

基于此,本书在探讨政府债务经济效应时,重点探讨了四方面内容:(1)政府债务对经济增长的影响,经济增长是一国或地区经济最为关注的中心议题,政府债务与经济增长的关系是政府债务经济效应研究的首要课题,值得深入探讨;(2)政府债务对货币供给的影响,金融是经济的血液,货币供应是社会流动性的关键指标,探讨政府债务对货币供给影响,可以弄清政府债务对社会资金流动的现实作用机制;(3)政府债务对通货膨胀的影响,价格机制是实现市场均衡的基本机制,价格体系在一国或地区经济中居于重要位置,所以各国普遍将通货膨胀作为宏观经济调控特别是货币政策的重要目标之一,探讨政府债务对通货膨胀的影响有着明显的理论与实际意义;(4)政府债务对利率的影响,利率是调节资金供需平衡的重要手段,是金融活动中最核心的指标之一,利率变化对社会流动性变化及投资、消费等都有巨大影响,进而将影响经济增长,探讨政府债务对利率的影响,可以厘清政府债务对货币或金融资产价格的影响机理。

(二)补充研究

在上述政府债务对经济增长、货币供给、通货膨胀和利率的影响这四块基本研究之外,本书还开展了一项补充研究,即人口结构、储蓄率与政府债务关系的研究。

由于人口老龄化的现象越来越明显,国外学者关于人口结构对政府债务和储蓄的影响研究颇多,国内学者在借鉴国外先进经验的基础上,也取得了不少成果。政府债务是衡量财政可持续性的重要指标,关注人口结构对其的影响有助于防范政府债务风险,维持经济平稳健康发展,具有重要的理论与实际意义。具体来说,国内外文献关于人口结构对政府债务影响的研究多集中于老龄化分析,主要有如下三个角度:(1)基于世代交叠模型(OLG)的分析。例如,欧诺(Ono,2003)运用世代交叠增长模型分析社会保障政策下政府债务的情况,认为人口老龄化增大了社保支出,政府将发行更多债务以弥补财政缺口。(2)基于债务危机决定因素的分析。例如,兰朵尔和苏克(Randall & Suk,2015)的研究指出,在OECD国家中,老年抚养比对债务会产生显著正向作用,而在一些发达程度较弱的国家中,这种影响不显著,可能是因为不同发展阶段国家老龄化和债务所处水平不同。(3)定性分析。在历史公共债务水平较高的发达经济体中,由人口老龄化所带来的支出已成为影响政府债务可持续性的重要因素(Nelson,2013)。

国外经济学家关于人口结构对储蓄的影响研究开始较早,理论方面以美国经济学家莫迪利安尼(Modigliani,1954)等人提出的生命周期消费理论为代表。该理论认为,人口的年龄分布会对总储蓄产生重要作用,即社会中少儿和老年人口占比大时,消费倾向就越高,储蓄倾向就越低;相反,劳动人口占比更大时,储蓄倾向就会越高。此后,有大量研究探讨人口结构对储蓄的影响,如勒福(Leff,1969、1971)、拉姆(Ram,1982)等。但总的来看,分析人口结构对储蓄率的影响尚无一致结论,这个问题还有待继续探索和研究。

综上所述,深入探讨人口结构对储蓄率、政府债务的影响具有重要的理论与实际意义。特别是中国作为一个发展中人口大国,老龄化问题日益严重,人口结构的这种变化势必对储蓄率产生影响,也将对政府财政收支活动产生巨大影响,从而影响政府举债行为。深入探讨人口结构变化对我国储蓄率与政府债务的短期影响与长期影响,对更好地应对人口老龄化问题和跨越中等收入陷阱具有重要的参考意义。因此,第七章试图对人口结构、储蓄率与政府债务三者的影响关系进行实证研究。

第三章　政府债务的经济增长效应分析

第一节　政府债务与经济增长

政府债务与经济增长的关系一直是宏观经济研究的重要课题。尤其在2008年国际金融危机爆发后,全球经济疲软,许多国家实施积极的财政政策以刺激经济,导致政府债务迅速膨胀,引发了各界对政府债务扩张后果和财政可持续性的广泛担忧。如何在降低政府债务规模的同时又确保经济持续增长,已成为各国政府面临的重要政策性难题之一。在此背景下,探究政府债务与经济增长的关系不仅具有重要的理论价值,而且具有明显的实际意义。

改革开放后,我国政府债务规模急速增加。然而,近年来全球经济疲软,致使我国出口减少,经济增长放缓。在此背景下探究我国政府债务对经济增长的影响具有重要意义。为此,在现有研究的基础上,本章从两个层面实证分析政府债务与经济增长的关系:一是为得到更加全面、稳健的结果,基于包括中国在内20个国家的数据,分析政府债务与经济增长的因果关系;二是针对政府债务有益论、有害论及中性论三种观点,实证探究改革开放以来我国政府债务对经济增长的作用。

本章研究的贡献主要在于以下两点:首先,现有文献大多从理论角度阐述政府债务与经济增长的因果关系,实证分析较少且未得到一致结论,本章采用前沿的线性和非线性因果检验方法,从静态和动态两个角度实证分析两者的因果关系,而且这里的检验方法采用了自助技术处理异方差问题,克服了传统因果检验方法的不足,可得到更加可信的结果;其次,采用 ARDL 方法,从政府债务对单位劳动产出影响的角度,分析政府债务对经济增长的影响,有效地克服了同类研究中普遍存在的样本容量较小及检验偏误问题。

第二节　国际视角下的因果关系检验

研究政府债务与经济增长之间是否存在因果关系,具有重要的政策意义,特别是在降低政府债务规模这个问题上更是如此。如果经济增长影响政府债务水平,就不能简单地通过削减政府债务水平以实现降低政府债务规模的目的。这是因为削减债务水平势必将降低经济增长率,同时如果经济增长率降低,又将反过来导致债务水平提高。

一、理论分析

第二章中阐述了政府债务影响经济增长的机理,从影响结果来看,可分为政府债务有害论、政府债务有益论、政府债务中性论以及由阿莱等(2014)提出的政府债务非线性论。然而根据经济理论,经济增长同样会影响政府债务水平。在经济增长率比较高的情况下,政府债务规模具有下降趋势,这源于以下两方面原因:其一,由于财政收入增加,政府不需要大规模借债即可维持财政支出,甚至还可以偿还部分债务,这使得"政府债务/GDP"比值的分子变小;其二,经济增长率较高意味着 GDP 增大,这使得"政府债务/GDP"比值的分母变大。因此,较高的经济增长率有助于降低政府债务水平。反之,在经济增长率比较低的情况下,政府债务规模具有上升趋势。原因在于,如果经济不景气,税收收入减少致使政府财政收入减少,而由于失业率提高,政府的转移支付以及社会安全支出将会增加,这样财政收入减少,支出增加,引起财政赤字增加,必然导致政府债务规模上升。因此,经济增长与政府债务之间存在因果关系,不仅经济增长会影响政府债务水平,政府债务也会影响经济增长。

二、研究方法

(一)LM 内生突变单位根检验

为避免伪回归(Spurious Regression)问题,单位根检验已成为分析时间序列不可或缺的方法。在实证研究中,ADF 检验是最为常用的单位根检验方法。但 ADF 检验假定数据生成过程(DGP)不发生结构变化,没有考虑结构断点问题。然而在现实中,发展规划、体制改革、经济危机等因素的冲击可能导致 DGP 发生结构突变。结构突变的存在将导致传统单位根检验的有效性降低,过度地接受存在单位根的假设(Perron,1989)。为此,本书除应用 ADF 检验外,还将采用李和斯特拉齐司克(Lee & Strazicich,2003、2013)的内生突变单位根检验方法(LM 单位根检验)检验样本序列的平稳性。这里简要介绍LM 单位根检验,假定样本序列 y_t 的 DGP 如下:

$$y_t = \delta' Z_t + X_t, X_t = \beta X_{t-1} + \varepsilon_t \tag{3-1}$$

其中, Z_t 为外生变量向量, δ 为系数向量, $\varepsilon_t \sim iidN(0,\sigma^2)$ 。李和斯特拉齐司克(2003、2013)给出了两类检验模型:(1)截距发生突变(Model A),对单突变 $Z_t = [1,t,D_{1t}]'$,对双突变 $Z_t = [1,t,D_{1t},D_{2t}]'$,其中 $D_{it} = 1(t > TB_i)$, $1(\cdot)$ 为示性函数, TB_i 为突变时间;(2)截距与趋势均发生突变(Model C),对单突变 $Z_t = [1,t,D_{1t},DT_{1t}]'$,对双突变 $Z_t = [1,t,D_{1t},D_{2t},DT_{1t},DT_{2t}]'$,其中 $DT_{it} = 1(t > TB_i)(t - TB_i)$, $i = 1,2$。LM 单位根检验的统计量可由(3-2)式得到:

$$\Delta y_t = \delta' \Delta Z_t + \phi \widetilde{S}_{t-1} + \sum_{i=1}^{k} \gamma_j \Delta \widetilde{S}_{t-j} + u_t \tag{3-2}$$

式中 $\widetilde{S}_t = y_t - \widetilde{\psi}_x - Z_t \widetilde{\delta}$, $t = 2,\cdots,T$, $\widetilde{\delta}$ 为 Δy_t 对 ΔZ_t 回归所得系数估值,

而 $\widetilde{\psi}_x = y_1 - Z_1\widetilde{\delta}$。依据 LM 原理,存在单位根的虚拟假设可表述为 $\phi = 0$。LM 检验统计量 τ 即为假设 $\phi = 0$ 的 t 统计量。突变时间 $TB = (TB_1, TB_2)$ 或 $TB = TB_1$,依据(3-3)式选择,即利用格点搜索(Grid Search)法内生选择突变位置 $\widetilde{\lambda} = (\lambda_1, \lambda_2)$ 或 $\widetilde{\lambda} = \lambda_1$,进而选择突变时间:

$$\inf\tau(\widetilde{\lambda}) = \inf_{\lambda}\tau(\lambda), \lambda = TB/T \tag{3-3}$$

(二)杠杆自助的 TY 因果检验

向量自回归(VAR)模型是计量经济学中应用最为广泛的模型之一。然而,帕克和菲利普斯(Park & Phillips,1989)、西姆斯等(Sims et al.,1990)的研究指出,对于非平稳变量,传统的渐进理论不可应用于水平 VAR 模型的假设检验中。VAR 框架下非平稳变量的因果检验,可分为"基于差分型 VAR 形式的因果检验"和"基于 VECM 形式的因果检验"两类①,其中前者适用于同阶单整且不存在协整关系的变量间,后者适用于同阶单整且存在协整关系的变量间。在大多数应用中,通常不知道变量的单整阶数及变量彼此间是否存在长期均衡关系。因此,因果检验前需要进行预检验(包括单位根检验与协整检验),这可能会带来预检验偏差②,而且差分型 VAR 模型将丢失长期推动信息。

托达和雅马莫托(Toda & Yamamoto,1995)提出滞后期扩展 VAR 模型的格兰杰因果检验(TY 因果检验)方法,该方法通过扩展模型的滞后阶数,以实现渐进理论的有效性。

考虑如下 VAR 模型:

---

① 陈雄兵和张宗成(2008)对这两种情形下的因果检验进行了详细的阐述,有兴趣的读者可以阅读该文。

② Toda & Yamamoto(1995)对预变量的单位根检验以及变量间是否存在长期关系的协整检验中存在的问题作出说明,在此不做过多阐述。

$$y_t = c + A_1 y_{t-1} + \cdots + A_p y_{t-p} + A_{p+1} y_{t-p+1} + \cdots + A_{p+d} y_{t-p+d} + \varepsilon_t \quad (3-4)$$

其中,p 为 VAR 模型的最优滞后阶数,d 为变量的最大单整阶数;$y_t = (y_t^1, \cdots, y_t^n)'$,$c = (c_1, \cdots, c_n)'$,$\varepsilon_t = (\varepsilon_{1t}, \cdots, \varepsilon_{nt})'$,均为 n 维列向量,A_i 为 $n \times n$ 矩阵。虚拟假设 H_0:向量 y_t 的第 k 个元素不是第 m 个元素的格兰杰原因,即:

$$H_0:矩阵 A_s 第(m,k) 个元素 a_{mk}^s 为 0,s = 1,\cdots,p \quad (3-5)$$

为了表述方便,这里采用卢特克波尔(Lütkepohl,1993)的定义,将(3-4)式表述为如下紧凑形式:

$$Y = BZ + \varepsilon \quad (3-6)$$

其中,$Y = (y_1, \cdots, y_T)$,$B = (c, A_1, \cdots, A_{p+d})$,$Z_t = (1, y_t', y_{t-1}', \cdots, y_{t-p-d+1}')'$,$Z = (Z_0, \cdots, Z_{t-1})$,$\varepsilon = (\varepsilon_1, \cdots, \varepsilon_T)$。相应地,虚拟假设可重新表述为:

$$H_0 : C\beta = 0 \quad (3-7)$$

如下的 MWald 统计量可用于检验虚拟假设:

$$MWald = (C\beta)'[C(ZZ' \otimes S_u)C'](C\beta) \sim \chi^2(p) \quad (3-8)$$

其中,$\beta = vec(\hat{B})$,vec 表示列拉直算子;$\otimes$ 表示 Kronecker 积;$S_u = \hat{\delta}\hat{\delta}'/T$ 表示协方差矩阵。当误差项服从标准正态分布时,(3-8)式中的 MWald 统计量服从自由度为 p 的 χ^2 分布,如果拒绝虚拟假设,那么向量 y_t 的第 k 个元素是第 m 个元素的格兰杰原因。

然而,哈克尔和哈特米-J(Hacker & Hatemi-J,2005)通过蒙特卡洛模拟发现,当误差项不满足正态假定或者存在条件异方差时,MWald 统计量会过度拒绝虚拟假设。为此,哈克尔和哈特米-J(2006)建议使用基于杠杆自助技术修正的 TY 因果检验方法,其检验步骤如下:

第一步,在虚拟假设 $H_0:C\beta = 0$ 约束下估计(3-6)式,得到系数估计值 $\hat{B}$ 及相应的残差序列 $\hat{\varepsilon}$。

第二步,对 $\hat{\varepsilon}$ 进行杠杆调整,得到优化残差序列 $\hat{\varepsilon}^m$,即:

$$\hat{\varepsilon}_{it}^m = \hat{\varepsilon}_{it} / \sqrt{1 - h_{it}}, \ i = 1,2 \tag{3-9}$$

其中, h_{it} 表示 h_i 的第 t 个元素, $h_1 = diag(V_1 (V'_1 V_1)^{-1} V'_1)$, $h_2 = diag(V (V'V)^{-1} V')$。为定义 V_1 和 V,令 $Y_{-p} = (y_{1-p}, \cdots, y_{T-p})$, $Y_{i,-p}$ 为矩阵 Y_{-p} 第 i 行元素, $V = (Y'_{-1}, \cdots, Y'_{-p})$, $V_i = (Y'_{i,-1}, \cdots, Y'_{i,-p})$。

第三步,对 $\hat{\varepsilon}^m$ 进行有放回的随机抽样得到残差序列 $\hat{\varepsilon}^{**}$,将 $\hat{\varepsilon}^{**}$ 中心化得到零均值残差序列 $\hat{\varepsilon}^*$,基于(3-10)式生成自助数据 Y^*:

$$Y^* = \hat{B}Z + \hat{\varepsilon}^* \tag{3-10}$$

第四步,以 Y^* 为样本数据,依据(3-8)式计算虚拟假设下 MWald 统计量的值。

第五步,将第三步与第四步重复进行 B 次,获得 MWald 统计量的经验分布,找出 α 显著性水平下 MWald 统计量对应的临界值 C_α。

第六步,将原始数据下真实的 MWald 统计量与 C_α 比较,如果大于 C_α 则拒绝不存在格兰杰因果关系的虚拟假设。

（三）非线性因果检验方法

近年来,越来越多的研究表明,经济变量间存在复杂的非线性关系,对变量间线性因果关系的检验可能因为忽略实际存在的非线性关系而出现显著偏差。因此,本书采用佩古茵-菲索拉等（Peguin-Feissolle et al.,2013）提出的非线性因果检验方法,针对变量间函数关系未知的情况,该方法通过泰勒展开式将非线性检验问题线性化,进而检验非线性因果假设。假设 $\{y_t\}$ 和 $\{x_t\}$ 均为弱平稳、遍历的时间序列过程,且两变量间具有如下的非线性关系:

$$y_t = f_y(y_{t-1}, \cdots, y_{t-p}, x_{t-1}, \cdots, x_{t-q}; \theta) + e_{yt} \tag{3-11}$$

其中，θ 为系数向量，$e_{yt} \sim iid(0, \sigma^2)$，函数 f_y 的形式未知，但假定其充分描述了 $\{y_t\}$ 和 $\{x_t\}$ 的关系。在上述框架下，x 不是 y 的格兰杰原因，即为：

$$f_y(y_{t-1}, \cdots, y_{t-p}, x_{t-1}, \cdots, x_{t-q}; \theta) = f^*(y_{t-1}, \cdots, y_{t-p}; \theta^*) \qquad (3-12)$$

由于函数具体形式未知，为进行非线性因果检验，通过泰勒展开得到 (3-11) 式的 k 阶 Taylor 序列，然后合并同类项，得到：

$$y_t = \phi_0 + \sum_{j=1}^{p} \varphi_j y_{t-j} + \sum_{j=1}^{q} \varphi_j x_{t-j} + \sum_{j_1=1}^{p} \sum_{j_2=j_1}^{p} \phi_{j_1 j_2} y_{t-j_1} y_{t-j_2} + \sum_{j_1=1}^{p} \sum_{j_2=j_1}^{q} \delta_{j_1 j_2} y_{t-j_1} x_{t-j_2} +$$

$$\sum_{j_1=1}^{q} \sum_{j_2=j_1}^{q} \varphi_{j_1 j_2} x_{t-j_1} x_{t-j_2} + \cdots + \sum_{j_1=1}^{p} \sum_{j_2=j_1}^{p} \cdots \sum_{j_k=j_{k-1}}^{p} \phi_{j_1, \cdots, j_k} y_{t-j_1}, \cdots, y_{t-j_k}$$

$$+ \sum_{j_1=1}^{q} \sum_{j_2=j_1}^{q}, \cdots, \sum_{j_k=j_{k-1}}^{q} \varphi_{j_1, \cdots, j_k} x_{t-j_1}, \cdots, x_{t-j_k} + u_t \qquad (3-13)$$

为了便于表述，将 (3-13) 式写为如下形式：

$$y_t = \beta' z_t + u_t \qquad (3-14)$$

其中，$u_t = e_{yt} + R_k(y_t, x_t)$，$R_k(\cdot)$ 表示泰勒展开式的余项，(3-14) 式包含 x 和 y 所有滞后项的组合。虚拟假设 x 不是 y 格兰杰原因的检验问题可转化为线性检验问题，即 (3-13) 式中包含 x 滞后项部分的系数均为 0。此时，虚拟假设可表示如下：

$$H_0 : \begin{cases} \varphi_j = 0, j = 1, \cdots, q \\ \delta_{j_1 j_2} = 0, j_1 = 1, \cdots, p_1, j_2 = 1, \cdots, q \\ \varphi_{j_1 j_2} = 0, j_1 = 1, \cdots, q_1, j_2 = j_1, \cdots, q \\ \cdots\cdots \\ \varphi_{j_1 \cdots j_k} = 0, j_1 = 1, \cdots, q_1, j_2 = j_1, \cdots, q, \cdots, j_k = j_{k-1}, \cdots, q \end{cases} \qquad (3-15)$$

上述虚拟假设可由如下 Wald 统计量进行检验：

$$Wald = (R\hat{\beta})' (R\hat{\varphi} R')^{-1} (R\hat{\beta}) \qquad (3-16)$$

其中，R 为相应的选择矩阵，$\hat{\varphi}$ 为 $\hat{\beta}$ 的协方差矩阵。若同质性假设成立，标准的 Wald 统计量可用于检验虚拟假设；如果存在异质性，标准的 Wald 检验通常会错误地拒绝虚拟假设(Vilasuso,2001)。为此,帕夫里迪斯等(Pavlidis et al.,2013)对若干异方差校正方法进行分析后发现,麦金农和怀特(MacKinnon & White,1985)的 HCCME(Heteroskedasticity-Consistent-Covariance-Matrix Estimator)方法与 FDWB(Fixed Design Wild Bootstrap)方法可很好地处理异方差问题,而且进一步指出,FDWB 方法更具吸引力。为此,本书将采用 FDWB 方法进行检验,其步骤如下:

第一步,在虚拟假设条件下估计(3-14)式,得到系数估计值 $\hat{\beta}$ 和残差 $\hat{u}_{it}$。

第二步,基于(3-17)式生成自助样本数据:

$$y_t^b = \hat{\beta} z_t + \varepsilon_t^b \tag{3-17}$$

其中,$\varepsilon_t^b = \hat{u}_{it} * \eta_t$,$\eta_t$ 为与原始数据无关的随机变量,与其他 WB 方法不同,FDWB 使用 Rademacher 分布,即 η_t 取值为 1 或 -1,且 $p(\eta_t = 1) = p(\eta_t - 1) = 0.5$。

第三步,以第二步生成的数据为样本,依据(3-16)式计算虚拟假设下 Wald 统计量的值。

第四步,将第二步与第三步重复进行 B 次,获得 Wald 统计量的经验分布,找出 α 显著性水平下 Wald 统计量对应的临界值 c_α。

第五步,将原始数据下 Wald 统计量的值与 C_α 比较,如果大于 C_α 则拒绝不存在格兰杰因果关系的虚拟假设。

三、样本说明

本书以实际 GDP 增长率(记为 G)作为经济增长的衡量指标,以政府债务负债率(记为 D)作为政府债务水平的衡量指标,所选样本国家包括 5 个金砖国家和 15 个 OECD 国家。样本国家实际 GDP 数据来源于全球统计数据/分析平台;政府债务数据方面,OECD 国家及南非数据取自 OECD 网站与加依莫维奇和帕尼萨(Jaimovich & Panizza,2006)(以下简称 JP)[1],印度数据取自 JP 及印度储备银行,俄罗斯数据取自 JP 及世界银行,巴西数据取自 JP 及巴西中央银行,中国数据取自中国国家统计局网站及历年统计年鉴。

表 3-1 为样本变量的描述性统计,受数据可得性的限制,各国样本容量不同,其中俄罗斯仅包括 1992—2012 年数据。从相关性上看,金砖国家中俄罗斯和中国政府负债率与经济增长率负相关,而巴西、印度和南非政府负债率与经济增长率正相关。OECD 国家中美国、英国、西班牙、韩国、比利时、冰岛、日本、葡萄牙、墨西哥、意大利和爱尔兰等 11 国二者表现为负相关,而澳大利亚、荷兰、挪威和瑞典等 4 国二者表现为正相关。从数值上看,冰岛的相关系数绝对值最大,为-0.6619;瑞典的相关系数绝对值最小,为 0.0552。

表 3-1 样本变量的描述性统计分析

国家	变量	均值	中位数	最大值	最小值	标准差	相关系数	时间	容量
爱尔兰	D	0.6420	0.6840	1.0700	0.1980	0.3034	-0.1376	1981—2010	30
	G	0.0456	0.0482	0.1127	-0.0638	0.0408			
澳大利亚	D	0.1009	0.0950	0.1910	0.0490	0.0407	0.2994	1980—2010	31
	G	0.0328	0.0379	0.0565	-0.0231	0.0165			
意大利	D	0.9350	0.9750	1.1370	0.5270	0.1734	-0.2216	1980—2010	31
	G	0.0153	0.0172	0.0419	-0.0549	0.0182			
墨西哥	D	0.2950	0.2560	0.6170	0.1600	0.1090	-0.3788	1980—2010	31
	G	0.0266	0.0361	0.0923	-0.0576	0.0365			
荷兰	D	0.4850	0.5010	0.6060	0.2570	0.0908	0.2707	1980—2010	31
	G	0.0229	0.0258	0.0468	-0.0367	0.0184			

① Dany Jaimovich & Ugo Panizza,"Public Debt around the World:A New Dataset of Central Government Debt", *Inter-American Development Bank Working Paper*, No.561,2006,SSRN:https://ssrn.com/abstract=894119.

续表

国家	变量	均值	中位数	最大值	最小值	标准差	相关系数	时间	容量
葡萄牙	D	0.5603	0.5580	0.8800	0.2920	0.1131	−0.2509	1980—2010	31
	G	0.0240	0.0214	0.0749	−0.0291	0.0255			
日本	D	0.7918	0.5380	1.8350	0.1616	0.5098	−0.6426	1975—2009	35
	G	0.0246	0.0261	0.0715	−0.0553	0.0253			
冰岛	D	0.3309	0.3110	0.8750	0.1178	0.1615	−0.6619	1972—2010	39
	G	0.0326	0.0413	0.0882	−0.0656	0.0356			
挪威	D	0.2458	0.2447	0.3794	0.1170	0.0605	0.2447	1971—2010	40
	G	0.0311	0.0339	0.0589	−0.0163	0.0188			
比利时	D	0.8442	0.9490	1.1830	0.3884	0.2666	−0.2784	1970—2010	41
	G	0.0235	0.0234	0.0612	−0.0280	0.0194			
韩国	D	0.1651	0.1471	0.3260	0.0800	0.0649	−0.3531	1970—2010	41
	G	0.0664	0.0700	0.1203	−0.0685	0.0364			
西班牙	D	0.3305	0.3630	0.5610	0.1091	0.1517	−0.1373	1970—2010	41
	G	0.0291	0.0309	0.0815	−0.0383	0.0226			
瑞典	D	0.4395	0.4620	0.7800	0.1519	0.1917	0.0552	1970—2010	41
	G	0.0222	0.0255	0.0656	−0.0503	0.0226			
英国	D	0.4752	0.4589	0.8550	0.3228	0.0992	−0.2455	1970—2010	41
	G	0.0237	0.0277	0.0724	−0.0517	0.0230			
美国	D	0.3647	0.3570	0.6130	0.2359	0.0904	−0.0986	1970—2010	41
	G	0.0293	0.0335	0.0726	−0.0280	0.0214			
巴西	D	0.4238	0.4312	0.5783	0.2522	0.0938	0.0587	1991—2014	24
	G	2.9625	3.1100	7.5700	−0.4700	2.2011			
中国	D	0.0913	0.0684	0.1943	0.0087	0.0552	−0.1159	1979-2014	36
	G	0.2204	0.1977	0.6456	0.0490	0.1318			
印度	D	0.4944	0.5115	0.6490	0.3074	0.0883	0.3441	1974—2014	41
	G	0.0583	0.0601	0.1026	−0.0524	0.0292			

续表

国家	变量	均值	中位数	最大值	最小值	标准差	相关系数	时间	容量
俄罗斯	D	0.4093	0.3450	1.1600	0.0650	0.3286	-0.5853	1992—2012	21
	G	0.0124	0.045	0.100	-0.1453	0.0737			
南非	D	0.3458	0.3285	0.4819	0.2620	0.0701	0.1599	1980—2013	34
	G	2.4397	2.8450	6.6200	-2.1400	2.3711			

四、单位根检验

本书首先对样本序列进行 ADF 检验,结果如表 3-2 所示。根据检验结果,实际经济增长率在爱尔兰和荷兰为非平稳变量,其余国家均为平稳变量;负债率在澳大利亚、墨西哥、荷兰、葡萄牙、日本、挪威、中国及俄罗斯为平稳变量,其余国家为非平稳变量。

表 3-2 样本变量平稳性的 ADF 检验

国别	负债率（D）		结论	经济增长率（G）		结论
	（C,T,K）	ADF 值		（C,T,K）	ADF 值	
爱尔兰	(0,0,2)	-1.2351	不平稳	(0,0,0)	-1.4647	不平稳
澳大利亚	(1,0,1)	-3.8883***	平稳***	(1,0,6)	-3.6800**	平稳**
意大利	(1,0,1)	-2.5987	不平稳	(1,1,0)	-3.7840***	平稳***
墨西哥	(0,0,6)	-2.3694**	平稳**	(0,0,0)	-5.2188***	平稳***
荷兰	(1,0,0)	-2.8035*	平稳*	(1,0,1)	-4.3419	不平稳
葡萄牙	(0,0,1)	1.7082*	平稳*	(1,1,6)	-4.0449**	平稳**
日本	(0,0,5)	2.3005**	平稳**	(1,1,1)	-3.2480*	平稳*
冰岛	(0,0,4)	0.8767	不平稳	(0,0,0)	-2.4732**	平稳**
挪威	(1,1,1)	-3.7305**	平稳**	(1,1,1)	-4.3406***	平稳***
比利时	(0,0,1)	0.2953	不平稳	(0,0,0)	-5.9557***	平稳***

国别	负债率（D）		结论	经济增长率（G）		结论
	(C,T,K)	ADF 值		(C,T,K)	ADF 值	
韩国	(0,0,1)	1.0419	不平稳	(1,1,0)	-5.7429***	平稳***
西班牙	(0,0,1)	0.3102	不平稳	(1,0,0)	-2.7225*	平稳*
瑞典	(1,0,1)	-2.3479	不平稳	(1,0,0)	-5.1859***	平稳***
英国	(0,0,1)	0.5247	不平稳	(1,0,1)	-4.5911***	平稳***
美国	(1,1,5)	-2.9750	不平稳	(0,0,0)	-4.5698***	平稳***
巴西	(1,0,2)	-1.6732	不平稳	(1,0,0)	-4.7632	平稳***
中国	(1,1,3)	-3.8782	平稳**	(1,1,3)	-3.4739*	平稳*
印度	(1,0,1)	-1.9625	不平稳	(1,1,0)	-7.7200***	平稳***
俄罗斯	(0,0,0)	-3.2812	平稳***	(0,0,0)	-2.6049**	平稳**
南非	(1,0,1)	-1.9982	不平稳	(1,1,1)	-4.9468***	平稳***

注:①(C,T,K)表示检验形式,C表示常数项,T表示趋势项,K表示所采用的滞后阶数,其中 1 表示有常数项或趋势项,0 表示无常数项或趋势项;
②最优滞后阶数根据 AIC 信息准则确定;
③*、**、***分别表示统计量在 10%、5%、1%的显著性水平下显著。

遵循恩格和佩伦(Ng & Perron,1995)"从一般到特殊"的做法选择最优滞后阶数,即首先设定最大滞后阶数k_{max},然后检验最后滞后项的系数是否显著。如果最后一项系数显著,则滞后阶数为k_{max},否则滞后阶数减 1,直到最后一项显著或者$k=0$。本书将k_{max}设定为 5,基于显著性水平 10%判定系数是否显著。负债率的 LM 检验结果如表 3-3 所示,仅荷兰、挪威两国的政府负债率为非平稳变量,但 ADF 检验表明两国负债率为平稳变量,因此综合表 3-2 和表 3-3 的结果,可以认为各国政府债务负债率均为平稳序列。鉴于仅爱尔兰、荷兰经济增长率非平稳,这里只对这两国的经济增长率进行两突变 LM 单位根检验,结果同样支持二者为平稳变量。

表 3-3　负债率的双突变 LM 单位根检验

国家	模型 1				模型 2				结论
	K	T_1	T_2	TSTATS	K	T_1	T_2	TSTATS	
爱尔兰	4	1989	1992	-3.2066	2	1988	2002	-5.6994*	平稳
澳大利亚	2	1998	2000	-5.2590***	2	1992	2002	-7.5468***	平稳
意大利	4	1992	2000	-2.7899	5	1992	2004	-6.6807***	平稳
墨西哥	4	1988	1995	-2.716	5	1988	2000	-8.8513***	平稳
荷兰	5	1999	2006	-3.1566	3	1990	2002	-3.791	不平稳
葡萄牙	4	1992	2005	-2.5353	4	1988	2002	-5.6282*	平稳
日本	4	2001	2004	-4.2149**	4	1987	1999	-5.6140**	平稳
冰岛	3	2000	2004	-2.6413	3	1992	2002	-10.1651***	平稳
挪威	1	1986	1995	-3.144	2	1997	2002	-5.0758	不平稳
比利时	4	1984	1992	-4.2995**	3	1980	1993	-5.207	平稳
韩国	5	1977	1980	-2.4769	3	1986	1996	-5.4142*	平稳
西班牙	3	1984	2005	-3.7622*	3	1981	2000	-5.3788*	平稳
瑞典	1	1979	1997	-3.131	2	1979	1999	-6.0437**	平稳
英国	5	1994	2005	-2.3005	2	1994	2003	-6.4972***	平稳
美国	5	1981	2006	-3.6327*	1	1983	1997	-5.0546	平稳
巴西	5	1998	2005	-2.906	5	2001	2010	-15.0346***	平稳
中国	3	2000	2009	-3.4345	3	1989	2003	-8.3292***	平稳
印度	3	1992	1996	-2.8708	5	1993	2001	-6.7976***	平稳
俄罗斯	1	1999	2001	-4.2340**	5	2000	2007	-9.9857***	平稳
南非	5	1999	2003	-3.7658*	3	1993	2004	-7.4151***	平稳

注:① K 表示模型的滞后阶数;
　② T_1 和 T_2 表示突变时间;
　③ *、**、*** 表示统计量分别在 10%、5%、1%的显著性水平下是显著的。

五、全样本因果检验

(一)线性因果检验

政府债务与经济增长线性因果检验结果如表 3-4 所示。结果表明,八个国家政府债务与经济增长之间发现格兰杰因果关系,其中,爱尔兰、葡萄牙、西班牙及韩国经济增长为政府债务的格兰杰原因;荷兰、英国及印度政府债务为经济增长的格兰杰原因;日本政府债务与经济增长间存在双向因果关系,即政府债务提高可以促进经济增长,同时经济增长也拉动政府债务上升。其余国家包括澳大利亚、意大利、美国、韩国等未发现政府债务与经济增长之间存在格兰杰因果关系,金砖国家中包括中国、俄罗斯、巴西、南非均不支持格兰杰因果关系的存在性。在上述结果中,总共有9个结果在统计上显著,其中支持经济增长为政府债务格兰杰原因的结果共5个,占样本国比例为25%;支持政府债务为经济增长格兰杰原因的结果共4个,占样本国比例为20%。

表3-4　线性格兰杰因果检验结果

国别	K	$G \neq > D$				$D \neq > G$			
		Mald	1%	5%	10%	Mald	1%	5%	10%
爱尔兰	1	51.461***	9.889	5.523	3.905	1.383	12.610	7.947	5.991
澳大利亚	3	1.885	14.354	8.905	6.831	6.169	15.826	9.778	7.519
意大利	2	0.019	11.892	6.951	5.098	2.865	12.334	7.606	5.700
墨西哥	1	0.252	7.543	4.141	2.903	0.143	8.262	4.555	3.052
荷兰	2	0.174	10.495	6.311	4.712	18.059***	13.090	7.502	5.519
葡萄牙	1	13.441***	7.873	4.174	2.867	1.137	10.202	5.826	4.151
日本	4	10.778*	19.874	13.259	10.481	15.129**	21.316	13.807	10.889
冰岛	1	1.076	7.674	4.315	2.970	1.016	8.995	5.003	3.408
挪威	1	0.681	8.500	4.829	3.370	1.385	8.665	4.896	3.392
比利时	2	1.237	10.639	6.498	4.932	1.289	12.754	8.111	6.246
韩国	1	4.980**	7.304	4.122	2.918	0.431	9.135	5.083	3.424
西班牙	1	19.019***	8.196	4.478	3.107	0.930	12.195	6.418	4.485
瑞典	2	1.935	10.435	6.480	4.787	2.038	11.254	7.174	5.398
英国	3	1.193	13.250	8.091	6.382	12.366**	15.819	10.235	7.894
美国	2	4.059	10.797	6.742	5.062	1.735	12.125	7.611	5.597
巴西	1	0.874	7.641	4.267	2.956	2.481	8.713	4.719	3.212

续表

国别	K	$G \neq > D$				$D \neq > G$			
		Mald	**1%**	**5%**	**10%**	**Mald**	**1%**	**5%**	**10%**
中国	1	2.067	7.796	4.479	3.156	0.030	9.747	5.698	4.137
印度	1	0.074	7.531	4.052	2.835	8.417***	7.835	4.283	2.944
俄罗斯	1	0.955	10.364	5.057	3.369	0.159	9.109	5.142	3.502
南非	2	0.827	11.015	6.661	4.964	3.450	12.199	7.471	5.602

注:①$X \neq > Y$ 表示 X 不是 Y 的格兰杰原因;

②表中 1%、5%和10%各列为对应的临界值;

③K 表示模型的滞后阶数;

④*、**、***分别表示在10%、5%、1%的显著性水平拒绝原假设。

(二)非线性因果检验

基于泰勒(Taylor)展开式的非线性因果检验方法,需注意两个问题:其一,如果 k、n、q 比较大,则容易形成多重共线性;其二,随着 k 的增大,回归元的数量会迅速增大,自由度将降低。帕夫里迪斯等(2013)建议将解释变量分为两组:仅包含 y 的滞后项的变量及剩余变量,后一组变量可用其主成分代替。鉴于重点分析的是非线性因果关系,为此利用相关矩阵计算主成分,并要求累计贡献率超过85%。

由非线性格兰杰因果检验结果(见表3-5)发现,爱尔兰、葡萄牙、比利时、韩国、西班牙、瑞典、美国、巴西、中国九国中经济增长为政府债务的格兰杰原因,也就是说经济增长将带动债务上升;荷兰和印度政府债务为经济增长的格兰杰原因,即政府债务扩张将拉动经济增长;澳大利亚和日本政府债务与经济增长之间存在双向非线性因果关系,即二者互为因果。上述结果中,总共有15个结果在统计上显著,其中支持经济增长为政府债务非线性格兰杰原因的结果有11个,占比为55%;支持政府债务为经济增长非线性格兰杰原因的结果有4个,占比为20%。相比之下,经济增长将带动政府债务规模上升的证据更为显著,而政府债务增加有助于促进经济增长的证据更不明显。

表 3-5 非线性格兰杰因果检验结果

国别	$G \neq > D$				$D \neq > G$			
	MWald	1%	5%	10%	MWald	1%	5%	10%
爱尔兰	10.809***	10.152	6.869	5.215	0.842	7.712	4.142	3.001
澳大利亚	7.813*	12.545	9.136	7.347	5.119*	4.845	3.302	2.375
意大利	2.499	9.784	7.017	5.311	0.518	1.821	1.158	0.770
墨西哥	2.025	8.566	6.267	5.251	0.038	3.233	2.064	1.552
荷兰	1.296	9.746	5.739	4.213	6.037***	6.036	3.885	2.565
葡萄牙	29.634***	11.676	7.499	5.875	0.023	12.552	6.899	4.743
日本	9.246*	15.405	10.320	8.193	5.631**	7.790	5.523	4.329
冰岛	0.195	8.245	6.572	5.419	3.059	7.033	4.783	3.781
挪威	1.415	6.711	5.033	3.717	0.993	9.853	5.620	4.272
比利时	5.779*	10.286	6.128	4.627	0.017	6.877	4.118	2.692
韩国	4.659*	7.235	5.263	4.300	1.345	8.446	5.349	3.834
西班牙	19.765***	15.332	10.466	8.614	1.070	5.238	3.393	2.415
瑞典	12.764***	13.395	8.234	6.356	2.096	3.746	2.368	1.681
英国	3.698	5.937	4.342	3.601	0.370	8.658	5.540	3.804
美国	26.675***	21.389	15.033	11.905	0.363	7.096	3.857	2.785
巴西	6.331***	5.340	3.421	2.589	1.197	6.325	3.436	2.548
中国	5.172*	6.794	4.577	3.404	0.098	8.578	4.202	2.646
印度	3.127	11.655	6.442	5.039	14.761***	10.631	7.626	5.539
俄罗斯	0.869	6.881	5.640	4.676	0.295	6.037	4.044	3.040
南非	3.275	8.449	5.737	4.146	2.549	6.642	4.321	2.985

注:① $X \neq > Y$ 表示 X 不是 Y 的格兰杰原因;
②表中 1%、5% 和 10% 各列为对应的临界值;
③ K 表示模型的滞后阶数;
④ *、**、*** 分别表示在 10%、5%、1% 的显著性水平拒绝原假设。

与表 3-4 中线性因果检验结果比较,主要有如下五点结论:一是英国政府债务是经济增长的线性格兰杰原因,除英国外,线性因果检验的结果均被非线性检验再次证实;二是非线性因果检验总共有 15 个结果在统计上显著;占所有结果的 37.5%,而线性因果检验共有 9 个结果显著,占比为 22.5%,可见非线性检验统计上显著的结果比例明显高于线性检验结果;三是澳大利亚政府债务与经济增长存在双向非线性格兰杰因果关系,日本二者之间线性与非线性双向格兰杰因果关系均在统计上显著;四是意大利、墨西哥、冰岛、挪威、俄罗斯和南非六国没有发现支持政府债务和经济增长之间线性与非线性格兰杰因果关系的任何证据,占样本国比例为 30%,而其余国家均发现了政府债务与经济增长之间存在某种意义的格兰杰因果关系,占样本国比例为 70%;五是鉴于非线性因果检验方法一定程度上嵌套了线性检验,更倾向于认为澳大利亚、比利时、瑞典、美国、巴西及中国等国家发现的政府债务与经济增长之间非线性因果关系确实存在。

六、滚动窗口因果检验

理论上,若经济结构发生变化,VAR 模型中参数的估计值会发生改变,变量间的因果关系将不稳定,对样本区间及 VAR 模型滞后阶数将更为敏感,根据全样本所得因果检验结果将不可信。基于泰勒展开式的非线性因果检验也存在同样的问题,为此,采用滚动窗口因果检验方法,从动态演进的视角来分析各国政府债务与实际经济增长因果关系在不同时期的轨迹变迁。

滚动估计中窗口值(Window Size)是需要选择的重要变量,但当前尚无严格的选择标准。窗口值越大所得估值的准确性越高,但会减少窗口估计的次数,不利于解释变量间关系的异质性。借鉴佩色兰和梯默曼(Pesaran & Timmermann,2005)的研究结果,本书将窗口值设定为 18。另外,考虑到所用样本不属于大样本范畴,这里选择的显著性水平为 10%,因此如果检验统计量的 p 值小于 10%,则表明在子样本期内拒绝"不存在格兰杰因果关系"的虚拟假设。分析结果表明,爱尔兰、葡萄牙、冰岛、韩国、西班牙五个国家存在较多的子样本使得某一方向的因果关系成立,其中爱尔兰所有子样本期内经济增长均为政府债务的格兰杰原因;而澳大利亚、意大利、荷兰、比利时、瑞典、巴西、俄罗斯则存在较少的子样本使得某一方向的因果关系成立,其中澳大利亚和意大利所有子样本均不存在因果关系。动态非线性分析表明,澳大利亚、葡萄牙、冰岛、西班牙、美国、巴西、中国存在较多的子样本使得某一方向的因果关系成立,其中西班牙所有子样本期内经济增长均为政府债务的格兰杰原因,而荷兰和南非存在较少的子样本使得某一方向的因果关系成立。

为了更加直观地展示滚动窗口因果检验的结果,将线性滚动窗口因果检验和非线性滚动窗口因果检验的结果汇总于表3-6。根据表3-6可以发现,总体而言,在样本时期内所有国家政府债务与经济增长两者间的因果关系均发生变化,具体而言,主要有如下五点发现:

表3-6　滚动窗口格兰杰因果检验结果

检验类别 国家	线性检验		非线性检验		检验类别 国家	线性检验		非线性检验	
	$G \to D$	$D \to G$	$G \to D$	$D \to G$		$G \to D$	$D \to G$	$G \to D$	$D \to G$
爱尔兰	√	√	√	√	韩国	√	√	√	√
澳大利亚	×	×	√	√	西班牙	√	√	√	√
意大利	×	×	√	√	瑞典	√	√	√	√
墨西哥	×	√	√	√	英国	√	√	√	√
荷兰	√	√	√	√	美国	√	√	√	√
葡萄牙	√	√	√	×	巴西	×	√	√	√
日本	√	×	√	×	中国	√	√	√	√
冰岛	√	√	√	√	印度	×	√	√	√
挪威	√	√	√	√	俄罗斯	√	×	√	×
比利时	√	√	√	√	南非	√	×	√	×

注:①X→Y表示虚拟假设"至少在一个子样本内X是Y的格兰杰因";
②√表示接受虚拟假设,×表示拒绝虚拟假设。

其一,爱尔兰、荷兰、冰岛、挪威、比利时、韩国、西班牙、瑞典、英国、美国及中国十一个国家政府债务与经济增长四种类型的因果关系均至少在一个子样本期内存在,占样本国的55%。没有一个样本国在所有子样本中都未发现格兰杰因果关系,也就是所有样本国均在某个子样本期中表现出过政府债务与经济增长之间的某种因果关系。

其二,澳大利亚、意大利、墨西哥、葡萄牙、巴西、印度五国基于线性与非线性的滚动检验结果之间存在差异。其中,澳大利亚和意大利没有发现政府债务与经济增长间的线性因果关系,但发现了非线性因果关系;墨西哥、巴西和印度没有发现从经济增长到政府债务的线性因果关系,但发现了该方向的非线性因果关系。从内涵上看,这一结果意味着政府债务与经济增长之间在某个子样本内存在非线性因果关系,或者说这些国家中政府债务与经济增长之间因果关系的非线性特征显著。然而对葡萄牙,从经济增长到政府债务的线性和非线因果关系在某个子样本内存在,而从政府债务到经济增长仅存在线性因果关系存在,即呈线性特征。

其三,澳大利亚和意大利两国滚动因果检验结果一致,线性滚动检验结果表明,政府债务和经济增长在所有子样本内均不存在某一方向的因果关系,而非线性滚动检验结果表明,存在某个子样本使得某一方向的因果关系成立,意味着两国从经济增长到政府债务及政府债务到经济增长的因果关系均存在显著的非线性特征;墨西哥、巴西和印度三国滚动因果检验结果一致,从政府债务到经济增长的线性和非线性因果关系在某个子样本内存在,而从经济增长到政府债务仅存在非线性因果关系,意味着三国从经济增长到政府债务的因果关系呈非线性特征。

其四,表 3-6 中线性 $G \rightarrow D$ 检验结果为肯定的共计 15 个,占样本国比例为 75%;线性 $D \rightarrow G$ 检验结果为肯定的共计 15 个,占样本国比例为 75%;非线性 $G \rightarrow D$ 检验结果为肯定的共计 20 个,占样本国比例为 100%;非线性 $D \rightarrow G$ 检验结果为肯定的共计 16 个,占样本国比例为 80%。从因果关系方向角度看,经济增长到政府债务的因果关系表现相对略为明显,肯定结果总计为 35 个(线性和非线性分别为 15 个和 20 个),占比达 87.5%,特别是该方向的非线性因果关系在所有样本国均存在;而政府债务到经济增长的因果关系表现相对更不明显,肯定结果总计为 31 个(线性和非线性分别为 15 个和 16 个),占比为 77.5%,且非线性因果关系证据略为明显。

其五,从线性与非线性角度看,表 3-6 中线性格兰杰因果检验中肯定结果合计为 30 个(其中 $G \to D$ 方向和 $D \to G$ 方向分别为 15 个和 15 个),占比为 75%;非线性格兰杰检验结果中肯定结果合计为 36 个(其中 $G \to D$ 方向和 $D \to G$ 方向分别为 20 个和 16 个),占比为 90%。也就是说,滚动窗口非线性因果检验发现政府债务与经济增长之间因果关系的证据强于线性因果检验。

第三节　政府债务对经济增长的影响: 基于 ARDL 方法的分析

一、模型设定与变量说明

(一)模型设定

从一定程度上讲,探究哪些因素影响和决定 GDP 水平与 GDP 增长是宏观经济学最重要的任务。长期以来,许多经济学家都对上述问题进行研究并提出了理论模型,这其中经济学家索洛提出的索洛模型和以卢卡斯为代表的经济学家提出的内生增长模型具有非常大的影响力。依据索洛模型人均产出的长期增长率由技术进步外生决定,而内生增长模型则把增长率内生化。

为分析政府债务对经济增长的影响,本书采用拉奥(Rao,2010)提出的增长模型框架。该模型借鉴罗默(Romer,1990)与赫普曼(Helpman,1991)的做法,将知识资本(Knowledge Capital)引入柯布道格拉斯生产函数,把外生增长模型和内生增长模型联系起来,而且拉奥(2010)指出,通过扩展该增长模型可以捕捉影响长期经济增长的其他因素。为此,本书基于拉奥(2010)的模型进行分析,构建如下模型:

$$Y_t = A\,e^{f(t,X_t)}\,K_t^{\alpha}\,L_t^{1-\alpha} \tag{3-18}$$

其中，Y 表示实际产出，K 表示资本，L 表示劳动，A 为常数，X_t 为由影响实际产出的其他因素 $X_{it}(i=1,\cdots,J)$ 构成的向量。此外，本书假定 $f(t,X_t)$ 可以表述为 X_{it} 的线性形式，即：

$$f(t,X_t) = gt + \delta X_t = gt + \delta_1 X_{1t} + \delta_2 X_{2t} + \cdots + \delta_J X_{Jt} \tag{3-19}$$

由(3-18)式两边同时除 $L_t^{1-\alpha}$，然后取对数，可得：

$$\ln y_t = \ln A + gt + \alpha \ln k_t + \delta X_t \tag{3-20}$$

其中，y_t 表示单位劳动产出，k_t 表示单位劳动资本。对(3-20)式取一阶差分可得：

$$\Delta \ln y_t = g + \delta \Delta X_t + \alpha \Delta \ln k_t \tag{3-21}$$

在长期内，人均资本存量将收敛到长期均衡水平 k_t^*，因此 $\Delta \ln k_t \to 0$，所以由(3-21)式可知，在长期内单位劳动产出增长率将收敛于：

$$\Delta \ln y_t^* = g + \delta \Delta X_t \tag{3-22}$$

由于实证分析所用的数据并不是经济处于均衡状态时的观察值，因此将(3-22)式设定为本书的计量模型并不恰当。为此，在(3-20)式和(3-21)式的基础上构建如下误差修正模型：

$$\Delta \ln y_t = -\lambda(\ln y_{t-1} - \ln A - gt - \delta X_{t-1} - \alpha \ln k_{t-1}) + \delta \Delta X_t + \alpha \Delta \ln k_t$$

$$+ \sum_{i=1}^{n} \beta_{yi} \Delta \ln y_{t-i} + \sum_{i=1}^{m} \beta_{ki} \Delta \ln k_{t-i} + \sum_{i=1}^{p} \beta_{xi} \Delta X_{t-i} \tag{3-23}$$

根据(3-23)式得到本书的估计方程如下：

$$\Delta y_t = (\beta_0 + \beta_1 t + \beta_2 \ln y_{t-1} + \beta_3 X_{t-1} + \beta_4 \ln k_{t-1}) + \beta_5 \Delta X_t + \beta_6 \Delta \ln k_t$$

$$+ \sum_{i=1}^{n} \beta_{yi} \Delta \ln y_{t-i} + \sum_{i=1}^{m} \beta_{ki} \Delta \ln k_{t-i} + \sum_{i=1}^{p} \beta_{xi} \Delta X_{t-i} + \varepsilon_t \tag{3-24}$$

其中，ε_t 表示白噪声。由(3-23)式和(3-24)式可得，两式中的参数满足如下关系：

$$\begin{cases} \beta_0 = \lambda \ln A + g \\ \beta_2 = - \lambda < 0 \\ \beta_3 = \lambda \delta \\ \beta_4 = \lambda \alpha > 0 \\ \beta_5 = \delta \\ \beta_6 = \alpha > 0 \end{cases} \tag{3-25}$$

值得注意的是,不能预期判断(3-24)式中系数 β_{yi}、β_{ki}、β_{xi} 的符号以及对 X 水平值及其差分项的系数(β_3、β_5)的符号。人均收入的系数必定为负(即 $\beta_2 = - \lambda$),由于 $\alpha > 0$,所以人均资本及其增长率的系数均为正,即 $\beta_4 = \lambda \alpha > 0, \beta_6 = \alpha > 0$。

(二)变量与数据说明

政府债务(DEBT),依据现有文献的常用做法,本书采用政府负债率(即政府债务与 GDP 之比)作为债务指标。政府债务及 GDP 数据来源于历年《中国统计年鉴》。劳动(L),本书选择历年就业人口数,其数据来源于历年《中国统计年鉴》。资本存量(K),永续盘存法是当前计算资本存量的常用方法,本书所用的资本存量数据同样由永续盘存法计算得到,其数据来源于陈昌兵(2014)。鉴于国家统计局并不发布 GDP 平减指数,本书参考司春林等(2002)的做法计算平减指数,并计算实际 GDP,相关数据来源于历年《中国统计年鉴》。

关于控制变量的选择,对模型(3-18)本书在参考巴拉松(Balassone,2011)做法基础上选取政府负债率及通货膨胀率作为控制变量;通货膨胀率根据居民消费价格指数计算得到,相关数据来源于国家统计局网站。表 3-7 对变量的含义与数据来源进行描述。

表 3-7　变量含义与数据来源

变量	含义	数据来源
DEBT	负债率,为政府债务与 GDP 的比值	历年《中国统计年鉴》,GDP 平减指数来自司春林等(2002)
INF	通货膨胀率,为居民消费价格指数增长率	国家统计局网站
k	单位劳动资本,为固定资本存量与就业人口数的比值	固定资本存量源自陈昌兵(2014),就业人口数源自历年《中国统计年鉴》
y	单位劳动产出,为实际 GDP 与就业人口的比值	历年《中国统计年鉴》

二、ARDL 方法

协整检验自从被恩格尔和格兰杰(Engle & Granger,1987)与詹森和朱塞留斯(Johansen & Juselius,1990)提出后,被广泛用于检验经济变量间是否存在长期关系,其中 Engle-Granger 方法和 Johansen 协整方法是经常被用到的协整检验方法。然而,这些协整方法对时间序列的单整性质和样本容量有比较严格的要求:其一,时间序列变量均是一阶单整的;其二,时间序列必须是大样本,在小样本情况下,Johansen 方法和 Engle-Granger 方法的检验值将会出现偏误,协整关系可能并不可靠,分析结果也缺乏稳健性(Kremers et al.,1992;Cheung & Lai,1993)。另外,进行协整检验之前必须检验时间序列的平稳性,而这很可能在变量间长期关系的分析中引入一种更严重的不确定性(Cavangh,1995)。

鉴于传统协整检验方法存在的上述问题,本书采用 ARDL 方法。相对于传统方法,该方法具有以下几方面优势:第一,对时间序列变量单整阶数的要求比较宽松,时间序列变量可以是 $I(1)$ 或 $I(0)$,也可以同时包括 $I(1)$ 和 $I(0)$ 的时间序列变量;第二,与其他多变量协整检验方法相比,该方法具有更好的小样本特性(Narayan,2005);第三,考虑了反向因果关系存在的可能,即使解释变量存在内生性,采用该方法也能精确地估计长期参数,并得到有效的检验值(Ang,2009)。此外,通过恰当的设定自回归分布滞后模型的滞后阶数,可以同时纠正残差的序列相关和变量的内生性。ARDL 方法包括如下两个步骤:

第一步,应用佩色兰等(Pesaran et al.,2001)提出的边界检验方法判断变量间是否存在长期关系。为此需要构建如下 ARDL-ECM 模型:

$$\Delta y_t = \alpha + \beta y_{t-1} + \sum_{i=1}^{k} \beta_i x_{i,t-1} + \sum_{i=1}^{p} \gamma_i \Delta y_{t-i} + \cdots + \sum_{i=0}^{pk} \gamma_{ki} \Delta x_{1,t-i} + \varepsilon_t$$

$$(3-26)$$

其中,Δ 表示差分算子,α 表示截距;β 与 $\beta_i(i=1,\cdots,k)$ 表示长期系数,而 γ_i 与 $\gamma_{1i}(i=1,\cdots,k)$ 表示短期动态系数,ε_t 表示随机误差。为检验变量间是否存在长期关系,边界检验方法给出如下假设:

$$H_0:\beta = \beta_1 = \cdots = \beta_k = 0, H_1:\beta^2 + \beta_1^2 + \cdots + \beta_k^2 \neq 0 \qquad (3-27)$$

传统的 F 统计量被用来检验长期系数的联合显著性,如果接受原假设,则表明变量间不存在长期均衡关系;如果拒绝原假设,则表明变量间存在长期均衡关系。

当前有两套 F 统计量的临界值表,用来判断统计量的显著性。其一由佩色兰等(2001)给出,该表适用于大样本的情况;其二由纳拉彦(Narayan,2005)给出,该表适用于样本量在 30—80 的小样本情形。两套临界值表所提供的临界值均分为上临界值和下临界值,如果估计所得 F 统计量的值大于临界值表中相应的上临界值,则拒绝虚拟假设,认为变量间存在长期均衡关系;如果所得 F 统计量小于下临界值,则接受虚拟假设,认为变量间不存在长期均衡关系,即变量间不存在协整关系。如果得到的 F 统计量的值介于临界值的区间内,则不能判断变量间是否存在长期关系,要考虑时间序列变量是 I(0)、I(1)或者是混合的情况。

第二步,基于 ARDL 方法估计长期关系模型和误差纠正模型。如果边界检验表明变量间存在长期关系,基于 ARDL($p,p_1,p_2,\cdots,p_k$)方法估计长期关系模型和误差修正模型如下：

$$y_t = \alpha_0 + \alpha_1 x_1 + \alpha_2 x_2 + \cdots + \alpha_k x_k + \varepsilon_t \qquad (3-28)$$

$$\Delta y_t = \gamma + \sum_{i=1}^{p-1} \gamma_i \Delta y_{t-i} + \cdots + \sum_{i=0}^{p_k-1} \gamma_{ki} \Delta x_{1,t-i} + \rho ECM_{t-1} + \varepsilon_t \qquad (3-29)$$

其中，$(p,p_1,p_2,\cdots,p_k)$ 为基于 AIC、SBC 或 HQC 准则确定的 ARDL 模型的最优滞后阶数，ECM 表示误差修正项，即长期关系的误差，反映了对长期均衡关系的偏离，ρ 为误差修正项的系数，反映了系统对长期均衡偏离的调整速度。

三、单位根检验

本书采用传统的 ADF 单位根检验方法对各变量进行平稳性检验，结果如表 3-8 所示。根据检验结果可以发现，单位劳动资本的对数值 $\ln k$、单位劳动产出的对数值 $\ln y$ 均为一阶单整过程，而政府债务负债率 DEBT、通货膨胀率 INF 均为平稳过程。

表 3-8　样本变量平稳性的 ADF 检验

变量	(C,T,L)	ADF 检验值	1%临界值	5%临界值	10%临界值	结论
DEBT	$(1,1,6)$	-3.4276	-4.3393	-3.5875	-3.2292	平稳*
INF	$(1,1,1)$	-3.3756	-4.2732	-3.5577	-3.2123	平稳*
$\ln k$	$(1,1,0)$	-0.1176	-4.2627	-3.5529	-3.2096	不平稳
$\Delta \ln k$	$(1,1,0)$	-4.3411	-4.2732	-3.5577	-3.2123	平稳***
$\ln y$	$(1,1,1)$	-2.1991	-4.2732	-3.5577	-3.2123	不平稳
$\Delta \ln y$	$(1,0,0)$	-3.6872	-3.6537	-2.9571	-2.6174	平稳***

注：①(C,T,L) 表示检验形式，C 表示常数项，T 表示趋势项，L 表示所采用的滞后阶数，其中 1 表示有常数项或趋势项，0 表示无常数项或趋势项；
②最优滞后阶数根据 AIC 信息准则确定；
③*、**、*** 分别表示统计量在 10%、5%、1%的显著性水平下显著。

四、边界检验

单位根检验结果表明，模型(3-24)中相关变量的单整阶数并不完全相同,因此传统的协整检验方法并不适用。此外,由于所有变量的单整阶数均不超过1,本书采用边界方法检验变量间是否存在长期均衡关系,根据Microfit 4.1软件得到的边界检验结果如表3-9所示。鉴于所用数据的样本容量较小,本书基于纳拉彦(2005)提供的临界值表判断虚拟假设是否成立。

表3-9 边界检验结果

F 统计量	F(lny∣lnk, DEBT, INF) = 8. 826					
显著水平	1%		5%		10%	
临界值	I(0)	I(1)	I(0)	I(1)	I(0)	I(1)
	6. 643	8. 313	4. 683	5. 980	3. 868	4. 965

根据检验结果,对(3-24)式在虚拟假设下检验统计量的值为 F(lny∣lnk, DEBT, INF) = 8. 826,大于1%显著性水平下的上临界值8. 313,因此拒绝虚拟假设,认为单位劳动产出、单位劳动资本、通货膨胀以及政府债务之间存在长期均衡关系。

五、长期系数估计

边界检验表明变量间存在长期均衡关系,于是利用软件 Microfit 4.1 估计长期系数,其结果如表3-10所示。可以发现,在显著性水平 $\alpha = 0.1$ 下,长期内政府债务对单位劳动产出起到积极作用,而且在统计上高度显著;单位劳动资本对单位劳动产出同样具有显著的正效应;通货膨胀对单位劳动产出有积极影响,但统计上并不显著;无论从系数估值还是显著性两方面来看,相对于政府债务,单位劳动资本对单位劳动产出的影响更大。

表 3-10　长期系数估计

变量	系数	T 统计量	标准误	P 值
lnk	0.503	0.038	12.9398	0.000
DEBT	0.484	0.264	1.8326	0.082
INF	0.139	0.100	1.3891	0.180
C	3.224	0.308	10.4349	0.000
T	0.026	0.003	8.8193	0.000

六、误差修正模型估计

表 3-11 为误差修正模型的估计结果。根据检验结果可以发现,误差修正项 ECM 的系数为负且在统计上高度显著,符合反向修正机制,这进一步表明变量间确实存在长期均衡关系。由误差修正项的系数为-0.413 可知,前一期偏差的 41.3% 左右会在下一期得到调整;单位劳动资本与通货膨胀对单位劳动产出的影响具有显著的滞后效应;政府债务对单位劳动产出的正效应显著。比较而言,不论从系数估值还是显著性来看,单位劳动资本都是影响单位劳动产出的最主要因素。

表 3-11　误差修正模型估计结果

变量	系数	T 统计量	标准误	P 值
$\Delta lny(-1)$	0.505	0.123	4.089	0.000
Δlnk	1.015	0.068	15.034	0.000
$\Delta lnk(-1)$	-0.26	0.150	-1.762	0.092
$\Delta DEBT$	0.200	0.100	1.999	0.058
ΔINF	0.081	0.046	1.736	0.096
$\Delta INF(-1)$	-0.177	0.051	-3.478	0.002
C	1.331	0.233	5.715	0.000
T	0.0111	0.002	4.661	0.000
ECM(-1)	-0.413	0.074	-5.560	0.000

七、稳定性检验

为了避免参数不稳定可能导致的模型最终设定不可靠问题,这里采用布朗等(Brown et al.,1975)提出的 CUSUM 检验和 CUSUM 平方检验考察模型参数的稳定性。如果 CUSUM 和 CUSUM 平方检验的统计指标在 5% 显著性水平内,笔者认为长期和短期的系数估计结果是稳定的。政府债务与单位劳动产出之间关系稳定性的检验结果如图 3-1 与图 3-2 所示,可以发现,图中检验统计量的值都没有超出 5% 显著性水平所示的边界。因此,本书的估计结果

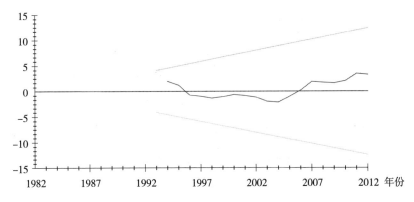

图 3-1　政府债务与单位劳动产出稳定性的 CUSUM 检验结果

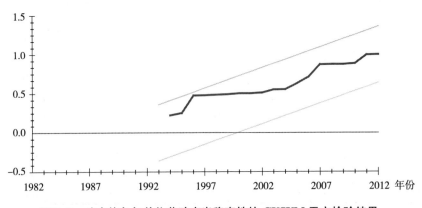

图 3-2　政府债务与单位劳动产出稳定性的 CUSUM 平方检验结果

可靠,即在所考察的时间范围内,政府债务、单位劳动资本、通货膨胀率与单位劳动产出的长短期关系是稳定的。

第四节　进一步的讨论

政府债务与经济增长的关系一直是研究人员和政策制定者非常关注的问题,危机爆发后许多国家的政府债务规模迅速扩大,进一步激起了经济学者对政府债务与经济增长关系的争论。在现有研究的基础上,本书从两个层面分析了政府债务与经济增长的关系。

首先,采用哈克尔和哈特米-J(2012)及帕夫里迪斯等(2013)提出的线性和非线性因果检验方法,从静态和动态两个层面对包括中国在内的 20 个国家的政府债务与经济增长的因果关系进行研究,结果表明,政府债务与经济增长之间的因果关系具有明显的异质性,这种异质性不仅存在于不同国家之间,也存在于同一国家的不同时期。具体的:(1)在全样本期内,仅少数国家发现了支持政府债务与经济增长存在线性因果关系的证据,其中 5 个国家经济增长为政府债务的格兰杰原因,4 个国家政府债务为经济增长的格兰杰原因。非线性因果检验由于嵌套了线性因果检验,统计上显著的结果有所增多,也就是说部分国家政府债务与经济增长存在非线性因果关系,但相比之下,经济增长带动政府债务规模上升的证据更为显著,而政府债务增加促进经济增长的证据较不明显。总体上,全样本期内多数国家并未发现政府债务与经济增长存在显著的因果关系,特别是没有充分证据支持债务促进增长的判断。(2)进一步的滚动窗口检验表明,爱尔兰、荷兰、冰岛、挪威、比利时、韩国、西班牙、瑞典、英国、美国及中国十一个国家政府债务与经济增长四种类型的因果关系均至少在一个子样本期内存在。总体而言,从方向上看,经济增长到政府债务的因果关系表现相对略为明显;从特征上看,样本国政府债务与经济增长因果关系更多地呈现非线性特征。

其次,借鉴拉奥(2010)提出的增长模型框架构建实证模型,并采用 ARDL 方法实证分析政府债务对单位劳动产出的影响,实证结果表明,在长期内,政府债务、单位劳动资本、通货膨胀率与单位劳动产出间存在长期均衡关系,政府债务、单位劳动资本均对单位劳动产出起积极作用,且在统计上高度显著,通货膨胀有正向影响,但统计上并不显著;在短期内,政府债务对单位劳动产出有显著的积极影响,单位劳动资本与通货膨胀对单位劳动产出的影响有显著的滞后性。稳定性检验表明,模型系数的估计结果在样本数据考察时间范围内是稳定可靠的。

综上研究发现,政府债务与经济增长之间的因果关系具有明显的异质性,这种异质性不仅存在于不同国家之间,也存在于同一国家的不同时期,这一结论与戈麦斯谱格和索斯维拉里维罗(2015)非常一致。这意味着政府债务与经济增长之间存在着复杂的关系,不能轻易地接受或拒绝政府债务与经济增长关系的某种判断。一国特定时期得到实证支持的结论,在该国其他时期或其他国家则未必成立。同样的,尽管实证分析表明政府债务有利于单位劳动产出增长,但并不表示这一有利影响会一直持续下去。此外,当前许多实证研究指出,政府债务对经济增长的影响存在阈值,且此阈值具有异质性。刘洪钟等(2014)指出,政府债务阈值并不具有确定性和唯一性,它随利率、经常账户、通货膨胀和金融发展的变动而显示出动态性。所以尽管研究表明政府债务对我国的经济增长有促进作用,但由于不能精确地测度政府债务规模与债务阈值的距离,因此应该在参照别国经验的基础上,控制政府债务规模与增长速度,避免政府债务对经济增长的作用由积极转变为消极。

第四章　政府债务的货币供给效应分析

第一节　政府债务货币供给效应问题的提出

政府债务(或公债)作为政府获得收入的一种形式,是政府实施财政政策的重要工具。政府债务还会因其对货币供给的影响而影响通货膨胀以及利率水平,从而影响货币政策的实施效果。因此,在分析我国政府债务的通货膨胀效应和利率效应之前,首先要分析政府债务的货币效应。在现代经济体制中,货币流通即货币收支的连续运动,其核心为中央银行,主体为商业银行,而对象为企业和社会公众。中央银行为满足商品流通的需要而发行基础货币,商业银行为追求利润而进行持续的存贷款业务。银行体系特有的运行机制使商业银行创造出数倍于原始存款的派生存款,进而形成数倍于基础货币的货币供给量。本章主要从政府债务对基础货币及银行派生存款的影响入手,分析政府债务对货币供给的影响机制。

由第二章的文献综述可知,国内部分学者实证探究了政府债务的货币效应。然而,这些实证分析结果的可信度可能因分析中存在的问题而降低,综合来看,现有文献主要存在三方面的问题:其一,从数据和计量方法选择来看,现有研究的计量方法多以普通最小二乘回归和传统格兰杰因果检验为主,而样本数据多为年度数据,样本容量偏小,这可能导致分析结果存在偏误。其二,从计量方法的运用来看,对时间序列的分析,为避免伪回归,变量的平稳性检验必不可少,然而现有研究大多忽略了变量的平稳性检验,这同样可能导致分析结果存在偏误。其三,从变量的量纲来看,部分研究以政府债券发行额为解释变量,却以货币供给量为被解释变量,前者为流量后者为存量,两者的量纲不同。鉴于现有研究存在的问题,本章选择政府债务余额为解释变量,同时为克服样本容量较小、预检验误差以及传统因果检验的异方差问题,这里采用第三章阐述的杠杆修正的 TY 因果检验方法,以及 ARDL 方法实证分析政府债务对货币供给的影响。

第二节　政府债务货币供给效应的理论分析

一、政府债务的货币性

(一)货币的界定

在现代经济社会中,政府债务不是货币,但具有一定的货币特性,在一定程度上可以如货币一样为公众所接受充当交易媒介。因此,政府债务可视为一类特殊的金融产品或者将其视为准货币。

货币伴随着交易的出现而产生,随着经济社会的发展和生产水平的提高,充当货币的物品也在不断地发生变化。历史上很多物品曾经充当过货币,如贝壳、可可、银币或金币均曾在不同的地方充当过货币。然而经济学中的货币,与日常中人们所理解的货币定义并不一致。从经济学的角度看,货币是在商品和劳务支付或债务偿还中被普遍接受的任何东西(米什金,2007)。非正式的说法,货币是交换的媒介或支付手段。上述关于货币的定义包含三个要素:(1)商品或符号,一般而言货币是受到人们认可的东西,且能被分成更小的部分,但它也可以是虚拟的符号;(2)普遍接受,货币被公众普遍接受,这表明用它可以购买任何东西;(3)支付手段,支付行为完成后交易也就完成。

从理论上讲,流通中的现金和商业银行活期存款是最符合定义的货币,然而,现实生活中还有一部分金融资产,尽管不像现金一样具有完全的流动性,但仍然在一定程度上充当商品与劳务的交易媒介。这部分金融资产是否应划归为货币,很难从理论上给予界定。为此,各国从实证经验的角度出发,以金融资产的流动性为标准对金融资产进行划分,从而形成了不同的货币供应指标。由于各国金融法规和金融市场存在差异,货币供应量指标的层次划分也不尽相同,但综合来看,一般划分如下:

M1＝通货+商业银行的活期存款

M2＝M1+商业银行的定期存款和储蓄存款

M3＝M2+其他金融机构的定期存款和储蓄存款

M4＝M3+其他短期流动资产(如国库券、商业票据、银行承兑汇票等)

根据流动性划分不同层次的货币供应量指标,已被各国的货币管理机构所接受,各国货币当局普遍采用多层次或多口径的办法计算并公布货币存量。

我国中央银行根据《中国人民银行货币供应量统计和公布暂行办法》,目前划定的货币层次为 M0、M1、M2 以及 M3 四个层次。

M0＝流通中的现金

M1＝M0+单位活期存款+个人持有的信用卡存款

M2＝M1+居民储蓄存款(包括活期储蓄和定期储蓄)+单位定期存款+其他存款

M3＝M2+金融债券+商业票据+大额可转让定期存单

我国目前测算和公布 M0、M1 和 M2 的货币供应量,M3 只测算不公布。

(二)政府债务的货币性

显然,政府债务具有"准货币"特性。首先,由上述关于货币层次的划分可以看出,政府债务属于更加广义的货币;其次,作为一种重要的金融资产,政府债务以国家信用为支撑具有相当高的安全性;再次,政府债券的流动性相当高,其持有者通常可以在债券到期时将之转换为现金,或者将未到期的政府债券在金融市场上出售换成现金;最后,政府债券的流动性与其本身的期限、币种及可转让性等特性有关,短期政府债券通常被称为"仅次于现金的有价证券"。

二、政府债务、存款货币与货币供给

政府债务体现了政府与社会投资主体的借贷关系,债务的产生便意味着借贷关系的成立。在此关系中,政府作为债务人,通过发行政府债券等多种方式取得所需资金,而社会投资主体(如中央银行、商业银行、非银行金融机构、企业、家庭)作为债权人,投资政府债券,向政府提供资金。为了便于分析政府债务对货币供给量的影响机制,本书将投资主体分为中央银行、商业银行和非银行部门三个部门,并从政府债务的发行、流通和偿还三个方面依次阐述政府债务对货币供给量的影响。

(一)政府债务发行的货币供给效应

1. 政府从中央银行取得资金

在通过《中华人民共和国中国人民银行法》之前,我国财政部通过向中国人民银行透支来弥补财政赤字。尽管财政透支与中央银行直接购买政府债券在定义或者规范方面不一样,但它们对货币供给的影响是一样的,所以这里的分析将财政透支视为中央银行直接承购公债。

中央银行代理国库,为银行的银行,在货币政策的实施中起到关键作用,对货币的供给起到一定的控制作用。中央银行为政府提供贷款,就好像印发钞票一样,它对社会中的货币供给一般起扩张效应。如果中央银行购买政府债券或为政府提供贷款,就会直接增加政府的财政存款,政府得到了一笔能够随时支取的货币资金。如果政府不动用这笔资金,那么社会上的货币存量就不会增加。但如果政府将这笔资金用于各项支出,将其拨给社会上的机构、企业或个人时,就会增加货币存量。其原因是,上述行为主体在获得政府资金后,将资金存入商业银行,致使商业银行的存款增加。而在现代银行制度下,商业银行存款的增加,必然会导致社会中的货币存量进一步增加。

上述分析说明,中央银行为政府提供信用必然会增加货币存量,而商业银行的创造派生存款的机制则进一步扩张了信用规模,并使得社会中货币存量的增加额度远大于中央银行为政府提供的信用额度。

2. 政府从商业银行取得资金

鉴于政府良好的信誉,商业银行愿意持有政府债券或者为政府提供贷款。政府直接从商业银行获得资金时,社会中货币存量的变化取决于银行所提供资金的来源:向中央银行的贷款、超额准备金及收回的已发放贷款。下面就这三种资金来源进行分析:

(1)资金源于向中央银行的贷款。很显然,这种情况下对货币供给的影响类似于中央银行向政府提供资金,当政府动用这笔资金时必然导致货币供给量的增加。

(2)资金源于超额准备金。动用超额准备金,对法定准备金没有影响,基于存款货币的形成机制可知,存款货币的总额不变,货币供给量不变。当政府动用这笔资金时,基于商业银行存款的派生机制,货币供给量必然会增加。然而,若商业银行动用的超额准备金并非是难以向私人部门放贷的资金,那么向政府提供资金对货币供给量的影响可以忽略。

(3)资金源于收回的已发放贷款。商业银行收回发放贷款,社会中存款货币数量额度下降,因此货币供给量下降。当政府运用这笔资金时,货币供给量增加。然而,货币供给量的总体变化情况取决于货币供给量增加额度与此前货币供给减少的额度。

3. 政府从非银行部门取得资金

当非银行部门认购公债时,它们在商业银行的存款或手持现金将减少,从而引起货币供给量的减少。然而,当政府运用债务收入时,非银行部门的存款量或手持现金将增加,货币供给量增加。但总体来看,货币供给量的变化取决于货币供给量减少额度与增加额度的相对大小。

(二)政府债务流通的货币供给效应

政府债务具有不同的种类,相应的期限结构、利率结构等也各不相同。在政府债务的存续期内,政府债务持有者会根据经济环境及自身状况的改变,调整资产的结构,不可避免地会导致政府债务债权人的改变,这同样可能影响货币供给量。

1. 政府债务在不同部门间的流通

(1)若政府债务在中央银行与非银行部门间流通,这种流通通过中央银行的公开市场业务实现。当央行买入公债时通常会减少货币存量,而央行出售公债会增加货币存量。

(2)政府债务在商业银行部门和非银行部门间流通,其对货币存量的影响取决于流通的方向及购买资金的来源。

若政府债务由非银行部门向银行部门流通:①如果商业银行所用资金源于收回贷款,一方面,银行收回贷款,导致货币供给量减少;另一方面,非银行部门获得资金后,又将导致货币供给量增加。故整体而言,社会货币供给量的变化取决于货币供给量减少与增加的额度。②如果商业银行所用资金源于超额准备金,非银行部门转让债务后,持有的商业银行存款及现金增加,货币供给量增加,而增加的存款由于货币乘数的作用,又会派生大量的存款货币,导致货币供给量增加。

若政府债务由商业银行部门向非银行部门流通,一方面,商业银行出售债务必然导致银行部门的超额准备金增加,如果这些准备金被放贷出去必然引起货币供给量的增加;另一方面,若非银行部门的资金源于其在商业银行的存款,那么商业银行存款减少的额度与准备金增加的额度互相抵消,故货币供给量不发生变化;若非银行部门资金源于闲置资金,则债务流通将导致银行部门的超额准备金增加,这些超额准备金的借贷将引起货币供给量增加。

2. 政府债务在相同的部门间流通

(1)政府债务在商业银行间流通。此过程对货币存量的影响依然取决于购买方资金的来源,如果购买方资金来自收回贷款,那么货币存量的缩减将被卖出方所得资金的使用所填补,故该情况下的流通对最终货币存量没有影响。如果购买方资金源于超额准备金,转让方将这笔资金用于放贷,那么货币供给量不会发生改变。

(2)政府债务在非银行部门间流通。如果债务在非银行部门间的流通没有引起商业银行中存款数量的变化,那么货币存量就没有变化。然而,如果商业银行中存款的数量增加或减少,就会引起货币存量相应地增加或减少。

(三)政府债务偿还的货币供给效应

政府债务到期时,政府需要偿还债务。从形式上看,政府偿债的资金来源有偿债基金、预算结余、举借新债、投资收益和课征税款五种。其中,偿债基金与预算结余一般由税收转化而来,而投资收益还债的货币效应又雷同于税收,所以基于货币效应分析的角度,这里主要探讨税收偿债和借新债还旧债对货币供给量的影响。

1. 税收作为还本付息资金

政府向纳税人征税,将导致公众持有现金及银行存款减少,货币供给量下降。然而政府利用税收偿还债务对货币供给量的影响与被偿还对象有关。首先,如果偿还中央银行债务,则央行政府账户中的政府存款与负债等额减少,故整体而言,整个社会货币存量减少。

其次,如果偿还商业银行债务,则政府在央行账户中的存款减少,而商业银行在中央银行账户中的存款增加,这意味着商业银行在央行的准备金增加,商业银行的超额准备金也会等额增加。若商业银行将超额准备金用于放贷,基于存款货币创造机制,货币供给量增加。然而,整体而言,社会货币存量的变化,依然取决于债务偿还前后货币供给量减少与增加的差额。

最后,如果偿还非银行部门债务,非银行部门得到偿付资金,其持有的现金余额与银行存款都会增加,银行存款增加的同时引起银行派生存款的增加,进一步导致社会货币供给量增加。然而,社会货币供给量的整体变化,依然取决于偿付债务导致的货币供给量增加额度与征税导致的货币供给量减少额度。如果前者大于后者,则货币供给量增加;如果前者等于后者,则货币供给量不变;如果前者小于后者,则货币供给量减少。

2. 以新债收入作为还本付息资金

探究发债偿付债务对货币供给量的影响,可以从应债部门与被偿付部门是否一致进行分析。首先,如果应债部门与被偿付部门一致,尽管在一定程度上可以把新债视为旧债期限的延长,但由于部门内个体的差异,债务偿付引起的货币供给量下降与增加未必相同。所以,整体而言,货币供给量的变化取决于增加额与减少额的大小。

其次,如果应债部门与被偿付部门不一致,政府偿还债务对货币供给量的影响如下:

(1)偿还中央银行持有债务。政府从中央银行以外部门取得债务收入偿还央行债务,类似于央行通过公开市场业务出售政府债券,将导致社会上货币供给量的减少。

(2)偿还商业银行持有债务。偿债资金的来源不同,债务偿付对货币供给量的影响就不同。如果偿债资金源自中央银行,资金用于偿付商业银行债务后,商业银行超额准备金增加,若用于放贷,社会货币供给量增加。偿债资金来源于非银行部门,将导致非银行部门持有现金及银行存款减少,货币供给量下降;债务偿付后,商业银行若将超额准备金用于放贷,货币供给量增加,货币供给量整体的变化,取决于偿付前后货币供给量增加额与下降额的差额。

(3)偿付非银行部门持有债务。偿债资金来源于中央银行,则社会货币存量增加;偿债资金来源于商业银行,货币存量的减少,将被非银行部门所持货币量的增加所弥补。

以上政府债务货币效应的分析表明,政府债务对货币供给量的影响非常复杂。政府债务的发行、流通及偿付等环节均会对货币供给量产生不同的影响,而且还会因为资金来源以及行为主体的差异,引起不同程度和性质的货币效应。

第三节　政府债务货币供给效应的实证分析

一、变量选取、数据来源及预分析

表4-1列出了1979—2014年间我国不同层次的货币供给量。其中,M0数据源自于国家统计局网站;M2数据源自于EPS全球统计数据/分析平台;1979—1984年M1数据源自于汪红驹(2003),1985—1989年M1数据源自于《中国金融年鉴(1990)》,1990—2014年数据源自于国家统计局网站。

表4-1　1979—2014年我国不同层次的货币供给量　　单位:亿元

年份	M0	M1	M2
1979	267.7	1177.1	1327.8
1980	346.2	1443.4	1671.1
1981	396.3	1710.8	1977.7
1982	439.1	1914.4	2265.7
1983	529.8	2182.5	2712.8
1984	792.1	2931.6	3598.5
1985	987.8	3340.9	4874.9
1986	1218.4	4232.2	6348.6
1987	1454.5	4948.6	7957.4
1988	2134	5985.9	9602.1
1989	2344	6382.2	11393.1
1990	2644.4	6950.7	14681.9

年份	M0	M1	M2
1991	3177.8	8633.3	18598.9
1992	4336	11731.5	24327.3
1993	5864.7	16280.4	35680.8
1994	7288.6	20540.7	46920.3
1995	7885.3	23987.1	60743.5
1996	8802	28514.8	76095.3
1997	10177.6	34826.3	91867.81
1998	11204.2	38953.7	105560.11
1999	13455.5	45837.3	121042.06
2000	14652.7	53147.2	135960.23
2001	15688.8	59871.59	156411.93
2002	17278.03	70881.79	176965.14
2003	19745.9	84118.57	211012.82
2004	21468.3	95969.7	242426.13
2005	24031.7	107278.8	283012.27
2006	27072.62	126035.13	345603.6
2007	30375.23	152560.08	403442.21
2008	34218.96	166217.13	475166.6
2009	38245.97	220001.51	610224.5231
2010	44628.2	266621.5	725851.7856
2011	50748.46	289847.7	851590.8711
2012	54659.81	308664.23	974148.8658
2013	58574.44	337291.05	1106524.98
2014	60259.53	348056.41	1228374.81

政府债务余额（GD）数据源自历年《中国统计年鉴》。[1]

为了增强数据的平稳性，防止数据的剧烈波动，将 M0、M1、M2、GD 进行

---

[1] 其中，1979—2005 年内债和外债总额依据政府债务的发行和偿付情况通过计算得到，计算公式为：t 年内债余额 = $(t-1)$ 年的内债余额 + t 年的内债发行额 - t 年的内债偿付额。

对数化处理,并将对数化处理的变量分别表示为 LM0、LM1、LM2、LGD。表 4-2 为上述变量的描述性统计。政府债务对数值与不同层次货币供给量对数值之间相关系数均超过 0.99,接近于 1,这意味着它们之间均有高度的正相关性。

表 4-2　政府债务余额及各层次货币供给量的描述性统计表

变量	样本数	平均值	中位数	最大值	最小值	标准差	相关系数
LM0	36	8.780	9.155	11.006	5.589	1.668	0.993
LM1	36	10.141	10.358	12.760	7.01	1.800	0.993
LM2	36	10.902	11.333	14.021	7.191	2.122	0.994
LGD	36	8.285	8.413	11.468	3.564	2.324	1

二、单位根检验

(一)ADF 单位根检验

相对于传统的检验方法,本书采用的杠杆自助技术修正的 TY 因果检验和边界协整检验方法存在诸多优势,但仍需对时间序列进行单位根检验,如边界检验要求变量的最大单整阶数不超过 1,为此需要确定变量的最大单整阶数。表 4-3 为基于软件 Eviews 7.0 得到的 ADF 检验结果。根据表 4-3 可以发现,LGD 与 LM0 为平稳变量且具有较高的显著水平;LM1 与 LM2 均为非平稳变量,其中 LM1 为一阶单整变量,而 LM2 为二阶单整变量。

表 4-3　样本变量平稳性的 ADF 检验

变量	(C,T,K)	ADF 检验值	1%临界值	5%临界值	10%临界值	结论
LGD	(1,0,0)	−4.4077	−3.6329	−2.9484	−2.6129	平稳***
LM0	(1,0,0)	−3.9969	−3.6329	−2.9484	−2.6129	平稳***
LM1	(1,0,1)	−1.5312	−3.6394	−2.9511	−2.6143	不平稳

续表

变量	(C,T,K)	ADF 检验值	1%临界值	5%临界值	10%临界值	结论
$\Delta LM1$	$(1,0,0)$	-3.8651	-3.6394	-2.9511	2.6143	平稳***
LM2	$(1,0,1)$	-1.6419	-3.63940	-2.9511	-2.6143	不平稳
$\Delta LM2$	$(0,0,0)$	-2.2522	-3.6394	-2.9511	-2.6143	不平稳
$\Delta^2 LM2$	$(0,0,4)$	-4.0422	-2.6471	-1.9529	-1.6100	平稳***

注:①(C,T,K)表示检验形式,根据 ADF 统计量的 P 值决定,C 表示常数项,T 表示趋势项,K 表示所采
用的滞后阶数,其中 1 表示有常数项或趋势项,0 表示无常数项或趋势项;
②最优滞后阶数根据 AIC 信息准则确定,最大滞后阶数为 8;
③*、**、*** 分别表示统计量在 10%、5%、1%的显著性水平下显著。

(二)LM 单位根检验

鉴于 ADF 检验没有考虑结构断点问题,可能导致过度地接受存在单位根的假设(Perron,1989),这里进一步采用李和斯特拉齐司克(2003)的内生双突变单位根检验方法来检验样本序列的平稳性。遵循恩格和佩伦(1995)"从一般到特殊"的做法选择最优滞后阶数,即首先设定最大滞后阶数 k_{max},然后检验最后滞后项的系数是否显著。如果最后一项系数显著,则滞后项为 k_{max},否则滞后项数减 1,直到最后一项显著或者 $k=0$。本书将 k_{max} 设定为5,同时基于显著性水平 10%判定系数是否显著。

表 4-4 和表 4-5 分别为 LM 单突变单位根检验结果和 LM 双突变单位根检验的结果。根据结果可以发现,不论在单突变还是双突变假设下 LM2 均为平稳变量,而 LM1 在单突变单位根检验下为一阶单位根过程,在双突变单位根检验下为平稳变量,因此 LM1 与 LM2 均为带结构突变的平稳过程。综合考虑 ADF 检验与 LM 检验的结果,可以认为变量 LGD、LM0、LM1 及 LM2 均为平稳变量。

表 4-4　LM 单突变单位根检验结果

模型	Model A			Model C			检验结论
变量	K	T	tstat	K	T	tstat	
LGD	0	1988	−1.560	2	1985	−2.426	不平稳
LM0	4	1998	−1.963	4	1992	−5.191**	平稳***
LM1	1	2007	−1.827	1	1995	−3.363	不平稳
ΔLM1	0	1989	−4.694***	0	1988	−4.810**	平稳***
LM2	1	1985	−1.686	1	1994	4.783**	平稳**

注:①K、T分别表示滞后阶数与突变时间;
②*、**、***分别表示统计量在10%、5%、1%的显著性水平下显著。

表 4-5　LM 双突变单位根检验结果

模型	Model A				Model C				检验结论
变量	K	T1	T2	T 统计量	K	T1	T2	T 统计量	
LGD	0	1989	2011	−1.649	5	1990	2004	−4.949	不平稳
LM0	4	1989	1999	−2.354	1	1988	1995	−5.959	平稳**
LM1	1	2008	2011	−2.001	2	1993	2008	−5.461	平稳*
LM2	1	1999	2001	−1.858	3	1992	2002	−5.907	平稳**

注:①K、T分别表示滞后阶数与突变时间;
②*、**、***分别表示统计量在10%、5%、1%的显著性水平下显著。

三、因果检验

(一)基于全样本的因果检验

在 VAR 框架下进行因果检验,滞后阶数的选取至关重要。卢特克波尔(1993)建议将最优滞后阶数($mlag$)、内生变量个数(m)与样本容量(T)联系起来,即 $m \times mlag = T^{\frac{1}{3}}$。为此,将 VAR 模型的最大滞后阶数设定为 $T^{\frac{1}{3}}$,鉴于样本观察值为36,所以这里将模型的最大滞后阶数设为3,然后采用哈克尔和哈特米-J(2012)的做法,依据 SBC 信息准则选择最优滞后阶数。

表4-6　全样本因果检验结果

虚拟假设	MWald	BCV 1%	BCV 1%	BCV 1%	P值	Lag	结论
LGD ≠ > LM0	22. 0671	21. 2751	13. 6178	10. 6986	0. 0083	3	拒绝***
LM0 ≠ > LGD	4. 3693	21. 1804	13. 9729	10. 5595	0. 4153	3	接受
LGD ≠ > LM1	2. 4334	10. 7907	6. 6336	4. 6923	0. 2353	1	接受
LM1 ≠ > LGD	7. 9649	11. 1767	6. 9486	5. 2562	0. 0363	1	拒绝**
LGD ≠ > LM2	18. 5251	15. 7613	9. 8425	7. 4932	0. 0050	2	拒绝**
LM2 ≠ > LGD	7. 5205	14. 6673	9. 4616	7. 1971	0. 0903	2	拒绝*

注:①$X ≠ > Y$表示虚拟假设:X不是Y的格兰杰原因;
　②BCV表示基于自助方法估算的临界值;
　③*、**、***分别表示在10%、5%、1%的显著性水平下拒绝虚拟假设,接受备择假设;
　④Lag表示VAR模型的滞后阶数。

表4-6为基于全样本数据的因果检验结果,其中重复次数B为3000。根据前两个检验结果可以发现,LGD与LM0之间存在着从政府债务到货币供给的单向因果关系,也即政府债务是M0的格兰杰原因;根据中间两个结果可以发现,LGD与LM1之间存在着从货币供给到政府债务的单向因果关系,即政府债务并非货币供给的格兰杰原因;根据最后两个结果可知,LGD与LM1之间存在着双向因果关系。

(二)滚动因果检验

改革开放以来,为加快经济发展速度,我国一直在经济金融体制方面进行探索、改革。就理论而言,如果经济结构发生变化,VAR模型中某些参数的估计值也会发生改变,这将导致变量之间的因果关系不稳定,对样本区间及VAR模型滞后阶数更为敏感。因此,索曼和舒库尔(2004)指出,如果结构发生变化,根据全样本所得的因果检验结果将不可信。为此,接下来采用滚动窗口因果检验方法,从动态演进的视角分析政府债务与货币供给的因果关系在不同时期的轨迹变迁。

　　滚动窗口估计中窗口值(Window Size)是需要选择的重要变量,但当前并没有严格的选择标准。窗口值越大所得估值的准确性越高,但会减少窗口估计的次数,不利于解释变量间关系的异质性,借鉴佩色兰和梯默曼(2005)的研究结果,将窗口值设定为18。另外,考虑到所用样本不属于大样本范畴,这里选择的显著性水平为10%,因此如果检验统计量的 p 值小于10%,则表明在子样本期内拒绝"不存在格兰杰因果关系"的虚拟假设。图4-1 至图4-3展示了滚动窗口因果检验的结果。

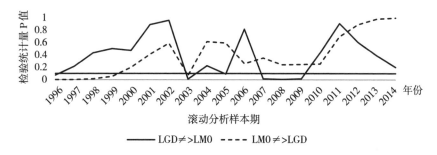

图4-1　LGD 与 LM0 滚动窗口因果检验结果

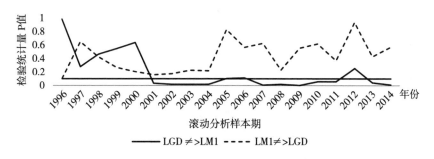

图4-2　LGD 与 LM1 滚动窗口因果检验结果

　　可以发现,在不同的子样本期内,政府债务与货币供给量之间的因果关系发生变化。具体而言,首先,对变量 LGD 与 LM0,两个方向的因果关系在不同子样本期内均发生变化,而对变量 LGD 与 LM1、LGD 与 LM2 仅在一个方向的因果关系发生变化,即在所有子样本期内 LM1 和 LM2 均不是 LGD 的格兰杰

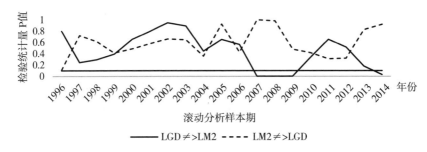

图4-3 LGD与LM2滚动窗口因果检验结果

原因,但存在某个子样本使得 LGD 为 LM1 或者 LM2 的格兰杰原因;其次,就狭义货币供给 M1 而言,存在最多的子样本期使得政府债务为其格兰杰原因,而对广义货币供给 M2,使得政府债务为其格兰杰原因的子样本最少。

四、长期均衡机制

(一)边界检验

基于变量的单位根检验结果可知,所有变量的单整阶数均不超过1,因此可以利用边界方法检验政府债务与各层次货币供给量间是否存在长期均衡关系。鉴于这里使用 1979—2014 年的年度数据,样本容量较小,本部分将最大滞后阶数设定为2。边界协整检验结果如表4-7所示。

表4-7 变量长期关系的边界检验结果

检验统计量	F(LM0| LGD)		F(LM1|LGD)		F(LM2|LGD)	
	16.699***		6.869**		9.705***	
显著性水平	10%		5%		1%	
临界值	I(0)	I(1)	I(0)	I(1)	I(0)	I(1)
	4.225	5.050	5.290	6.175	7.870	8.960

注:①边界检验临界值来自纳拉彦(2005),Case Ⅲ:Unrestricted Intercept and No Trend;
　②*、**、*** 分别表示在 10%、5%、1% 显著性水平下拒绝原假设。

结果发现,首先,检验统计量 F(LM0|LGD)与 F(LM2|LGD)的值分别为16.699 和 9.075,均大于 1%显著性水平所对应的上临界值 8.960,这意味着政府债务对数值与 M0 的对数值间、政府债务与 M2 的对数值间均存在长期关系,且该关系在统计上高度显著;其次,检验统计量 F(LM1|LGD)的值为6.869,大于 5%显著性水平对应的上临界值 6.175,这表明政府债务对数值与M1 对数值间存在长期关系,且该关系在统计上有较高的显著性。因此,政府债务与不同层次货币供应量均存在长期均衡关系。

（二）长期系数估计

在确定政府债务与不同层次货币供给量间存在长期均衡关系后,利用软件 Microfit 4.1 来估计变量间的长期系数以及相应的误差修正模型。如表 4-8 所示,根据估计结果可知,长期内政府债务对广义货币供给的影响最大。具体而言,在长期内政府债务对流通中现金的弹性系数为 0.381,即政府债务每增加 1%,流通中的现金余额增加 0.381%;政府债务对狭义货币供给量的弹性系数为 0.703,即政府债务每增加 1%,流通中的狭义货币供给量增加 0.703%;政府债务对广义货币供给量的弹性系数为 0.789,政府债务每增加 1%,流通中的狭义货币供给量增加 0.789%。

表 4-8　长期关系估计结果

变量	（LM0,LGD）		（LM1,LGD）		（LM2,LGD）	
	系数	P 值	系数	P 值	系数	P 值
LGD	0.381	0.004	0.703	0.000	0.789	0.000
常数项	7.875	0.025	5.210	0.000	5.646	0.001

（三）误差修正模型估计

边界检验证实政府债务与不同层次货币供应量间存在长期均衡关系,然而任何经济变量之间的联系均是从短期到长期的过程,因此,通过建立误差修正模型来进一步反映政府债务与不同层次货币供给量间的由短期向长期调整的动态关系。估计结果如表4-9所示。

表4-9　误差修正模型估计结果

变量	（LM0,LGD）		（LM1,LGD）		（LM2,LGD）	
	系数	P 值	系数	P 值	系数	P 值
常数项	0.813	0.000	1.011	0.000	0.653	0.000
$\Delta LM1(-1)$	—	—	0.299	0.066	—	—
$\Delta LM2(-1)$	—	—	—	—	0.539	0.000
ΔLGD	-0.059	0.700	-0.016	0.903	-0.143	0.099
$\Delta LGD(-1)$	-0.281	0.013	-0.260	0.007	-0.147	0.027
$ECM(-1)$	-0.103	0.017	-0.199	0.010	-0.116	0.004

由表4-9的估计结果可以发现,不同货币供给层次对应的三个不同的短期动态关系中,误差修正项 $ECM(-1)$ 系数的估计值均为负且在统计上高度显著,符合误差修正项的反向修正机制,这进一步支持了不同层次货币供给量与 LGD 间存在长期均衡关系的结论。其中,对变量 LM0,误差修正项的系数为-0.103,这表明相对于长期均衡状态,一旦变量在短期内存在偏差,那么这种偏差的 10.3% 将会在下一年内消失;而当被解释变量为 LM1 和 LM2 时,相应误差修正项系数的估计值分别为-0.199 和-0.116,这说明相对于长期均衡状态,短期内偏差的 19.9% 和 11.6% 将在下一年内得以修正。

（四）稳健性检验

在进行协整检验和建立长期均衡方程时,一般均假定参数是固定不变的,

但实际上,估计参数可能随时间而变化是时间序列模型存在的一个问题
(Hansen,1992)。为了避免参数变化导致的模型最终设定不可靠问题,对估
计参数的稳定性进行检验是必要的。为此,本书采用布朗等(1975)提出的
CUSUM 检验和 CUSUM 平方检验考察参数稳定性,如果 CUSUM 和 CUSUM 平
方检验统计指标在 5%显著性水平内,则认为长期和短期的系数估计结果是
稳定的。

　　图 4-4 到图 4-9 展示了稳定性检验的结果,其中图 4-4 和图 4-5 为
LM0 与 LGD 关系稳定性的检验结果,图 4-6 和图 4-7 为 LM1 与 LGD 关系
稳定性的检验结果,图 4-8 和图 4-9 为 LM2 与 LGD 关系稳定性的检验结
果。观察发现,仅图 4-5 中检验统计量的值超出边界。因此,可以认为政
府债务与狭义货币供给量、广义货币供给量长短期均衡关系在样本考察时
间范围内是稳定的,没有发生变化,相应的估计系数也是科学的、可信的。
然而,政府债务与 LM0 间的关系不稳定,两者的关系在考察时间范围内发
生变化。

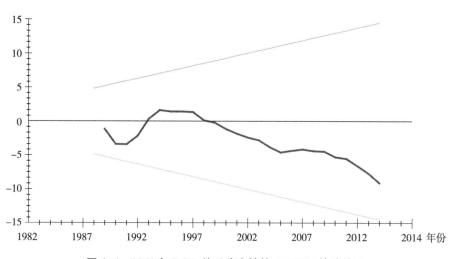

图 4-4　LM0 与 LGD 关系稳定性的 CUSUM 检验结果

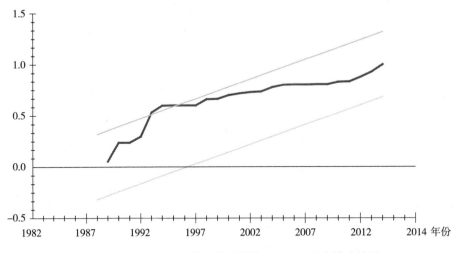

图 4-5　LM0 与 LGD 关系稳定性的 CUSUM 平方检验结果

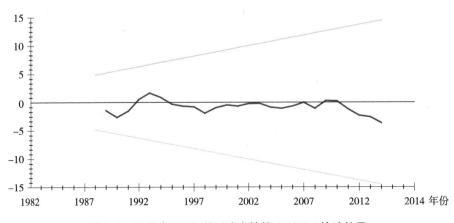

图 4-6　LM1 与 LGD 关系稳定性的 CUSUM 检验结果

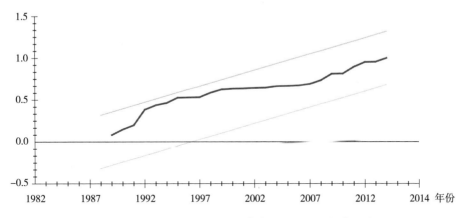

图 4-7 LM1 与 LGD 关系稳定性的 CUSUM 平方检验结果

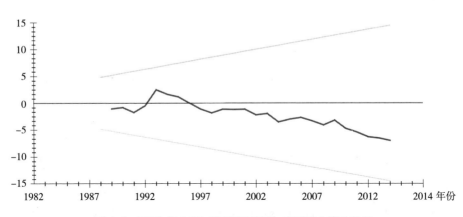

图 4-8 LM2 与 LGD 关系稳定性的 CUSUM 检验结果

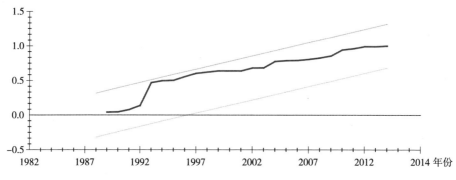

图 4-9　LM2 与 LGD 关系稳定性的 CUSUM 平方检验结果

第四节　基本结论及政策含义

政府债务是政府实施财政政策的工具,政府债务政策也是连接财政政策和货币政策的桥梁,三者既相互联系,又各自独立。相互联系表明它们可以相互配合,为实现同一目标而努力;各自独立意味着它们唯有配合协调,才可以避免相互掣肘,共同实现政府调控目标。而实现三者配合协调的关键,就是要更加准确地把握政府债务对货币供给量的影响。

本章首先分析了政府债务影响货币供给的理论机制。政府债务的货币属性及政府债务被多国货币当局划归为货币供给量统计所包含的资产,表明政府债务的存在本身已然对更加宽泛层次货币的供给量产生影响。然后从政府债务的发行、流通和偿还三个环节入手,进一步分析政府债务对不同层次货币供给量的影响,分析表明,政府债务对货币供给的影响主要源于其对基础货币及商业银行派生存款的影响。

在理论分析的基础上,本部分实证探究了政府债务与不同层次货币供给量的关系,得到了一些有益的结果。首先,基于全样本的因果分析表明,政府债务为狭义货币供给量的格兰杰原因,但并非流通中现金与广义货币供给量的格兰杰原因。基于滚动窗口的动态因果分析表明,在样本考察时间范围内,政府债务与不同层次货币供给量之间的因果关系均存在动态变化,即在某些子样本期内政府债务为货币供给的格兰杰原因,然而在其他子样本期内政府债务并非货币供给的格兰杰原因。其次,基于 ARDL 方法的实证分析表明,政府债务与货币供给间存在长期均衡关系。最后,进一步的稳健性检验发现,在考察时间范围内,政府债务与狭义货币供给量、广义货币供给量间的长短期关系未发生变化,然而政府债务与流通中现金之间的关系出现了变化。

上述分析表明,我国政府债务余额与不同层次的货币供给量之间存在长期均衡关系,政府债务余额的变动将引起不同层次货币供给量的变动。这意味着我国不同口径的货币供给均具有一定的内生性,将受到客观经济活动的制约,中央银行并不能根据自己的政策意图完全地控制货币供应量。此外,随着我国利率市场化改革的进行和金融创新活动的发展,政府债务对货币供给的影响将不断增强。因此,我国政府在进行宏观调控的过程中应该注重财政政策,特别是政府债务政策与货币政策的配合问题,以更好地实现对货币供给量的调控进而对宏观经济进行调控。

第五章 政府债务的通货膨胀效应分析

第一节 政府债务与通货膨胀

通货膨胀历来是经济学者研究的重要问题,也是各国政府关注的宏观经济指标。关于通货膨胀,最为广泛接受的理论观点认为通货膨胀是一种货币现象,该观点以货币数量论为基础,认为通货膨胀由货币供给的变化唯一决定。各国政府制定反通货膨胀措施,特别在反通货膨胀的最初时期,主要采用货币政策。许多国家反通货膨胀政策的目标也旨在限制货币增长率,而且越来越多的国家赋予中央银行自治权,以避免中央银行不得不采取政策以纠正不审慎的财政政策。

然而,上述理论观点遭到质疑。当前的货币需求取决于对未来通货膨胀的预期,仅仅通过货币政策未必能实现降低通货膨胀的目标(Kwon et al.,2009)。理论上,一旦前瞻性预期(Forward-looking Expectations)被考虑,就可能出现多重通货膨胀均衡路径共存的情况,因此货币供给不足以约束通货膨胀路径。这种情况下,经济学者日益关注财政政策对价格水平的决定作用。萨金特和沃拉斯(Sargent & Wallace,1981)指出,货币政策治理通货膨胀的有效性主要取决于其与财政政策的协调配合,在某些情况下,紧缩性货币政策会导致更高的通胀水平,即使传统的货币数量理论成立也会如此。从 20 世纪

90 年代开始,价格水平决定的财政理论(Fiscal Theory of Price Level,FTPL)出现,并对传统货币主义提出了巨大挑战,引起经济学者对于价格水平决定因素的重新思考。该理论由利普尔(Leeper,1991)首先提出,而后经西姆斯(1994)、伍德福德(Woodford,2001)、科克兰(2001)与克瑞尔和比罕(Creel & Bihan,2006)等推进,已经发展成为比较成熟的理论。FTPL 理论是在强调货币政策和财政政策组合的情况下提供了一个价格水平的决定方式,它强调财政波动对价格水平的影响,认为通货膨胀不是一种货币现象,而是一种财政现象,价格水平由政府预算约束在均衡处决定,即价格由政府债券的数量决定。

改革开放以来,我国经历了数次通货膨胀和通货紧缩。许多学者对我国通货膨胀的成因和特点进行分析。卜永祥(2001)、陈六傅和刘厚俊(2007)、施建淮等(2008)、徐奇渊(2012)等考察了人民币汇率变化对国内价格水平的传递作用,其中施建淮等(2008)指出,如果人民币名义有效汇率升值 1%,六个季度后的进口价格、十二个季度后的工业品出厂价格、消费者价格将分别下降 0.52 个、0.38 个和 0.20 个百分点,此外他们认为平均来看 2005 年汇改后,人民币升值对降低国内通货膨胀具有显著的解释力。赵留彦和王一鸣(2005)、马龙和刘澜飚(2010)、卢二坡和沈坤荣(2015)等分析了货币供给对国内价格水平的影响。林伯强和王锋(2009)、任泽(2012)考察能源价格变动对我国价格水平的影响。此外,龙如银等(2005)、王少平和彭方平(2006)、张屹山和张代强(2008)对通货膨胀的动态特征进行分析。上述分析表明,当前国内关于我国价格水平的研究,主要从汇率的价格传递、货币供给、能源价格变化等角度展开,鲜有文献探究我国政府债务对国内价格水平的影响。为此,本章基于卡斯特罗等(2003)的研究建立实证模型,结合实际经济增长探究政府债务对通胀的影响。

本书研究的贡献主要表现在以下四个方面:(1)首次从非对称角度实证分析政府债务对通货膨胀的影响,同时与对称情形下政府债务对通胀的影响进行比较;(2)鉴于所用数据为年度样本,数据容量较小,本书采用具有较好小样本性质的 ARDL 方法和非线性 ARDL 方法分析政府债务对通货膨胀的长短期影响,而对因果检验采用自助技术计算相应的临界值以得到更加可信的结果;(3)为克服 TY 因果检验可能存在的异方差问题,本书借鉴哈福纳和赫瓦茨(Hafner & Herwartz, 2009)的做法,采用 FDWB(Fixed Design Wild Bootstap)技术对其进行修正以获得更加可信的结果;(4)考虑到政府债务与通货膨胀间的关系可能发生动态变化,本书基于滚动窗口因果检验方法就两者的因果关系进行动态分析。

第二节　实证模型与研究方法

一、实证模型

卡斯特罗等(2003)分析了财政政策和货币政策的相互依赖性,以及它们在价格水平确定中的共同作用,科翁等(2009)对其进行简化并得到价格与货币、债务及产出的关系。在简化模型中,假定代表性家庭每期都被赋予固定的财富数额(y),代表性家庭决定每期的实际消费水平(c)、实际货币持有量(m/p)以及非指数化实际政府债券(b/p)。代表性家庭面临的最优化问题为:

$$\begin{cases} \max U(t) = \sum_{t=0}^{\infty} \beta^t (\ln(c_t) + \gamma \ln(m_t / p_t)) \\ \text{s.t.} c_t + \dfrac{m_t}{p_t} + \dfrac{b_t}{p_t} = y_t - \tau_t + \dfrac{m_{t-1}}{p_t} + \dfrac{i_{t-1} b_{t-1}}{p_t} \end{cases} \tag{5-1}$$

其中,τ 表示总量税,i_{t-1} 表示从 $t-1$ 期到 t 期政府债券的名义收益。上述最优问题的一阶条件为:

$$\frac{c_{t+1}}{c_t} = \frac{\beta i_t}{\pi_{t+1}} \tag{5-2}$$

$$\frac{m_t}{p_t} = \frac{\gamma c_t i_t}{i_{t+1} - 1} \tag{5-3}$$

其中, $\pi_t = p_{t+1}/p_t$。

政府面临如下跨期预算约束:

$$G_t + (i_{t-1} - 1)\frac{B_{t-1}}{p_t} = \tau_t + \frac{(M_t - M_{t-1})}{p_t} + \frac{(B_t - B_{t-1})}{p_t} \tag{5-4}$$

由(5-2)式迭代可得政府长期预算约束:

$$\frac{i_{t-1}B_{t-1}}{p_t} = \sum_{j=0}^{\infty}\frac{T_{t+j}}{R_{t,j}} - \sum_{j=0}^{\infty}\frac{G_{t+j}}{R_{t,j}} + \sum_{j=0}^{\infty}\frac{(M_{t+j} - M_{t+j-1})}{p_{t+j} R_{t,j}} \tag{5-5}$$

其中, G_t 表示政府支出, $R_{t,j} = \prod_{h=1}^{j} r_{t+h}$ 表示复合实际折现率, r_{t+h} 表示 $t+h-1$ 期到 $t+h$ 期的实际利率。假定所需偿付的数额中,由未来财政盈余偿付的比重为 $1 - \delta$,其余部分经由债务货币化偿还,由此可得出如下货币供给函数:

$$\frac{M_t}{p_t} = \frac{i_t - 1}{i_t}\left[\frac{\delta i_{t-1} B_{t-1}}{p_t} + \frac{M_{t-1}}{p_t} - \sum_{j=1}^{\infty}\frac{M_{t+j}}{p_{t+j} R_{t,j}} + \frac{i_{t+j} - 1}{i_{t+j}}\right] \tag{5-6}$$

(5-6)式表明,实际货币供给决定于政府债务货币化程度以及预算赤字货币化所产生的利息支付中被储蓄的部分。

根据(5-2)式、(5-3)式及(5-6)式,得到均衡价格如下:

$$p_t = (1 - \beta)(M_{t-1} + \delta i_{t-1} B_{t-1})/\gamma c_t \tag{5-7}$$

鉴于均衡价格的递归性质以及债券与实际资产间无套利($r_{t+1} = i_t/(p_{t+1}/p_t)$),均衡价格可重新表述为:

$$p_t = (1 - \beta)(M_t + \delta B_t)/\gamma c_t \tag{5-8}$$

式(5-8)将均衡价格与货币、政府债务联系起来,嵌套了货币数量论以及萨金特和沃拉斯(1981)的"不合意的货币主义算术"。货币化因子 δ 反映了财政政策的货币适应性程度,宽泛地讲即为(5-6)式所描述的货币政策和财政政策协调的本质。如果政府在长期内实行平衡预算,不将债务货币化,则货

币化因子 δ 为 0,(5-8)式简化为 $p_t = (1 - \beta) M_t / \gamma c_t$,此即传统的货币数量论。如果政府实施灵活的财政政策,比如保持固定的负债率,货币化因子将为0,政府债务对价格没有影响。如果政府债务完全货币化,则政府债务增加对通货膨胀的影响与货币扩张的影响相同。实际中,货币化因子介于 0 和 1 之间,具体值取决于政府为其债务服务的能力和意愿。科翁等(2009)指出,尽管没有像某些 FTPL 理论(Leeper & Yun, 2006)那样考虑政府债务的财富效应,但(5-8)式与 FTPL 的一般含义完全一致。因此,政府债务与价格间关系的建立未必需要知道他们之间的关系是源于货币主义观点还是 FTPL 理论。

上述理论模型的设定仅包括家庭和政府两个部门,不包含金融中介,没有考虑到银行部门的货币创造功能,忽略了广义货币对价格水平的影响,此外考虑到政府债务与广义货币具有较强的相关性,为此本书借鉴科翁等(2009)的研究将实证模型设定如下:

$$DLCPI_t = \alpha + \alpha_1 DLGD_t + \alpha_3 DLGDP_t + \varepsilon_t \qquad (5-9)$$

其中,$DLCPI$ 表示通货膨胀率,$DLGD$ 表示政府债务增长率,$DLGDP$ 表示实际国内生产总值增长率。

二、FDWB 修正的 TY 因果检验

第三章指出,哈克尔和哈特米-J(2005)通过蒙特卡洛模拟发现,如果误差项不满足正态假定或者存在条件异方差,MWald 统计量会过度拒绝虚拟假设。为此,针对两变量 VAR 模型,哈克尔和哈特米-J(2006)提出用杠杆自助技术处理异方差问题并得到较好检验效果,但对多变量 VAR 模型是否仍具较好的效果,并没有给出相应的分析。鉴于此,本书采用常用的 WB(Wild Boot-stap)技术解决异方差问题。诚如冈加尔维斯和基里安(Goncalves & Kilian, 2004)指出,即使存在异方差 WB 方法也被证明可以得到可靠的有限样本推断。具体地,依据哈福纳和赫瓦茨(2009)的做法,采用 FDWB(Fixed Design Wild Bootstap)应对可能存在的异方差问题,其步骤如下:

第一步,在虚拟假设条件下,估计受约束的 VAR(p+d)模型,得到相应的系数估计值 $\hat{B}$ 及残差 $\hat{\varepsilon}$ 。

第二步,根据(5-10)式生成自助样本数据:

$$y_t^* = \hat{B} Z^* + \varepsilon_t^* \tag{5-10}$$

其中, $\varepsilon_t^* = \hat{u}_{rt} \times \eta_t$, η_t 为与原始数据无关的随机变量,且服从 Rademacher 分布,即 η_t 取值为 1 或-1,且 $p(\eta_t = 1) = p(\eta_t - 1) = 0.5$ 。

第三步,以第二步生成的数据为样本,依据(3-8)式计算虚拟假设下 MWald 统计量的值。

第四步,将第二步和第三步重复 B 次,得到 MWald 统计量的经验分布,找出 α 显著性水平下 MWald 统计量对应的临界值 c_α 。

第五步,将原始数据下 MWald 统计量的值与 c_α 比较,如果大于 c_α 则拒绝不存在格兰杰因果关系的虚拟假设。

三、非线性 ARDL 方法

现实中经济变量间可能存在非对称的长期关系,而 ARDL 方法假定变量间的长期关系是对称性的。为此,郑等(Shin et al.,2014)借鉴斯科德里特(Schorderet,2004)的方法将变量分解为正负冲击的累积和,提出了 NARDL 方法。对变量的分解如下:

$$x_t = x_0 + x_t^+ + x_t^- \tag{5-11}$$

其中, x_t^+ 表示正向冲击累积,即 $x_t^+ = \sum_{i=1}^{t} \max(\Delta x_t, 0)$, x_t^- 表示负向冲击累积,即 $x_t^- = \sum_{i=1}^{t} \min(\Delta x_t, 0)$ 。非对称长期关系可表示如下:

$$y_t = \beta^+ x_t^+ + \beta^- x_t^- + u_t \tag{5-12}$$

其中, β^+ 与 β^- 分别表示 x_t 的正负向冲击累积和的长期系数。郑等(2014)证明将(5-12)式与(3-28)式所示的 ARDL-ECM 模型联合,可得到

NARDL-ECM 模型：

$$\Delta y_t = \alpha + \rho y_{t-1} + \theta^{+'} x_{t-1}^+ + \theta^{-'} x_{t-1}^- + \sum_{j=1}^p \alpha_j \Delta y_{t-j} + \sum_{j=0}^p (\pi_j^{+'} \Delta x_{t-j}^+ -$$

$$\pi_j^{-'} \Delta x_{t-j}^-) + e_t \qquad (5-13)$$

其中，x_t 表示由解释变量组成的 k 阶列向量。基于(5-13)式，可检验是否存在非对称长期关系。在实际应用过程中，使用 NARDL 方法涉及如下四步：第一步，利用 OLS 方法估计(5-13)式。第二步，检验变量间的非对称协整关系是否存在，根据郑等(2014)，虚拟假设 H_0：不存在长期关系（即 $\rho = \theta^+ = \theta^- = 0$）可用 F 统计量进行检验。第三步，检验变量间的长期对称性和短期对称性。对长期对称性，虚拟假设为 $\beta^+ = \beta^-$（即 $-\theta^+/\rho = -\theta^-/\rho$），可用标准的 Wald 统计量进行检验；对短期对称性，虚拟假设存在两种形式，其一为 $\pi_j^+ = \pi_j^-, j = 1, \cdots, q-1$，其二为 $\sum_{j=0}^{q-1} \pi_j^+ = \sum_{j=0}^{q-1} \pi_j^-$，这两种假设均可用 Wald 统计量进行检验。第四步，如果存在非对称性，根据 NARDL-ECM 计算正负冲击累积受到 1 个单位冲击所引起的非对称累积动态乘子效应如下：

$$m_h^+ = \sum_{j=0}^h \frac{\partial y_{t+j}}{\partial x_t^+}, m_h^- = \sum_{j=0}^h \frac{\partial y_{t+j}}{\partial x_t^-}, h = 1, 2 \qquad (5-14)$$

其中，$m_h^+ \to \beta^+, h \to \infty$；$m_h^- \to \beta^-, h \to \infty$。基于动态乘子可以观察受到冲击后，系统由初始均衡到新均衡的动态调整过程，因此动态乘子是分析非对称短期调整以及非对称长期反应的工具。

第三节　实证分析

一、数据来源

前述关于实证模型的设定，本书选取 1981—2014 年的年度数据。其中，通货膨胀率($DLCPI$)根据消费者价格指数(CPI)计算得到，CPI 数据来源于国家统计局网站;政府债务增长率(*DLGD*)数据,1979—2004 年政府债务数据根据各年度《中国统计年鉴》数据计算得到,2005—2014 年政府债务数据来源于国家统计局网站;实际国内生产总值增长率(*DLRGDP*),名义 GDP 数据来源于国家统计网站,GDP 平减指数依据司春林等(2002)所提供的方法计算。样本的描述性分析如表 5-1 所示。

表 5-1 样本描述性分析

变量	平均值	中位数	最大值	最小值	标准误	容量
DLGD	0.2200	0.2110	0.7812	0.0227	0.1363	34
DLCPI	0.0504	0.0290	0.2162	−0.0142	0.0569	34
DLRGDP	0.1967	0.1898	0.4981	0.0478	0.1050	34
PDLGD	1.2444	1.1115	1.9429	0.7812	0.4036	34
NDLGD	−0.6010	−0.5297	0.4233	−1.4218	0.4830	34
PDLRGDP	0.8440	0.8938	1.3590	0.1496	0.3736	34
NDLRGDP	−0.4976	−0.6555	0.0963	−1.1222	0.3920	34

注:*PDLGD* 和 *NDLGD* 分别表示政府债务增长率的正负向冲击累积和,*PDLRGDP* 和 *NDLRGDP* 分别为实际国内生产总值增长率的正负向冲击累积和。

二、单位根检验

尽管相对于传统方法,本书采用的实证方法对变量单整特性的要求较低,但仍需要检验各变量的最大单整阶数。比如针对 ARDL 与 NARDL 方法,如果存在变量的最大单整阶数超过 1,基于 F 统计量得到的长期关系结果无效(Ouattara,2004),那么 ARDL 与 NARDL 方法将不再适用。为此,本书使用 ADF 检验进行平稳性检验,结果如表 5-2 所示。结果表明,变量 *DLGD*、*DLCPI* 及 *DLRGDP* 均为平稳过程,而变量 *PDLGD*、*NDLGD*、*PDLRGDP* 及 *NDLRGDP* 均为差分平稳变量,即 I(1)过程。

表 5-2　样本变量平稳性的 ADF 检验

变量	(C, T, K)	ADF 统计值	1% 临界值	5% 临界值	10% 临界值	结论	P 值
DLGD	(1,1,0)	-8.6421	-4.2627	-3.5530	-3.2096	平稳***	0.0000
DLCPI	(1,1,1)	-3.7592	-4.2733	-3.5578	-3.2124	平稳**	0.0325
DLRGDP	(1,0,1)	-3.2542	-3.6537	-2.9571	-2.6174	平稳**	0.0259
PDLGD	(1,1,2)	-2.3213	-4.2846	-3.5629	-3.2153	不平稳	0.4109
ΔPDLGD	(0,0,1)	-1.9578	-2.6417	-1.9521	-1.6104	平稳**	0.0494
NDLGD	(1,1,0)	-2.8333	-4.2627	-3.5530	-3.2096	不平稳	0.1962
ΔNDLGD	(1,1,0)	-8.6602	-4.2733	-3.5578	-3.2124	平稳***	0.0000
PDLRGDP	(1,0,0)	-1.5341	-3.6463	-2.9540	-2.6158	不平稳	0.5042
NDLRGDP	(1,1,1)	-2.6469	-4.2733	-3.5578	-3.2124	不平稳	0.2637

注:①(C,T,K)表示检验形式,根据 ADF 统计量的 P 值决定,C 表示常数项,T 表示趋势项,K 表示所采用的滞后阶数,其中 1 表示有常数项或趋势项,0 表示无常数项或趋势项;
②最优滞后阶数根据 AIC 信息准则确定,最大滞后阶数为 8;
③*、**、*** 分别表示统计量在 10%、5%、1%的显著性水平下显著。

三、因果检验

(一)全样本因果检验

在 VAR 框架下进行因果检验,滞后阶数的选取至关重要。卢特克波尔(1993)建议将最优滞后阶数($mlag$)、内生变量个数(m)与样本容量(T)联系起来,即 $m \times mlag = T^{\frac{1}{3}}$。为得到更加可信的结果,将 VAR 模型的最大滞后阶数设定为 $T^{\frac{1}{3}}$,然后采用哈克尔和哈特米-J(2012)的做法,依据 SBC 信息准则选择最优滞后阶数,如表 5-3 为因果检验的结果。

根据全样本因果检验结果可以发现,在整个样本期内,政府债务增长率与通货膨胀间不存在任何方向的因果关系,即政府债务增长率冲击不是通货膨胀率变化的格兰杰原因,通货膨胀率也不是政府债务增长率变化的原因。在非对称情况下,政府债务增长率的正向(或负向)累积冲击与通货膨胀率之间同样不存在任何方向的因果关系。

表5-3　全样本因果检验结果

虚拟假设	MWald统计值	P 值	BCV 1%	BCV 5%	BCV 6%	K
$DLGD \neq > DLCPI$	1.1326	0.2040	4.1915	2.5967	1.8004	1
$DLCPI \neq > DLGD$	0.5636	0.3760	4.4423	2.6289	1.8084	1
$PDLGD \neq > DLCPI$	0.0840	0.7780	7.4523	4.4518	3.3623	1
$DLCPI \neq > PDLGD$	0.3514	0.5205	5.5894	3.2620	2.1726	1
$NDLGD \neq > DLCPI$	2.4429	0.1865	11.3809	5.9470	4.0778	1
$DLCPI \neq > NDLGD$	0.0244	0.8925	8.4536	5.1247	3.4621	1

注:① $X \neq > Y$ 表示 X 不是 Y 的格兰杰原因,BCV 表示 Bootstrap 临界值;

　　② K 表示最优滞后阶数。

(二)滚动因果检验

理论上,若经济结构发生变化,VAR 模型中参数的估计值也会发生改变,变量间的因果关系将不稳定,对样本区间及 VAR 模型滞后阶数更为敏感。因此,索曼和舒库尔(2004)指出,如果结构发生变化,根据全样本所得因果检验的结果不可信。为此,采用滚动窗口因果检验方法,从动态演进的视角分析政府债务与通货膨胀因果关系在不同时期的轨迹变迁。

滚动估计中窗口值(Window Size)是需要选择的重要变量,但当前尚无严格的选择标准。窗口值越大所得估值的准确性越高,但会减少窗口估计的次数,不利于解释变量间关系的异质性,借鉴佩色兰和梯默曼(2005)的研究结果,将窗口值设定为20。另外,考虑到所用样本不属于大样本范畴,将显著性水平选择为10%,如果检验统计量的 P 值小于10%,则表明在子样本期内拒绝"不存在格兰杰因果关系"的虚拟假设。

滚动因果分析的结果如图5-1到图5-3所示,其中图5-1呈现了对称条件下滚动因果分析结果,图5-2和图5-3分别呈现了政府债务增长率正负向累积冲击与通货膨胀的滚动因果分析结果。通过观察可以发现:(1)在非对称情况下,所检验因果关系均发生变化,而在对称情况下并非如此;(2)在非对称情况下,拒绝虚拟假设的子样本期更多,而对称情况下最少;(3)仅就非对称情况而言,相较于政府债务增长率正向累积冲击,负向累积冲击与通货膨胀率因果关系的变化更频繁。

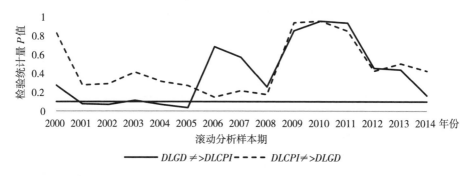

图 5-1 *DLGD* 与 *DLCPI* 滚动窗口因果检验结果

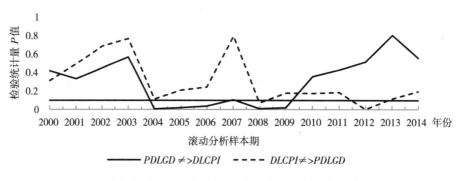

图 5-2 *PDLGD* 与 *DLCPI* 滚动窗口因果检验结果

四、线性与非线性 ARDL 框架的分析

前述单位根检验的结果表明,所有变量的单整阶数均不超过 1,因此可采用线性和非线性 ARDL 方法做进一步分析。为此,本部分将从对称和非对称两个角度进行分析,并对两种情况下的结果进行比较。

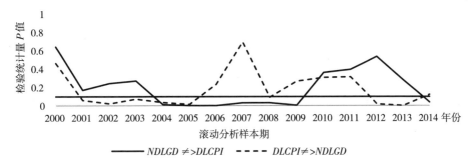

图 5-3　*NDLGD* 与 *DLCPI* 滚动窗口因果检验结果

(一)长期关系的边界检验

边界检验的结果如表 5-4 所示,可以发现,对模型(5-15)的虚拟假设 $\alpha_1 = \alpha_2 = \alpha_3 = 0$,联合显著性检验的 F 统计量的值为 $F_{PSS1} = 7.795$,大于 1% 显著性对应的上临界值 7.607,因此存在长期关系;对模型(5-16)的虚拟假设 $\alpha_1 = \alpha_2^+ = \alpha_2^- = \alpha_3^+ = \alpha_3^- = 0$ 的联合显著性检验的 F 统计量的值为 $F_{PSS2} = 8.639$,大于 1% 显著性水平下三组临界值中的上临界值,因此表明长期非对称关系存在。

$$\Delta DLCPI_t = \alpha + \alpha_1 \, DLCPI_{t-1} + \alpha_2 \, DLGDP_{t-1} + \alpha_3 \, DLGD_{t-1} + \sum_{j=1}^{p} \delta_{1j} \Delta$$

$$DLCPI_{t-j} + \sum_{j=1}^{p} \delta_{2j}^- \Delta \, DLGDP_{t-j} + \sum_{j=1}^{p} \delta_{3j}^+ \Delta \, DLGD_{t-j} + \varepsilon_t \qquad (5-15)$$

$$\Delta DLCPI_t = \alpha + \alpha_1 \, DLCPI_{t-1} + \alpha_2^+ \, PDLGDP_{t-1} + \alpha_2^- N \, DLGDP_{t-1} + \alpha_3^+$$

$$PDLGD_{t-1} + \alpha_3^- \, NDLGD_{t-1} + \sum_{j=1}^{p} \delta_{1j} \Delta \, DLCPI_{t-j} + \sum_{j=1}^{p} \delta_{2j}^+ \Delta \, PDLGDP_{t-j} + \sum_{j=1}^{p} \delta_{3j}^+ \Delta$$

$$PDLGD_{t-j} + \sum_{j=1}^{p} \delta_{3j}^- \Delta \, NDLGD_{t-j} + \varepsilon_t \qquad (5-16)$$

表 5-4　边界检验结果

模型	模型(5-15)			模型(5-16)			模型(5-17)		
统计量	F_{PSS1} = 7.795			F_{PSS2} = 8.639			F_{PSS3} = 11.368		
显著水平	1%	5%	10%	1%	5%	10%	1%	5%	10%
临界值 I(0)	6.140	4.183	3.393	4.590	3.276	2.696	5.198	3.615	2.958
I(1)	7.607	5.333	4.410	6.368	4.630	3.898	6.845	4.913	4.100

注:表中临界值来源于纳拉彦(2005),且从左到右三组临界值对应的 k 值分别为 2、5 和 3。

(二)长期与短期对称性检验

本部分基于(5-16)式进行对称性检验,由表5-5中的检验结果可以发现,首先,实际经济增长率对通货膨胀具有非对称影响的长期和短期检验统计量的值分别为 W_{LR2} = 0.789 和 W_{SR2} = 0.112,相应的 P 值分别为 0.374 和 0.738,因此接受虚拟假设,认为实际经济增长率对通货膨胀的影响不具有非对称性;其次,政府债务增长率对通货膨胀具有非对称影响的长期和短期检验统计量的值分别为 W_{LR3} = 4.549 和 W_{SR3} = 10.944,相应的 P 值分别为 0.033 和 0.001,为此,拒绝虚拟假设,认为政府债务增长率对通货膨胀长期和短期影响具有非对称性。

表 5-5　长、短期对称性检验

模型		模型(5-16)		模型(5-17)	
检验类别		Wald 统计量	P 值	检验统计量	P 值
长期对称	$\alpha_3^+ = \alpha_3^-$	W_{LR3} = 4.549	0.033	W_{LR} = 6.531	0.011
	$\alpha_2^+ = \alpha_2^-$	W_{LR2} = 0.789	0.374	—	—
短期对称	$\delta_{3j}^+ = \delta_{3j}^-$	W_{SR3} = 10.944	0.001	W_{SR} = 11.792	0.001
	$\delta_{2j}^+ = \delta_{2j}^-$	W_{SR2} = 0.112	0.738	—	—

郑等(2014)指出,如果接受长期或者短期对称性,为避免对长期关系或

者动态模型的设定不恰当,应该在相应的非对称性下重新估计 NARDL 模型。为此,对(5-17)式再次进行检验。由表 5-5 可知,长期和短期对称性假设下检验统计量的值分别为 $W_{LR} = 6.531$ 和 $W_{SR} = 11.792$,而相应的 P 值分别为 $P_{LR} = 0.011$, $P_{SR} = 0.001$。因此,依然拒绝虚拟假设,认为政府债务增长率对通货膨胀的长期和短期影响具有非对称性。

$$\Delta DLCPI_t = \alpha + \alpha_1 DLCPI_{t-1} + \alpha_2 DLRGDP_{t-1} + \alpha_3^+ PDLGD_{t-1} +$$

$$\alpha_3^- NDLGD_{t-1} + \sum_{j=1}^{p1} \delta_{1j}\Delta DLCPI_{t-j} + \sum_{j=1}^{p2} \delta_{2j}\Delta PDLGDP_{t-j} + \sum_{j=1}^{p4} \delta_{3j}^+ \Delta$$

$$PDLGD_{t-j} + \sum_{j=1}^{p5} \delta_{3j}^- \Delta NDLGD_{t-j} + \varepsilon_t \tag{5-17}$$

(三)长期系数估计

本书将最大滞后阶数设定为 2,并采用 SBC 准则判定 ARDL 模型与 NARDL 模型的最优滞后阶数。如表 5-4 所示,对模型(5-17)的虚拟假设 $\alpha_1 = \alpha_2 = \alpha_3^+ = \alpha_3^- = 0$ 的联合显著性检验的 F 统计量的值为 $F_{PSS3} = 11.368$,大于 1% 显著性水平下的上临界值 6.845,因此拒绝虚拟假设,认为 $DLCPI$ 与 $DLRGDP$、$PDLGD$、$NDLGD$ 存在长期关系。

长期系数的估计结果如表 5-6 所示,可以发现:首先,在对称和非对称情形下,$DLRGDP$ 对通货膨胀的影响均高于 $DLGD$ 对通货膨胀的影响,而且对称情形下这种差别更大;其次,在对称和非对称情形下,$DLRGDP$ 对通货膨胀的影响差别较小,$DLRGDP$ 提高(或下降)1%,两种情形下通货膨胀率分别提高(或下降)0.61% 和 0.64%;最后,$DLGD$ 对通货膨胀的影响要低于 $PDLGD$ 和 $NDLGD$ 对通货膨胀的影响。在对称情形下,$DLGD$ 提高(或下降)1%,通货膨胀率将提高(或下降)0.13%,然而在非对称情形下,$DLGD$ 提高(或下降)1%,通货膨胀率将提高 0.55%(或者下降 0.48%)。

表 5-6　长期系数估计

ARDL 方法				NARDL 方法			
解释变量	系数	T 统计量	P 值	解释变量	系数	T 统计量	P 值
C	−0.098	−4.384	0.000	C	−0.442	−3.939	0.001
DLRGDP	0.609	7.476	0.000	DLRGDP	0.639	8.456	0.000
DLGD	0.130	1.821	0.079	PDLGD	0.545	3.577	0.001
—	—	—	—	NDLGD	0.479	3.685	0.001

（四）误差修正模型与动态调整

1. 误差修正模型

在对称和非对称两种情形下,相应的误差修正模型估计结果如表 5-7 所示。可以发现,首先,无论对称还是非对称情形,短期内实际经济增长率对通货膨胀率的影响强于政府债务增长率对通货膨胀的影响;其次,无论对称还是非对称情形,实际经济增长率对通货膨胀率影响均为正,且在统计上均高度显著;再次,在对称情形下,政府债务增长率对通货膨胀的影响显著为正,在非对称情形下,政府债务增长率正向累积冲击对通货膨胀率的影响为正,但在统计上不显著,然而债务增长率负向累积冲击对通货膨胀的影响高度显著;最后,估计结果中误差修正项的系数均为负,且在统计上高度显著,符合修正机制,这进一步证实变量间确实存在长期关系;对称和非对称两种情况下,误差修正项系数的估计值分别为−0.608 和−0.602,这表明调整的力度比较大。

表 5-7　误差修正模型估计结果

ARDL-ECM				NARDL-ECM			
解释变量	系数	T 统计量	P 值	解释变量	系数	T 统计量	P 值
C	−0.059	−5.266	0.000	C	−0.266	−4.557	0.000
ΔDLRGDP	0.371	8.748	0.000	ΔDLRGDP	0.385	10.563	0.000
ΔDLGD	0.079	1.840	0.076	ΔPDLGD	0.017	0.342	0.734

续表

ARDL-ECM				NARDL-ECM			
—	—	—	—	$\Delta NDLGD$	0.289	4.081	0.000
$\Delta ECM(-1)$	−0.608	−8.050	0.000	$ECM(-1)$	−0.602	−9.152	0.000

2. 动态乘子

图 5-4 和图 5-5 给出了政府债务增长率正负向冲击的累积影响,直观地揭示了系统从短期到长期的动态调整过程。可以发现,在对称情形下,政府债务增长率受到冲击后,通胀率很快作出调整,而且均衡修正在 1 年内超过 60%,在 3 年内基本完成;在非对称情形下,通货膨胀率对负向冲击即期作出较大反应,而后变缓,均衡修正在 1 年内超过 80%,在 3 年内基本完成;通货膨胀率对正向冲击的即期反应较小,而后加剧,均衡修正在 1 年内超过 60%,同样在 3 年内基本完成。

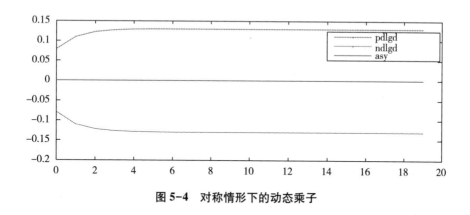

图 5-4 对称情形下的动态乘子

(五)稳定性检验

为避免参数不稳定可能导致的模型最终设定不可靠问题,本书采用布朗等(1975)提出的 CUSUM 检验和 CUSUM 平方检验来考察模型参数的稳定性。如果 CUSUM 和 CUSUM 平方检验统计指标在 5% 显著性水平内,则认为长期

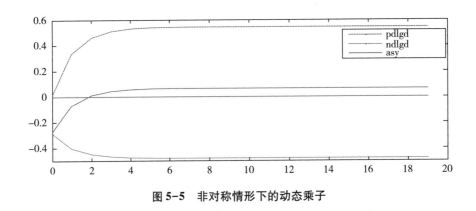

图 5-5   非对称情形下的动态乘子

和短期的系数估计结果是稳定的。图 5-6 到图 5-9 呈现了稳定性检验结果，其中图 5-6 和图 5-7 为对称情形下模型的稳定性检验结果，图 5-8 和图 5-9 展现了非对称情形下模型的稳定性检验结果，图中直线代表 5% 显著性水平对应的边界。可以发现，考察样本时间范围内，不管是在对称还是在非对称的情形下，检验统计量的值均没有超出边界。因此，本书认为上述长期和短期系数的估计结果是稳定的，在样本期内没有发生变化。

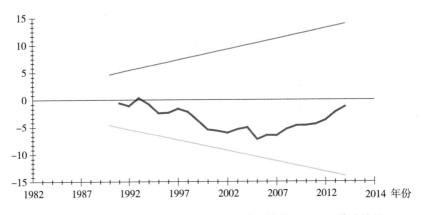

图 5-6   对称条件下政府债务与通货膨胀稳定性的 CUSUM 检验结果

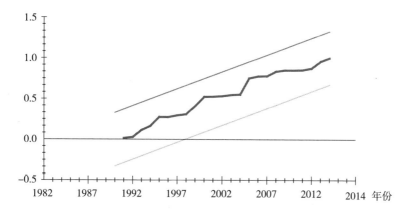

图 5-7　对称条件下政府债务与通货膨胀稳定 CUSUM 平方检验结果

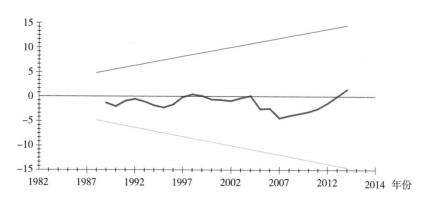

图 5-8　非对称条件下政府债务与通货膨胀稳定性的 CUSUM 检验结果

第四节　研究结论

通货膨胀率历来是经济学者研究的重要问题,也是各国政府关注的宏观经济指标。关于我国价格水平的研究,现有文献主要从汇率的价格传递、货币供给、能源价格变化等角度展开,鲜有文献探究我国政府债务对国内价格水平的影响。为此,本书利用佩色兰等(2001)提出的 ARDL 方法及郑等(2014)提出的 NARDL 方法,从对称和非对称角度分析了经济增长和政府债务增长对

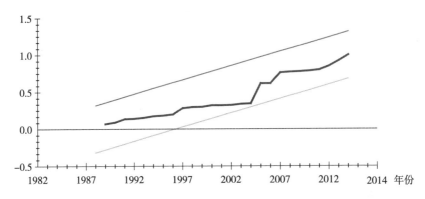

图 5-9 非对称条件下政府债务与通货膨胀稳定性的 CUSUM 平方检验结果

我国通货膨胀水平的影响。同时,借鉴哈福纳和赫瓦茨(2009)的做法,采用 FDWB 方法对 TY 因果检验方法进行修正,并从静态和动态两个角度分析政府债务与通货膨胀的格兰杰因果关系。依据上述思路,研究得到了一些有意思的结论。

首先,全样本期内政府债务增长率、政府债务增长率正、负向冲击累积与通货膨胀间均不存在任何方向的格兰杰因果关系;滚动窗口因果分析表明,在非对称情形下,所检验因果关系均发生动态变化,而在对称情形下并非如此;相较于对称情形,非对称情形下拒绝虚拟假设的子样本期更多;此外,非对称情形下,相较于政府债务增长率正向累积冲击、负向累积冲击与通货膨胀率因果关系的动态变化更为频繁。

其次,基于 ARDL 方法和 NARDL 方法的实证分析表明:(1)通货膨胀与政府债务增长、经济增长存在长期均衡关系,但基于 NARDL 方法的分析表明,不管是长期还是短期,实际经济增长对通货膨胀的影响是对称的,而政府债务增长率对通货膨胀的影响是非对称的。(2)长期内,经济增长、政府债务增长以及政府债务增长率正、负向冲击累积对通货膨胀产生显著的正向影响,但影响强度不同。比较而言,非对称情形下经济增长、债务增长率对通货膨胀的影响更大。对称情形下,债务增长率提高(下降)1%,通货膨胀率将提高

(下降)0.13%,然而,在非对称情形下,债务增长率提高(下降)1%,通货膨胀率提高 0.55%(下降 0.48%)。(3)短期内,经济增长率和债务增长率的变化均对通货膨胀产生正向影响,但影响强度和显著程度不同。经济增长率变化对通货膨胀的影响在非对称下略大,债务增长率变化对通货膨胀的影响在对称下更强,值得注意的是非对称下债务增长率的提高对通货膨胀的影响不显著。具体地,经济增长率提高 1%,在对称情形下引起通货膨胀率提高 0.37%,在非对称情形下引起通货膨胀率提高 0.39%。债务增长率的影响,债务增长率提高(下降)1%,在对称情形下通货膨胀率提高(下降)0.08%,在非对称情形下通货膨胀率提高 0.02%(下降 0.29%)。(4)就系统的调整速度而言,两种情形相差不大,在非对称情形下略快。

第六章　政府债务的利率效应分析

第一节　政府债务利率效应问题的提出

在分析了政府债务对货币供给及通货膨胀影响的基础上,本章进一步分析我国政府债务对利率的影响。政府债务与利率的关系历来是个悬而未决的课题,不同的学者持有不同的观点。李嘉图等价定理的支持者认为,政府债务与利率之间不存在相关性或者相关性甚微(Rose 和 Hakes,1995),但李嘉图等价定理的批判者则认为政府债务与利率正相关。在实证层面,国外部分研究表明政府债务对利率没有显著影响,这在一定程度上支持了李嘉图等价定理,然而另有研究表明政府债务对利率有显著影响。

关于我国政府债务利率效应的研究,马拴友(2003)基于普通最小二乘法的实证研究发现,我国的预算赤字并没有提高利率,国债的利率效应并不明显;邓子基(2005)指出,我国市场利率受到政府管制,并非完全由市场决定,因此政府的利率效应较小;郭庆旺等(2004)从国债的流量和存量两个角度进行分析,研究发现国债增加了货币与产品的需求,从而导致利率上升;马拴友、于红霞和陈启清(2006)利用向量自回归模型对我国 1996—2003 年的月度数据进行分析,结果表明政府债务对利率有显著的影响;王俊霞、李智慧和李雨丹(2010)基于 OLS 和格兰杰因果检验,分析 1994—

2009 年间我国国债对利率的影响发现,我国中长期国债对市场利率具有显著的正面效应。

以上分析表明,国内外学者关于政府债务与利率关系的实证研究均未能得到一致结论。究其原因,本书认为除理论基础、经济变量选择以及所用数据存在差异外,没有选择合理的计量方法以及没有恰当地运用所选方法也是重要原因。就国内实证文献来看,所用计量方法以 OLS 回归及传统格兰杰因果检验为主,部分文献基于年度数据进行分析,样本容量较小,所得结果可能有偏误;而且有文献在研究中略过平稳性检验而直接进行分析,这可能导致伪回归现象,其分析结果可信度较低。为此,本书采用具有较好小样本性质且对变量单整性要求较低的 ARDL 方法检验政府债务对名义利率的影响,同时采用广义脉冲响应函数进一步分析政府债务对名义利率的影响,为我国制定和实施恰当的政府债务政策及货币政策提供实证支持。

第二节　政府债务利率效应的理论分析

一、基于可贷资金理论的分析

可贷资金理论由罗宾逊于 1939 年提出,而后经俄林等人发展,成为有较大影响力的理论。可贷资金理论认为,利率由可贷资金供给与需求决定,是在古典学派利率理论和凯恩斯利率理论的基础上建立起来的。古典学派认为,利率水平由储蓄和投资决定。储蓄即为对资金的供给,投资即为对资金的需求。古典宏观经济学家认为,利率具有完全弹性,利率的变动引起储蓄和投资的变动,并使得储蓄等于投资,保证资本市场出清。凯恩斯在《就业、利息和货币通论》中批判古典学派的利率理论,他认为利率由货币供给和货币需求决定,用储蓄曲线和投资需求曲线的交点来决定利率不能得到准确答案,因为储蓄由收入决定,储蓄曲线的位置随着收入的变化而变动。

可贷资金理论认为,古典学派和凯恩斯的利率理论都失之偏颇,利率不是简单地由投资和储蓄或者货币需求和货币供给决定,而是由可贷资金的供给与可贷资金的需求决定。该理论认为,可贷资金的供给既来自于中央银行,也来自于人们的储蓄,以及商业银行的信用创造,这些影响因素均为利率的递增函数;可贷资金的需求则来自于投资及人们对货币的窖藏,这些影响因素均为利率的减函数。因此,如图 6-1 所示,可贷资金供给曲线(记为 L_S)为利率的增函数,而可贷资金需求曲线(记为 L_D)为利率的减函数,供给与需求相等时的均衡利率水平 i_e 即为市场利率水平。

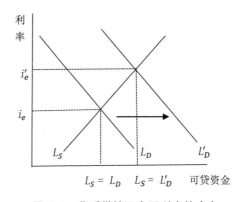

图 6-1 货币供给不变下利率的决定

当政府通过发行债券融资时,在其他条件不变的情况下,由于对资金的需求增加,可贷资金需求曲线将由 L_D 右移至 L_D'。此时,如果经济中货币供给量不变,可贷资金需求曲线 L_S 的位置不变,这样均衡利率由 i_e 提高至 i_e'。

然而,诚如之前的分析,政府债务增加必然引起货币供给量的增加。因此假定经济中货币供给总量不变并不符合现实。为此,接下来将讨论货币供应量增加时政府债务对利率的影响,由下面的分析可以发现,增加对这一因素的考虑将导致政府债务利率效应的不确定性。如图 6-2 所示,政府债务增加引起可贷资金需求曲线将由 L_D 右移至 L_D',与此同时货币供给的增加使得可贷

资金供给曲线将由 L_S 右移至 L'_S，均衡利率由 i_e 变为 i''_e。然而，很难判断出政府债务增加所引起的利率的变化情况，利率可能提高、不变甚至降低，这取决于可贷资金供给曲线与可贷资金需求曲线的变化情况。

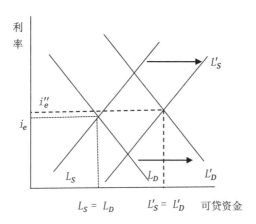

图 6-2 货币供给变动下利率的决定

二、基于 *IS-LM* 模型的分析

可贷资金理论综合了古典学派及凯恩斯的利率理论，使得古典学派重视的投资与储蓄、凯恩斯重视的货币需求与供给，均在可贷资金理论中得到体现。但是可贷资金理论仍存在缺陷，即它没有考虑收入对利率的影响。现实经济生活中，通过对储蓄与货币需求的影响，收入在利率的决定中具有重要作用。考虑到收入的作用，希克斯在古典学派和凯恩斯的利率理论的基础上，提出 *IS-LL* 模型来分析利率的决定，汉森将 *IS-LL* 模型进一步发展为 *IS-LM* 模型。*IS-LM* 模型充分考虑到利率决定中收入的重要作用，促进了利率理论的发展。

IS-LM 模型将社会经济活动分为实际与货币两个领域，从市场全面均衡来分析利率的决定。实际领域中的主要分析对象为投资与储蓄，该领域均衡的条件是投资等于储蓄，投资与需求相等的点的轨迹，即为图 6-3 所示的 *IS*

曲线。IS 曲线表示在一定的收入水平和一定的利率水平上,投资和储蓄相等的点的轨迹。货币领域研究的对象为货币需求和货币供给,该领域均衡的条件是货币供给等于货币需求,货币供需相等的点的轨迹即为图 6-3 中所示的 LM 曲线。LM 曲线表示在一定的收入水平和一定的利率水平上,货币供给和储蓄均衡的点的轨迹。如图 6-3 所示,如果整个社会的经济活动处于 IS_1 与 LM_1 曲线的交点处(y_1,r_1),社会经济达到均衡状态,此时的利率水平 r_1 即为均衡利率。

政府通过债务为财政支出融资,并将筹集的资金用于支出,IS 曲线将由 IS_1 右移至 IS_2,此时经济所处的均衡状态取决于 LM 曲线的位置。如果经济中货币供给量不变,LM 曲线仍处于 LM_1 所在的位置,均衡产出由 y_1 增长至 y_2,均衡利率由 r_1 提高至 r_2。

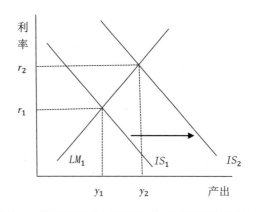

图 6-3 货币供给不变下基于 IS-LM 模型的利率决定

如图 6-4 所示,政府债务增加导致 IS 曲线将由 IS_1 右移至 IS_2,与此同时货币供给的增加使得 LM 曲线将由 LM_1 右移至 LM_2,经济均衡状态由(y_1,r_1)变为(y'_2,r'_2)。很显然,均衡产出由 y_1 增加至 y'_2,但均衡利率由 r_1 到 r'_2 是增加还是降低却较难判断。

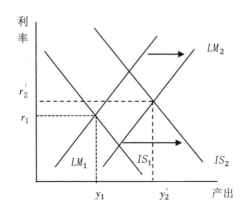

图 6-4　货币供给变动下基于 *IS-LM* 模型的利率决定

第三节　模型设定与变量说明

以上基于可贷资金理论以及 *IS-LM* 模型从理论上分析了政府债务对利率的影响,然而长期以来,我国实行金融管制,名义利率作为管制的一个重要方面,经常在一段时间内保持不变,那么这种情况下政府债务对利率产生了怎样的具体影响。为此,接下来实证分析政府债务对利率的影响。

根据前述关于政府债务利率效应的理论分析,同时参照一般研究惯例及借鉴刘溶沧和马拴友(2001)的研究,这里将研究模型设定如下:

$$R = \alpha_0 + \alpha_1 LGDP + \alpha_2 LM_1 + \alpha_3 LGD + \alpha_4 INF + \varepsilon_t \qquad (6-1)$$

其中,R 表示一年期名义存款利率,$LGDP$ 表示国内生产总值的对数值,LM_1 表示狭义货币供应量的对数值,LGD 表示政府债务的对数值,INF 表示通货膨胀率。[①] 表 6-1 对变量的含义与数据来源进行描述。

根据现有经济学理论,本书对各个系数符号的预期如下:$\alpha_1 > 0$,因为

──────────

① 文中仅报告包括上述四个解释变量的模型结果,研究当中还曾把全社会固定资产投资、进出口总额、社会消费品零售总额等指标纳入模型,但估计结果统计上不显著,根据模型评判准则仅报告较优模型的结果。

GDP 的增加将导致货币需求量的增加,从而提高利率;$\alpha_2 < 0$,因为货币供给量增加将导致利率下降;$\alpha_4 > 0$,因为如果通货膨胀率增加而名义利率不变,实际利率将下降,银行部门为吸收存款必将随着通货膨胀率的增加而提高名义利率;α_3 的符号不能确定有待于实证检验,可能大于零也可能小于零。

表6-1　变量含义与数据来源

变量	含　义	数据来源
R	名义存款利率	历年《中国统计年鉴》和《中国金融统计年鉴》
$LGDP$	名义 GDP 的对数值	根据历年《中国统计年鉴》提供的数据计算得到
LM_1	狭义货币供给量对数值	货币供给量数据来源同第四章
LGD	政府债务对数值	根据历年《中国统计年鉴》提供的数据计算得到
INF	通货膨胀率	根据历年《中国统计年鉴》提供的数据计算得到

第四节　实证分析

一、单位根检验

与之前的章节一样,本章仍然采用 ARDL 方法进行实证分析,为此必须进行单位根检验以确定是否所有变量的单整阶数均不超过 1。基于软件 Eviews 7.0 得到的 ADF 单位根检验结果如表6-2 所示。根据检验结果,一年期名义存款利率(R)以及国内生产总值的对数值($LGDP$)均为一阶单整变量,而通货膨胀率(INF)、政府债务对数值(LGD)均为平稳变量。此外,根据第四章的单位根检验结果可知,狭义货币供给量对数值(LM_1)为结构突变的平稳变量。

表 6-2　样本变量平稳性的 ADF 检验

变量	(C,T,K)	ADF 检验值	1%临界值	5%临界值	10%临界值	结论
R	$(0,0,0)$	-0.8146	-2.6392	-1.9516	-1.6106	不平稳
ΔR	$(1,1,0)$	-4.6897	-2.6416	-1.9521	-1.6104	平稳***
INF	$(1,0,1)$	-3.2918	-3.6616	-2.9604	-2.6191	平稳**
LGD	$(1,0,0)$	-3.9767	-3.6394	-2.9511	-2.6143	平稳***
$LGDP$	$(1,0,4)$	-1.4102	-3.6701	-2.9639	2.6210	不平稳
$\Delta LGDP$	$(1,0,1)$	-3.3938	-3.6537	-2.9571	-2.6174	平稳*

注:①(C,T,K)表示检验形式,C 表示常数项,T 表示趋势项,K 表示所采用的滞后阶数,其中 1 表示有常数项或趋势项,0 表示无常数项或趋势项;
②最优滞后阶数根据 AIC 信息准则确定,最大滞后阶数设定为 8;
③*、**、***分别表示统计量在 10%、5%、1%的显著性水平上显著;Δ 表示一阶差分算子。

二、边界检验

单位根检验表明所有变量的单整阶数并不完全相同且均不超过 1,因此恩格尔和格兰杰(1987)或者詹森(1991)的协整检验方法不能被采用,仅能使用 ARDL 方法。采用软件 Microfit 4.1 得到的边界检验结果如表 6-3 所示,其中临界值来源于佩色兰等(2001)。由表 6-3 可知,在虚拟假设下,检验统计量的值为 4.176,大于 5%显著水平下的临界值 3.48。因此,结果拒绝虚拟假设,认为名义存款利率与 GDP 对数值、通货膨胀率、政府债务对数值、狭义货币供给量对数值之间存在长期均衡关系。

表 6-3　边界检验结果

F 统计量	$F = 4.176$					
显著水平	1%		5%		10%	
临界值	I(0)	I(1)	I(0)	I(1)	I(0)	I(1)
	3.07	4.44	2.26	3.48	1.90	3.01

三、长期系数估计

在确定变量间存在均衡关系之后,可以通过 ARDL 方法估计存在协整关系的变量间的长期关系。在进行长期系数的估计前需要确定 ARDL 模型精确的滞后阶数,根据 SBC 准则确定模型中各变量的最优滞后阶数。利用 Microfit 4.1 软件计算得到最优模型,并得到长期系数估计值,如表6-4 所示。

表 6-4　ARDL 长期系数估计结果

解释变量	系数	标准误	T 统计量	P 值
LGDP	15.386	7.043	2.184	0.039
LGD	1.788	3.060	0.585	0.564
INF	0.347	0.066	5.243	0.000
LM_1	−17.529	9.831	−1.783	0.087

根据表6-4 可以发现,首先,在长期关系方程中国内生产总值、通货膨胀、狭义货币供给量的系数符号全部符合预期,而且在统计上显著,这意味着从长期来看这些变量对名义存款利率有显著的影响;其次,从系数的显著性和系数估计值的大小可判断出,狭义货币供给量与国内生产总值对名义利率的影响最大,其中狭义货币供给量增加1%,名义利率下降17.5%,国内生产总值增加1%,名义利率上升15.4%;最后,政府债务的系数为正,但在统计上不显著,这意味着政府债务对名义存款利率有微弱的正向影响。

四、误差修正模型估计

对上述经过佩色兰(Pesaran)边界检验得到的存在长期均衡关系的方程,运用软件 Microfit 4.1 进行参数估计,得到短期动态行为的估计值,如表6-5所示。根据估计结果可以发现,首先,误差修正项 ECM 的系数为负,并且在统计上高度显著,这进一步表明变量间确实存在长期均衡关系。误差修正项的系数反映了经济受到冲击后向长期均衡状态调整的速度,由 *ECM* 的系数为−0.622 可知前一期偏差的 62.2%左右将会在下一期得以调整。其次,ΔINF 对存款利率产生正向影响并且在统计上显著,而 ΔLGD、$\Delta LGDP$ 及 ΔLM_1 对利率的影响均不显著,表明尽管政府对利率的控制导致短期内 *LGD*、*LGDP*、LM_1 的变化对利率的影响微弱,但通货膨胀率是政府调控利率的重要依据之一。

表 6-5 ARDL 误差修正模型估计结果

解释变量	系数	标准误	T 统计量	P 值
ΔINF	0.216	0.032	6.710	0.000
ΔLGD	1.113	1.987	0.560	0.580
$\Delta LGDP$	9.578	5.621	1.704	0.101
ΔLM_1	1.338	7.263	0.184	0.855
$ECM(-1)$	−0.622	0.120	−5.171	0.000

五、稳定性检验

为避免参数变化导致的模型最终设定不可靠问题,本书依然采用布朗等(1975)提出的 CUSUM 检验和 CUSUM 平方检验来考察模型参数的稳定性,检验结果如图 6-5 和图 6-6 所示,其中直线代表 5%显著性水平对应的边界。由检验结果可以发现两图中检验统计量的值均没有超出边界,因此所得长期和短期系数的估计结果是稳健的。

六、广义脉冲响应分析

为了考察变量受到冲击后对系统的影响,本书构建水平变量的无约束 VAR 模型。依据 VAR 模型具有的特殊的动态结构性质,脉冲响应函数可以很好地识别一个变量的扰动是如何通过模型而影响其他所有变量。鉴于常用的基于乔利斯基(Choleski)分解的脉冲响应函数法的估计结果严重地依赖于 VAR 系统

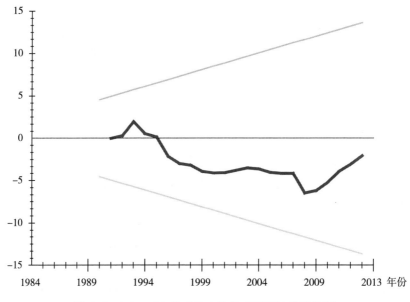

图 6-5　*R* 与 *LGD* 关系稳定性的 CUSUM 检验结果

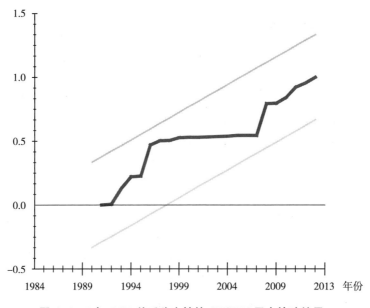

图 6-6　*R* 与 *LGD* 关系稳定性的 CUSUM 平方检验结果

中各个变量的排列顺序,因此本书采用广义脉冲响应函数法进行分析。

　　为确保脉冲响应函数结果是稳健且可靠的,首先确定 VAR 模型的最优滞后阶数,并对相应 VAR 模型的稳定性进行检验。与之前章节相同,本章遵循卢特克波尔(1993)的做法将最大滞后阶数设定为 $T^{\frac{1}{3}}$,为此将最大滞后阶数设定为 3。同时本书基于 SC 准则确定最优滞后阶数,根据表 6-6 的结果将最优滞后阶数取为 1。

表 6-6　VAR 模型最佳滞后阶数检验结果

滞后阶数	0	1	2	3
SC	5.339647	−4.205169*	−3.658794	−2.193842

　　由图 6-7 可知,VAR(1)模型所有根的模的倒数都小于 1,都在单位圆内,所以 VAR 模型是稳定的。

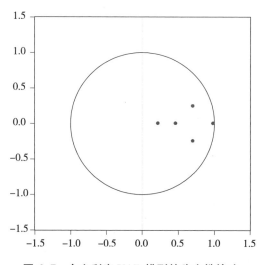

图 6-7　名义利率 VAR 模型的稳定性检验

　　图 6-8 分别显示的是名义利率对通货膨胀率、政府债务对数值、国内总产出对数值以及狭义货币供给量对数值一个单位标准差正向冲击的累积广义

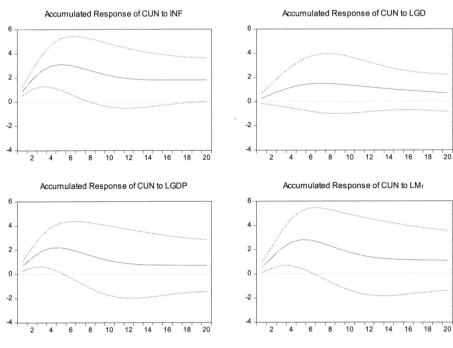

图 6-8　名义存款利率对变量冲击的广义脉冲响应

脉冲响应轨迹,其中横轴表示冲击作用的滞后期数,纵轴表示名义利率,实线表示脉冲响应函数,代表了名义利率对相应变量冲击的反应。根据图 6-8 可以发现,利率对任何变量冲击的累积脉冲响应最终都趋向稳定,且累积脉冲响应均为正。

通货膨胀率、名义 GDP 以及政府债务的增加均导致名义利率上升,这与之前长期关系的分析结果一致,也与相关的宏观经济理论一致。然而脉冲响应函数所显示的货币供给量的冲击导致名义利率增加,却与之前长期关系的分析结果相反。鉴于之前基于 ARDL 方法的分析,没有考虑变量间的动态传导关系,仅反映了在其他变量不变的条件下货币供给量变化对利率的影响。因此本书认为广义脉冲响应函数的分析结果更加可信,认为政府债务及狭义货币供给均对利率有显著的正向影响。狭义货币供给对利率的正向影响,反映出长期以来中国的利率调整主要由中央银行指定和管制,调整政策是一种非完全市场化的手段,会导致货币供给到利率水平的传导机制受阻。

政府债务增加导致名义利率水平提高的原因在于:其一,政府债券的发行导致金融市场上资金的需求增加,资金的供求状况改变,对金融市场利率产生上升压力,符合利率决定的可贷资金理论。其二,政府债务的增加导致 GDP 的增加,居民的收入增加,货币需求增加进而导致利率水平增加,这符合凯恩斯的流动性偏好理论。其三,我国政府债券的利率推高了社会利率水平。为保证国债的顺利发行,1985—1996 年间国债的发行利率通常比银行存款利率高出 1—2 个百分点。如果中央银行提高存款利率,政府债务利率则相应提高,这样全社会利率水平提高(许雄奇和张勋杰,2008)。1996 年后我国以完全市场化的方式发行国债,以市场化方式确定国债的发行利率,国债发行利率更好地反映了资金的供求状况,使得国债发行利率对社会利率的变动有很好的预测作用(杨文奇,2004)。其四,政府债务余额的增加提高了通货膨胀率,而通货膨胀率的提高不论是对国债发行利率还是对银行存款利率都形成了上升压力,迫使国债发行利率提高并进一步带动了全社会利率水平的提高。

七、稳健性研究

需要说明的是,本部分主要从可贷资金理论与 *IS-LM* 模型出发,分析政府债务对利率的影响,依据一般惯例及以往相关文献,实证研究以名义存款利率作为被解释变量。为了考察政府债务利率效应的稳健性,下面以一年期名义贷款利率为被解释变量,数据取自历年《中国统计年鉴》和《中国金融统计年鉴》。按照模型 6-1,为了考察变量受到冲击后对系统的影响,构建水平变量的无约束 VAR 模型。依据 VAR 模型具有的特殊的动态结构性质,脉冲响应函数可以很好地识别一个变量的扰动是如何通过模型影响其他所有变量的。类似地,采用广义脉冲响应函数法进行分析,根据 SC 准则确定 VAR 模型的最优滞后阶数,并对相应 VAR 模型的稳定性进行检验。

从结果来看,以名义贷款利率替代名义存款利率,检验发现变量间同样存在协整关系。在进行长期系数的估计前根据 SC 准则确定模型中各变量的最优滞后阶数,利用 Microfit 4.1 软件计算得到最优模型,得到的长期系数估计值如表 6-7 所示。在长期关系方程中 $LGDP$、INF、LM_1 的系数符号全部符合预期,而且在统计上显著。从系数的显著性和系数估计值的大小可判断出,LM_1 与 $LGDP$ 对名义利率的影响最大。LGD 系数为正,即政府债务对名义贷款利率有正向影响,但统计上并不显著。

表 6-7　名义贷款利率的 ARDL 长期系数估计结果

解释变量	系数	标准误	T 统计量	P 值
$LGDP$	10.234	5.006	2.354	0.027
LGD	1.501	2.131	0.476	0.476
INF	0.475	0.054	3.709	0.000
LM_1	-9.587	7.838	-1.806	0.079

同样,运用软件 Microfit 4.1 估计得到短期动态行为的估计值,见表 6-8。结果与存款利率前述结果类似,误差修正项 ECM 的系数仍然为负,在统计上高度显著,表明变量间确实存在长期均衡关系。误差修正项的系数反映了经济受到冲击后向长期均衡状态调整的速度,尽管政府对利率的控制导致短期内 LGD、$LGDP$、LM_1 的变化对利率的影响微弱,但 INF(通货膨胀)是政府调控利率的重要依据之一。研究发现,名义贷款利率的脉冲响应分析结果与名义存款利率非常一致,同样,利率对任何变量冲击的累积脉冲响应最终都趋向稳定,且累积脉冲响应均为正。

表 6-8　名义贷款利率的 ARDL 误差修正模型估计结果

解释变量	系数	标准误	T 统计量	P 值
ΔINF	0.301	0.053	4.708	0.000
ΔLGD	1.345	1.507	0.709	0.481

解释变量	系数	标准误	T 统计量	P 值
$\Delta LGDP$	7.651	3.291	1.404	0.122
ΔLM_1	1.201	6.201	0.297	0.759
$ECM(-1)$	-0.502	0.201	-4.881	0.000

第五节　研究结论及政策含义

利率是现代金融体系的核心要素,本章首先依据可贷资金理论与 IS-LM 模型从理论角度分析了政府债务对利率的影响,然后运用 ARDL 方法和广义脉冲响应函数实证分析政府债务对利率的影响。理论分析表明,政府债务对利率的影响具有不确定性,政府债务的增加可能导致利率提高或者降低。这种不确定性源自政府债务对货币供给的影响。实证分析表明,政府债务、通货膨胀、名义 GDP、狭义货币供给与名义利率间存在长期均衡关系。广义脉冲响应函数曲线的结果显示,政府债务、名义 GDP、通货膨胀、狭义货币供给量的冲击均对名义利率水平产生正向冲击效应,即政府债务增加、名义 GDP 增加、通货膨胀率增加、狭义货币供给量增加都会导致名义利率水平的上升。

政府债务的增加引发名义利率提高,这意味着在制定中国的宏观经济政策时,不能完全忽略和否认政府债务增加对名义利率水平的影响。需要充分重视政府债务政策的利率效应,增加货币政策管理利率的自由度,使财政政策与货币政策协调搭配,增强宏观调控的有效性。鉴于政府债务增加在一定的滞后期内会导致利率水平上升,中国的积极财政政策需要适时转型,可考虑从国债发行为主的财政政策适时地向以减税为主的财政政策转型,以弱化政府债务增加对利率水平的影响。

需要指出的是,政府债务增加导致名义利率上升,并不表明政府债务增加一定存在挤出效应。在发展中国家,由于投资者受到严重的信贷约束,融资成本并不是投资的主要障碍(Blejer 和 Khan,1995)。尽管投资的利率弹性在发展中国家为负,但是其绝对值很小,这意味着利率的挤出效应很小(Easterly,2002)。宋福铁(2004)指出,我国的政府债务融资并未对私人投资产生挤出效应。我国的投资需求缺乏利率弹性,随财政赤字的增加私人投资并未减少是我国经济发展过程中的一个基本事实(许雄奇,2008)。郭宏宇(2009)认为,我国政府债务具有显著的拉动效应,但挤出效应并不明显。这样,尽管我国政府债务增加导致名义利率水平上升,但可能并不存在挤出效应。因此,在政策选择上,应该加强利率与投资之间的互动性,有效实现利率政策对投资调节的有效性。

第七章　人口结构、储蓄率与政府债务

近年来,由于人口老龄化的现象越来越明显,国外学者关于人口结构对政府债务和储蓄的影响研究颇多,国内学者在借鉴国外先进经验的基础上,也取得了不少成果,本章归纳整理人口结构对政府债务和储蓄率影响的理论与研究文献,在此基础上,选择有关指标开展实证研究。

第一节　相关文献回顾

一、人口结构对政府债务的影响

政府债务是衡量财政可持续性的重要指标,关注人口结构对其的影响有助于防范政府债务风险,对维持经济平稳健康发展,具有重要的理论与实际意义。具体来说,国内外文献关于人口结构对政府债务影响的研究多集中于老龄化分析,主要有如下三个角度:

(1)基于世代交叠模型(OLG)的分析。欧诺(2003)运用世代交叠增长模型分析社会保障政策下政府债务的情况,认为人口老龄化增大了社保支出,政府将发行更多债务以弥补财政缺口。伊荷丽等(Ihori et al.,2005)基于两阶段世代交叠模型,分析得出人口老龄化会导致公共养老金和健康保险金增加,从而产生政府赤字,加重政府债务负担。赫国胜和柳如眉(2016)基于世代交叠模型对 PIIGS(欧洲五国)构建养老金均衡模型的研究,得出老龄化及过多的养老金支出会导致负债率上升。

(2)基于债务危机决定因素的分析。邢天才等(2015)以 1984—2012 年 37 个发展中国家的面板数据进行分析,认为人口老龄化程度超过某一值时,会对主权债务违约产生显著正向影响,当低于临界值时,对主权债务违约没有显著影响。马宇和王群利(2015)分析了 20 个发达国家的面板数据,得出政府债务风险攀升的重要因素之一是人口老龄化,即政府债务风险会随着老龄化程度的增大而升高。兰朵尔和苏克(2015)的研究指出,在 OECD 国家中,老年抚养比对债务会产生显著正向作用,而在一些发达程度较弱的国家中,这种影响不显著,这可能是因为不同发展阶段国家老龄化和债务所处水平不同有关系。但不管在 OECD 还是非 OECD 国家中,老年人占比对经济增长都会产生抑制作用。仲凡和杨胜刚(2016)用差分 GMM 和系统 GMM 对中国省级面板数据进行研究得出,老年抚养比对地方政府负债率的影响显著为正。

(3)定性分析。在历史公共债务水平较高的发达经济体中,由人口老龄化所带来的支出已成为影响政府债务可持续性的重要因素(Nelson,2013)。邦格阿特斯(Bongaarts,2004)指出,如果人口老龄化和养老体系不进行改善,将对公共债务带来严重的不利影响。欧洲银行在对欧元区财政可持续性的研究报告中指出,人口老龄化是影响财政可持续的重大风险因素(郑联盛,2010)。杨雪和侯力(2011)认为,老龄化会通过如下两个途径对财政产生影响:其一,老龄化会减少养老保险基金,增大财政支出;其二,老龄化会减少养老保险基金的来源,阻碍财政收入。特别地,王鹏程(2011)指出,老龄化会在如下两方面增大政府财政支出,增加债务负担:其一,老龄化会增加社会消费倾向,降低储蓄倾向;其二,老龄化会影响劳动参与率,减少人力资本。

以上文献都指出,老龄化会加重政府债务负担,是政府债务风险的决定性因素之一,但尚未分析人口结构中总抚养比和少儿抚养比对政府债务的影响,也未对人口结构影响政府债务的传导机制做具体研究。徐奇渊(2014)认为,人口老龄化会通过三种方式影响政府债务,即老龄化对财政支出、财政收入和储蓄率产生影响而间接作用于政府债务。耿志祥等(2016)指出,人口老龄化会通过储蓄对资本积累产生影响。姜洪(2012)在对日本债务危机的研究中得出,日本未爆发主权债务危机的原因之一在于高储蓄率,国民有较强的债务融资能力。由此,有理由认为人口结构对政府债务可能的传导机制为储蓄,即人口结构会通过影响储蓄而作用于政府债务,下文的实证便对此假设进行验证。

二、人口结构对储蓄率的影响

国外经济学家关于人口结构对储蓄的影响研究开始较早,理论方面以美国经济学家莫迪利安尼(1954)等人提出的生命周期消费理论为代表。该理论认为,人口的年龄分布会对总储蓄产生重要作用,即社会中少儿和老年人口占比大时,消费倾向就越高,储蓄倾向就越低;相反,劳动人口占比更大时,储蓄倾向就会更高。实证方面,勒福(1969、1971)的相关文献被研究此领域的学者们所广泛引用,勒福得出抚养比对总储蓄率的影响显著为负。拉姆(1982)利用1970—1977年121个国家的面板数据进行研究,认为几乎不能证明高抚养比对总储蓄率有显著负向作用。由此,认为抚养比对储蓄率的影响尚无一致结论,可将此问题看成一个开放问题。同时,中国由于储蓄率一直处于高水平而备受国内学者关注,也出现颇多相关文献。总结而言,国内外关于抚养比对储蓄率的影响主要有如下几种结论:

(1)老年抚养比对储蓄率有显著负向作用,少儿抚养比对储蓄率有显著正向作用。范叙春和朱保华(2012)利用我国省际面板数据的研究得出,在考虑时间效应的情况下,老年抚养比对国民储蓄率会产生显著负向影响,而少年抚养比与之相反。类似地,杨继军和张二震(2013)通过对中国1994—2010

年省际面板数据用计量模型分析也得出同样的结论。董丽霞和赵文哲(2013)分别对收入水平较低和处于发展阶段的跨国数据进行分析,得出老年抚养比的上升和少儿抚养比的下降都会抑制储蓄率。库依吉斯(Kuijs,2006)分析了中国储蓄、投资和两者之间平衡关系在未来几十年的发展,得出老年抚养比对总储蓄有显著负向影响,而少儿抚养比对总储蓄的影响是正向的,但不显著。

(2)老年抚养比对储蓄率有显著正向作用,少儿抚养比对储蓄率有显著负向作用。郑长德(2007)利用我国1989—2005年各省数据得出该结论。刘铠豪和刘渝琳(2015)同样选用省际面板数据用以分析我国高储蓄率的原因,得出老年抚养比对储蓄率有显著正向影响,少儿抚养比对储蓄率有显著负向影响。同时,他们认为产生这种结论与我国特殊国情密不可分,老年人养成了勤俭节约的好习惯,抑制消费,拉升了储蓄水平。

(3)老年抚养比对储蓄率影响不显著,少儿抚养比对储蓄率有显著负向作用。徐升艳等(2013)通过对中国1978—2008年的数据利用VECM模型,对人口结构和国民储蓄率的长期动态关系进行研究得出此结论。

(4)老年和少儿抚养比对储蓄率都有显著负向作用。多数学者的研究得出此结论,王德文等(2004)关于中国人口结构对储蓄率的影响分析,得出总抚养比、老年抚养比和少儿抚养比与储蓄率显著负相关。董丽霞和赵文哲(2011)对中国省份面板数据运用向量自回归模型,得出少儿和老年抚养比都对储蓄率产生负向影响。朱超和周晔(2011)指出,储蓄率随着总抚养比下降而上升,这是因为少儿抚养比下降对储蓄率的增加效应大于老年抚养比增大对储蓄率的下降作用。陈彦斌等(2014)对中国高储蓄的研究指出,老年抚养比对国民储蓄有拉低作用。霍里欧科等(Horioka et al.,2007)对日本的研究发现,日本人口的快速老龄化导致家庭储蓄下降。波司沃斯和科多罗瑞克(Bosworth & Chodorowreich,2007)通过对85个国家1960—2005年的数据进行分析,得出老龄化对国民储蓄率产生显著负向作用。阿苏科勒拉和塔塞

（Athukorala & Tsay，2003）运用台湾 1952—1999 年的数据分析证实，老年抚养比和少儿抚养比（小于 20 岁人口数/20—64 岁人口数）对台湾的家庭储蓄率都有显著负向作用。阿配吉斯和克里斯托（Apergis & Christou，2012）对 16 个非洲国家的面板数据进行研究，认为总抚养比对储蓄率有抑制作用，即总抚养比的减少会提高长期储蓄率。

由上述文献可知，分析人口结构对储蓄率的影响尚无一致结论，此问题有待继续探索和研究。当然，样本数据所处阶段、变量选择和估计方法的不同都有可能使研究结果存在差异。人口作为储蓄的总体，其结构的改变对储蓄率或多或少会产生影响。本部分基于已有的理论基础，在对多样本跨国数据进行分析前假设抚养比会对储蓄率产生影响，且为负向关系。

第二节　人口结构、储蓄率与政府债务：
短期波动分析

根据文献综述可知，关于人口结构对政府债务影响的实证研究基本没有考虑少儿人口，同时研究老年人口和少儿人口转变对政府债务的影响和作用机制具有明显的实际意义。本部分首先选用面板 VAR 对人口结构、储蓄率和政府债务构建如下三个模型：总抚养比、储蓄率和政府债务的面板 VAR 系统（PVAR1）；老年抚养比、储蓄率和政府债务的面板 VAR 系统（PVAR2）；少儿抚养比、储蓄率和政府债务的面板 VAR 系统（PVAR3），用以分析主要变量间的短期波动关系。

一、变量选取与数据来源

根据面板 VAR 长时间序列的需求，在数据可获得性的基础上，本书选取 1984—2012 年共计 29 年 50 个国家的人口结构（总抚养比 *drw*、老年抚养比 *dro* 和少儿抚养比 *dry*）、储蓄率（*saving*）和政府债务（*debt*）数据作为此部分实证分析的样本数据。其中,发达国家 17 个①,发展中国家 33 个。

政府债务数据来源于国际货币基金组织(IMF)所建立的 Historical Public Debt Database,是目前该领域最全面的债务统计数据,能获得多个国家 2012 年之前广义政府债务的连续数据。抚养比和储蓄率数据来源于世界银行 2016 年版的 WDI(世界发展指标)数据集。

本章内容选用统计软件 Eviews 9.0 做相关分析。首先,对变量做描述性统计(见表 7-1),在这 29 年间 50 个国家的政府债务平均值为 60.17,根据其标准差可知,各个国家间政府债务差异较为明显。储蓄率的平均值水平为 19.94,总抚养比的平均值为 64.71,其中少儿抚养比远高于老年抚养比,在总抚养比中有 81% 的占比,且国别间差异较大。总体而言,抚养比的压力较大,储蓄率水平不高。

表 7-1　变量的描述性统计表

变量	观测值	平均值	标准差	最小值	最大值
debt	1450	60.1675	32.8082	0.9711	283.9574
saving	1450	19.9426	10.0874	-17.7336	53.4636
drw	1450	64.7076	17.4524	34.4933	112.5079
dro	1450	12.4093	7.1976	3.4700	32.6118
dry	1450	52.2983	22.8545	20.0732	106.4515

二、估计方法与模型

本章选用 PVAR 模型分析 50 个样本国家人口结构、储蓄率和政府债务间的动态交互作用,其中人口结构用抚养比描述,包括总抚养比、老年抚养比和少儿抚养比。

---

① 　17 个发达国家:加拿大、芬兰、法国、德国、希腊、冰岛、以色列、意大利、马耳他、荷兰、挪威、葡萄牙、新加坡、西班牙、瑞士、英国、美国。

西姆斯(1980)首次提出 VAR 模型,并在经济研究中得到广泛应用。西姆斯认为,如果在变量间存在共同的作用关系,那么应使用相同的方法处理这些变量。或者说,不再区分内生变量和外生变量,将所有解释变量都看作内生的。VAR 模型对参数不施加任何约束,每个方程都拥有相同的解释变量。具体模型表达式如下:

$$y_t = A_1 y_{t-1} + \cdots + A_p y_{t-p} + \varepsilon_t, t = 1,2,\cdots,T \tag{7-1}$$

在(7-1)式中,y_t 为 k 维内生变量;$A_1,\cdots,A_p$ 为 $k \times k$ 维待估系数矩阵,p 为滞后阶数;$\varepsilon_t \sim i.i.d(0,\sum)$,$\sum$ 为 k 维向量 ε_t 的方差协方差矩阵;其中,ε_t 与自身滞后期和等式右边的解释变量都不相关。

VAR 模型有两个明显的优点:其一,模型估计简单,每个方程都可用 OLS 法单独估计;其二,VAR 模型预测在大多数情况下相比其他模型更为准确(朱长存等,2016)。但该模型也有其缺陷,当样本量不能保证足够大时,会引起参数消耗过多自由度的问题,从而使模型得不到有效估计。此时,研究者自然想到使用面板数据来构建 VAR 模型,面板数据可以获得更多的样本观测值,增大样本容量,面板向量自回归模型(PVAR)就充分利用了这一优势。面板 VAR 最早由霍尔茨-伊金等(Holtz-Eakin et al.,1988)提出,其具体做法是将系统中所有变量都看成内生变量,首先使用面板 GMM 估计,表明各变量之间的回归关系。其次,分析通过正交化脉冲响应函数分离出一个内生变量的冲击给其他内生变量所带来的影响程度,并绘制动态脉冲响应图,直观地反映各变量对冲击的反应。最后,通过误差项的方差分解,提供每个扰动因素对面板 VAR 内各变量影响的相对程度。本书构建的 PVAR 模型如下:

$$y_{i,t} = C_0 + \sum_{j=1}^{q} \Gamma_j y_{i,t-j} + f_i + d_t + \varepsilon_{i,t} \tag{7-2}$$

模型中向量 $y_{i,t}$ 包括三个向量,分别是人口结构(总抚养比、老年抚养比、少儿抚养比、储蓄率以及政府债务),C_0 为常数项,Γ_j 表示变量滞后效应的矩阵。同时,引入固定效应 f_i 来体现个体的异质性;引入时间虚拟变量 d_t 来表示每一时期的差异性;向量 $e_{i,t}$ 表示各种冲击。

三、实证检验和结果分析

为保证模型估计的准确性和脉冲响应函数以及方差分解的稳定性,在进行面板 VAR 模型估计之前,首先要对各变量进行单位根检验,检验样本是否为平稳面板。只有当各变量不存在单位根时,才可进行面板 VAR 估计。接下来,判断构建面板 VAR 模型的最优滞后阶数,并检验模型是否稳定。其次,通过基于 PVAR 系统的 Granger 因果关系检验观察变量间是否有影响作用。然后,绘制脉冲响应图,观察各变量对某一变量冲击所带来的响应情况。最后,做误差项的方差分解,说明误差项影响因素的大小。

(一)变量平稳性检验

本书选用 Fisher-ADF 和 Fisher-PP 两个检验来判断各变量是否存在单位根。ADF 检验是对 DF 检验的扩充,用三个模型来对序列进行平稳性检验,三个模型的原假设都为序列非平稳,只要其中一个模型拒绝原假设,则可认为原序列是平稳的。PP 检验是菲利普斯(Phillips)和佩伦(Perron)对 ADF 检验进行非参数修正所提出的,PP 检验也有三个检验模型,但其构造的统计量不同于 ADF 检验。为了加强结果的可说服性,同时选用两者对面板数据进行平稳性判断。

对各变量进行单位根检验的结果见表 7-2。政府债务、储蓄率、总抚养比和少儿抚养比均能通过 ADF 检验和 PP 检验,则认为这四个指标的水平值为平稳变量。但老年抚养比虽在 ADF 检验时,在 1% 的显著性水平下拒绝原假设,但在 PP 检验时,接受原假设即序列非平稳。此时,认为老年抚养比的水平序列非平稳,进一步对老年抚养比进行一阶差分处理得到变量 $ddro$,观察其 ADF 检验和 PP 检验结果,均拒绝原假设,即得到平稳的差分老年抚养比序列。

表 7-2　面板单位根检验

变量	ADF 检验		PP 检验	
	统计值	*P* 值	统计值	*P* 值
debt	122.376*	0.0638	333.073***	0.0000
saving	200.187***	0.0000	211.953***	0.0000
drw	399.784***	0.0000	164.677***	0.0000
dro	269.776***	0.0000	84.8837	0.8600
ddro	135.476**	0.0105	119.203*	0.0924
dry	653.669***	0.0000	193.348***	0.0000

注: *** 、 ** 、 * 分别表示在 1%、5%、10% 的水平下显著。

因此,本书选用 *debt*、*saving*、*drw* 和 *debt*、*saving*、*ddro* 以及 *debt*、*saving*、*dry* 分别构建三个面板 VAR 模型,命名为 PVAR1、PVAR2、PVAR3,分别研究总抚养比、老年抚养比、少儿抚养比和储蓄率以及政府债务之间的关系。

（二）面板 VAR 系统最优滞后阶判断

在具体应用分析中,信息准则法是用来确定最优滞后阶数的常用方法。本书用 Eviews 9.0 自带的 LR、FPE、AIC、SC 和 HQ 共同判断构建 VAR 模型的最优滞后阶数,当在这五种检验中同时达到最小值时,即选定为最优滞后阶数。

由表 7-3 可知,PVAR1、PVAR2、PVAR3 的最优滞后阶分别为 3 阶、3 阶、2 阶。接下来检验用最优滞后阶数构建的三个 PVAR 模型是否存在单位根,面板 VAR 模型稳定的前提条件是系统不存在单位根。三个模型的系统单位根检验显示,都不存在单位圆之外的根,即以最优滞后阶构建的模型稳定。

表7-3　三个模型的不同滞后阶数

变量	Lag	LogL	LR	FPE	AIC	SC	HQ
PVAR1	0	-16562.5011	—	23482244	25.48539	25.49732	25.48986
	1	-9993.7779	13097.02	972.5032	15.39350	15.44123	15.41141
	2	-8902.9968	2169.815	184.1213	13.72923	13.81274	13.76056
	3	-8837.9593	129.0745*	168.9130*	13.64301*	13.76232*	13.68778*
PVAR2	0	-10453.45	—	3702.234	16.73032	16.74264	16.73495
	1	-6721.341	7440.337	9.580346	10.77334	10.82260	10.79186
	2	-6631.263	179.1459	8.414784	10.64362	10.72982	10.67603
	3	-6595.644	70.66814*	8.063925*	10.60103*	10.72417*	10.64732*
PVAR3	0	-17605.03	—	42812337	26.08597	26.09754	26.09030
	1	-10267.80	14630.99	825.2572	15.22933	15.27562	15.24666
	2	-9186.561	2151.256*	168.5445*	13.64083*	13.72184*	13.67117*

(三)基于 PVAR 系统的 Granger 因果关系检验

为确定实际数据是否对理论关系有支撑作用,本部分内容用 Granger 检验来判断人口结构(总抚养比、老年抚养比、少儿抚养比)、储蓄率和政府债务间的因果关系。Granger 检验的原假设为自变量不是因变量的 Granger 原因,当拒绝原假设时,则可认为自变量是因变量的 Granger 原因。

表7-4 展示了 PVAR1 模型的格兰杰因果检验结果。可知,储蓄率和总抚养比是政府债务的格兰杰原因,这说明储蓄率和总抚养比是政府债务的影响因素。总抚养比是储蓄率的格兰杰原因,政府债务不是储蓄率的格兰杰原因,这说明总抚养比能对储蓄率产生影响,而储蓄率是单向作用于政府债务的,这与理论判断相符。

表7-5 展示了 PVAR2 模型的格兰杰因果检验结果。可知,储蓄率和老年抚养比的一阶差分项是政府债务的格兰杰原因,这说明储蓄率和老年抚养

比的增长情况都能影响政府债务,而政府债务和老年抚养比的一阶差分项都不是储蓄率的格兰杰原因。

表7-4 PVAR1格兰杰因果关系检验

因变量	自变量	P 值	检验结果
debt	saving	0.0023	saving 是 debt 的 Granger 原因
	drw	0.0004	drw 是 debt 的 Granger 原因
saving	debt	0.6145	debt 不是 saving 的 Granger 原因
	drw	0.0227	drw 是 saving 的 Granger 原因
drw	debt	0.0078	debt 是 drw 的 Granger 原因
	saving	0.1020	saving 不是 drw 的 Granger 原因

表7-5 PVAR2格兰杰因果关系检验

因变量	自变量	P 值	检验结果
debt	saving	0.0103	saving 是 debt 的 Granger 原因
	ddro	0.0040	ddro 是 debt 的 Granger 原因
saving	debt	0.6126	debt 不是 saving 的 Granger 原因
	ddro	0.4994	ddro 不是 saving 的 Granger 原因
ddro	debt	0.0007	debt 是 ddro 的 Granger 原因
	saving	0.0009	saving 是 ddro 的 Granger 原因

表7-6展示了PVAR3模型的格兰杰因果检验结果。可知,储蓄率和少儿抚养比是政府债务的格兰杰原因,即储蓄率和少儿抚养比都是政府债务的影响因素。同样地,政府债务和少儿抚养比不为储蓄率的格兰杰原因。

总而言之,人口结构(总抚养比、老年抚养比、少儿抚养比)和储蓄率是政府债务的格兰杰原因;总抚养比是储蓄率的格兰杰原因,而老年抚养比的一阶差分项和少儿抚养比都不是储蓄率的格兰杰原因。

表 7-6　PVAR3 格兰杰因果关系检验

因变量	自变量	P 值	检验结果
debt	saving	0.0004	saving 是 debt 的 Granger 原因
	dry	0.0006	dry 是 debt 的 Granger 原因
saving	debt	0.6208	debt 不是 saving 的 Granger 原因
	dry	0.1205	dry 不是 saving 的 Granger 原因
dry	debt	0.0416	debt 是 dry 的 Granger 原因
	saving	0.1704	Saving 不是 dry 的 Granger 原因

（四）脉冲响应分析

PVAR 模型可用脉冲响应图来分析各变量受其中某一变量影响所产生的动态路径。具体是在某个变量的扰动项上加一个标准差大小的冲击,分析其对内生变量当期和未来值所产生的影响,能较为直观地刻画出各变量之间的动态交互效应,并从中提供判断变量间时滞后关系的经验证据。

图 7-1 为 PVAR1 的脉冲响应结果,横轴表示冲击作用的滞后期阶数,纵轴表示被解释变量的变化,曲线表示脉冲响应函数曲线。由图(a)可知,给政府债务一个标准差的冲击,对其自身会产生正向作用,但随着时间的增加,这种影响会逐渐减弱,并趋于平稳。说明当期政府债务受前期影响较大,当前期政府债务负担较重时,政府会面临大额利息支付压力,从而加重当期和未来期政府债务负担。由图(b)可知,给储蓄率一个标准差的冲击,政府债务会产生负向影响,随着滞后期限的延长,影响逐渐加大并趋于平稳。这说明储蓄率对政府债务有抑制作用,并且随着时期的延长,这种作用会更明显。因为储蓄能转化为投资,带来大量资金资本,缓减财政压力,有助于政府债务的可持续发展。由图(c)可知,政府债务对全部抚养比的冲击反应开始为负,这种影响较弱且不持久,到第三期后,政府债务的反应转变为正,并趋于稳定,这说明全部抚养比在长期内会加重政府债务的负担。抚养比的增加意味着需要赡养的老

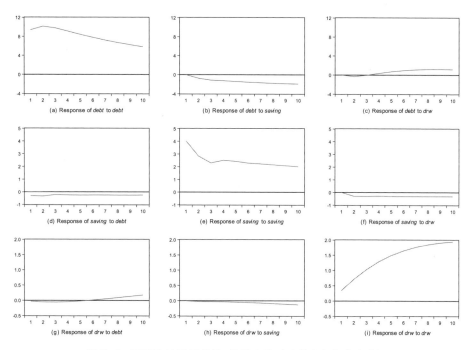

图7-1　PVAR1(总抚养比、储蓄率和政府债务)脉冲响应图

年人口和没有经济来源的少儿人口负担加重,政府需要财政支出来提供养老和社会基础设施保障。同时,人力资本相对减少,税收收入来源减少。这将给财政收支带来缺口,造成赤字,产生政府债务。由图(f)可知,储蓄率对全部抚养比的冲击反应为负,并在第二期达到最小值,并趋于稳定,这说明全部抚养比越高,储蓄率就会越低,且抚养比在短时期内能对储蓄率产生影响。抚养比增加会改变人口结构,增加消费倾向,减少可支配收入,从而降低储蓄。另外,能创造收入的人力资本由于人口结构的变化而减少,收入减少必然导致储蓄减少。

　　图7-2为PVAR2的脉冲响应结果,横轴表示冲击作用的滞后期阶数,纵轴表示被解释变量的变化,曲线表示脉冲响应函数曲线。由图(b)可知,对储蓄率施加一个标准差的冲击,政府债务会产生负向影响,随着时间的增加,影响逐渐趋于平稳,这说明储蓄率对政府债务有抑制作用。由图(c)可知,政府

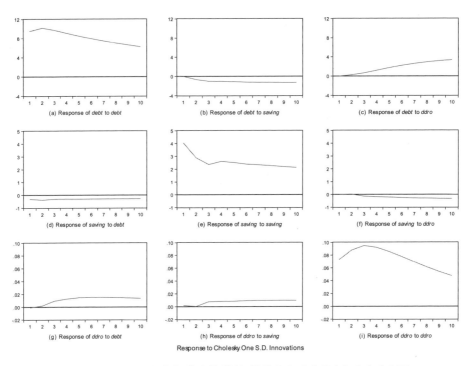

(a) Response of *debt* to *debt*　(b) Response of *debt* to *saving*　(c) Response of *debt* to *ddro*

(d) Response of *saving* to *debt*　(e) Response of *saving* to *saving*　(f) Response of *saving* to *ddro*

(g) Response of *ddro* to *debt*　(h) Response of *ddro* to *saving*　(i) Response of *ddro* to *ddro*

Response to Cholesky One S.D. Innovations

图7-2　PVAR2(老年抚养比的增长、储蓄率和政府债务)脉冲响应图

债务对老年抚养比一阶差分项的冲击反应为正,随着时间的增加,影响程度增大,然后影响逐渐减小并趋于平稳,即老年抚养比增长量越大,越会加重政府债务负担。这说明老年人口的扩张会导致政府债务财政支出加大,老龄化意味着大额养老基金的支出,需要赡养的人口增多,而劳动力相对减少,阻碍经济发展,造成财政赤字,从而加大政府债务负担。由图(f)可知,储蓄率对老年抚养比一阶差分项的冲击反应为负,即储蓄率会随着老年抚养比增长量的加大而降低,这符合实际情况。这一方面说明政府养老保障相关费用支出的增加,另一方面说明老年人口会消耗由劳动所获取的存款进行养老,这些都会对国民储蓄率起到拉低作用。

图7-3为PVAR3的脉冲响应结果,横轴表示冲击作用的滞后期阶数,纵轴表示被解释变量的变化,曲线表示脉冲响应函数曲线。由图(b)可知,对储

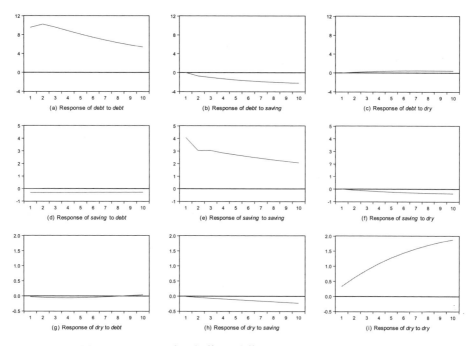

图7-3　PVAR3(少儿抚养比、储蓄率和政府债务)脉冲响应图

蓄率施加一个标准差的冲击,政府债务会产生负向影响,影响程度随着滞后期的延长而加大,而后逐渐趋于平稳。这说明储蓄率对政府债务起到抑制作用,储蓄的增加能有效减轻政府债务负担。由图(c)可知,债务对少儿抚养比的冲击反应为正,说明政府债务会随着少儿抚养比的加大而增加,但影响程度相对老年抚养比一阶差分项对政府债务的影响较弱。少儿人口主要会加大教育方面的支出,会造成家庭和政府教育方面经费的支出,从而加大政府压力。但相比老年人口而言,少儿人口医疗等方面的支出更少,由此对政府债务的影响相对老年人口而言会更弱。由图(f)可知,储蓄率对少儿抚养比的冲击反应为负,且随着时期的延长而加大并逐渐趋于平稳,即少儿抚养比增大将降低储蓄率。这也说明了少儿抚养比的增加,会加大家庭和政府的支出,增加消费,阻碍收入来源,降低居民储蓄和政府储蓄,从而拉低总储蓄。

(五)方差分解分析

表 7-7 展示了三个面板 VAR 模型人口结构(总抚养比、老年抚养比、少儿抚养比)、储蓄率和政府债务关于政府债务方差分解的结果。

表 7-7 面板 VAR 模型的政府债务方差分解

模型	PVAR1		PVAR2		PVAR3	
预测期	变量	方差贡献率	变量	方差贡献率	变量	方差贡献率
10	debt	96.0280	debt	93.4691	debt	95.9239
	saving	2.9520	saving	1.4372	saving	3.8695
	drw	1.0201	ddro	5.0937	dry	0.2066
20	debt	91.5573	debt	82.3853	debt	90.6550
	saving	7.1320	saving	2.5816	saving	9.1277
	drw	1.3107	ddro	15.0331	dry	0.2173
30	debt	88.1056	debt	78.2711	debt	87.3621
	saving	10.5171	saving	3.2764	saving	12.2800
	drw	1.3773	ddro	18.4524	dry	0.3579

在 PVAR1 有关政府债务误差项的分解中,虽然前 10 期储蓄率对政府债务的影响稍大于总抚养比,但两者对政府债务的贡献都不明显。随着时期的延长,从长期来看,储蓄率对政府债务的影响越来越显著,到第 30 个预测期,储蓄率对政府债务的贡献度达到 10.52%,总抚养比对政府债务的影响没有太大变化。此结果与面板 VAR 脉冲响应函数的分析结果基本吻合。

在 PVAR2 中,从长期来看,老年抚养比的一阶差分项随着时间的延长对政府债务的影响越来越明显,在第 20 个、第 30 个预测期老年抚养比的一阶差分项和储蓄率的方差贡献度加在一起分别约为 17.61%和 21.73%,表明老年抚养比的增长量和储蓄率对政府债务的影响较明显,结果与面板 VAR 脉冲响应函数的分析基本吻合。

在 PVAR3 对政府债务误差项的分解中,少儿抚养比对政府债务的贡献度较小,且在前 30 期中几乎没有太大的增长。储蓄率对政府债务的贡献度随着时期的延长而增大,在第 20 期、第 30 期分别为 9.13% 和 12.28%,说明储蓄率对政府债务有较为明显的影响,这一结果与脉冲响应结果保持一致。

第三节　人口结构、储蓄率与政府债务: 长期稳定关系分析

本章选用系统 GMM 方法分析人口结构、储蓄率和政府债务之间的长期稳定关系。由上节实证结果可知,抚养比对储蓄率有负向作用,政府债务对储蓄率的反应同样为负。基于对债务决定因素分析的研究文献中,没有考虑人口结构变化和储蓄率对政府债务的交互作用,故本书在具体实证分析中加入这一影响,并探索性分析抚养比是否会通过储蓄的传导机制对政府债务产生影响。考虑到不同发展阶段国家情况存在差异,在全样本分析的基础上,同时分发达国家和发展中国家样本数据进行研究分析。

一、变量选取与数据来源

根据数据的可获得性,选取 2005—2012 年 72 个国家(15 个发达国家[①]和 57 个发展中国家)的人口结构、储蓄率和政府债务作为主要分析变量。同时,选取城市化、人均 GDP 增长、通货膨胀、实际利率作为控制变量。各变量符号对应关系和定义见表 7-8。政府债务数据来源于 IMF 建立的 Historical Public Debt Database,其他数据指标皆来源于世界银行 2016 年最新版本的 WDI(世界发展指标)数据集。本章实证采用统计软件 Stata 14 进行分析。

---

① 15 个发达国家:澳大利亚、加拿大、冰岛、以色列、意大利、日本、马耳他、荷兰、新加坡、瑞士、英国、美国、爱沙尼亚、拉脱维亚、新西兰。

表 7-8　变量符号和定义

变量类型	变量符号	变量定义
因变量	*debt*	为各国家广义政府债务总额和 GDP 的比值
自变量	*saving*	为国民收入总额减去总消费再加上净转移后与 GDP 的比值
	dro	老年抚养比,老年人口占劳动人口的比值
	dry	少儿抚养比,少儿人口占劳动人口的比值
	drw	总抚养比,老年抚养比和少儿抚养比之和
控制变量	*trade*	商品和服务进出口总额与 GDP 的比值
	urban	城市人口占全部人口的比值
	gdp	人均 GDP 增长率
	inflation	选用按 GDP 平减指数衡量的通货膨胀
	interest	实际利率,按 GDP 平减指数衡量的通胀调整贷款利率

各控制变量具体含义如下:

(1)贸易(Trade to GDP)。用符号 *trade* 表示,用来刻画开放度对政府债务的影响,该指标数值越大,表明经济开放度越高。经济开放能促进经济发展,提高收入水平,减轻政府债务负担。

(2)城市化(Urban Population Total)。用符号 *urban* 表示,城市人口是由国家统计局定义的居住在城市地区的人群。城市化水平越高,政府在公共服务和社会管理上的负担就越重,政府的财政支出将随之加大,从而增加政府债务负担。

(3)人均 GDP 增长(GDP Per Capita Growth)。用符号 *gdp* 表示,该指标是衡量国民收入的重要指标之一,能反映一国经济增长速度,如果人均 GDP 增长速度下降会给财政收入带来压力,政府将通过发行债券来维持财政支出的可持续性,进而带来政府债务风险。一般人均 GDP 增长率较高时,政府债务风险会减小。

(4)通货膨胀(Inflation)。用符号 *inflation* 表示,本书选用 GDP 平减指数,用 GDP 隐性通货紧缩指数表示整个经济体的价格变化率。通货膨胀一般说明政府的融资出现了问题,当政府没有选择增加税收和发行债券来增加财政收入时,就会转向发行更多的货币,由此形成国内债务的隐性违约,而对国外债务没有减少的作用(杜萌和马宇,2015)。

（5）实际利率(Real Interest Rate)。用符号 *interest* 表示,利率对国家的经济能发挥重要作用,利率政策是宏观经济管理中比较重要的工具之一。利率水平越高,政府债务利息的支出越多,即筹借债务的成本越高,累积越多的债务越会增加当期和未来期政府债务负担,带来更大的风险。

表 7-9　变量的描述性统计表

类别	变量	观测值	平均值	标准差	最小值	最大值
全部国家	*debt*	574	49.5705	37.1135	3.6853	238.0253
	saving	574	21.6079	11.2402	-6.3030	57.4376
	dro	574	13.4189	7.6437	3.4700	38.8079
	dry	574	43.9846	22.1055	19.3918	102.9483
	trade	574	97.0155	56.6020	22.1060	439.6567
	urban	574	58.7967	22.2223	13.0310	100.0000
	gdp	574	2.9200	4.2662	-14.5599	18.4876
	inflation	574	6.9416	8.6775	-25.1281	103.8228
	interest	574	5.4415	8.6932	-42.3102	51.6731
发达国家	*debt*	120	68.7525	48.6625	3.6853	238.0253
	saving	120	22.6393	9.2773	3.4500	51.6797
	dro	120	22.4059	5.5388	11.3192	38.8079
	dry	120	26.7407	5.8964	20.7443	44.8404
	trade	120	111.4734	99.2555	24.7658	439.6567
	urban	120	83.2676	9.9396	67.5480	100.0000
	gdp	120	1.3876	4.0954	-14.5599	13.2165
	inflation	120	2.7836	3.4400	-9.6856	20.1279
	interest	120	3.0083	3.8852	-7.6741	28.6948

类别	变量	观测值	平均值	标准差	最小值	最大值
发展中国家	*debt*	454	44.5004	31.5751	3.8902	181.9106
	saving	454	21.3353	11.6981	−6.3030	57.4376
	dro	454	11.0435	6.2285	3.4700	28.2357
	dry	454	48.5425	22.5694	19.3918	102.9483
	trade	454	93.1940	37.3430	22.1060	225.0231
	urban	454	52.3286	19.9534	13.0310	94.8030
	gdp	454	3.3251	4.2225	−14.4209	18.4876
	inflation	454	8.0407	9.2923	−25.1281	103.8228
	interest	454	6.0847	9.4679	−42.3102	51.6731

　　对于全部国家、发达国家、发展中国家各变量的描述性统计如表7-9所示,由此可知,发达国家的政府债务平均水平明显高于发展中国家,且国别间的差距相对于发展中国家也更大。发达国家需要更多的财政支出来维持社会基础保障系统,从而会产生大量的政府债务,这与人口老龄化问题也密不可分。发达国家的平均储蓄率略高于发展中国家,相差不大。发达国家老年抚养比的平均值约为发展中国家的两倍,即发达国家老龄化状态更为明显,老龄化问题更为严重。这与国家所处阶段有关系,由于经济的快速发展,发达国家各项体系进入现代化,尤其养老保障系统的完善和医疗水平的提高将增加人口的预期寿命,老年人口增多造成人口结构改变。相对而言,发达国家的少儿人口远少于发展中国家,其少儿抚养比仅略多于发展中国家平均水平的一半。发展中国家由于经济欠发达,各项基本措施不完善,教育水平较低,创新能力不足,没有先进的技术和充备的资本来维持经济的持续发展,劳动力成为拉动经济增长的重要因素,因此,不难理解发展中国家少儿人口更多,这符合发达国家和发展中国家的实际国情。

二、估计方法与模型

本章的主要目的是探讨人口结构对政府债务的影响,以及人口结构是否会通过储蓄对政府债务产生间接作用。可知,在回归模型中,政府债务为被解释变量。同时,将被解释变量的滞后一阶项加入模型,以构建动态面板数据。动态面板数据同时具有时间和空间两个维度的信息,具有样本量多等优点,在计量经济模型中常被使用。不过,动态面板有可能产生解释变量和随机扰动项相关的问题。另外,在经济问题的研究中变量间可能存在内生性问题,以及面板数据由于包含时间序列,可能会存在时序非平稳的情况。

出于对这些问题的考虑,阿勒拉诺和邦德(Arellano & Bond,1991)最先提出一阶差分 GMM 方法,具体做法是先将原水平方程进行差分,用内生解释变量滞后两阶及以上的水平值作为内生解释变量差分项的工具变量。该方法可以较好地解决解释变量内生性和残差的异方差问题。但这种方法也存在不足:其一,会损失一部分样本信息;其二,有可能产生由于工具变量不足而导致的弱工具变量问题。为解决差分 GMM 方法带来的问题,阿勒拉诺和波福(Arellano & Bover,1995)等学者又提出了系统 GMM 方法。系统 GMM 在差分GMM 的基础上加入了水平方程,同时增加内生解释变量滞后的差分项作为水平方程中相应变量的工具变量,这在一定程度上能很好地解决工具变量较弱带来的问题。

可知,对于动态面板数据,一般常用差分 GMM 和系统 GMM 两种估计方法。布伦德尔和邦德(Blundell & Bond,1998)证明系统 GMM 方法在很大程度上能降低一阶差分 GMM 估计带来的偏误,具有比一阶差分 GMM 估计方法更好的有限样本性质。综合考虑,本书面板数据为宽截面、短时序数据,选用系统 GMM 的两步估计作为参数估计方法能更好地保证结果的可信性。

在系统广义矩估计中,如果系统估计中新增工具变量是有效的,则一般情况下广义 GMM 方法都比差分 GMM 方法更有效。为此,主要用两个检验来验证系统 GMM 估计的有效性:其一,Sargan 检验,用来判断工具变量是否存在过度识别,原假设为工具变量不存在过度识别,当不能拒绝原假设时,则没有理由判定工具变量存在过度识别的情形。其二,检验残差项是否序列相关,用一阶、二阶序列相关检验 AR(1)、AR(2)来判断,其原假设皆为序列不存在相关性,若拒绝 AR(1)而接受 AR(2)同样可判断估计方程的残差项不存在序列相关。具体构建如下六个模型:

(1)储蓄率对政府债务影响的模型:

$$debt = \beta_0 + \beta_1 L.debt + \beta_2 saving + \beta_3 trade + \beta_4 urban + \beta_5 gdp + \beta_6 inflation$$

$$+ \beta_7 interest + \gamma_t + \mu_i + \varepsilon_{it} \tag{7-3}$$

(2)老年抚养比和储蓄率对政府债务影响的模型:

$$debt = \beta_0 + \beta_1 L.debt + \beta_2 dro + \beta_3 saving + \beta_4 trade + \beta_5 urban +$$

$$\beta_6 gdp + \beta_7 inflation + \beta_8 interest + \gamma_t + \mu_i + \varepsilon_{it} \tag{7-4}$$

(3)少儿抚养比和储蓄率对政府债务影响的模型:

$$debt = \beta_0 + \beta_1 L.debt + \beta_2 dry + \beta_3 saving + \beta_4 trade + \beta_5 urban +$$

$$\beta_6 gdp + \beta_7 inflation + \beta_8 interest + \gamma_t + \mu_i + \varepsilon_{it} \tag{7-5}$$

(4)老年抚养比、少儿抚养比和储蓄率对政府债务影响的模型:

$$debt = \beta_0 + \beta_1 L.debt + \beta_2 dro + \beta_3 dry + \beta_4 saving + \beta_5 trade + \beta_6 urban +$$

$$\beta_7 gdp + \beta_8 inflation + \beta_9 interest + \gamma_t + \mu_i + \varepsilon_{it} \tag{7-6}$$

(5)老年抚养比和储蓄率的交互项 $dro \times saving$ 对政府债务影响的模型:

$$debt = \beta_0 + \beta_1 L.debt + \beta_2 dro \times saving + \beta_3 trade + \beta_4 urban + \beta_5 gdp +$$

$$\beta_6 inflation + \beta_7 interest + \gamma_t + \mu_i + \varepsilon_{it} \tag{7-7}$$

(6)少儿抚养比和储蓄率的交互项 $dry \times saving$ 对政府债务影响的模型:

$$debt = \beta_0 + \beta_1 L.debt + \beta_2 dry \times saving + \beta_3 trade + \beta_4 urban + \beta_5 gdp +$$

$$\beta_6 inflation + \beta_7 interest + \gamma_t + \mu_i + \varepsilon_{it} \tag{7-8}$$

其中,γ_t 代表时间效应,μ_i 为个体效应,ε_{it} 为随机扰动项。抚养比和储蓄率的交互项用来观察抚养比是否是通过储蓄的传导途径作用于政府债务的。

三、实证检验和结果分析

不同发展阶段国家的人口结构、储蓄率和政府债务之间存在着差异,变量间的影响关系可能也有所不同。针对这种情况,在全部国家样本的基础上,对发达国家和发展中国家的样本数据同时进行分组分析。

(一)全部国家

由表7-10的结果可知,对于模型式(7-3)—式(7-8)Sargan检验值均大于0.1,各方程的Sargan检验都接受原假设,表明工具变量不存在过度识别。同时,各方程的二阶序列相关检验AR(2)的检验结果均接受原假设,即估计结果不存在二阶序列相关。为此,各个方程的估计结果是可靠的。

从估计系数看,由模型(1)可知,政府债务的一阶滞后项对自身具有显著正向影响,即上期政府债务越多越会增加本期债务的负担,即政府债务对自身有滞后效应。储蓄率的估计结果在1%的水平下显著为负,即储蓄率对政府债务有抑制作用,储蓄越多则政府债务压力越小。储蓄能通过一定渠道转化为投资,投资能刺激经济增长,促进经济快速发展,进而降低政府债务。另外,高储蓄下强大的资本储备,能缩小政府的财政支出,从而减小政府债务负担。

由模型(2)可知,当加入老年抚养比后,储蓄率对政府债务保持显著负向作用,老年抚养比在5%的水平下对政府债务是显著正向作用,即老年抚养比越大,政府债务越高。老年抚养比的升高,一方面,意味着相对劳动人口的减少,经济建设需要大量劳动力的推动,劳动力的减少将阻碍经济的发展,减少财政收入来源,从而增加政府债务压力。另一方面,老年抚养比的增多将影响消费结构,加大医疗、营养保健等方面的消费,同时增加政府养老金支出和对基本保障设施构建及维护支出等各方面财政支出的压力,进而导致政府债务的增加。

由模型(3)可知,加入少儿抚养比之后储蓄率依然对政府债务产生1%水

政府债务管理与风险预警机制研究

平的显著负向作用,但少儿抚养比对政府债务的作用不显著,即少儿抚养比对政府债务没有直接作用。

由模型(4)可知,同时加入老年抚养比和少儿抚养比后,储蓄率对政府债务仍然产生1%水平下的显著负向作用。老年抚养比对政府债务产生正向影响,少儿抚养比不显著。

由模型(5)可知,老年抚养比和储蓄率的交互项 *dro* × *saving* 对政府债务的作用是负向的,在1%水平下显著。这说明老年抚养比对政府债务有间接作用,即老年抚养比增大,导致储蓄率降低,从而引起政府债务增加。不管养儿防老还是储蓄养老,老年人的增加都会增大支出,降低储蓄,减少资本储备和投资,通过对储蓄的作用进而对政府债务产生影响。

由模型(6)可知,少儿抚养比和储蓄率的交互项 *dry* × *saving* 对政府债务也产生负向作用,在5%水平下显著。由模型(3)初步得知少儿抚养比对政府债务没有直接影响,但少儿人口的增多将增加教育、医疗等方面的支出,同样对储蓄产生抑制作用,通过储蓄的传导途径增加政府债务压力。

表7-10 全部国家的系统 GMM 估计结果

变量	模型(1)	模型(2)	模型(3)	模型(4)	模型(5)	模型(6)
L.debt	0.3839***	0.3983***	0.3650***	0.3745***	0.3758***	0.3870***
	(17.51)	(18.09)	(17.65)	(17.94)	(17.71)	(17.95)
saving	−0.1784***	−0.1799***	−0.1372***	−0.1380***		
	(−4.79)	(−5.05)	(−4.18)	(−4.12)		
dro		0.6701**		0.6591*		
		(2.21)		(1.84)		
dry			0.2342	0.2262		
			(1.37)	(1.39)		
dro × *saving*					−0.0144***	
					(−3.12)	

168

续表

变量	模型（1）	模型（2）	模型（3）	模型（4）	模型（5）	模型（6）
$dry \times$ $saving$						-0.0010^{**}
						(-2.26)
$trade$	0.0181	0.0485***	0.0227	0.0567***	0.0073	0.0156
	(1.21)	(2.89)	(1.52)	(3.37)	(0.48)	(1.03)
$urban$	1.0662***	0.8237***	1.3742***	1.0910***	1.1490***	1.0144***
	(8.65)	(6.64)	(5.82)	(5.33)	(7.59)	(8.10)
gdp	-0.3353^{***}	-0.3587^{***}	-0.3508^{***}	-0.3813^{***}	-0.3289^{***}	-0.3748^{***}
	(-10.02)	(-11.56)	(-10.73)	(-12.12)	(-8.81)	(-10.70)
$inflation$	0.0994**	0.1135***	0.0802***	0.0816**	0.1033***	0.0994**
	(2.56)	(3.30)	(2.76)	(2.20)	(2.58)	(2.32)
$interest$	0.1461***	0.1678***	0.1151***	0.1229**	0.1611***	0.1449***
	(2.63)	(3.04)	(2.64)	(2.50)	(2.92)	(2.62)
$cons$	-37.2597^{***}	-35.9824^{***}	-66.0024^{***}	-61.3016^{***}	-40.7766^{***}	-37.0760^{***}
	(-4.94)	(-5.60)	(-2.98)	(-2.99)	(-4.48)	(-4.79)
N	502	502	502	502	502	502
$Sargan$	0.1636	0.1094	0.1431	0.1094	0.1514	0.1178
$AR(1)$	0.0912	0.0538	0.1216	0.0755	0.1239	0.0851
$AR(2)$	0.8122	0.5783	0.8797	0.6421	0.7441	0.7201

注：估计值下方（ ）内为 t 统计量，*、**、*** 分别表示统计量在 10%、5%、1% 的显著性水平下显著。

对于控制变量，贸易会对政府债务产生正向作用，在模型（2）、（4）下有1% 的显著性水平，即国家的开放度越高，政府债务将越多。城市化对政府债务有显著正向作用，在模型（1）—（6）都有 1% 的显著性水平，这说明国家城市化程度越高，越需要更多的财力为基本保障设施的构建和维护提供保障，增大政府财政支出将导致政府赤字加大，增加政府债务负担。人均 GDP 增长率对政府债务有显著负向作用，在模型（1）—（6）都达到 1% 的显著性水平，即人均

GDP 增长率越高,政府债务负担越小。经济的快速发展能带来收入,增大政府财力,减小开支,从而减轻政府财政压力,能抑制政府债务的增长。通胀对政府债务有显著正向作用,在模型(1)—(6)都达到 5% 以上的显著性水平,即通胀越高,政府债务负担越大。这说明政府融资能力减弱,经济发展态势不好,影响政府债务的可持续性。利率对政府债务的影响是显著正向的,在模型(1)—(6)都达到 1% 的显著性水平,即政府债务的负担会随着利率的升高而增大。这是因为一国利率水平提高,加大了政府筹集资金的成本,同时提高了政府的利息支出。

（二）发达国家

表 7-11 展示了发达国家的系统 GMM 估计结果,Sargan 检验、AR（2）检验结果均不能拒绝原假设,表明发达国家样本数据的估计结果是稳健可信的。

由模型（1）可知,储蓄率对政府债务的影响是负向的,在 1% 的水平下显著,即发达国家的储蓄率越高,政府债务越低,与全样本结果一致。由模型（2）可知,老年抚养比对政府债务产生正向影响,在 1% 水平下显著。即发达国家的老年抚养比越高,政府债务负担越重。由模型（3）和模型（4）可知,发达国家少儿抚养比对政府债务的影响也是正向的,但不显著,这与全样本结果一致。由模型（5）可知,老年抚养比和储蓄率的交互项 $dro \times saving$ 对政府债务产生负向影响,在 10% 的水平下显著,即发达国家的老年抚养比可能通过对储蓄的作用间接影响政府债务。由模型（6）可知,少儿抚养比和储蓄率的交互项 $dry \times saving$ 对政府债务同样产生负向影响,在 1% 的水平下显著,与全样本作用结果相同,即少儿抚养比虽然对政府债务没有直接影响,但能通过影响储蓄而作用于政府债务。

关于控制变量,其中贸易对政府债务的影响是负向的,在模型（1）、（3）、（5）中显著,即政府债务负担会随着贸易增加而降低,与全部样本结果相反。这说明发达国家贸易条件更好,能通过贸易带来经济收益,降低政府债务。城市化对政府债务的影响显著为正,即发达国家城市化程度越高,政府债务负担越重。通胀对政府债务有显著负向作用,对于发达国家而言,通胀起到降低政府债务实际价值的作用,能减轻政府的偿还压力。同时,在发达国家中,实际利率对政府债务的影响并不显著。

表 7-11 发达国家的系统 GMM 估计结果

变量	模型(1)	模型(2)	模型(3)	模型(4)	模型(5)	模型(6)
L.debt	0.7548***	0.5730***	0.7989***	0.5027***	0.7612***	0.6971***
	(12.20)	(6.62)	(11.65)	(3.96)	(9.54)	(14.76)
saving	−0.9216***	−1.1486**	−2.3825**	−1.2588**		
	(−4.88)	(−2.36)	(−2.41)	(−2.47)		
dro		1.7396***		2.7315*		
		(2.59)		(1.87)		
dry			2.6423	2.6386		
			(0.94)	(0.78)		
dro × saving					−0.0229*	
					(−1.95)	
dry × saving						−0.0397***
						(−7.20)
trade	−0.0462**	−0.0567	−0.1029**	−0.0711	−0.1280***	−0.0434
	(−2.03)	(−1.25)	(−2.07)	(−1.42)	(−2.86)	(−1.55)
urban	2.0064*	2.6405**	4.2265***	2.1414	1.7844***	2.6717***
	(1.65)	(2.06)	(2.84)	(1.50)	(4.16)	(3.68)
gdp	−0.4460***	−0.2276	−0.1225	−0.1546	−0.5659***	−0.3646***
	(−3.84)	(−1.63)	(−0.53)	(−0.85)	(−7.78)	(−3.80)
inflation	−0.4245	−1.2041*	0.1157	−1.8386*	−1.1879	−0.5116
	(−1.31)	(−1.84)	(0.16)	(−1.78)	(−1.20)	(−1.10)

变量	模型(1)	模型(2)	模型(3)	模型(4)	模型(5)	模型(6)
interest	−0.2056	−0.6063	0.8002	−1.0739	−0.8888	−0.252
	(−0.98)	(−1.00)	(1.04)	(−1.29)	(−1.03)	(−0.60)
cons	−119.336	−193.9585**	−344.1561**	−231.9178**	−99.5546***	−168.7565***
	(−1.27)	(−2.15)	(−1.98)	(−2.26)	(−2.77)	(−3.12)
N	105	105	105	105	105	105
Sargan	0.9949	1.0000	1.0000	1.0000	0.9963	0.9998
AR(1)	0.2301	0.1731	—	0.2194	0.2531	0.1650
AR(2)	0.1894	0.2932	0.1477	0.3983	0.2606	0.2862

注:表中()内为 t 统计量,*、**、***分别表示统计量在10%、5%、1%的显著性水平下显著。

(三)发展中国家

表7-12为发展中国家的系统 GMM 估计结果。同理,观察 Sargan 检验和 AR(2)检验的结果,都不能拒绝原假设,则认为模型合理可信。

由模型(1)可知,发展中国家的储蓄率对政府债务有负向作用,在10%的水平下显著,与全样本和发达国家对政府债务的作用方向相同。由模型(2)可知,发展中国家老年抚养比对政府债务的影响是正向的但不显著,不同于全样本和发达国家的显著作用。这说明发展中国家的老龄化问题没有发达国家严重;同时,发展中国家由于政府养老体系尚不完善,主要以家庭养老为主,国家养老基金支出相比发达国家更少,对政府债务尚未造成直接影响。由模型(3)可知,发展中国家少儿抚养比对政府债务的影响也为正,但同样不显著,这与全样本和发达国家的作用结果一致。由模型(4)可知,同时纳入老年抚养比和少儿抚养比,则少儿抚养比对政府债务的正向影响表现为统计上显著。由模型(5)可知,发展中国家老年抚养比和储蓄率的交互项 $dro \times saving$ 对政府债务有负向作用,在1%的水平下显著,与全样本和发达国家结果相同。发展中国家人口老龄化虽然没有对政府债务产生直接拉升作用,但其会对国家经济、财政等其他方面带来不利影响,进而产生政府债务,所以老龄化在发展中国家也是不容忽视的重要问题。由模型(6)可知,发展中国家少儿抚养比和储蓄率的交互项 $dry \times saving$ 同样对政府债务产生负向作用,在1%水平下显著,即储蓄率会随着少儿抚养比的加大而降低,从而增加政府债务负担。

表 7-12　发展中国家的系统 GMM 估计结果

变量	模型(1)	模型(2)	模型(3)	模型(4)	模型(5)	模型(6)
$L.debt$	0.3666***	0.3823***	0.3747***	0.3779***	0.4696***	0.4697***
	(19.26)	(21.08)	(21.51)	(20.28)	(22.41)	(25.99)
$saving$	−0.0521*	−0.0734***	−0.0846***	−0.0794***		
	(−1.88)	(−2.81)	(−3.21)	(−3.06)		
dro		0.2127		0.668		
		(0.52)		(1.37)		
dry			0.16	0.2999**		
			(1.41)	(2.31)		
$dro \times saving$					−0.0091***	
					(−2.93)	
$dry \times saving$						−0.0016***
						(−4.97)
$trade$	0.0639***	0.0938***	0.0637***	0.0908***	0.0265***	0.0301***
	(4.64)	(6.49)	(5.02)	(6.53)	(2.69)	(2.65)
$urban$	0.7631***	0.5323***	0.9213***	0.9521***	0.8729***	0.7135***
	(4.95)	(3.09)	(4.20)	(3.94)	(6.71)	(5.88)
gdp	−0.3875***	−0.4066***	−0.4029***	−0.4106***	−0.5008***	−0.4993***
	(−12.31)	(−12.07)	(−13.26)	(−12.57)	(−17.29)	(−15.68)
$inflation$	0.0854***	0.0754**	0.0763**	0.0654*	0.0533	0.0522
	(2.88)	(2.42)	(2.52)	(1.91)	(1.56)	(1.61)

变量	模型（1）	模型（2）	模型（3）	模型（4）	模型（5）	模型（6）
interest	0.1294***	0.1279***	0.1115***	0.1095**	0.1021**	0.1002**
	（3.31）	（2.87）	（2.71）	（2.38）	（2.39）	（2.38）
year					0.1441	0.1522
					（1.33）	（1.33）
cons	−20.1547***	−15.3654*	−37.5527**	−56.7163***	−313.993	−322.5661
	（−2.58）	（−1.91）	（−2.35）	（−2.93）	（−1.46）	（−1.42）
N	397	397	397	397	397	397
Sargan	0.1033	0.1240	0.2353	0.1610	0.3152	0.3248
AR(1)	0.0770	0.0554	0.0642	0.0605	0.0176	0.0187
AR(2)	0.4423	0.3725	0.5028	0.4086	0.4502	0.5038

注：①表中（）内为 t 统计量；*、**、*** 分别表示统计量在10%、5%、1%的显著性水平下显著；
②在模型（5）、（6）中，未加入时间（*year*）工具变量之前，系统 GMM 估计的 Sargan 检验拒绝原假设，模型不稳定，因此加入 *year* 工具变量构建稳定模型。

对于控制变量，在发展中国家，贸易对政府债务的影响在1%水平下显著为正，这与全样本结果一致，但与发达国家结果相反。造成这种结果的原因与发达国家和发展中国家工业结构不同有关，发展中国家主要通过出口较低价格的商品来增加外汇，贸易条件相比之下更艰难。同时，若一个国家处于贸易顺差，即在特定年度出口的贸易总额大于进口贸易总额，则会增加该国外汇储备，同时增加国家偿还政府债务的资金，能有效降低政府债务风险。这也解释了近几年发达国家开始采取关税壁垒和非关税壁垒两种措施对进口进行限制的原因，通过对贸易采取措施来增强贸易顺差，对政府债务起到抑制作用。贸易在发达国家中产生负向作用，而在发展中国家为显著正向作用。城市化对政府债务的影响为正，在1%的水平下显著，即不管是发达国家还是发展中国家，城市化程度越高，债务的负担将越重。人均 GDP 增长对政府债务的影响为负，在1%的水平下显著为负。通货膨胀对政府债务的影响显著为正，与全样本结果相同,但与发达国家结果相反。发展中国家的利率对政府债务的影响显著为正,即利率会增大融资成本,提高利息支出,增大政府债务负担。

综上所述,不管是在全样本、发达国家还是发展中国家样本数据中,储蓄率都对政府债务产生显著负向作用,即储蓄会抑制政府债务的增长。老年抚养比在全样本和发达国家中对政府债务有显著正向作用,在发展中国家中有正向作用但不显著,即发达国家的政府债务会随着老年人口的扩张而增大。少儿抚养比在全部样本、发达国家和发展中国家中对政府债务的影响都不显著。老年抚养比和储蓄率的交互项以及少儿抚养比和储蓄率的交互项在三个样本中对政府债务都会产生显著负向影响,这说明抚养比越高,储蓄率越低,政府债务负担越大,即抚养比对政府债务有间接作用,会通过对储蓄的传导影响政府债务。

第四节　研究结论

本章同时选用面板 VAR 模型与系统 GMM 方法,从短期和长期两个角度探索性分析了人口结构(总抚养比、老年抚养比、少儿抚养比)、储蓄率和政府债务之间的关系。主要得到如下结论:

(1)储蓄率对政府债务有显著负向作用。储蓄率越高,政府债务的负担越小。高储蓄能转化为投资,从而促进经济快速发展,增加政府财政收入,降低赤字,减轻政府债务压力。另外,高储蓄下强大的资本储备,能缩小政府的财政开支,减轻政府债务负担。

(2)抚养比(包括总抚养比、老年抚养比和少儿抚养比)对储蓄率有抑制作用。储蓄率会随着抚养比的增加而降低,这说明老年人口和少儿人口负担的加重会影响消费结构,加大医疗、教育、营养保健等方面的支出,减少可支配收入,从而降低储蓄。

(3)从全样本来看,老年抚养比对政府债务有直接显著正向作用,少儿抚养比对政府债务的影响为正,但直接影响不显著。老年抚养比越高,政府债务越多,老年抚养比对政府债务的影响主要体现在两方面:其一,老年抚养比越高,需要赡养的人口越多,加大养老基金和其他社会保障方面政府财政支出,导致财政收支不平衡,增大赤字,产生政府债务;其二,老年抚养比提高,说明有大部分人口退出劳动力市场,将相对导致劳动力供给减少,从而阻碍经济发展,降低税基,减少政府财政收入,增大债务负担。

(4)分样本来看,发达国家老年抚养比对政府债务有直接显著正向作用,发展中国家老年抚养比对政府债务的影响为正但直接影响不显著,而少儿抚养比在发达国家和发展中国家对政府债务的影响都不显著。发达国家由于经济的快速发展而较早进入现代化,老龄化现象较发展中国家更为明显,尤其是发达国家的高福利政策,会增大政府赤字,老年抚养比的增加将对政府债务产生直接负担。少儿人口主要会产生教育方面的支出,对政府财政的影响远低于老年人口,从而没有对政府债务产生显著作用。

(5)老年抚养比和少儿抚养比对政府债务都会产生间接影响,可能的传导机制为储蓄。抚养比的增加导致人口结构发生改变,消费倾向明显,居民和政府要承担养老、住房、教育等方面大额支出的压力,会直接减少储蓄。储蓄对政府债务有显著负向作用,则抚养比会通过储蓄对政府债务产生影响。

中 篇

政府债务管理问题研究

第八章　政府债务管理体系与
制度研究

　　政府债务管理体系和制度的不完善是债务危机频发的重要原因,完善债务管理、发行、监管制度,对促进政府债务的可持续发展极其重要。因此,本章拟对政府债务管理体系与制度开展研究,重点针对中国地方政府债务问题突出的现象,分析和总结国外地方政府债务管理的经验,通过考察国外政府债务管理模式和制度,为我国政府债务管理提供借鉴。

第一节　政府债务管理的理论问题

一、政府债务管理理论研究

　　当前,债务危机事件频发促使各国将政府债务管理视为最为重要的政府管理项目之一,与此同时,学术界针对政府债务发行规则、管理框架、期限配置等进行了诸多研究。正如加拿大财政监测(2013)所指出的,当今世界发达经济体负债水平居高不下,新兴经济体较为脆弱,世界发展要求对政府债务的发行加强管理,政府在债务问题上的正确管理和有效限制至关重要。

(一) 管理理念

从文献上看,学术界已就政府债务管理的目标达成共识,即保证财政融资的确定性、筹资成本的最小化和维持经济增长的稳定性与实践的一致性(钟兴文,2001;Floden,2001)。当然,政府债务管理目标还应与政府货币政策、财政政策保持一致,以保证经济平稳增长(Santos & Chan-Lau,2010)。吉欧法尼尼(Giovannini,1997)曾经指出,自 1962 年美国公布一系列关于政府债务管理的规则和理念以来,政府管理理念一直在发生变化。例如,托宾(Tobin,1963)第一次将债务的期限结构系统地运用到政府债务的管理之中,以保证政府债务能够充分稳定;卢卡斯和斯托克(Lucas & Stokey,1983)也表示,政府可以选择债务期限结构来管理债务达到最优目标。20 世纪 60 年代到 80 年代,这段时期的研究主要集中在债务指数管理模式和博弈论在政府债务期限结构管理中的应用方面。其中比较著名的是卡尔佛(Calvo,1988),将博弈论与政府债务管理相结合,提出了两阶段的债务管理博弈模型,而 IMF 的资产负债管理框架(ALM)则采用多时段模型与违约概率模型相结合的方法来测定政府债务的可持续性。

(二) 管理层次

巴罗(1995)研究了最优债务管理问题,提出了债务管理的三个层次:一是如果税收是总额税且满足李嘉图等价的其他条件,那么对政府而言举债融资和税收融资没有区别,并且从最优税收的观点来看,政府债务的整体水平是不确定的;二是如果税收扭曲,那么征税的时机通常会受到影响,可能长期内将导致税率平均化;三是如果实际利率、公共支出水平和 GDP 水平是不确定的,那么税率和自然状态的关系将变得更为重要。米萨里等(Missale et al.,1997)考察了主要 OECD 国家财政政策的稳定性对政府债务管理的影响,发现政府债务产生过程的可信赖性越强,长期利率越低以及短期利率变化越多,那么政府债务的期限将越长,这意味着如果政府和私人投资者之间信息不对称,那么最优债务管理发行策略是一致的。库里等(Currie et al.,2003)回顾了20世纪80年代末至90年代OECD国家的政府债务管理经验,分析了公共债务管理的制度安排,认为债务管理必须实现现代化,通过战略途径加强债务管理功能,巩固机构能力以应对金融投资管理和债务管理,包括政府公共政策决策体系、建立机制保证授权与责任,还涉及人员配置和薪资体系等方面的内容。托宾(1963)指出,政府债务管理与企业项目管理和企业运营资产管理类似,企业项目管理和企业运营资产管理主要侧重于管理企业的负债、收入、头寸、内控、投资等内容,保证无论是高杠杆还是低杠杆的企业都能够持续有效地经营。

(三)国际规范

目前,部分国际组织已就政府债务管理制定了一系列规则。主要包括:2001年,国际货币基金组织(IMF)和世界银行制定了《公共债务管理指南》,旨在帮助成员国制定相关法律和行政规定,以及建立债务管理机构;为应对全球金融危机,国际货币基金组织与33个国家协商制定了《主权债务风险及巨额公共债务管理指南》(亦称"斯德哥尔摩原则");2002年,经济合作与发展组织(OECD)发布了有关《以最低成本、在可接受风险范围内举借、管理和偿还公共债务的先进经验》的报告,此后2005年经济合作与发展组织就不同类型公共债务风险管理经验进行了深入阐释;国际货币基金组织制定了《公共债务可持续性分析(DSA)框架》;经济合作与发展组织制定了财政整顿与债务可持续性比较分析框架;各种国际财政监测机制,特别是国际货币基金组织磋商报告第四条、国际货币基金组织财政监测报告,以及经济合作与发展组织的经济展望报告、国别报告及主权债务展望报告等。上述规范或文件所涉及的原则与惯例大多是建立在各国既往经验基础之上,可能不够全面,并且未必普遍适用于各国。

此外,有关国家或地区近年来也不断地修改债务管理规则,加强政府债务管理。例如,欧盟的《马斯特里赫特条约》和美国的《新财政法》都涉及债务管理的内容。其中最为重要的国际规范是2001年IMF提出的资产债务匹配管理体系(ALM),第一次系统明确地提出政府债务管理的国际性指导方针,对政府主权债务有效管理中应重视的方面做了全面阐述,与其类似的管理体系还有欧盟的马氏框架和美国的财务法案等。此后,国际货币基金组织于2002年、2003年对政府债务管理的指导方针进行了修订,将政府债务管理的主要内容归纳为以下六个方面:①政府债务管理的目标;②政府债务管理的职责和透明性;③政府债务管理的制度;④政府债务管理的策略;⑤政府债务风险管理框架;⑥政府债券市场有效发展和维护。国际货币基金组织的政府管理原则逐步成为世界各国进行债务管理政策制定的首要参照物和国际惯例。与企业管理的要素类似,国际货币基金组织(2009)将政府债务管理的要素分为五大维度:①债务的可持续性,债务最佳融资规模(成本);②风险控制;③法律监管、外部监督;④制度设定;⑤市场的发展。目前,政府债务管理研究主要集中在债务的可持续性、最佳融资规模和风险控制三个方面。

除资产债务匹配管理体系外,2005年国际货币基金组织还针对中等收入国家制定了中期债务可持续性管理框架(MTDS)。迟安(Chan,2003)就国际货币基金组织的资产债务匹配管理框架进行了充分分析,并用澳大利亚债务数据进行实证检验。该框架主要集中在国民账户体系的资产负债表基础上,利用债务所带来的资产负债变化、违约可能性变化、税收收入变化来分析政府债务是否具有可持续性(IMF,2003)。国际货币基金组织和世界银行(2009)对中期债务可持性管理框架的要点做了深层次解读,该框架主要包括以下几个方面:①现金流的管理评价;②现有债务的年限管理和保护;③债务到期年限的配置;④处于保护角度的模型测算(压力测试);⑤信息的统计;⑥收益率曲线的利用。世界银行在2009年后多次利用中期债务可持续性管理框架对代表性国家进行债务可发展能力测试,可见,国际上的政府债务管理框架主要以国际货币基金组织的政府债务管理方针为基准。

二、政府债务发行与监管研究

有关政府债务发行方面的研究,多数文献关注发达国家和主要新兴经济体的政府债务,特别是地方政府债务的发行管理规则与框架。从发行规则角度来看,张志华等(2008)全面地总结了包括美国、加拿大、澳大利亚、德国、日本、新西兰等发达国家,以及南非、阿根廷、巴西、哥伦比亚、墨西哥等新兴经济体政府债务发行管理的具体约束条例。晏露蓉(2011)详细地阐述了欧债危机期间德国政府债务发行、财政体制的优点,并与美、日进行比较,强调了发行过程中信息披露的重要性。徐瑞娥(2009)、马金华和李国峰(2010)分析了美、日、澳、欧盟的地方债发行规则,各国分别从政府的举债权限、政府机构的信用评级、担保的方式、违约处理等多个方面对发行作出要求。朱岩(2010)对加拿大政府债务发行政策进行介绍,从法律、管理目标等角度对地方政府债券发行所涉及的问题进行总结。

从管理规则角度看,国际货币基金组织(2003)指出,债务发行机构之外的外部监管机构对于政府债务审计起到至关重要的作用,外部审计在政府债务管理中的作用就相当于审计对于企业管理的作用,外部审计和即时的披露有利于证券市场参与者及时把握政府债务信息,从参与端使得政府债务变得可预测,降低主权债务风险,维持金融市场的稳定,而法律监管则更多地关注过程合理性和授权合理性,以及工作职责透明性。

此外,任明东和王晨姝(2011)总结了美、日、英、德、法五个国家地方政府债券的发行管理规则,认为地方政府对债券的发行应该做到明确债务专款专用,明确经济责任和监管责任。贾康(2010)指出,阻碍债务管理制度推行的主要原因有以下几个方面:分税制实施给收入带来的阻力,金融市场发展特别是债券市场发展现状给政府债务管理带来的阻碍,政绩提升机制的阻碍等。刘伟和李连发(2013)指出,从资源配置效率角度来看,除非出于弥补市场失灵的需要,融资平台在市场完备的情况下举债不利于优化资源配置,融资平台举债对民间投资具有挤出效应,会导致社会总资本偏离社会最优资本存量,对民间投资的挤出效应越大,资源配置的扭曲程度越大。因此,对于融资平台的管理应当更加专业,这样才能有效地弥补市场失灵的影响,才能有效地调动民间资本。此外,何平和金梦(2010)指出,中国的信用评级市场基本处于垄断竞争的局面,信用评级市场的功能得不到充分体现,中国的信用评级呈现偏高的特点,对政府债务发行与监管并未起到应有的作用。朱太辉和魏加宁(2012)则指出,完善分税制,加快地方基础设施建设,合理安排财政制度是债务制度发展的基础。

三、政府债务可持续性研究

政府债务可持续性问题一直以来受到各界广泛关注,相关研究较多,大致可归为两类:一是模型框架下的债务可持续性研究;二是制度设计框架下的债务可持续性研究。

(一)模型框架下债务可持续性研究

巴伦(Barron,1979)较早开始利用经济增长理论研究债务可持续性,其后的相关研究主要采用世代交叠模型、多阶段模型等对最佳债务水平进行分析,以测定债务发展的可持续性。阿亚格利和姆克格拉坦(1998)结合税收、再分配等反映政府收入支出的指标,采用经济增长模型对政府债务的可持续性进行分析,认为美国当时的债务水平并未达到理想规模。韩立岩等(2003)也通过两阶段的世代交叠模型建立了政府安全发债规模与信用风险之间的关系,并对债务的可持续增长提出建议。阿卡亚和拉简(Acharya & Rajan,2013)从经济增长的角度对经济合作与发展组织国家进行分析,指出越来越多的政府债务被全体金融系统持有,由于政府债券被认为是低风险的抵押品,债券成为促进全体金融系统交易的重要工具,而越来越多的政府债务被金融系统所持有,也使得主权债务违约的成本变得更高。

(二)制度设计框架下债务可持续性研究

制度设计框架下债务可持续性的研究主要集中在国际货币基金组织和世界银行的债务管理评估项目(DeMPA)中。2003 年国际货币基金组织将资产负债管理框架制度进行推广,2005 年又针对中等收入国家制定了中期债务可持续性管理框架。目前已有部分学者将国际货币基金组织的资产负债管理框架用于实证分析中,如马丁(Martin,2009)应用该框架分别对澳大利亚和意大利进行了债务可持续性分析。同时,DeMPA 项目(世界银行,2008)也发布了自己的债务管理可持续性标准框架。

从最佳融资规模角度出发,对政府债务制度框架的分析文献已有不少,主要是利用一些偿债能力指标进行研究,如吉奈奥里和马丁(Gennaioli & Martin,2014)将一些偿债比例指标引入债务可持续性和最佳举债规模模型,结果表明,运行良好的金融机构将倾向于使用高杠杆率,使其对主权债务违约的风险暴露更加充分,并通过模型预测到政府债务违约会使私人信贷减少,这种现象在银行持有较多政府债券的国家更为显著,而这些国家债务违约由于牵连的金融机构过多而变得不太可能,这些推断与 53 个国家的面板数据分析结果相吻合。

四、中国政府债务管理问题研究

改革开放后,中国政府债务规模逐年扩大,"九五"时期以来有了更快发展,特别是为了应对百年一遇的国际金融危机,中国实施积极财政政策,中央和地方政府债务规模快速上升,地方政府债务融资平台已成为财政和金融系统的一个潜在风险源,理论界与实际工作部门对政府债务问题的关注迅速升温。

（一）政府债务发展研究

总的来讲,中国政府债务经历了曲折复杂的发展过程,过去举债规模小、举债方式简单;目前举债规模增大、举债方式复杂、结构也相当复杂,潜在风险越来越大,尤其是地方政府债务问题严重。中国政府债务研究起步较晚,但是有关学者对其关注越来越多,也取得了一定成果。从国内来看,有关政府债务发展问题的研究主要集中在以下两个方面:

其一,政府债务在经济发展中的作用。政府债务的经济效应历来是理论界关注的焦点,国内相关研究也较多,如刘溶沧和夏杰长(1998)、尹恒(2006、2007)、陈健(2007)等,其中尹恒(2007)较为系统地介绍了政府债务理论的最新发展,并运用国内外数据对政府债务的经济效应问题进行了若干实证研究。

其二,政府债务规模与结构研究。国债规模历来是政府债务研究的热点,早期文献如刘溶沧和夏杰长(1998)、贾康和赵全厚(2000)探讨了我国国债规模问题。刘尚希和赵全厚(2002)根据波拉科娃(Polackova,1998)提出的债务矩阵对我国各类地方债务进行了全面的分析,并估算了截至2002年年底我国地方政府债务的规模。纪凤兰和张巍(2004)、尹恒和叶海云(2006)、张海星(2006)、张澜(2010)等从不同角度考察了我国政府债务的规模与结构问题。特别值得关注的是,李扬等(2012)估算了2000—2010年的中国主权资产负债表,认为我国拥有足够的主权资产来覆盖其主权负债,全社会杠杆率虽高于金砖国家,但远低于所有的发达经济体,总体上处在温和、可控的阶段。

此外,马拴友等(2006)在一个向量自回归的分析框架内,通过考察政府债务规模对利率和通货膨胀率的影响,对中国政府债务规模的可持续性进行了先验检验。贾俊雪和郭庆旺(2011)较为全面地考虑了各种财政规则即平衡财政规则、黄金财政规则和原始赤字规则,并依据是否允许政府发行公债为公共物质资本投资融资,将原始赤字规则划分为两种不同形式,在此基础上构建了一个两部门内生增长迭代模型,并以改革开放以来的中国经济为样本,通过数值模拟考察财政规则在促进长期经济增长和控制政府债务规模方面的重要作用。

(二)政府债务管理研究

国内关于政府债务管理研究起步较晚,但随着中国政府债务特别是地方政府债务问题日益严重,相关研究也越来越多。

从现有文献来看,当前中国政府债务管理方面存在的问题很多,突出表现在以下几方面:①尚未建立科学规范的政府债务规模控制机制;②地方政府没有举债权限,多头举债,重借轻还;③中央和地方政府债务预算管理制度不完善;④中央政府和地方政府尚未建立有效的政府债务风险预警机制(李京城、孙文基,2007)。陈少强(2009)则从分税制、地方财权、地方事权等角度出发,探讨了政府债权配置与政府债务管理的问题。要解决上述问题,关键在于加强和改进政府债务管理,如王宁(2005)所指出的,实现国债的科学管理要做到如下三点:一是以合理的成本保障财政支出;二是确保国债安全运行;三是运用国债维护宏观经济景气。

此外,还有一些学者就债务管理的其他方面展开研究,如赵全厚(2011)对我国目前政府债务的管理范围和口径提出改进意见,认为应区别公共企业负债与政府债务,进一步科学合理地区分直接债务,逐渐考虑估算和计量政府隐性负债,并提出了鉴定政府债务的原则,即市场经济原则、公共产品财政原则和政府规制原则。郭琳(2001)认为,我国现行政府债务融资管理体制分散,难以进行有效的债务融资风险量化管理,债务融资过程缺乏科学性和规范化,对非法债务融资的处罚力度不足,客观上助长了债务融资行为的混乱,造成地方政府债务风险加剧。吴延君和王玲(2012)指出,政府性债务举债主体多元化,导致地方政府无法有效监管,目前除了由各级财政部门管理一部分债务外,大量债务分散在政府的其他部门(机构)、单位以及融资平台公司;从举债主体来看,政府部门举借债务占主导地位,一些事业单位也占有一定比例;

从债务来源看,既有银行贷款又有发行债券,还有上级财政部门转贷的。这些单位多渠道、多方式的举债行为,使各级政府难以全面、准确地把握债务运行情况,不利于政府性债务监管。

由上可知,目前我国在债务管理体系上尚无规范的管理框架与完善的监管制度。为防范和化解政府债务风险,完善政府债务管理体系、健全债务管理法规、改进债务管理制度已成当务之急。

第二节　地方政府债务管理问题研究

目前,中国地方债问题突出,受到社会各界的普遍关注,因此,国内外相关研究也较多。本部分将地方政府债务管理问题单列,对相关理论与文献做粗略归纳与整理。

一、国外研究

国外对地方政府债务的研究开始较早。从必要性上看,正如欧特斯(Oates,1972)所指出的,为资本性支出融资之所以成为地方政府举债的主要原因,是因为地方政府承担着建设本地区基础设施的责任。另外,由于基础设施投资规模大、周期长,如果通过税收为这些支出融资,会产生代际不公以及缺乏效率的问题,因此债务融资提供了一个联结代际间的链条。伊贝尔和依尔马兹(Ebel & Yilmaz,2002)则认为,地方政府债务支出不仅为本地居民提供就业机会,还能提高其收入水平。

地方政府发债是分税制下地方政府发展经济的必要手段,已有文献对地方债的必要性和风险防范的研究较多。穆斯格拉夫(Musgrave,1959)指出,公共债务相对于私人债务有诸多不同之处,最明显的不同为"公共债务可以用新债券的收益去偿还旧债务",私人债务迟早要进行偿还,因为家庭的行动终归是一种有终点的行为,而所谓公共债务"不必"偿还是因为公共预算和经济都处于持续不断的运行之中,当某一特定公共债务到期时,偿付的同时可以发行新债来获得所需资金。可见,对于政府债务,"偿还"债务是次要的,关键在于利息的支付对经济产生的影响。表面上,使用债务就应当支付利息,因为考虑到为这些债务而征收的税收会给经济运行带来负担,进一步看,税源归根结底来自于经济本身,只要经济保持不断增长,这一负担便不会形成。波特尔巴和鲁尔本(Poterba & Rueben,1997)就美国州财政制度对市政公债市场的影响问题进行了深入研究,发现市场更偏好那些财政政策上较为严格的州所发行的市政公债,并详细分析和比较了一年内各州发行的免税市政公债,发现法律约束对于市政公债的融资成本有很大影响,约束范围越多、条件越为严格的公债融资成本越低。艾德华德(Edward,2001)则对地方政府赤字的成因进行了详尽分析,指出私人公司为了以较低价格向政府购买产品或者以较高价格向政府出售产品,在与政府交易的过程中总有贿赂政府官员的动机,使得政府实际获得的收入相对减少,但支出则会相对增加,其后果必然导致政府赤字。

需要重点关注的是,特-米纳斯安和卡莱基(Ter-Minassian & Craig,1997)通过分析53个国家地方政府的借贷规律,认为中央和地方政府债务管理框架主要有如下四种方式:①市场调节的管理方式,该方式主要将发债主体以及发债控制权下放给地方政府,通过完善的金融市场来进行市场调节,采用这一方式的国家包括加拿大、美国、瑞士等金融市场发展较为成熟的国家;②合作方式,该方式是指联邦政府与地方政府进行协商,共同控制地方政府的发债行为,采用这一方式的国家包括澳大利亚等联邦国家;③规则导向的控制管理方式,该方式是指中央政府或地方政府通过制定财政规则控制地方政府的发债行为,这些规则通常包括赤字规模、债务水平、期限配比等;④行政管理方式,这种方式是指中央政府对地方政府发债进行审批的方式,包括控制限额等,采用这一方式的国家主要包括日本和巴西。另外,特-米纳斯安和卡莱基(1997)还对四种地方政府债务管理模式的使用情况进行说明,提出市场导向的管理方法更多地依赖于金融市场的成熟度,而规则导向的管理方式往往因为缺乏灵活性而使得地方政府会采取曲线方式举债。

实际上,无论哪种债务管理方式都存在自身的长处与不足,针对这四种政府债务管理模式,学者们已经进行了一系列实证检验。达夫隆(Dafflon,2002)通过对西欧十个国家的地方债务管理模式进行研究,认可特-米纳斯安和卡莱基(1997)所提的四种模式。他认为,直接管理的方式会使地方受到中央过强的控制,增加出现道德风险的可能性,地方政府依赖于中央政府的控制关系盲目发债,使得中央政府不得不为地方政府的坏账进行兜底。达夫隆(2002)提出,规定与制裁是必要的管理措施,但并非是有效进行地方债务管理的充分条件,制度对于防止过度借贷有很大帮助,但并不能引导地方政府真正做到利用借贷来辅助经济发展,或者简单地说为地方政府谋利。此外,还有一些研究站在业界人士的角度,对政府在债务管理上采取的主动干预方式进行了批判,认为政府应该像干涉经济的其余部门一样,对政府债券市场采取相同的原则,尽量将债务管理发放给市场,政府直接管制会增加业界风险,使得政府债务风险变得不可预知。

二、国内研究

(一)地方发债必要性研究

发行地方债的必要性与可行性,是国内关于地方政府债务研究关注的焦点之一。贾康和李炜光(2002)认为,建立城市公债制度不仅是完善分税制的必行之措,更是落实城市政府应有财权的基本需要,还是政府强化财政职能和缓解城市财政困境的必然选择,也是对金融市场特别是债券市场的重要补充。刘优辉(2004)认为,我国建立市政债券制度应从实际国情出发,可考虑允许部分大中型城市先自行发债,以此作为试点逐步推广至全国。刘尚希(2004)指出,伴随着我国城镇化步伐的日益加快,传统的融资方式已经在一定程度上阻碍了城镇化进程,由于市政建设需要巨额资金,地方政府迫切需要"地方债"这样一个融资渠道来融通资金。宓燕(2007)指出,为强化地方政府债务管理动力,中央政府应授予地方政府合法举债权,将债务管理纳入地方政府绩效考核体系,硬化地方政府的预算约束,完善对地方政府债务管理的监督机制。

李亚玲(2013)等指出,允许地方政府发债是大势所趋,但试点期间中央应拿出行之有效的配套改革措施,如增加地方政府债务信息透明度、跟踪地方债融得资金去向、建立硬预算约束机制以解决中央债与地方债的矛盾,从宏观制度安排和微观技术管理方面构建地方政府自主发债的管理机制,将地方政府发债纳入法制化、规范化轨道。李晓新和疏平(2012)指出,我国法律目前尚未允许地方政府发行债券,但实践中已经允许部分地方政府试点,从目前地方政府债发行情况看,我国缺乏必要和完备的法律监督机制。此外,部分学者探讨了国外地方债的经验模式,例如,宋立(2005)分析了美国与日本的地方公债发展模式,认为要发展地方公债市场应做到:一是中央与地方的财权与事权划分要比较合理、明确和规范;二是建立有效的约束与监督机制,尤其要注重信息透明度和信息披露;三是保证债券发行者的财务状况健全可靠,偿还与救援机制要完善。

也有少数学者提出,现阶段在中央与地方的关系未理顺之前,不宜发行地方债。例如,乔新生(2008)认为,如果不能实现对地方政府预算进行强有力的约束,就绝不能允许地方政府发行债券。马宇(2009)也反对发行地方债,原因有三:一是目前政府预算和支出的约束机制尚未建立;二是政府的财政收入很多,没必要发行地方债;三是发行地方政府债券将加强政府对经济的干预能力,会进一步扭曲市场。

(二)地方债问题成因研究

对于地方政府债务问题的成因,研究人员广泛提及的有如下四点:一是1994年分税制改革后,各级政府间财政收入和支出责任的划分不对称,中央和上级的财政转移不到位,导致地方政府普遍财力紧张;二是地方政府不负责任的政绩工程投资;三是地方行政、事业单位机构膨胀、人员过多;四是市场低迷,乡镇企业效益欠佳,地方收入锐减(贾康和白景明,2002;林双林,2010;吴延君和王玲,2012)。

此外,还有一些学者从其他角度进行分析,如陶雄华(2002)认为改革过程中融资行为的混乱和债务管理措施不到位会导致政府债务上升,刘煜辉和沈可挺(2011)认为地方政府承担事权过多会导致财政负担过大和债务上升,安秀梅(2002)考察了地方政府因担保或者变相担保企业债务而承担的责任,靳晓黎等(2003)强调了积极财政政策执行带来的后果等。魏加宁和唐涛(2010)还指出,债务信息的披露机制不完善,缺乏对地方政府的信用评估也是造成地方政府债务积累的原因。在消除地方政府举债冲动方面,高培勇(2003)指出,要规范和约束地方政府投资融资行为,深化财税改革,转变地方政府的职能、精简结构、调整各级政府公共物品提供的义务。

(三)地方债管理研究

自中国试点地方债以来,有关地方债务管理的研究大量涌现,地方债之所以备受关注,主要是因为地方融资平台蕴藏着巨大的潜在风险。地方融资平台是各级地方政府成立的以融资为主要目的的公司,如不同类型的城市建设投资、城建开发、城建资产公司等,政府给予划拨土地、股权、规费等资产,打造一个在资产和现金流上可以达到融资标准的公司,必要时辅以财政补贴作为还款承诺,以实现融资目的,把资金运用于市政建设、公共事业等项目(郭励弘,2009)。正如贾银萍(2009)所指出的,加强地方融资平台管理是防范和化解地方债潜在风险的根本途径。刘伟和李连发(2013)表示,即便出现市场失灵,地方政府融资平台举债也应该坚持适度原则。

李光辉(2003)指出,债务融资权是在规范的分税制财税体制下地方政府应有的财权之一,当前发展地方政府债务融资有其客观必要性和现实可行性,由于我国法律禁止地方政府发行债券,为了满足必要的公共支出需要,各地政府近年来以各种名目"变通"举债,产生诸多问题和蕴藏诸多风险。魏加宁和唐涛(2010)考察了国外地方政府债务融资制度,分析并总结了国外地方政府债务融资、发债制度的有关经验。何杨和满燕云(2012)指出,地方政府的债务融资对发展中国家的城市化进程具有重大意义,但在债务融资的过程中必须控制地方政府的债务风险。李丽昆和章颖薇(2012)对地方政府债务融资引发财政风险和金融风险的传导过程进行分析,提出了化解风险的对策与建议。

国内一部分学者也做了一系列关于地方债务管理方法的比较研究。其中,马洪范(2010)介绍了欧盟地方政府债务管理的经验。邓淑莲和彭军(2013)在地方政府债务风险控制的分析中,比较了市场控制方式、规则导向的控制方式、行政控制方式之间的优劣。徐瑞娥(2009)比较了主要新兴经济体和发达国家的地方债务管理模式,认为采用预算管理的方式能够更好地组织地方政府发债工作。马金华等(2010)认为,日本采用行政直接干预的管理方式有利于通过严格的审计帮助政府控制债务规模和防范债务风险。郭庆旺和贾俊雪(2006)解释了地方政府的引资博弈行为,认为尽管行政性治理手段并不符合市场经济条件下宏观经济调控的观念,但由于地方政府违规引资行为是导致我国投资波动乃至经济周期波动的一个重要因素,因此行政治理在当前的中国仍然是较好的选择。

（四）小结

综上所述,市政债券在西方发达国家设立较早,目前已经形成成熟的市场和一套完备的市场监管与风险防范体系。在对中国发行地方债的可行性与必要性讨论中,虽有一些反对意见,但多数学者认为,允许地方政府拥有发债权,发行真正意义上的市政债券是大势所趋。虽然许多文献为地方政府债务管理提供了不少有价值的思路、观点和视角,但是尚有一些根本问题仍未得到回答。特别地,有关地方政府债务在不同举债形式下的监管机制问题尚缺乏深入的研究。此外,现有文献中有关地方政府债务风险的研究以定性分析为主,定量研究不多。

第三节　地方政府债务管理体系改革与优化

20世纪80年代以来,许多国家和地区政府债务规模快速增长,为防范债务风险,各国基于自身背景,采取了不同的管理措施。为此,总结各国地方政府债务管理模式及管理制度经验,对我国地方政府债务管理制度的构建有一定的启示作用。近年来我国地方政府债务管理研究越来越受到人们的重视,我国地方政府一方面受到法律约束不能举债,而另一方面又背负着巨大的发展任务,支出压力大。在这一矛盾的逼迫下,各种变相的地方债应运而生,这些债务不但规模大,而且管理与运作不科学,导致我国地方政府财政风险不断升高。通过总结和借鉴国外政府债务管理模式与程序,我国地方政府债务模式应由行政约束型向规则控制型转变,同时在资金运行及风险控制层面应予以完善。本节主要探讨我国地方政府债务管理体系的改革与优化问题,借鉴国际经验,提出政策建议。①

一、政府债务管理模式

特-米纳斯安和卡莱基(1997)的研究指出,当前各国对地方政府债务管理模式依据债务管理分权程度由高到低可分为四种:一是市场约束型(Market Discipline);二是共同协商型(Cooperative Arrangements);三是规则控制型(Rule-based Controls);四是行政约束型(Administrative Constraints)。这四种债务管理模式往往呈现出不同的特点,采用同一类型债务管理模式的国家在具体制度安排上也可能各有不同。

---

① 参见薛军、闻勇:《地方政府债务管理:模式选择与制度借鉴》,《当代经济管理》2015年第2期。

（一）市场约束型

在这种模式下,地方政府根据自身资金需求在市场秩序约束下举借债务,中央政府对地方政府债务举借、管理不做具体规定,主要依靠市场来约束地方政府债务行为。目前实行市场约束型管理模式的主要有加拿大、新西兰等,这些国家在具体的制度安排上因其分权程度、国家政治经济体制等情况不同而有所差异。一般来看,市场约束型债务管理模式主要适用于经济较发达、金融市场和信息技术较健全完备、市场化程度较高的工业化国家。

（二）共同协商型

一般地,共同协商型管理模式适用于财政纪律和市场秩序良好的国家。目前,实行这一管理模式的国家主要有澳大利亚、丹麦等。共同协商型下的地方政府会积极参与到社会经济发展、宏观经济目标等政策制定过程中,与中央政府就政府收支金额、收支变动、地方政府融资限额等问题进行协商,讨价还价并最终达成一致。根据地方政府与中央政府就地方政府举债额度达成的一致意见,地方政府可通过透支、贷款、发行债券等方式举借债务。

（三）规则控制型

从国际上看,实行规则控制型管理模式的国家主要有美国、德国、比利时、巴西、南非等,另外,日本和英国正处于由行政约束型管理模式向规则控制型管理模式转变的过程中。一般地,采用规则控制型管理模式的国家,通常用量化指标在相关法律法规中对地方政府债务总额、债务最大偿付比率、债务负担率等指标进行规定,同时明确规定地方政府债务的用途、举借发行方式、债务使用及管理、偿还资金来源渠道、风险防范及化解等。地方政府在债务举借、使用、偿还过程中必须依照相关法律的规定严格执行。实行规则控制型地方政府债务管理模式的最大优点是其公平及透明性,可以避免地方政府与中央政府间的讨价还价。

（四）行政约束型

行政约束型地方政府债务管理模式要求国家各级政府间联系较紧密,实行该管理模式的国家多为单一制国家,如法国、日本、英国等,但近年来,日本及英国开始由行政控制模式向制度约束模式转变。行政约束型管理模式的最大优点是对地方政府能够形成较强的约束力,但是会使中央政府过多地陷入微观决策。该模式下中央政府直接运用行政手段对地方政府债务行为进行监督管理,包括事前审批债务举借,事后监控债务规模及使用情况。

二、地方政府债务管理主要制度

从国外地方政府债务管理实践上看,不同国家往往会根据本国国情,制定和实施相应的各种管理制度,规范举债行为,提高政府债务资金使用效率,防范政府债务风险。归纳起来,下面主要从以下三个方面分别做简要介绍:一是政府债务的全程监控;二是政府债务的运营管理;三是政府债务的贷后管理。

（一）政府债务的全程监控

1. 设立专门的债务管理机构

从实践上看,大多数国家都设立了专门的管理机构对地方政府债务进行管理。根据该机构与财政部的关系,地方政府债务管理的设置一般有两种:

一是财政部下某机构对地方政府债务进行全权管理,包括设置债务管理专门机构或是由财政部相关部门进行管理。前者如澳大利亚的借款委员会、新西兰的债务管理办公室、法国的债务管理中心、英国的债务管理办公室等;后者如加拿大金融政策分部的金融市场处负责政府融资、债务管理和风险控制,南非的财政部政府间财政关系司、省级财政处和城市财政处等。

二是设置独立于财政部的专门债务管理机构,独立运行,负责地方政府债务管理监控,但该机构仍需就相关情况向财政部汇报。例如,美国在联邦层次主要由两个机构负责市政债券的监管,包括美国证券交易委员会市场监管部的市政债券办公室和美国市政债券规则委员会;日本则由总务省负责地方政府债务管理。

2. 债务纳入预算全程监管

理论上,中央对地方政府的财政援助极易导致预算软约束的形成,引发地方政府道德风险。为此,一些国家政府预算实行透明化的全预算管理,即财政相关收支都纳入政府预算,政府举借的债务无论是发行债券还是银行借贷都是用于公共财政支出,而债务也需要由财政收入偿还,地方政府债务的收支及使用理所当然地就进入政府预算管理范畴中。如波兰的《公共财政法》,规定将政府的所有年度收入必须汇集编入总预算账户,地方政府预算支出分为经常性支出、资本性支出和负债偿付三部分,支出总额由法律规定,不得随意突破。中央将债务纳入预算管理,最大优势是实现了对地方政府债务的全程监管,从而有助于促进债务规模合理化,确保债务使用受到监督。

3. 健全的信用评级制度

在市场经济条件下,信用评级制度是债券市场的一种重要制度,信用评级对于地方政府是否符合融资条件、筹资成本高低以及筹集资金规模的大小也极为重要。通常情况下,债务较少的政府其信用评级一般较高,因此可以以较低的成本筹集到所需的资金;反之,筹资成本高且所能筹集到的资金受限。例如,美国的地方政府主要通过发行市政债券来弥补资金缺口,由于联邦政府对于私人投资者因地方政府的违约造成的损失不予担保,因此,美国地方政府较为重视其债务管理,自觉接受菲奇评级、穆迪投资服务和标准普尔等评级公司的评级,并将评级结果公布于众,以保证较高的债信度。此外,其他许多国家包括澳大利亚、加拿大、法国、新西兰等都采用国际评级机构或独立的评级机构对地方政府债务进行信用评级。

（二）政府债务的运营管理

1. 举借方式及资金用途

从举债方式上看，地方政府举借方式的选择取决于举借成本的高低以及资金规模的大小。通常情况下，单一制国家往往是中央集权，对地方的控制力较强，会给地方提供一定贷款优惠。因此，地方政府向中央政府筹集资金的成本相对较小，多会采取向中央贷款的方式，如英国地方政府，更多地向可以从国家贷款基金获得资金的"公共工程贷款委员会"贷款。相反，由于各级地方政府分权明晰，联邦制国家中地方政府自行控制能力较强，对中央政府依赖性较弱，市场机制下私人银行之间的竞争可以带来较为优惠的贷款利率，因此多采取向商业银行贷款的方式解决融资问题，如法国。此外，一些国家由于金融市场体系较为健全，发行债券的成本较低，一般会采取发行债券的方式，如美国地方政府的市政债券。最后，还有一些国家采用多种形式相结合的方式，如日本、澳大利亚等。

从资金用途上看，大部分国家都遵守"黄金规则"，即地方政府举债只可用于资本性支出，如日本、英国等。但是，也有个别国家如加拿大，举债资金既可以用于经常性支出也可以用于资本性支出。

2. 规模控制

从实践上看，对债务规模的控制是防范债务风险的重要措施，多数国家都通过一些常规指标限制地方政府举借规模，如美国、日本、新西兰等选取了债务率、负债率、偿债率等指标。也有一些国家根据本国实际情况设置了自有指标，如美国设置了税收还款的净债务与个人所得税之比，日本对当年地方债的征收比率不足90％或赛马收入较多的地方政府限制发债，巴西对新借款额和新债券的发行也进行了相应的限制，这一设置方式进一步细化了对债务规模控制的要求，从而有助于达到降低债务风险的目的。

3. 风险预警

风险预警目的是防范债务风险,避免债务规模达到甚至超出规模控制水平。从各国实践看,风险预警机制主要在于监测指标的设置。例如,哥伦比亚地方政府设置了红绿灯来构建地方政府债务预警机制。选取的指标包括债务利息支出与经常性盈余之比这一体现流动性的指标,以及债务余额与经常性收入之比这一体现偿债能力的指标。当流动性指标大于40%,偿债能力指标大于80%时,地方政府被禁止举债,反之允许地方政府自行签订借款合同。美国俄亥俄州将风险监测分为预警状态和紧急状态,预警状态的考核指标包括赤字规模、债务逾期等,紧急状态考核指标除上述指标外还包括现金短缺、工资拖欠等。一旦列入预警名单的地方财政有所好转则从预警名单中取消,否则进入危机名单,此时该州需成立"财政计划与监督委员会"来监督和控制地方政府债务。

4. 信息披露

各国都高度重视完善预算编制以及债务报告体系,为提高地方政府债务管理透明度打下坚实的基础。例如,澳大利亚也建立了较为完整的地方政府债务报告制度,将借款委员会批准的借款分配及调整办法全面地反映在地方政府预算报告中,定期向借款委员会提交筹资战略和平衡规划,并对借款融资及其使用情况进行季度和年度报告。法国将政府债务纳入预算管理,地方政府债务的形成、偿还和变更等必须遵守预算编制程序。其具体工作由总理负责,财政部编制、议会审批,一旦议会审批通过,预算执行部门必须严格贯彻执行。法国地方政府在发布每一份预算报告中,都包括一份债务附录。巴西地方政府每年向联邦政府汇报财政账户收支情况,每四个月发布政府债务报告,报告须经地方行政长官签署并公之于众。

(三)政府债务的贷后管理

1. 偿债准备金制度

从国际上看,多数国家为了缓解地方政府的偿债压力,避免一次性偿还导

致资金不足,都会设立偿债准备金制度。概括来看,各偿债准备金的资金来源主要有三种:

一是来源于发行债券的溢价收入以及投资项目收益。以美国的收益债券为例,其主要的偿还资金来源于项目的收费收入,所设立的偿债准备金只限于投资低风险的联邦政府支持债券,且所投资的债券期限不能长于偿债剩余期限。

二是地方当局的拨款及地方基金或资产的抵押所得,如新西兰、南非等。上述抵押的资产或权益,无论是接受市政府抵押的一方还是它的继任方或是受让方,若市政府违约,在不影响继续提供最低限度城市基础服务的情况下,接受抵押方均有权处置抵押的资产或权益。但是,若抵押资产或权益影响了城市基础服务的最低限度水平,则市政府需完全履行偿债义务。

三是预算限额之内安排一定比例的收入用于偿还债务,如日本、英国等。其中,日本地方政府每年按照债务余额的1/3提取偿债准备金。英国根据不同的债务项目、性质和组成等分别设定模型,以确定各个项目的本金偿还规模和计划。

2. 债务危机化解机制

根据最终责任主体的差异,各国在政府债务危机化解方式上所采取的机制主要有两种模式:一种是地方政府自行解决;另一种是中央政府介入干预。

一是地方政府自行解决。美国在1840年以前,当地方政府发生债务危机时,通常采取联邦完全接管的方式,但由于负担过重,经历过三次严重的政府债务危机后,美国采取地方政府自行解决的方式。自行解决依据危机程度,采取逐步进入不同的危机治理程序。美国地方政府主要通过发行一般责任债券和收益债券来筹集资金。由于收益债券是以债权人的收入来源作为抵押,因此当债务偿还发生困难时,损失由债权人承担;而一般责任债券其偿还资金来源于税收,因此当偿付发生困难时通常提高税率或收费比例。当上述措施难以奏效时,州及州以下地方政府及州紧急监管委员会联合制订计划,以确保支付所有债务、养老金和其他必须履行的项目,同时减少相对次要的项目预算。如果上述措施仍难以摆脱困境,地方政府将依据联邦《破产法》,提出和解协议和破产请求,债务人资源转入法院审判范围。

二是中央政府介入干预。依据中央政府介入程度,可分为两类:一是中央政府彻底干预,如当日本地方政府遇到严重债务危机时,中央政府直接控制地方政府预算,剥夺其自治权,通过大幅裁减公职人员、提高公共支出效率及关闭公共场所等措施清偿资金。二是中央政府选择性干预,如法国在地方政府面临严重债务危机无力偿还时,中央政府先代为偿还,地方政府随后偿还。原有地方政府或议会宣告解散,待新的政府和议会选举成立后,通过制定新的增税计划逐步偿还原有债务和中央政府代为偿还的垫付资金。

3. 纠错机制

各国普遍对地方政府债务管理的相关责任人实施严格的纠错机制,如果债务管理人员没有按照要求对债务资金进行管理或没有履行相应义务,相关责任人或政府往往会付出较大的经济、政治、行政刑事代价。例如,新西兰地方政府债务法案规定,若地方政府无法全额和持续支付特别债券的本金或利息,那么违约地方当局将向债券或股票持有人额外支付违约金额的5%作为赔偿金。一旦地方当局连续28日无法全额和持续支付偿债基金的分期偿债额,地方政府债务委员会将向地方当局追索债务,或者是提请高等法院指派一名财务委托管理人追索债务。

第四节　政策含义

改革和完善我国地方政府债务管理,首先,要改革分税制财税体制,增加地方政府财力。适度修正目前的分税制体制,以法律形式明确中央与地方以及地方各级政府间的事权与财权。从长远角度来看,逐步建立政府间事权划分的法律体系,是分税制财政体制较为成熟国家的普遍做法。其次,应建立稳定的地方税体系,是保障地方政府履行职能的需要。再次,还要完善政府治理机制,改变干部考核的激励机制。可用多维度的地方公共服务质量代替地方GDP增长率作为干部考核指标,或者把通货膨胀率的变异系数作为衡量指标或许更为可行,可用债务问责制度弥补干部任职轮换制度存在的问题,把政府负债作为评价领导干部任期经济责任履行情况和考核任用的重要依据,将地方政府性债务状况纳入党政领导干部问责范围,强化责任追究。目前,我国新预算法赋予地方政府举债权利,并于2016年开展了地方政府债券自发自还试点,建立与完善地方政府债务管理体系,已成当务之急。为此,提出如下建议①:

一是拓宽筹资渠道,减轻地方债务压力。地方政府债务的大部分(约68%)用于基础设施建设,根据基础设施建设的不同类型,选择不同的公私合作伙伴关系(PPP)模式。在不排除并适当满足私人部门投资盈利目标的同时,为社会更有效率地提供公共产品和服务,使有限的资源发挥更大作用。

二是增加债务信息透明度,建立充分的信息披露制度。地方债务资金全部纳入地方预算,在接受同级人大监督与向上级政府汇报的同时,对于债务的发行、流通与偿还,债务资金的使用以及债券存续期内地方政府的财政收支状况等向市场披露。

三是建立完善的地方债务风险预警机制。要控制债务规模上限,建立偿债准备金制度,并通过可量化的风险指标如负债率、债务率、偿债率等,建立和完善监测债务风险的指标体系。

四是对债务存量实施分类管理,有针对性地化解债务风险。公益性债务可纳入地方规范的政府债务范畴,逐步用公共财政收入来偿还,对于地方融资平台的债务,加强管理用项目收益来偿还。

---

① 参见杜威:《如何完善地方政府债务管理》,《光明日报》2014年5月21日第15版。

五是建立地方政府公债制度。赋予其一定的发行地方债权力,筹集建设资金,完善相关制度,严格限制地方债务资金的使用范围,合理确定地方债务的发行规模、期限结构与利率水平。

第九章　政府债务核算管理问题研究

本章主要以地方政府债务为例探讨政府债务核算管理问题,包括核算管理框架构建及相关问题研究。核算理论框架的构建是一个系统性的问题,必须遵循一些基本原则,对债务流量和存量核算及变动情况进行完整描述。基于所构建的核算框架,进一步分析三个方面的核算理论问题:一是政府债务内涵和核算口径;二是政府债务核算计值和衡量;三是政府债务数据编制和公布。

第一节　政府债务核算的基本研究框架

政府债务核算管理是一个综合性的系统问题,必须从理论上构建出完整的核算分析与研究框架,以期对债务核算实践进行指导。完整的核算研究框架,应当从理论上回答核算什么、核算的依据、怎么核算、怎么报告等一系列问题,具体可归结为对地方政府债务内涵的理论界定、核算的基本原则、核算的计值方法、数据来源、编制以及公布等问题的探讨。

一、核算研究框架构建的依据及意义

政府债务核算,是政府财政统计核算体系中的一个重要部分。对于政府

部门而言,赤字是形成债务的主要途径,而由资产减去债务得到的权益(或净值),也是分析政府资产负债状况的有力工具。因此,构建债务核算研究框架,并对地方政府债务进行核算具有重要意义。地方政府债务核算研究框架的构建,其依据主要来源于两个方面:宏观依据与微观依据。

(1)宏观层面上,相关统计核算体系是该研究框架构建的重要依据。目前,涉及债务核算的最新统计核算体系,主要包括《国民账户体系》(SNA2008)、《政府财政统计手册》(CFSM2014)以及《公共部门债务统计:编制者与用户指南》(PSDS2011)等。经过半个多世纪的发展,SNA已逐步完善和成熟。SNA2008是一套基于经济学原理的严格核算规则,是进行经济活动测度的国际公认标准建议,不仅提供一段时期内发生的经济活动的有关信息,还提供一定时点上经济体的资产和负债规模(SNA2008,1.1和1.2)。SNA2008中的很多规则,如部门分类、金融资产和负债的估价等,都可以为地方政府债务核算提供重要参考。GFSM2014是最新的政府财政统计核算国际标准。GFSM2001的出版,标志着政府财政统计核算的成熟,其重要特色在于和SNA1993在概念、原则和框架等方面是相协调的。GFSM2014则是为了进一步适应SNA2008和新时期政府财政统计的一些新变化(GFSM2014,Appendix 1)。GFSM2014为政府财政统计核算提供了一整套理论框架,并且较为详细地阐述了负债的相关处理,包括定义、计值和分类等。PSDS2011以债务负债总额和净债务负债为重点,为测算和列示公共部门债务统计数据提供了全面指导。PSDS2011与SNA2008、GFSM2014是相协调的,它提供了三个方面的指引,包括:①公共部门债务统计的概念、定义和分类;②数据来源和编制这些数据的技术;③可用以分析这些统计数据的一些分析工具。这些指引为地方政府债务核算研究框架构建提供了重要依据。

(2)微观层面上,政府会计制度为该研究框架构建提供了有力支撑。《国际公共部门会计公告手册(HIPSAP)》是当今政府会计核算的国际公认标准。HIPSAP不仅代表了政府会计准则发展的国际主流方向,同时还是各国政府会计制度建设的重要参考依据。目前,许多发达国家都在依据 HIPSAP 研究权责发生制的政府会计改革(王静,2010)。从 1996 年开启准则制定工作以来,该手册不断发展和完善。当前最新的 HIPSAP2013 版已经基本成熟,其内容包括了 32 项以权责发生制为基础的会计准则(简称 IPSAS)以及若干项现金收入制的会计准则。在 32 项 IPSAS 中,涉及债务相关的准则主要有 IPSAS1、IPSAS19、IPSAS22、IPSAS28、IPSAS29、IPSAS30 等。这些以权责发生制为基础的债务相关报告,对负债以及或有负债的确认、计量和报告等都作出了具体规范(陈均平,2010)。此外,HIPSAP 从 2003 年以来,一直在推进与 SNA、GFSM 等统计和核算体系之间的协调与趋同。因此,政府会计制度能够从微观数据来源角度,为地方政府债务核算研究框架构建提供强有力的支撑。

目前,针对地方政府债务而言,还没有像公共部门债务以及外债那样形成一整套专门的统计核算体系。虽然 GFSM2014 和 PSDS2011 从范围上囊括了地方政府债务统计内容,但是由于侧重点不同,并没有系统地形成一整套专门的地方政府债务统计框架体系。地方政府债务统计核算的重要性不言而喻,构建一套完备的统计核算体系对于改善和规范地方政府债务统计意义非凡。首先,地方政府债务核算是一个系统性的问题,借助结构化形式的框架来梳理相关问题,能够使核算问题的研究变得更加全面和具体。地方政府债务种类繁多、计值复杂,借助核算框架体系,可以使对这些问题的探讨更全面和系统。其次,核算框架的构建能够从理论上指导各国地方政府债务核算的实践。从地方政府债务范围的界定,到计值及债务数据来源,再到债务统计数据汇总和报告,由于各国具体国情有所不同,在上述方面可能都会存在一定的差异性。而通过建立起一套具有普适性的核算研究框架,对于各国地方政府债务核算实践都能够发挥出重要的指导作用。最后,可以对各国地方政府债务数据的国际可比性起到规范作用。各国地方政府债务核算在口径和计值等方面的差异性,降低了债务数据的国际可比性。通过普适性的核算研究框架,不仅能够迅速找到形成各国核算差异性的原因,还能够通过核算框架的约束对各国数据进行调整,能够进一步增强各国数据的可比性。

二、核算研究框架构建的基本原则

地方政府债务应是政府财政收支结果的最终体现,同时也应是政府资产负债中的重要组成内容。因此,对地方政府债务进行核算必须将其置于一个统一的大框架之下,这个研究框架与其他政府统计核算体系,如政府财政统计、政府资产负债统计等,应当是保持协调和统一的,但是也必须保证地方政府债务核算体系的独立、完整和规范。因此,地方政府债务核算研究框架的构建,也就必须遵循一些基本的核算原则。

(一)核算目的明确

核算框架的构建在于指导实践中地方政府债务的规模和结构等信息的核算,通过核算结果反映出债务的基本状况,这是核算框架构建的内在动机,其侧重于核算框架本身功能的发挥。而核算框架构建的外在动机,则在于使用者如何更好地利用核算信息,核算框架的构建必须充分考虑使用者对相关信息的需求。地方政府债务信息的使用者包括债务的监督管理机关、国家立法机关、投资者及债权人、有关利益团体、学者、媒体和公众等,相应信息使用者都有其基本目标,这会从外部对核算产生约束作用。因此,核算框架的构建必须紧紧围绕其内在动机和外在动机进行。

(二)核算内容全面

一个完整的核算框架,应当能够在一定程度上保证核算内容的全面性。一方面,当前许多经济、金融危机的发生,很大程度上也在于统计信息缺口,相关统计指标不能全面揭示真实情况,甚至给出误导信号,削弱了指标的早期预警作用。我国地方政府债务相关统计中,就存在大量隐形债务以及或有债务无法得到体现这一问题。另一方面,内容的全面性在于核算客体信息的完备性与连续性,对地方政府债务的核算设计,不仅应当关注存量信息的核算,同时也必须强化债务流量核算,借助流量变动建立起期初存量和期末存量的平衡关系,这样也能够在一定程度上检验和保障核算数据质量。因此,政府债务核算框架的构建,应是一个完备的体系,能够从核算的内容层面保证相关债务信息的全面性。

(三)核算方法科学

科学的核算方法,是核算结果准确性的有力保证。地方政府债务核算会涉及诸多理论和方法,而核算基础的选择,是最为核心和关键的问题。核算基础的不同将直接影响到最终结果,当前使用较多的是权责发生制和收付实现制,而权责发生制应是未来的主流。此外,债务的计值中价格的选择、或有债务以及隐性债务大小的确认等,也都会涉及一系列核算方法。因此,在核算框架的构建中,必须合理地选择恰当的核算方法。

(四)核算结果可比

可比的核算结果对于相关问题的分析具有重要意义,不但能够从自身历史数据的变化发现问题,也可以从与其他国家或地区的比较结果中检验自身不足。统计核算结果的可比性主要体现在两个方面:一是内部结果可比,能够很好地加总;二是核算结果能够较好地应用于国际比较。影响核算结果可比的关键因素是统计口径以及核算方法是否能够保持一致。地方政府债务核算框架的构建中,对于相关指标和方法的选择,必须是明确具体的,才能有效保证核算结果的可比性。

三、基于系统观的核算研究框架构建

总的来说,地方政府债务核算应当解决的关键问题可以分为三大部分:一是核算什么;二是怎么核算;三是数据编制和公布。相应地,地方政府债务核算研究框架的构建也应牢牢围绕此展开。遵循上述相关原则,构建了地方政府债务核算研究的简要框架,如图9-1所示。

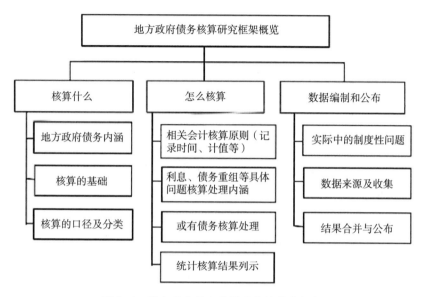

图9-1　地方政府债务核算研究的基本框架

（一）核算对象界定

核算什么指的是核算的对象,显然这里核算对象应当是地方政府债务。地方政府债务的界定涉及"债务主体"和"债务客体"两个方面,前者指地方政府的范围,后者指债务的具体构成。随着金融工具不断发展和创新,相应债务工具的类型也不断丰富,并且对债务内涵的认识也在不断加深。此外,采用的核算原则不同,也会影响到最终核算债务的口径与规模。一般来说,收付实现制是根据现金流状况来确定交易情况,但诸多担保债务等或有债务状况无法得到体现。例如,希腊政府债务危机的发生,很大程度上就是由于其收付实现制的弊端,导致不能全面准确地反映政府资产负债状况和成本费用情况,难以提供长期可持续的财政信息(杨亚军等,2013)。

(二)核算相关原则和问题处理

地方政府债务核算的关键在于通过一系列指标存量和流量数据,来反映债务规模和结构及其变动情况。而相关债务存量和流量的核算都需要通过借助货币对各类债务大小进行度量,度量过程中也需要借助一些规则来进行规范,包括债务流量和存量的记录时间、计值、合并等相关规则。除了正常的债务交易外,在核算过程中还有一些具体问题以及比较特殊问题的处理。具体问题的核算处理包括利息的处理、债务重组等,特殊问题主要为或有债务等核算处理。此外,如何通过账户体系对统计核算结果进行列示,以及相关汇总表、细目表和备忘录的设计等,也有许多问题需要考虑。

(三)数据的编制和公布

完善有序的公共部门债务统计编制的体制安排是保证统计的可靠性和及时性的一个前提条件。数据的编制和公布,不仅需要各官方机构间的协调合作,还需要足够的资源和适当的法律支持,并且能满足用户对数据及时性等方面的需求。另一个较为重要的问题是如何解决好数据来源问题,全面、准确的数据来源是核算结果可靠的有力保证。

上述核算研究框架介绍了地方政府债务核算过程中一些较为基本和核心的问题。但是,地方政府债务核算过程较为复杂,还有一些框架未涉及的问题也需要考虑和解决。比如,如何对债务核算数据进行质量评估、不同核算基础下核算结果的比较等。

第二节　政府债务内涵与核算口径分析

厘清政府债务的内涵是确定核算口径的前提,即核算什么,其中最主要的是要准确界定政府债务主体以及债务客体。主体界定的核心主要在于各国政府机构分类;而债务客体内涵的界定则会随着对债务本质认识的加深而不断深化。

一、核算视角的政府界定

地方政府是地方政府债务的主体,准确的界定对地方政府债务核算口径的确定至关重要。由于各国实际国情有所不同,地方政府的形式、结构和功能等区别较大。迄今为止,地方政府概念尚未形成一个统一的认识,在地方政府的范围和内涵方面还存在一定争议。概括而言,地方政府范围有三种观点,分别是仅指当地进行直接治理的政府、包括单一制国家中除中央政府以外的其他各级政府(但不包括联邦国家的联邦成员政府)、联邦成员政府也属"地方政府"范畴;地方政府内涵主要有两类观点,分别是认为其仅指地方行政机关、认为它是包括地方行政机关在内的一个政府单位(周平,2010)。针对地方政府的具体范围,SNA2008 等国际一般核算标准以及我国国民核算体系的有关标准,都对此进行了界定。

(一)国际统计体系对地方政府的界定

SNA2008 是一套基于经济学原理的严格核算规则进行经济活动测度的国际公认的标准建议,这些建议的表现形式是一整套完整的概念、定义、分类和核算规则,为国民经济核算提供了几乎全球普适的指导。PSDS 2011、GFSM 2014 等在对地方政府进行界定时也与其保持了一致性。

SNA2008 根据经济体所实现目标、功能和行为方式等方面的不同,将所有经济总体①分为五个相互独立的机构部门,任何一个机构单位都可以在这五个机构部门中找到唯一的对应。将经济总体进行部门划分,可以将具体的单个机构单位抽象成同类总体进行研究,每一类机构部门因有其共性,从而大

---

① 经济总体定义为所有常住机构单位的集合。

大方便了对同类经济体的相关问题研究。五大机构部门及其定义见表9-1。

表9-1　机构部门分类及其构成

机构部门分类		机构部门构成
经济总体	非金融公司	是指那些以生产市场性货物或非金融服务为主要活动的公司。
	金融公司	包括所有的主要从事向其他机构单位提供金融服务(含保险、养老基金等)活动的常驻公司。
	广义政府部门	由主要负责履行政府职能的居民机构单位组成,包括中央、省级和地方政府单位以及政府单位控制下的不作为公司处理的公共企业以及社会保障基金,此外还包括这些单位控制的非市场性、非营利机构(NPI)。
	住户部门	是共用住房、合用部分或全部收入和财富、集体使用某类货物和服务(主要为住房和食物)的人群,包括长期住在医院、养老院、宗教场所、监狱等地的人员所组成的机构住户。
	为住户服务的非营利机构部门(NPISH)	所有为住户或社会提供非市场性货物或服务的不受政府控制的常驻NPI。

资料来源:根据SNA2008第四章内容整理。

　　作为机构单位,政府的主要功能在于:承担向社会和个体住户供给货物和服务的责任,并通过税收和其他收入在资金上支持这种供给;通过转移的手段对税收和财产进行再分配;从事非市场性生产。政府是唯一一类通过政治程序设立的在特定区域内对其他机构单位拥有立法、司法或行政权的法律实体。SNA2008在界定广义政府部门时其范围较政府有所拓展,政府部门单位不仅包括立法、司法或行政权的政府法律实体,同时还包括了政府控制下的不作为公司处理的公共企业、从事非市场生产的非营利机构(NPI)和特殊目的实体(SPE),以及社会保障基金。

　　(1)政府控制的不作为公司处理的公营企业。在实践中,政府往往会从事一些非市场性的生产活动,不仅包括公共服务,而且还包括许多货物和个人服务。但是不同国家政府单位所生产的货物和服务的范围差异较大(SNA2008,4.119)。通过创建公营企业的形式介入生产领域,是政府进行非市场性货物和服务生产的重要途径之一。① 一个机构单位是否属于政府单位,需要满足两个基本条件,即该机构单位是否为非市场生产者并且是否被政府所控制。判定机构单位是否为非市场生产者,其主要依据在于提供给其他单位的货物或服务的价格是否具有显著的经济意义,即价格因素对生产者愿意提供的数量和购买者希望购买的数量具有显著影响。如果将机构单位所生产的货物或服务以免费或者不具有显著经济意义的价格提供给其他单位,则该机构单位为非市场生产者。政府对某个企业进行控制,指的是政府有能力决定一个机构单位的总体政策和规划。政府控制企业的形式十分多样,但通常需要考虑的关键因素主要有八种:一是控制大多数有投票意愿者;二是控制董事会和其他主管团体;三是控制关键人员的任免;四是控制实体中关键的委员会;五是黄金股和期权的拥有权;六是管制和控制权;七是以大客户身份实施控制;八是通过政府借款实施控制(SNA2008,4.80)。当某个企业从事非市场性生产活动,并且被政府所控制,则其属于广义政府部门。

（2）政府控制的非市场性NPI,也属于一般政府范畴。所谓NPI被政府控制是指政府能够界定NPI的总体政策或规划。确定某个NPI是否为政府控制,可以考虑五个控制指标:一是官员的任命,根据NPI的章程、协会的规定或其他可授权文书,政府有权任命管理NPI的高级管理人员;二是其他授权工具的提供,授权文书可能含有别于管理人员任命的条款,该条款实际上允许政府决定NPI总体政策或规划的重要方面;三是契约协议,政府与NPI间契约协议的存在,可能会允许政府决定NPI总体政策或规划的关键方面;四是政府资助的程度,如果资金主要来自于政府,则可能是受政府控制;五是风险暴露,如果政府公开地让自己暴露在与NPI活动有关的所有或大部分的财务风险面前,那么这样的安排会形成控制。具体而言,有些情况下单一的指标可

---

① SNA2008认为,政府介入生产领域主要有三种选择途径:一是创建公营企业;二是创建一个受政府控制的NPI;三是借助一个为政府所拥有,但没有脱离政府单位而成为独立法律实体的基层单位。

能足够证明控制的存在,但有些时候需要同时综合考虑多个指标,才能确认是否属于政府控制。

(3)政府成立的SPE。SPE是指为了达到特殊目的而建立的法律实体[①],政府有时也会成立这类单位。SPE一般没有雇员也没有金融资产,不具备独立行为权力,所能从事的交易范围也常常受到限制,并且它们不需要承担或获得与所持有资产和负债相联系的风险和收益(SNA2008,4.67)。当这类单位为常驻者时,应当处理为政府的一部分,而不是将其界定为独立机构单位。

(4)社会保障基金。社会保障计划是指由政府单位实施和控制的、覆盖全社会或社会大部分人群的社会保险计划。如果社会保障计划与政府单位的其他活动是分开运作的,单独持有资产和承担负债,并以自己的名义从事金融交易,它就获得了机构单位的资格,称为社会保障基金,应当作为独立的机构单位来处理。但是,社会保障基金的处理并不是绝对的,有些国家的社会保障计划是与政府财政活动密切相连的,并没有区别于其他活动独立组织,也就难以将其从政府单位中分离出来。

在SNA2008中,广义政府部门可以划分为中央政府、省级政府和地方政府(SNA2008,4.130),对应每一项中都包括各自控制的不作为公司处理的公共企业、非市场性NPI、SPE和社会保障基金。据此,SNA2008中所界定的地方政府范围,是指除中央政府和省级政府之外的其他政府,地方政府不包括省级政府在内。地方政府单位是其财政、立法、行政权力覆盖的国家处于政治和行政管理目的所做区划的最低一级地理区域的机构单位,其权力范围一般来说远远小于中央政府或省级政府,可能有也可能不具有对其辖区内机构单位进行征税的权力,其主要收入来源于上级政府拨款或转移支付,一定程度上可以视作中央政府或省级政府的代理人(SNA2008,4.145)。对于地方政府所控制的提供货物或服务的单位,其处理的关键在于是否基于市

---

① 中国人民银行网站,见 http://www.pbc.gov.cn/publish/goujisi/760/1140/11409/11409_.html。

场规则,即其价格是否具有显著经济意义。如果其所提供的货物或服务不具有显著经济意义,则应当将其视为政府单位的一部分;反之,应当将其界定为公共公司。

(二)我国统计核算实践中地方政府界定

我国当前国民经济核算体系(CSNA2002)①将所有常驻机构划分为四大机构部门,即非金融企业部门、金融机构部门、政府部门和住户部门。这种分类方式与SNA2008中的五大机构部门划分差异较大,SNA2008是将为住户服务的非营利机构部门(NPISH)单独处理为一个机构部门。我国国民经济核算体系的机构单位分类界定中,政府部门由具备法人资格的各类常驻行政单位和非企业化管理的事业单位组成,其中包括军事单位,也包括行政事业单位附属的不具备法人资格的企业,但不包括行政事业单位附属的法人企业,这类企业被划入企业部门(高敏雪等,2007)。由于我国政府单位包括了各种行政单位和非营利性事业单位,使得除了国家机关、公安、军队等具有立法、司法和行政权力的单位,其他事业单位只要非企业化管理或不具备法人资格的企业(如学校、医院、宗教社会团体、学术团体、慈善机构等)均归入政府部门(王君立,2003),这导致政府部门规模比SNA2008中界定的更加庞大。具体而言,主要表现为以下两个方面:

第一,部分政府控制的应当划入公司部门的市场性NPI被划入了政府部门。区分一个机构单位是否为公司的重要特征在于其是否为市场生产者,如果是以显著经济意义价格出售货物或服务,则应当划入公司部门。但是,以非营利性作为区别标志,会使得这部分以非营利作为经营目标的市场生产者被纳入政府部门范畴,而按照SNA2008划分方法这些政府控制的市场性NPI应当划入公司部门,严格来说属于公共部门但不属于一般政府

---

① 国家统计局:《中国国民经济核算体系(2002)》,中国统计出版社2003年版。

范畴。

第二,非政府控制的非市场性 NPI 也被纳入政府部门。经济总体中还存在较多的非政府控制的 NPI,按照 SNA2008 的规定,如果为非市场性 NPI,则应当划入 NPISH。虽然有一部分 NPI 从事市场生产,也能够产生利润,但是非营利机构的地位要求设立、控制或资助它的单位不能将它作为获取收入、利润或其他金融收益的来源(SNA2008,23.3)。因此,NPI 本身就是不以营利为目的的机构单位,按照非营利性事业单位标准,非政府控制的非市场性 NPI 在我国也要纳入政府部门的范畴当中。

CSNA2002 所界定的政府部门,将本该归入公司部门的政府控制的市场性 NPI 以及理应划归 NPISH 部门的非市场性 NPI 均归属政府部门,势必会导致对我国政府部门规模的高估。对纳入政府部门的非营利机构增加值构成进行了粗略测算,发现政府非营利机构子部门的增加值接近政府部门增加值的一半(李海东,2014)。可见,CSNA2002 从机构单位角度所界定的政府规模远远大于 SNA2008 中所界定的政府规模,两者之间的关系如表 9-2 所示①。

表 9-2　SNA2008 和 CSNA2002 机构部门分类比较

部门分类	SNA2008	CSNA2002
非金融公司	A1+D1+D2	A1+D1
金融公司	A2+D3+D4	A2+D3
广义政府部门	B+D5	B+D2+D4+D5+D6
住户部门	C	C
NPISH	D6	

---

① 该比较与王君立(2003)中的有所不同,王君立(2003)的比较中未区分政府控制的应当划入公司部门的市场性 NPI。

其中,A、B、C、D 分别表示公司、政府单位、住户部门和 NPI,A1 表示非金融公司,A2 表示金融公司,D1 表示可归入非金融公司部门的非政府控制的市场性 NPI,D2 表示可归入非金融公司部门的政府控制的市场性 NPI,D3 表示可归入金融公司部门的非政府控制的市场性 NPI,D4 表示可归入金融公司部门的政府控制的市场性 NPI,D5 表示被政府控制的非市场性 NPI,D6 表示未被政府控制的非市场性 NPI。

CSNA2002 中地方政府是指中央政府以外的各级地方政府的统称。CS-NA2002 中并没有直接对地方政府进行界定,但是,在"金融交易账户"中将"财政存款"界定为中央与地方财政在存款机构的财政存款(CSNA2002,表4.5),由此可见,CSNA2002 将政府部门分为中央政府和地方政府,这与 SNA2008 中将政府部门分为中央政府、省级政府和地方政府的分类差别较大。中央政府界定一般是比较明确的,显然,此种界定下地方政府包括了中央政府以外的其他各级地方政府,即 CSNA2002 中的地方政府等同于 SNA2008 中的省级政府和地方政府概念。

综上所述,我国核算实践中的地方政府部门范围与 SNA2008 中所界定的相比具有较大差别。在机构单位界定上,政府部门包括了部分政府控制的应当划入公司部门的市场性 NPI 以及非政府控制的非市场性 NPI;在一般政府子部门划分上,地方政府指中央政府以外的各级地方政府统称,等同于 SNA2008 中的省级政府与地方政府加总后的概念。

二、地方政府债务的界定

(一)传统债务的界定

债务一词由来已久,"欠债还钱"[①]这一说法在民间流传甚广,《现代汉语

[①]　出自明·凌蒙初《初刻拍案惊奇》卷三十三:"既是不关亲,你岂不闻得'杀人偿命,欠债还钱'?"

词典》中将"债"定义为"欠别人的钱"。但是,当前对债务的定义并没有形成统一认识,由于角度不同,法律、会计、统计等对债务的认识也存在一定差异。

(1)法律债务的定义主要是强调债的权利和义务关系。1987 年开始施行的《中华人民共和国民法通则》第八十四条规定:"债是按照合同的约定或者依照法律的规定,在当事人之间产生的特定的权利和义务关系,享有权利的人是债权人,负有义务的人是债务人。债权人有权要求债务人按照合同的约定或者依照法律的规定履行义务。"据此,债务对于债权人而言是一种权利,并有权要求债务人按照约定履行规定的义务。该法第八十七条进一步作出规定:"债权人或者债务人一方人数为二人以上的,依照法律的规定或者当事人的约定,享有连带权利的每个债权人,都有权要求债务人履行义务;负有连带义务的每个债务人,都负有清偿全部债务的义务,履行了义务的人,有权要求其他负有连带义务的人偿付他应当承担的份额。"这对债务连带权利的享有和连带义务的承担作出了要求,特别是后者,关系到担保债务偿还义务的履行。

(2)会计债务更多是从负债(与资产相对应)角度入手,强调其现实义务和可计量性特点。2007 年我国开始施行的《企业会计准则》第二十三条规定:"负债是指企业过去的交易或者事项形成的、预期会导致经济利益流出企业的现时义务。"《国际公共部门会计准则(IPSAS)》中也将负债定义为"主体因过去事项而承担的现时义务,该义务的履行预计将导致含有经济利益或服务潜能的资源流出主体"。现时义务是指企业在现行条件下已承担的义务,未来发生的交易或者事项形成的义务,不属于现时义务,不应当确认为负债。《企业会计准则》第二十四条对流出经济利益的可计量性作出了规定:"符合本准则第二十三条规定的负债定义的义务,在同时满足以下条件时,确认为负债:①与该义务有关的经济利益很可能流出企业;②未来流出的经济利益的金额能够可靠地计量。"《财政总预算会计制度》第二十六条也规定:"负债是一级财政所承担的能以货币计量、需以资产偿付的债务,包括应付及暂收款项、按法定程序及核定的预算举借的债务、借入财政周转金等。"这进一步强调了负债的可计量性要求,如果某项经济利益不能被可靠地计量,则不能确定为负债。负债与债务联系密切,都是强调预期经济利益的流出,但负债比债务范围更为宽泛。债务一般是指实际发生的借款,而负债是与资产相对应,不仅包括各类短期和长期借款等债务,还包括许多正常经济往来中的应付款项。GF-SM2001认为,债务包括要求债权人在将来一个或几个日期一次或几次支付利息和(或)本金的所有负债,除股票和其他权益以及金融衍生工具外,所有负债都是债务。然而,会计是从现实义务及其可计量性角度所定义的负债,如果某项债务不构成其现实义务或者无法可靠计量,则不能作出确认,这使得会计意义上的债务比实际债务范围更窄。

(3)统计对债务的定义则更加侧重于债务工具。PSDS2011从债务工具的角度对债务进行了定义,合计债务总额(或合计债务)被认为是由所有组成债务工具的负债组成,而债务工具是指要求债务人在未来的某个(或某些)日期向债权人支付利息和(或)本金的金融债券。债务工具主要有:①特别提款权(SDR);②货币与存款;③债务证券;④贷款;⑤保险、养老和标准担保计划;⑥其他应付/应收账款。债务是负债中的一个子集,指的是在将来某个日期或某些日期需要由债务人或向债权人支付的所有负债,可以通过哪些金融工具类型或排除哪些金融工具类型来确认(SNA2008)。PSDS2011还认为,金融工具方面,债务工具与负债工具的主要区别在于债务工具不包括股权和投资基金份额、金融衍生工具和雇员认股权等。这主要是因为股权等负债金融工具的债务人对债权人(企业)没有强制性的支付权力,除非是债务人主动收回这些股权才需要向债权人发生支付,并且收回股权等支付情形并不会使企业经济利益明显流出。因此,股权等负债工具与其他债务工具有实质性的区别。进一步,可以界定内债和外债,即同一经济体内居民欠居民的债务属于内债,而居民欠非居民的债务则属于外债。

对于债务工具而言,由于第3项债务证券和第6项其他应付/应收账款内容较为复杂,有必要做进一步介绍。债务证券是指可以作为债务证据的各种可转让金融工具,一般情况都会注明还本付息的具体日期。债务证券主要包括:票据;银行承兑汇票;商业票据;可转让存单;广义债券和信用债券(包括可转换为股份的债券);可从某个持有人转让给另一人的贷款;非参与优先股票或股份;资产担保证券或债务担保证券;通常在证券市场交易的类似工具。债务证券具有可交易性(或可转让性),并且应当具备一系列定量和定性特征,包括发行日期、发行价格、赎回日期、赎回价格、发行初始期限、到期剩余期限、票面利率、债券权力的记录凭证以及附着于债券的风险(BIS et al.,2009)。其他应付/应收账款包括贸易信贷与垫款和其他应付或应收杂项。其他应付/应收杂项包括应付但未按时支付的税金、股息、证券的买卖款、租金、工资和薪酬、社会缴款、社会福利金和类似项目,还包括尚未产生的付款,如预付税金。

综上所述,可以将债务定义为依据合同约定或者法律规定的,由过去的交易或者事项形成的可货币计量的、预期在未来某个特定时期会导致债务人经济利益流向债权人的"契约",债务主要由一系列债务工具组成,包括特别提款权、货币与存款、债务证券、贷款、保险、养老和标准担保计划、其他应付/应收账款。

(二)或有债务及其特征

政府的或有债务问题,自从被提出以后,就受到了很多专家和学者的关注。或有债务是指只有在未来发生特定、离散的事件时才会产生的债务,通常在是否需要付款及或有负债规模上存在不确定性,或有债务具有显性和隐性之分。显性或有债务,会引起支付经济价值的条件要求的法律或合约金融安排,一旦出现一个或多个规定的情况,这些要求即生效;而隐性或有债务不会因法律或合约安排而产生,但会在出现某种情况或事件之后被确认。或有债务只有在权责发生制下才能得到确认。在权责发生制下,不管或有债务是否启用,只要或有债务事项存在,都被认为是政府可能的待偿责任。而以收付实现制作为核算基础,交易在收到或支出时被记录,地方政府对外提供担保义务等产生的或有债务,在被启用之前,都没有被记录于政府负债项目当中,而是游离于政府会计体系之外,这对政府或有债务的统计核算十分不利。因此,GFSM2014 和 PSDS2011 都建议使用权责发生制,作为确定记录时间的核算基础,这也是确定或有债务的要求。

确定或有债务的内容,是进行或有债务核算的前提。PSDS2011 也将或有债务分为显性或有债务和隐性或有债务,其中显性或有债务包括一次性担保和其他显性或有债务,隐性或有债务包括将来社会保障福利的净债务和其他隐性或有债务(PSDS2011,4.8-4.22),或有债务的结构见图 9-2。国家在转型时期,政府的或有隐性负债将远远大于或有显性负债(Cebotari,2005)。我国经济发展转型也充分证明了这一点,国有银行和企业在转型过程中出现了大量的不良资产或不良贷款和亏损,而这些都构成了政府的或有隐性债务。

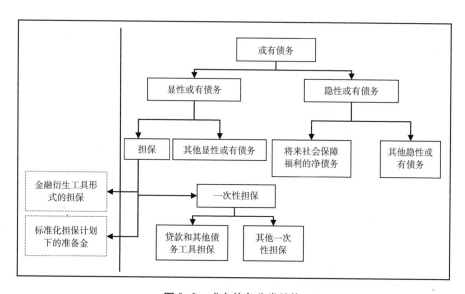

图 9-2　或有债务分类结构

应当注意的是,并非所有的担保债务都是显性或有债务,而仅包括贷款和其他债务工具的一次性担保。SNA2008 中所包含的标准化担保、一次性担保和符合金融衍生工具定义的担保三类担保中,只有一次性担保属于显性或有负债。这是因为标准化担保能够在现有统计数据基础上使用概率加权的方法估计平均损失;而金融衍生工具形式的担保虽然属于金融资产和负债范畴,但并非真正意义上的债务。其他显性或有债务还包括潜在的法律债权、赔款等,这些都是由于法律要求或者履行自行承诺而需承担的债务。其他隐性或有债务包括地方政府对金融机构不良资产的可能救助、环境债务、公共部门单位的无担保债务、在其他公共部门单位无力偿付的情况下支付担保金,以及自然灾害救济支出。

针对政府或有债务的基本特征,张海星(2006)曾做过总结,认为政府或有债务具有主观评价性、不确定性和时效性三个特征。主观评价性是指,政府或有债务规模不是客观不变的统计结果,而是随着评价人及其使用的分析方法不同而变化的。政府或有债务的主观评价性,使得各国对其报告和统计处理往往具有很大差别。政府或有债务具有很强的不确定性,由于其发生需要特定、离散的事件作为确定条件,发生的概率、发生时间以及政府为此应当承担的金额数量都是难以确定的。或有债务的时效性,是指或有债务的结果只能在不确定性事件的发生或消失那一时刻才能被确认,在此之前,其结果通常都具有不确定性。

(三)地方政府债务内涵

针对地方政府债务,国内外许多学者都尝试从不同角度对其进行解析,但目前尚未形成统一的认识。然而,学者们普遍认为政府债务含义具有狭义和广义之分,广义的地方政府债务更加符合实际情况和要求。

狭义的地方政府债务,是依据上述债务的定义,由个人或企业债务概念直接向地方政府债务概念的拓展。一些学者将地方债务界定为取得公共收入的一种形式,是伴随着计划经济体制向市场经济体制的转轨和政府职能的转换而产生的一种社会经济现象。刘谊(2005)认为,政府债务就是政府或者其所属行政机构等举借的债务,是政府为履行其职能的需要,依据信用原则,有偿、灵活地取得公共收入的一种形式。刘尚希等(2012)认为,狭义的地方政府债务是指地方政府为了能够弥补其在履行政府职能、满足地方经济与社会发展的需要过程中出现的经常性财政收入不足状况,以其信誉为基础,通过某些融资手段取得资金收入而形成的债务。也有学者参照债务的会计定义将地方政府债务界定为由于过去的交易或事项而引起的政府现在的资源外流或支出义务,以及预期未来需要的承担支付义务导致的支出或资源外流(马丹丹,2011)。还有学者从债务筹集方式来定义地方政府债务,这与前文根据债务工具进行定义是一致的,认为开放性贷款、商业银行贷款、信托计划、财政部代发地方政府债券、地方融资平台等债务性融资方式筹集建设资金都构成地方政府债务(贾璐,2012)。

上述地方政府债务的定义都涵盖了债务的两个明显特点,即债务必须是依据合同约定或者法律规定以及债务的可货币计量性。但是,由一般债务概念上升到地方政府债务概念后,将不再完全满足债务的这两个特点。首先,依据合同约定或者法律规定,债务产生形式将仅限于直接举债和担保债务两类。而事实上,政府不仅要承担法定的责任,还要以社会道义的形式承担一些责任,并没有合同的约定或者法律的规定。在地方政府的或有负债中,政府由于社会道义而承担的负债有多种类型,如地方政府对事业单位、国有企业和社会组织的救助、上级地方政府对下级地方政府债务进行的救助以及社会保障资金缺口,而这些救助行为大都是由于地方政府的社会责任或道义而履行的。赵全厚(2011)认为,在预算软约束下,地方政府的债务清偿危机会冲击上级政府,形成债务危机的转嫁或者扩散。普林斯顿大学罗森(Rosen)教授在1992年就已经认识到,政府债务除显性债务[①]外,还有大量隐性债务,这些隐

---

① 显性债务是由特定法律或合同确认的政府债务,与隐性债务相对应,是指政府道义上的责任,主要反映公众预期以及利益集团压力。将在债务分类中予以具体介绍。

性债务一旦显性化,将对当前和后代的政府负担产生重要作用(Rosen,
1992)。因而,地方政府债务可以界定为地方政府为了履行职能的需要,依据
信用原则,有偿、灵活地取得公共收入的一种形式,或者是地方政府顾及法定
程序、政策、担保承诺等必须或者可能在未来付给公众的款项,最终由地方财
政承担的款项可以全部作为地方政府的负债(黄芳娜,2011)。其次,地方政
府债务中的或有债务是难以被可靠计量的。地方政府由于担保债务或者救助
责任而实际发生的债务,其债务规模通常都难以准确计量,这主要是由于或有
债务发生情形较为复杂,依赖于某些不确定事件,债务数量难以控制,并且没
有任何单一的衡量方法可适用于各类情形。据此,一些学者将广义地方政府
债务界定为:除了传统的以合同约定或者法律规定形成的贷款以及发行的债
券外,还包含了地方政府作为公共主体所应承担的债务(刘尚希等,2012)。
波拉科娃(1998)则不仅考虑政府债务形成是否具备法律规定或合同约定,还
从债务的计量角度考虑了政府债务发生的可能性,将政府债务分为显性负债
与隐形负债、直接负债与或有负债,形成了政府债务矩阵,成为分析政府债务
风险等问题的经典框架。

综上所述,地方政府债务为广义债务概念,是指地方政府部门为履行其各
项职能需要,所承担的包括依据合同约定或者法律规定以及基于社会责任或
道义而形成的各类债务,这些债务预期会导致经济利益流出地方政府。

三、政府债务核算口径与确认基础

在地方政府债务内涵的基础上,界定地方政府债务统计口径,是进行统计
核算的依据和逻辑起点。目前,人们已逐渐认识到,政府债务除了直接债务
外,还包括大量隐形债务和或有债务,债务内涵十分广泛。

(一)风险矩阵下核算口径界定

许多政府债务和财政风险的研究,在对债务口径进行界定和分类时,通常

都会参照世界银行高级经济学家汉娜·波拉科娃的政府债务分类矩阵。根据她的观点,政府债务类型与财政风险形式是对应的。从债务责任的来源以及承担的可能性两个维度来看,可以将政府债务区分为显性债务和隐性债务、直接债务和或有债务,形成直接显性债务、或有显性债务、直接隐性债务以及或有隐性债务四类,并最终构成政府财政风险矩阵,见表9-3。

表9-3　政府财政风险矩阵

债务来源	直接债务(无论如何都需要承担的责任)	或有债务(某一特定事件发生时才需要承担的责任)
显性债务(由法律或合约确认的政府债务)	1. 主权债务(中央政府的国内外贷款以及发行的债券) 2. 预算支出(不可任意支配的部分) 3. 长期的有法律约束的预算支出(公务员工资和退休金)	1. 国家为地方政府及公有和私有实体(开发银行)担保的非主权债务和其他义务 2. 国家担保的各类贷款(抵押贷款、学生贷款、农业贷款、小企业贷款) 3. 国家对贸易和汇率的担保 4. 国家对私人投资的担保 5. 国家保险制度(存款保险、私人养老基金收益保险、农作物保险、洪水保险、战争保险)
隐性债务(政府基于公共和利益集团的压力而承担的道义责任)	1. 未来非法定公共养老金(与公务员养老金相对) 2. 非法定社会保障制度 3. 未来非法定的卫生筹资 4. 未来公共投资项目的经常性费用	1. 地方政府或公共/私人实体的非担保债务违约 2. 银行破产(任何超过政府保险以外的支援) 3. 私有化实体债务的清理 4. 非担保养老基金、就业基金、社会保障基金的破产(对小额投资者的保护) 5. 可能的净价值或中央银行债务违约(国外的外汇契约、货币防御、国际收支平衡) 6. 其他纾困需要(如私人资本逆向流动) 7. 环境恢复、灾难救援、军事融资

　　显性债务和隐性债务的责任来源是不同的。显性债务是指由法律或合约确认的政府债务,与法律角度认定的债务概念①是一致的。隐性债务则是政

---

　　①　我国《民法通则》第八十四条规定:"债是按照合同的约定或者依照法律的规定,在当事人之间产生的特定的权利和义务关系,享有权利的人是债权人,负有义务的人是债务人。债权人有权要求债务人按照合同的约定或者依照法律的规定履行义务。"

府基于公共和利益集团的压力,承担社会道义责任而形成的债务。与显性债务相比,隐性债务的债务要素认定具有较强的不确定性,责任边界也较为模糊。按照债务事项发生的不确定性,可以将政府债务分为直接债务和或有债务。直接债务是指任何条件下都必须承担的债务责任,债务事项是比较明确的,也是实际应当承担的债务;而或有债务的发生与否,必须通过未来不确定事项的发生或不发生予以证实,债务规模大小往往都难以确定。一方面,或有债务发生的可能性是难以预测的,政府所担保的债务是否会出现违约,结果往往是不确定的;另一方面,对于非担保类的或有债务,即使能够预知发生的概率大小,但是政府最终需要承担多少责任,也是较难被准确估计到的。

直接显性债务是指政府直接举借或者明确承诺偿付的债务,其义务履行源自于法律或合同规定,并且债务要素如金额、期限、债权人等也都是明确的。对于地方政府而言,直接显性债务是政府已经明确需要承担的债务部分,对政府财政形成直接压力。在口径上,直接显性债务与会计中所确认的债务范围是基本相同的。或有显性债务是指一旦某一特定事件发生,依据法律或合同的规定,政府将必须承担相对应的支出义务,主要包括各类政府担保和政府保险计划。直接隐性债务一般源自于政府的中期公共支出政策,这类债务是政府的预期支出责任,许多中期公共支出计划透明化的政府,通常都会按照权责发生原则,对直接隐性债务进行确认和计量。或有隐性债务是指政府出于其政策目的需要或者由于不可预计的自然灾害等原因,而不得不接受的债务。或有隐性债务是四类债务类型中不确定性最大的债务,债务形成所需要的特定事件是不确定的,风险大小难以估计,债务要素如所需承担的债务额度、债务期限等也是不明确的,政府所需承担的支出责任也难以预计。四种类型政府债务的不确定性程度可以通过债务事项和债务要素是否确定来进行评价,见表9-4。

表 9-4　政府债务的不确定性程度

不确定性程度				
	小	大		
债务类型	确定负债（直接负债）	或有负债	小	不确定性程度
法定负债 （显性负债）	1. 债务事项确定 2. 债务要素如金额、期限、债权人等确定 3. 透明度高 4. 风险可控性强	1. 或有事项确定 2. 债务事项不确定 3. 债务要素不确定 4. 透明度低 5. 风险可控性弱		
推定负债 （隐性负债）	1. 债务事项确定 2. 债务要素不确定 3. 透明度较低 4. 风险可控性较弱	1. 或有事项不确定 2. 债务事项不确定 3. 债务要素不确定 4. 透明度很低 5. 风险可控性很弱	大	

资料来源：刘尚希：《财政风险：从经济总量的角度分析》，《管理世界》2005 年第 7 期。

参照政府债务的界定，可以构建地方政府债务的风险分类矩阵，从而界定出地方政府债务的核算边界。根据邱东（2012）的观点，宏观测度的边界可以分为本体意义边界、认识意义边界和操作意义边界，测度针对的只应是已经发生的事物，对尚未发生的事物则只能是估计。实际上，债务风险分类矩阵从理论上囊括了全部政府债务，从而在本体上确定了地方政府债务核算的口径边界。但是，在认识意义和操作意义边界上，仍然需要不断发展和完善。一方面，随着对地方政府债务认识的不断加深，认识意义上债务内容将不断丰富；另一方面，从供给和需求的角度看，由于地方债务的作用及影响不断深化，操作层面的债务边界也将不断得到拓展。

（二）核算基础及其选择

所谓核算基础指的是记录经济事件时间点的确认基础，它是地方政府债务核算理论口径最终能否得以进行核算实践的关键所在。当前，仍被各国广泛使用的核算基础,主要有收付实现制和权责发生制两种。① 在收付实现制中,经济时间的确认是以实际收到或支付款项为标准,记录交易状况;而权责发生制,则需要在经济价值创造、转换、交换、转移或消灭时,记录流量和存量状况。

(1)两种主要核算基础比较。收付实现制的核算办法相对比较简单,能够按预算管理要求及时体现政府债务收支,有利于政府预算的实施(赵利明等,2012)。但是,与收付实现制相比,权责发生制用于政府债务核算具有天然的优势,特别是用于核算一个复杂实体的财务状况及其运行结果。在权责发生制下,当地方政府债务债权关系形成后,应当根据债权债务合约,计提列报本期应收取和应承担归还的债务本金及利息。在收付实现制下,仅是获得债务收入或者偿还债务支出发生时,才对债务状况予以记录。权责发生制对债务的核算不受实际偿还能力的限制,可以弥补当期由于无力归还债务及利息而无法发生实际支付而不能及时进行账务核算的缺陷。此外,权责发生制还能够增强部门间的激励作用(Boskin,1982)。具体来说,应用权责发生制对地方政府债务进行核算,其优势主要体现在下面几个方面。

首先,能够较为客观准确地体现出债务规模。根据实际的现金收支作为确认的基础,收付实现制对债务内容刻画的缺陷也是比较明显的。一方面,只能核算部分直接债务。在收付实现制下,政府举债时,则分别记录资金和债务增加;清偿债务时记录为资金和债务的减少。从举债端来看,如果地方政府取得了债务收入,则被记录。但是,还有一部分直接债务如合同款项的拖欠、欠发工资等,债务形成并不是以现金收入的获得作为确认依据的,相应地也就无法体现出来。从债务清偿来看,政府直接债务规模中的未偿部分,由于尚未发生支付行为,其规模大小也未可知。另一方面,对或有债务的处理十分无力。

---

① 其他还包括到期支付制和承诺制,到期支付制是在可进行支付而不至产生额外费用或罚款的最晚时间记录,而承诺制是在承诺进行一笔交易时记录,记录时间一般是在发出购货订单时。

对于地方政府已经发生但尚未支付的或有债务,收付实现制更加无法反映,如地方政府为公司或个人进行的担保、社保基金支出缺口等或有债务,在收付实现制下更加得不到真实反映。而在权责发生制的基础上,只要债务权力与责任关系确认,无论是直接债务还是或有债务,从理论上说都应当被记录。因此,如果要客观地体现债务规模,必须引入权责发生制的核算方法。

其次,权责发生制能够很好地核算出某一时点的应计利息和拖欠。利息是某种金融资产(特别提款权、存款、债务证券、贷款和其他应收账款)的所有人在将这些金融资源和其他资产交由另一机构处置时应收的一种投资收入(PSDS2011),是债务核算的重要因素之一。在收付实现制下,只能记录债务的收支金额,而缺乏对债务应计利息的处理过程,从而在理论上导致无法反映债务的应计利息大小;而在权责发生制下,按照未偿金额记录随时间连续累计给债权人的利息,随着利息的累计,未偿债务额也将增加。也就是说,尚未支付的应计利息也将被处理为政府未偿债务的一部分。拖欠是指没有在支付到期日之前支付的款项。在收付实现制下,对于政府以自身信用进行的购买或者无法偿还到期债务,这些拖欠信息如果没有编制特别的补充信息,是无法反映出来的。而在权责发生制下,拖欠时间、规模及其占比信息,都能很好地反映出来。

再次,在收付实现制的核算基础上无法提供翔实的政府债务信息(孙芳城等,2006),不利于债务管理和相关决策。政府债务的主要信息,包括债务规模、类型、期限、利率、偿还等,以及未来的预测信息,如当前债务的未来历年到期规模等,都是对债务进行管理的重要参考和决策依据。以收付实现制为基础的债务核算,无法提供这些完整的债务信息,将不利于政府未来债务管理和宏观调控政策的实施,对政府财政预算编制也会产生不利影响。在权责发生制基础下进行债务核算,这些信息在完整性和及时性上都能够得到很好地保障,这对防范债务风险、制定债务发行政策等都具有重要指导意义。此外,以权责发生制为基础的债务核算也能支持从资本市场供求机制角度分析、评价发行地方政府债务的经济可行性,使政府管理者对运用市场机制筹集用于公共产品和服务领域的资金,进行科学的筹资决策,从而利于政府合理筹集资金,降低筹资成本(王鑫、戚艳霞,2012)。

根据所记录的政府资产和债务类型,权责发生制可以分为四类,见表9-5。四类权责发生制中,政府债务的核算内容是渐进变化的。从"轻度"到"激进"权责发生制,伴随着债务内容的不断丰富,其风险性也不断在增强。这是因为"激进"权责发生制下会有更多的测量问题,债务内容在理论上争议也越大,并且债务内容也更为主观。此外,相比收付实现制,权责发生制执行的难度也更大,需要耗费更多的人力和物力资源。

表9-5　权责发生制分类

分类	记录内容
1."轻度"权责发生制	仅记录短期金融资产和短期负债
2."适度"权责发生制	分类1内容+长期金融资产和长期负债
3."强度"权责发生制	分类2内容+资产负债表中的各类资本资产
4."激进"权责发生制	分类3内容+法定的权利负债

(2)核算基础的各国选择。与收付实现制相比,权责发生制的核算基础由于记录时间与资源的实际流动相符,能够提供更加全面、准确的债务信息,并且最好地估计了政府相关财政政策的宏观影响(GFSM2014),因而具有明显优势。此外,权责发生制在确认、计量、报告政府经济资源方面也有着更大的优势,引入权责发生制对政府或有负债进行计量是必然选择(王银梅、潘珊,2014)。国际主权债务危机的爆发,对债务信息在全面性和透明度等方面提出了更高的要求,也不断促进各国利用权责发生制对政府债务进行全面核算。权责发生制已逐步成为世界主要国家政府债务核算基础的首选。目前许多国家都已经实现了由收付实现制向权责发生制的转变,如表9-6所示。但是,也还有一些国家,转变还不够彻底,则采用修正的权责发生制或修正的收付实现制。

表 9-6　部分国家(地区)改革前后的核算基础

国家/地区	类型	核算基础	
		改革前	改革后
美国	发达国家	收付实现制	权责发生制
英国	发达国家	收付实现制	权责发生制
日本	发达国家	收付实现制	权责发生制
德国	发达国家	收付实现制	权责发生制
加拿大	发达国家	收付实现制	权责发生制
澳大利亚	发达国家	收付实现制	权责发生制
新西兰	发达国家	收付实现制	权责发生制
中国香港	发达地区	收付实现制	权责发生制
新加坡	发达国家	收付实现制	权责发生制
南非	发展中国家	收付实现制	权责发生制
智利	发展中国家	收付实现制	权责发生制
阿根廷	发展中国家	收付实现制	权责发生制
意大利	发达国家	收付实现制	修正权责发生制
俄罗斯	发展中国家	收付实现制	修正权责发生制
西班牙	发达国家	收付实现制	收付实现制
韩国	发达国家	收付实现制	收付实现制
巴西	发展中国家	收付实现制	收付实现制
捷克	发展中国家	收付实现制	收付实现制
马来西亚	发展中国家	收付实现制	修正收付实现制
法国	发达国家	收付实现制	修正收付实现制
中国	发展中国家	收付实现制	修正收付实现制

资料来源:孙琳、方爱丽:《财政透明度、政府会计制度和政府绩效改善——基于 48 个国家的数据分析》,《财贸经济》2013 年第 6 期。

当前,主要统计核算手册以及会计手册的国际标准,都是以权责发生制作为核算基础。国际货币基金组织制定的《财政透明度手册》等数据质量通用标准,也要求相关统计数据以权责发生制作为核算基础。以现金收付制作为核算基础已经成为历史,改革并选用权责发生制作为核算基础,是当前统计和会计核算的发展趋势。

2015 年 10 月,中国财政部正式发布《政府会计准则——基本准则》,意味着中国的政府会计制度正式开始向权责发生制以及编制政府综合财务报告过渡,这两个步骤与在此领域领先的国家的发展轨道相符。目前,国际上并没有硬性规定一个国家的政府会计制度改革的最佳实践方式,中国有必要整合政府财务报告、政府预算和政府财政统计,只有这样才能形成一个清晰连贯的财政报告框架。

财政部提出通过试点逐步建立权责发生制的政府综合财务报告系统,主要将建立以下四个健全的系统:(1)政府会计核算体系,包括独立的和相互关联的财务会计和预算会计,并为中期和长期财政发展、宏观经济监测和监管,以及政府信用的评估服务;(2)政府财务报告体系,包括部门报告和整体政府报告;这些报告会展示财务状况和经营状况,以及在政府层面的财政可持续性;(3)政府财务报告审计和公开机制,财务报告将接受审计,然后传送到立法机构,随后向社会公布;(4)政府财务报告分析应用体系,该体系直接关注财务状况、运营成本、财政可持续性、财政风险、预算和资产管理、财政绩效。

对于中国来说,要建立权责发生制政府综合财务报告制度,可能会遇到诸多困难。除了上面指出的四大制度体系建设问题之外,至少包括如下内容:一是妥善处理新旧体系的关系,使之平行运作而不冲突。二是尽早建立资产负债科目表,以便早日有一套完整的科目表使用。三是改变把融资与收入一概而论的习惯,从预算管理和预算会计中消除"债务收入"这个科目。四是在整个政府和单位两个层面建立和实行复式记账制度,以便比较直接编制报表,从而代替年底调整的做法。此外,政府财政部门在执行权责发生制准则、建立综合财务报告制度时,需注意这样几个关键点:一是在部署具体工作时,保留足够时间和资源用来开发和测验软件;二是将内部控制措施纳入会计核算过程,以保障数据质量和减少外审成本;三是建立统一和有效率的步骤来合并同级单位和各级政府的财务报表;四是因为权责发生制会计需要很多估计和判断,除了应用指南尽量明确指导之外,还需设立咨询中心专门及时解答问题。

第三节　政府债务核算的计值问题

在资产负债表中,负债仅以金融负债的形式体现,这与债务由金融工具构成是相一致的。因此,政府债务的计值问题可以转换为金融负债工具的计值问题。随着债务工具类型的不断丰富,不同债务工具的属性和特点有所不同,这使得债务的计值问题也变得更为复杂。此外,政府债务的计值,不仅包括债务工具的计值,还包括对有息债务工具应付但未付利息的估值。而地方政府债务计值的难点则在于如何对或有债务进行衡量和处理。

一、债务核算计值的价格问题

以 SNA2008 为主的统计核算标准,其估价首选都是市场价格①。然而,在核算实践过程中,一些债务并不存在市场交易价格。因此,必须使用其他方法来进行估计。

(一)不同类型债务实际计值价格选择

以市场价格或者利用市场价格而估算的价格,都需要一个正规、活跃、自由的交易市场。实际上,对于政府债务这类金融负债而言,许多债务工具一般是不被交易或交易较少的,也就没有可以参考的市场价格用于估价及计值。因此,SNA2008 认为此时要根据债务人必须付给债权人以抵消债务的数额对债权进行估价,并且价格中不应当包括进行交易时对所提供服务支付的服务

---

① 交易的市场价格,是指有意愿的买方从有意愿的卖方获取某物时所支付的金额。

费用、酬金、委托金及其他类似费用(SNA2008,13.54)。① 基于上述分析,对于可交易的债务性证券②(或工具)应当按照现行市场价格进行估价,计值依据为市场价值,而债务性证券以外的债务工具,则以名义值进行计值(PSDS2011,2.116)。

(1)可交易政府债务性证券的统计计值。市场价值是债权人可以获得的实际金额,它不仅考虑了债务工具的名义值③,还进一步考虑了还款风险、市场利率、市场流动性、将工具用于回购(或类似)交易的能力、潜在购买者对风险的规避情况以及市场上的其他机遇等。因此,国民账户和政府财政统计资产负债表、货币与金融统计以及国际投资头寸数据都更加偏好使用市场价值进行计值。如果证券的市场报价有买卖价差,则应采用中间价计算工具的值,因为价差是由买方和卖方支付的隐含服务价格。可交易政府债务工具的计值基础为市场价格,但有时也需要同时记录债务工具的名义值。这是因为名义值是债务产生时的价值,并且需要借助名义值来确定后续经济流量。

可交易债务性证券市场价格的确定需要具备有组织的市场,或者有关工具被大量交易且定期标出市场价格的其他金融市场。有时,此种市场可能并不具备,或者市场上可交易债务证券的价格难以被观察。因此,需要通过基于适当市场利率的未来付款折算,来估算市场价值,并且由于可交易债务性证券的市场报价没有将付息时间未到的应计利息纳入考虑("除息价"),但在确定市场价值时,必须列入该利息("含息价")(PSDS2011,2.119)。对市场价值的普通估计方法主要有两种:一是利用市场利率,将未来现金流折算为现值;

---

① 这是因为债务人和债权人都应按相同金额将交易记录在同一金融工具中,佣金、费用和税金应记录在适当类别下,并与金融资产和负债交易的记录分开(BPM6,3.70)。但是,如果所有权转让费并不是单独支付,则应包括在金融债务的计值当中。

② 证券包括债务性证券、股本证券和投资基金股份(单位)。根据 SNA11.64 的界定,债务证券是作为债务证明的可转让工具,包括票据、债券、可转让存款证明、商业票据、债券证等。贷款、存款、贸易信贷和保险技术准备金是不可转让的金融工具,不属于债务性证券,这里将其称为非债务性证券工具。

③ 名义值,是指债务人对债权人的欠债余额,包括未清偿的本金和所有应计利息。

二是利用类似金融资产和负债的市场价格(PSDS2011,专栏2.2)。

对于第一种方法,需要保证未来现金流确切已知或可以估算,同时这种期限和可信度的市场利率(或者一系列市场利率)可以被观察得到。在满足上述条件的基础上,将未来现金流的现值或基于期限的折算值作为市场价值基础,就可以计算出该金融资产和负债的值,其市场价值见公式(9-1)。公式中,t 表示金融资产和负债的剩余期限;(现金流)$_t$ 表示预计现金流所在未来期间的数量;i 表示用以折算期间 t 未来现金流的利率,既可以是单一利率,也可以是变动利率。

$$市场价值 = 折算现值 = \sum_{t=1}^{n} \frac{(现金流)_t}{(1 + i)^t} \tag{9-1}$$

第二种方法是直接将类似金融工具的市场价格作为市场价值基础。但实际中,通常会出现的情况是金融资产或负债可能具有其他一些金融工具的某个(些)特征,但并不与其中任何一个工具完全类似。这种情况需要对市场价值进行某种调整,以便考虑到各工具之间流动性及风险水平的差异。具体来说,可利用有关可交易工具的市场价格和其他特征信息(例如工具类型、发行部门、期限、信用评级等)来估算工具的市场价值。

(2)非债务性证券工具的计值。尽管市场价值相对名义值具有更多的信息优势,但是,由于缺乏完善的市场及交易价格,并且市场价格很难被准确估算,使用市场价值对非债务性证券工具进行计值也就变得不可行。因此,需要使用名义值对非债务性证券工具进行计值。名义值是基于债务人角度测算的价值,等于债务人对债权人的欠款金额,包括未清偿的本金和应计利息。以贷款为例,名义值等于最初的贷款,加上其后的所有贷款,再加上所有应计利息,减去所有还款(包括偿还的应计利息)。使用名义值除了没有交易的活跃市场外,其他原因在于对数据获得较为容易,并且能够很好地保持债务人和债权人之间的对称关系。

与市场价值相比,名义值的特点是信用度的改变不会对债务值产生影响,这也决定了名义值不能全面反映债权人的财务状况。特别是遇到有不良贷款或者是债务拖欠等行为时,名义值可能会严重偏离债务性工具的公允价值①。当此种情况出现时,应当将债务工具的公允价值列入备忘项,以此揭示这种偏离及其可能形成的风险。需要注意的是,对于那些不产生利息的债务性工具,所欠金额即为名义值,如果到期时间特别长,则应当以适当的现有合约利率对本金额进行减值。

(二)统计核算计值与会计计值估价选择比较

无论是统计核算还是会计核算,都是以货币单位来测度交易价值。但是对金融资产和负债的计值,统计核算和会计核算在估价选择上存在一定差异。在一般宏观经济统计中,金融资产和负债首选市场价格进行计值,假设它们是在资产负债表呈报日(参考日)的市场交易中获取的(PSDS2011,2.115)。而相关会计核算的估价标准,如IPSAS29等则都是要求使用公允价值对资产和负债金融工具进行计值。

以公允价值进行计值可以分为三个层次(葛家澍、徐跃,2006),对此IPSAS29也进行了较为具体的介绍。第一个层次也是最佳的估计,是使用活跃市场上有相同的金融资产和负债报价,作为公允价值的估计。如果能够同时进入到多个活跃市场,对于债务性工具来说,价格差异能够最小化其清偿所需支付的金额。第二个层次是活跃市场上没有相同,而仅存在具有相似特征的同类型金融资产和负债报价,则应当在相似报价的基础上调整差异来估计公允价值。这种确定公允价值的方法,与上节所介绍的第二种市场价值的普通估计方法是相同的。第三个层次是一、二两个层次条件都不满足时,则需要通过一定的估值技术来估算公允价值。估值技术包括参照当前其他大致相同的金融工具,在熟悉情况、自愿下的一臂之隔市场交易②的公允价值,或者使

---

① 公允价值是指在正常交易中,了解情况的各方自愿进行资产交换或债务清偿的金额。
② 一臂之隔市场交易是指在各独立方之间进行的,只以商业对价为基础的独立市场交易。

用现金流量折现法或期权定价模型来确定公允价值(IPSAS29,51)。此外,另一种重要的估计方法是成本法,即对金融资产和负债的重置成本或现行成本进行调整。值得注意的是,在使用所选择的估值技术时,应当尽可能多地使用市场存在的相关参数,而尽量避免使用参与主体主观决定的参数,其目的是保证估计结果的客观性。

以公允价值作为金融资产和负债的计值标准,在操作层面上首选的价格依然为市场价格,这是因为市场价值是公允价值的最优估计。这也导致对于可交易的债务性工具而言,无论是统计核算的市场价值还是会计核算的市场价值,其计值基本上是完全一致的。而对于非债务性证券工具而言,当债务人具有良好的财务状况和信用时,非债务性证券工具的名义值可以作为公允价值的良好估计,此时两者核算也是保持一致的。但是,当名义值与公允价值发生偏离时,会计核算的公允价值与统计核算的名义值计值则不再统一。

表 9-7　统计核算和会计核算的计值比较

核算类型	债务性证券工具	非债务性证券工具
统计核算	1. 有市场价格的使用市场价格 2. 没有市场价格的进行估算 3. 也需要记录名义值	1. 使用名义值进行计值 2. 名义值偏离公允价值较大时,将公允价值列入备忘项
会计核算	公允价值(价值确定同上)	公允价值(通过估值技术估算)

一方面,统计核算中,使用名义值在操作层面上更为简单、方便,计值结果更为确定。债务性工具名义值的确定往往比较简单,一般借助合约中的信息就能够实现,并且计值往往是确定的。非债务性证券工具公允价值的确定则是一个更为复杂的过程,需要通过一定的估值技术,难度更大。并且,通过估值技术所得到的计值结果,往往会掺杂主体的一些主观性,结果相对来说具有更强的主观性。另一方面,统计核算名义值不能反映债务人的财务、信用状况,在一定条件下又需要公允价值进行必要的信息补充。对于贷款、应付款项

等债务性工具而言,当债务人信用发生剧烈变化,而形成不良贷款时,名义值与公允价值将发生严重偏离。此时,继续使用名义值进行计值,显然不能够真实、准确地反映相关信息。因此,需要借助公允价值进行补充,列入备忘项。

理论上,公允价值作为金融资产和负债的计值应当是最佳的计值选择。但从债务人角度来看,使用名义值对非交易工具进行计值,操作更为简便,不仅能够得到确定的债务规模统计数据,而且也能够在一定程度上最大化自身的偿债风险。因此,统计核算中对债务性工具的计值估价选择及实际操作,是有其内在合理性的。

(三)计值风险讨论

在政府债务统计核算计值中,可交易工具和非交易工具的估价确定有所区别,非交易工具使用名义值而可交易工具则是使用市场价值。名义值与市场价值可能相等,也可能不等,需要具体情况具体分析。市场价值是统计核算的计值基础,能够反映债务人信用以及市场利率的变化。然而,无论使用市场价值还是名义值进行计值,都需要承担一定的计值风险,计值风险主要可以分为市场价值计值风险和名义值计值风险两类。

(1)市场价值计值风险。市场价值计值需要保证交易市场的正规、活跃与自由。正规、活跃与自由的交易市场,是获得可靠市场价格的有力保证。然而,当交易市场活跃程度不足,流动性匮乏或者出现无秩序时,仍使用市场价格对债务计值也就需要承担很大的计值风险。可能的情况是当政府信用或者市场发生恶化时,容易出现恐慌性的抛售,无秩序的交易市场很可能使得市价并不能真正反映金融资产的内涵价值(黄世忠,2010)。例如,2007年美国次债危机的出现,对整个美国金融体系造成了严重破坏,并且影响到了正常的交易市场秩序和流动性。在这样一种危机背景下,许多金融资产和负债的市场交易价格都遭到了扭曲,由于市场流动性不足,市场价格并不能代表实际的公允价格。此时,使用市场价值进行计值,势必会造成对资产和债务性工具价值的低估。

除了交易市场流动性外,债务工具的市场价值还与还款风险、市场利率、将工具用于回购(或类似)交易的能力、潜在购买者对风险的规避情况等密切相关。一旦这些情况发生变化,都会影响到市场价值。与其他资产和负债相比,政府作为债务人本身信用比较稳定,使用市场价值计值的风险更多情况是来自于市场的无秩序变化。因此,从信用的角度来看,使用市场价值对政府债务可交易工具进行计值,所面临的风险相对较小。但是,市场价值的形成是债务人和债权人"博弈"后产生的结果,市场价值计值隐含着这样一个假定,即作为债务人的政府,能够随时借助自身所能利用的资源,以市场价格回购其他债权人持有的债务。但是,如果政府并不参与到这种回购行为中,对于债务政府仅是到期支付本金和利息,则使用市场价值进行计值,并不能准确地衡量政府所面临的支出义务。

(2)名义值计值风险。名义值是基于债务人的角度测算的价值,使用名义值对政府债务计值,同样也会面临计值风险。现实中,名义值不能反映债务人的偿还能力与预期的债务偿还情况,与公允价值往往存在偏离。当名义值与公允价值出现非常规性偏离时,使用名义值进行计值,难以准确、全面反映债务规模。为了弥补这一缺陷,统计核算中要求当名义值与公允价值发生较大偏离时,应当将公允价值记录到备忘项。因此,使用名义值进行计值,同时也需要有针对性地估算特定非交易债务性工具的公允价值。

名义值计值风险的另一个来源在于债务人和债权人对同一债务工具计值大小可能不相等。使用名义值进行计值,理论上债务人和债权人所得到的计值大小应该相等。但在实际会计处理中,债权人对于不良贷款、拖欠款项等,可能会根据有关信息计提一定的减值准备金,从而导致实际计值少于名义值。当然,本部分债务核算是基于债务人地方政府的视角,名义值计值的债务规模反映的是地方政府未来所需要承担的债务责任大小。因此,使用名义值对非交易的债务性工具进行计值,所存在的计值风险也相对较小。

二、应计利息核算与处理

在债务性工具的计值中,除了涉及如何选择估价外,另一个重要的内容是估算应计利息。利息是某种金融资产(特别提款权、存款、债务证券、贷款和其他应收账款)的所有人在将这些金融资源和其他资源交由另一机构单位处置时应收的一种投资收入(PSDS2011,2.158)。对于非债务性证券工具计值而言,应计利息的确定尤为重要。这是因为非债务性证券工具如贷款的名义值等于贷出金额加上应计未付利息再减去任何还款金额,利息是债务余额的一部分,由此必须确定应计但未付的利息。应计利息的确定应当按照合约安排,其形式较为多样,可以是未偿金额的百分数、某个预定的金额、取决于某个既定指标的可变金额或者其中几种方法的组合。

(一)非债务性证券工具利息处理

通常情况下,存款、贷款和应收/应付款形式的金融资产和负债应计利息的确定方法是,将双方之间合约安排中确定的相关利率乘以会计期间各时点的债务余额。有些工具在整个期间具有固定利率,而有些工具可能在整个存续期间利率会发生变化。对于各期间,应使用相关利率计算该期间内发生的利息。有些贷款和存款可能也对到期偿付额或定期付款额(例如息票)或两者进行指数化[①]。一般而言,非债务性证券工具的应计利息可以按照复利方法来计算。PSDS2011在专栏中详细介绍了基本的复利计算方法。

(1)基本复利。基本复利的公式为:

$$V_n = P \times (1 + r)^n \tag{9-2}$$

其中,V表示未来值,P表示现值,n表示整个应计利息期间的会计期间数,r指年利率。

[①] 指数化,指的是借贷双方的利息与本金支付由固定的变为随某一经济变量的变化而变化的金融工具,通常是参照利率变化或者通货膨胀变化指标。

（2）连续复利。利率可以是连续累计的,不断将累计的利息加入本金中。实践中,利息可按日、月、季度或年度计算。首先一年多次付息的复利公式为:

$$V_n = P \times \left[1 + (r/m) \right]^{nm} \tag{9-3}$$

其中,V 表示未来值,P 表示现值,r 指年利率,m 表示每年应计利息的次数,n 表示整个应计利息期间的会计期间数。当 m 趋于无穷时,即为连续复利,计算公式为 $V_n = P \times e^{nr}$。

（3）债务证券折价或溢价的应计利息。折价发行债务证券的应计利息同上,而溢价发行的债务证券利息为负。据(9-3)式可得到折价发行应计利息的复利利率公式:

$$r' = 1 + \left(\frac{r}{m} \right) = (V_n/P)^{\left(\frac{1}{nm}\right)} \tag{9-4}$$

其中,r' 表示每次应计复利利率,V 表示未来值,P 表示现值,r 指年利率,m 表示每年应计利息的次数,n 表示整个应计利息期间的会计期间数。

（二）债务性证券的利息处理

虽然债务人根据债务性工具初始期确定的条款和条件偿还债务,但在二级市场购买证券的持有人可能不了解甚至不关注发行时的利率,这使得可交易债务性工具利息的确认和计量变得更为复杂。常见的确认和计量可交易债务性工具利息的方法主要有三种,分别为债务人法、债权人法和购买法（BPM6,11.52）。(1)债务人法应计利息,等于债务人必须支付给债权人的、超过债权人所提供款项的数额。债务性工具的应计利息根据工具初始期规定的条件按整个期间确定,应当采用最初的到期收益率。证券发行时确定的单个有效收益率可以用来计算至到期日各期间的应计利息。(2)债权人法应计利息,等于采用任何时点上该工具的市场价值中所包含的未来应收款折扣率计算的收入。债权人法反映了当前的市场条件和预期,任何特定时间的应计利息都通过采用当前到期收益率确定。随着证券市场价格在不同期间的变化,计算应计利息的有效利率也会不同。(3)购买法应计利息,等于采用工具购买成本中包含的折扣率计算的收入。购买法应计利息反映了购买工具时的市场条件和预期,利息的确定是采用购买债务证券时的剩余到期收益率,有效利率仅在证券二级市场转售时才会发生变化。

首先,已知现金流的可交易债务性工具,不同类型的处理也不一致。对于平价发行、折价发行、溢价发行以及本息分离债务性工具,对应计利息的处理有较大差别,见表9-8。

表9-8　已知现金流的债务性证券应计利息处理

债务性证券类型	应计利息处理
平价发售债务性工具	整个证券存续期间内的应计利息总额按定期息票支付确定
折价发售债务性工具——短期汇票和零息债券等	分配利息为合约期末需偿还的金额和最初借入的金额之间的差额
折价发售债务性工具——定期息票支付的高折扣债券	应计利息为定期应付息票金额加上各期间由于赎回价格与发行价格之间的差额而发生的利息金额
溢价发行债务性工具	应计利息处理是赎回价格与发行价格之间的差额在整个工具期间摊销,并减少各期发生的利息金额
本息分离证券	非正式本息分离证券①根据发行本息分离证券时确定的利率计算;正式的本息分离证券按标的证券的利率计算

资料来源:主要参考BMP6中11.54—11.58中内容整理。

其次,指数挂钩型债务性工具安排不同,其利息处理也不相同,并且十分复杂。指数挂钩型债务性工具,将到期偿付额或息票支付与某具体指标结合到一起。以到期偿付额指数化的债务性工具为例,具体的偿付金额仅在债务性工具被赎回时才可知,而这之前利息流量是不确定的。必须借助相关近似估算方法,来得到参考指标值之前的预估应计利息。在估算时,应当区分指数

---

① 非正式本息分离证券与正式本息分离证券相对应,是指由未获得原发行人授权的第三方发行。而正式本息分离证券是由原发行人授权,通过其指定的交易商发行。

挂钩型债务性工具的具体安排类型:(1)仅对息票支付指数化,而到期偿付额未指数化;(2)到期偿付额指数化,而息票支付未指数化;(3)到期偿付额和息票支付均指数化。

表 9-9　指数挂钩型债务性工具应计利息核算处理

指数挂钩型债务性工具安排	应计利息估计	适用条件
仅息票支付与指数挂钩	直接利用可知的指数值计算	息票支付的日期已经过去
	利用所涵盖的报告期间内的指数变动来计算	息票支付的日期尚未过去
仅到期偿付额与指数挂钩	按照会计期初与期末之间由于相关指数变动引起的债务余额价值的变化进行计算	使用到期偿付额的广基指数化时
	通过固定发行时的利率计算	指数化包含持有收益动机,即通常指数化基于单一且定义范围较窄的项目时
到期偿付额和息票支付皆挂钩	应使用外币作为计价货币,并按市场汇率中间价折算成本币应计利息	到期偿付额和息票支付均与外币挂钩
	应计利息可以通过加总两个要素进行计算,即归属于该会计期间的由于息票支付指数化而产生的款项和会计期初与期末之间由于相关指数变动引起的债务余额价值的变化	到期偿付额和息票支付皆与广基参考项目挂钩

资料来源:主要参考 BMP6 中 11.59—11.65 中内容整理。

三、政府或有债务核算处理

或有债务是政府债务核算特别是地方政府债务核算的重点和难点,或有债务所具备的主观评价性、不确定性和时效性三个特征,是导致或有债务核算难点形成的主要原因。对地方政府或有债务进行核算,其主要问题是如何对或有债务进行衡量。

(一)或有债务衡量的必要性

在宏观经济统计中,或有负债一般都不被确认为负债,除非在特定条件下这项债务满足被启用的条件。如欧盟在对政府作为担保人的债务进行统计时,必须满足连续三年对现有被担保债务付款,且预计这种情况将继续,则该项债务才被确认,通常被视为全额(或者政府预计将偿还的部分,若有相关证据)。国际会计准则也认为虽然或有负债承担的现实责任是源于过去的事件,但是由于承担义务将导致经济利益或服务潜力资源的流出,所以并不确定并且也不能可靠地测定用于承担义务的利益流出量(IPSAS19,18)。对此,PSDS2011 也是建议使用备忘项来记录或有债务,并列示相关具体细节。然而,通过备忘项使用面值记录法来衡量或有债务,往往无法反映实际的风险,甚至会夸大可能出现的风险。这是因为或有债务被启用的情况仍然无法得到反映。在地方政府或有债务中,地方政府最终可能需要承担多少,这个问题则更加引人关注,这就是或有债务的预期损失的估值问题,或者说是或有债务的衡量问题。换言之,或有债务的量化或者估值,是指或有债务由于违约而最终被启用的债务大小,或者说或有债务最终转化为直接债务的数量。

尽管对于或有债务的衡量并没有一种普适性的方法,但是对或有债务的衡量一定程度上能够反映风险,提高债务数据的质量和透明度。欧文(Irwin,2007)也认为,对政府担保债务的成本进行计量和测算,能够使得政府更好地选择是否承担风险,是政府风险管理的一部分,尤其是当风险很大时,近似的计量和测算往往比什么都不做要好得多。因此,估算或有债务的可能损失,不仅符合权责发生制的要义,同时对于债务风险的全面反映还具有重要的现实作用。对此,SNA2008 和 PSDS2011 也都鼓励对或有债务进行监测和衡量。

(二)担保显性或有债务衡量方法

在实践上,显性或有债务一般以政府一次性担保债务为主。当前许多衡量或有债务的方法,也大都针对一次性担保债务而言。政府担保债务的形成,过去常与其追求的政治目标紧密联系在一起,这些目标包括保护银行储户、促进出口和国内企业对外投资、扶持状况不佳的工业部门,甚至对具体陷入财务困境的公司救助;而现在主要是通过政府担保来支持私人部门基础设施建设项目的融资,这在发展中国家更为常见(Mody & Patro,1996)。担保债务的总规模是确定可计量的,担保债务一旦出现违约,或有债务事项将被启动,相应也就转化为直接债务。对一次性担保债务的衡量,也就是希望通过某种方法来测算由于担保行为而可能遭受的损失,即或有债务最终转化为直接债务的可能规模。

目前许多国家都借助一定的量化方法,对政府担保债务进行量化。如捷克和巴基斯坦等,借助风险概率的方法来量化或有债务;瑞典等通过仿真模型来估算政府或有债务造成的损失;美国等使用或有权益分析模型来预测政府担保在未来5年甚至更长时间内的预算成本(刘溶沧、赵志耘,2003)。

(1)风险概率法。风险概率法是使用概率大小来描述担保或有债务最终转化为直接债务的可能性。概率值介于0—100%之间,概率为0表示不可能转化为直接债务,概率为100%则表示一定能够转化。对于政府担保债务而言,使用风险概率法,首先应当确定若干类风险层级。这是因为每一笔担保债务,其发生的概率可能都不相同,这样不仅债务概率的确定比较困难,而且计算全部担保债务的价值,也将变得非常繁杂。而通过风险层级的使用,则能大大简化相关工作量,只需要结合对应层级担保债务数额,就能确定地方政府全部担保债务转化为直接债务的期望大小。

$$VG = \alpha_1 \times G_1 + \alpha_2 \times G_2 + \cdots + \alpha_m \times G_m \qquad (9\text{-}5)$$

其中,VG 表示全部担保债务转化为直接债务的期望,m 表示划分的层级数,G_m 表示该层级担保债务的数额,α_m 表示对应层级或有债务转化为直接债务的平均概率。

风险概率法已被很多国家应用于政府担保债务的量化,但是对层级的划分有所不同。例如,捷克政府将政府担保违约事项发生的可能性标准定为5%、15%、30%、90%,继而将担保债务分为5个层级;巴基斯坦政府将层级划分标准设定为15%、50%、75%和95%。我国财政报告中尚未使用风险概率法来量化政府担保债务,但针对或有事项导致经济利益流出的"可能性",我国会计准则作出了具体的数量规定。参考加拿大的分类标准,我国会计准则中使用5%、50%、95%的划分标准,将转化的可能性分为"极小可能""可能""很可能""基本确定"4类。

风险概率法虽然应用比较简单,并且具有很强的操作性,但也存在着一些弊端。首先,确定某担保债务转化为直接债务的概率通常具有比较强的主观性。某担保债务最终是否违约而转化为直接债务,往往是由很多因素共同决定的,预测难度很大。其次,在计算全部担保债务转化为直接债务大小时,使用的是每一类风险层级的平均概率,而担保债务可能并不一定服从均匀分布。

(2)市场价值衡量法。假定市场上的各种可比工具不管有无担保都是可观察的,且市场已经充分评估了担保所包含的风险。根据这种方法,金融工具担保的价值通过计算未担保工具的价格和包含担保的价格之差得出。在贷款担保的情况下,担保的名义价值是未担保贷款的合约利率与担保贷款的合约利率之差,乘以贷款的名义价值。计算担保的市场价值将运用市场利率而不是合约利率。

$$VG = I - I_G = VD \times r - VD \times r_G \tag{9-6}$$

其中,VG表示担保的名义价值,I表示未担保贷款的名义利息,I_G表示担保贷款的名义利息,VD表示贷款的名义价值,r表示未担保贷款的名义利率,r_G表示担保贷款的名义利率。

市场价值衡量指标运用市场信息对应急事件进行估值,对贷款和其他债务工具担保特别有用。由于需要足够多的市场信息,实际可比工具的市场信息获得难度很大,这也限制了其使用范围。另外,由于一些债务可能仅是政府的隐性担保,这也加大了比较的难度。

（3）期权定价方法

担保贷款与无风险贷款之间具有密切联系,无风险贷款价值应等于风险贷款价值与担保价值之和。默顿(Merton,1977)认为,国家对企业贷款进行担保,相当于国家对企业的资产行使了看跌期权,这使得持有者拥有在期权到期日以贷款票面价值出售这些资产的权力。所以,无风险贷款价值也等于风险贷款价值与看跌期权价值之和,相应担保也就可以视作确保债券行使价格与票面价格相等的期权。这样,通过利用担保与看跌期权之间的相似性,来确定担保的预期成本,这就是期权定价方法。

$$V_f = V_r + VG \tag{9-7}$$

其中,V_f 为无风险贷款价值,V_r 为风险贷款价值,VG 是看跌期权的价值,即担保的价值。

根据上述公式,默顿(1990)通过 10 家公司 1990 年 5 月 10 日和 8 月 2 日债券的无风险价格及其市场价格样本,估算了各自债券所隐含的担保价格。估算结果见表 9-10,各公司隐含担保价格占债券市场价格的比重并不一致,如 5 月 10 日 MGM/UA 公司比重高达 86.6%,而 Union Carbide 仅为 11.5%。此外,随着时间推移担保价格是会发生变化的,如 Pan Am 和 RJR Nabisco 公司 8 月 2 日的隐含担保价格比 5 月 10 日分别增加约 30 美元和减少了 8 美元。

表 9-10　公司债券价格估算的隐含担保价格

| 公司 | 到期年限 | 5 月 10 日 | | | | 8 月 2 日 |
| | | 债券价格（＄） | | 担保价格（＄） | | 隐含担保价格（＄） |
		无违约风险价格	市场价格	隐含价格	占市场价格百分比	
Continental Airlines	6	109.12	66.00	43.12	65.3	49.07
MGM/UA	6	118.24	63.38	54.86	86.6	61.79
Mesa Capital	9	127.36	95.50	31.86	33.4	28.77

续表

| 公司 | 到期年限 | 5月10日 | | | | 8月2日 |
| | | 债券价格（$） | | 担保价格（$） | | 隐含担保价格（$） |
		无违约风险价格	市场价格	隐含价格	占市场价格百分比	
Navistar	4	100.00	89.00	11.00	12.4	12.59
Pan Am	4	147.23	58.63	88.60	51.1	118.27
RJR	11	88.80	70.88	17.92	25.3	17.89
RJR Nabisco	11	141.35	76.88	64.47	83.9	56.43
Revlon	20	117.25	80.75	36.50	45.2	41.29
Union Carbide	9	102.89	92.25	10.64	11.5	8.64
Warner Communications	3	124.11	97.00	27.11	27.9	28.24

看跌期权是一种重要的金融工具,期权的持有者拥有在期权合约有效期内按执行价格卖出一定数量标的物的权利,但不负担必须卖出的义务。当资产的市场价格低于约定价格时,看跌期权的持有者将会行使期权,迫使期权的发行者以承诺支付的价格来接受这些资产。也就是说,当贷款的市场价值低于面值时,通过使用保证来迫使国家以面值接受这些贷款。据此,政府对贷款担保的价值也就等于看跌期权的价值。值得一提的是,期权定价是基于风险的中性定价,即期权的价格没有考虑任何风险溢价。

表 9-11 担保作为看跌期权

	$V \geq F$	$V < F$
风险贷款价值	F	V
看跌期权价值	0	$F - V$
无风险贷款价值	F	F

注:V 是贷款的市场价值,F 是名义价值(面值)。

期权定价方法虽然比较复杂,但仍然被广泛应用于基础设施融资担保和利息及本金支付担保的定价中。标准期权定价也有其局限性,主要是由于标准的期权定价模型为相关资产价格假设了一个外生随机过程,但担保(特别是政府担保)的存在可能会对资产价格产生影响(PSDS2011,专栏 4.1)。

(4)仿真模型方法。仿真模型如蒙特卡罗模拟,这类方法一般先通过数值模拟方法来估计担保损失的概率分布,而不是对担保有关风险因素的变化进行假定。然后,再利用所估计出的分布对担保进行定价,估计在给定置信水平下来可能遭受的最大损失。相比期权定价模型,仿真模型通常更为灵活,因为它允许同时考虑更多的影响因素(Cebotari,2008)。仿真模型通常由若干个板块组成:首先产生包括一系列宏观经济因素的仿真结果,再在后续板块中应用这些结果,来描述被担保覆盖的借款人资产随着时间推移是如何变化的以及期望损失的大小。

蒙特卡罗模拟的仿真模型方法常被用于政府对基础设施建设项目的担保损失的估算中。基建项目融资至关重要,特别是发展中国家缺口较大,面临着长期性的金融和经济挑战,而许多基建项目已由过去政府独立融资转变为公私合营,政府为吸引私人资本而主要提供担保支持(Piranfar & Masood,2012)。蒙特卡罗模拟主要是用于模拟项目未来现金流对担保债务的偿还能力估值,一旦项目现金流收入少于政府担保值,则需要政府额外支付。政府担保往往被处理为欧式期权或百慕大期权[1]的一种。蒙特卡罗方法在使用时也有所不同,使用实物期权对 BOT 项目政府担保估值的一般方法重点是必须在经营期之前确定担保的数量和时间,但这类静态方法并没有充分利用信息并且对风险覆盖不足,而混合了最小二乘法的蒙特卡罗模拟方法能够使 BOT[2]在项目运行阶段更为灵活(Chiara et al.,2007)。

---

[1]　欧式期权是仅在合约到期日才能被执行;百慕大期权是可以在到期日前所规定的一系列时间行权的期权。

[2]　BOT 是 Build-Operate-Transfer 的缩写,意为建设—经营—转让,是私营企业参与基础设施建设,向社会提供公共服务的一种方式。

（三）养老金隐性或有债务界定

近年来,公共养老金计划及其可能引发的债务问题,已逐渐成为一个世界性的难题。公共养老金计划构成了社会保障福利制度的重要部分,它通常是由政府借助立法强制发起并管理,向参与计划的退休者支付规定额度的退休金。由于政府充当了养老金计划的执行者,相应也就需要承担起养老金发放的义务。而实际上,养老金的收缴和发放并不一定总是平衡的,由此会导致政府养老金的隐性或有债务问题。

养老金计划可以分为定额给付养老金计划和定额缴款计划。在定额给付养老金计划中,雇主向参与的雇员及其家属承诺的养老金是有保证的,通常根据参与人员的工作年限和薪酬按公式计算;而在定额缴款计划中,雇主对基金的缴款水平是有保证的,但将来支付的养老金则取决于基金的资产(PSDS2011,3.54)。因此,基金积累形式的定额缴款计划下,养老金支出多少取决于基金的收益情况,政府一般对养老金并不负有偿还责任。

研究政府养老金缺口问题,必须将其与基本的养老金制度模式联系起来。根据融资方式的不同,养老金制度主要有两种模式:现收现付制和基金积累制(边恕,2008)。现收现付制是指利用当期参保未退休在职人群的缴费收入来发放退休老年人的退休金,简单说就是用在职人群收入来赡养退休人群。现收现付制具有代际转移、以支定收、管理简单、风险较少等特点。现收现付制一般与定额给付养老金计划是相匹配的,20世纪80年代之前,许多高收入国家实行的也都是此类定额给付现收现付制养老保障制度;基金积累制则考虑长期收支平衡,将在职参保人员的缴费通过账户形式积累下来,待其退休后用于养老金支出。1981年开始,智利等拉丁美洲国家和加勒比地区的一些国家率先进行了定额缴款完全积累制改革。但是,这种养老金制度同样存在着老龄化带来的财政压力问题以及超高的转型成本困难(霍尔茨曼和帕尔默,2009),并最终形成巨大的财政资金缺口和负担。现收现付制和基金积累制受外在因素影响也存在较大差异,见表9-12。

表9-12 不同因素对现收现付制和基金积累制的影响

影响因素	现收现付制	基金积累制
人口因素 负担系数增高	严重破坏收支平衡	对融资和支出水平无明显影响
金融因素 投资收益率变化 高通胀	不影响养老金水平 可能使养老金水平下降但效果 不大	直接影响养老金水平 显著影响养老金水平
宏观经济因素 在职工人平均工资下降 失业率升高	当期养老金水平下降 影响收支平衡但对个人养老金 水平影响不大	影响未来养老金水平 不影响体系融资但会影响失业 者养老金水平
政治因素	隐性代际合同可能中断,合同 执行受财政预算影响	个人账户不受财政预算的影响

资料来源:根据边恕(2008)整理得到。

不同的养老金制度对平衡的考虑是不同的,其所追求的平衡目标也差别很大,因此对养老金资金缺口的理解也有所不同。现收现付制的养老金制度追求的是当期平衡,这种制度的顺利实施实际上涵盖着人口结构较为稳定并不会出现很大变化。然而,随着世界各国均不断迈入老龄化进程,最终当期在职参保缴费数额必然不足以支付当期老年人的养老金,从而形成养老金缺口。而这种缺口一旦出现并恶化,势必会威胁到财政的可持续性。相比而言,基金积累制养老金制度考虑的是长期的收支平衡,所追求的是参保人员在职时的缴费支出,与年老退休期所领取的退休金达到平衡。此种状态下的缺口,与当期的收支缺口将完全不同。与资金缺口相对应的是债务,但政府养老金债务与资金缺口的具体关系则值得深究。

针对养老金缺口的定义,李扬等(2013)曾进行过总结:一是当期缺口,即参保在职人群缴纳的养老金保费用于支付老年人的养老金的差额,当收入多余支出时为盈余;二是累计缺口,等于某一时点起未来一定年限内的全部当期缺口的累计现值之和;三是转轨资金缺口,指由现收现付制向基金积累制转型引起的资金缺口。显然,第一类当期缺口应当是养老金当期显性债务,政府养老金隐性债务显然与后两者更为接近,但也并不完全相同。艾耶(Iyer,1999)将养老金负债定义为养老金制度负有责任的所有人的未来收益的现值减去该人群将来缴费的现值。但是该定义假定为现收现付制下,并且养老金计划没有任何累积资产,而实际上通常都会有较为客观的累积资产。因此,吉列恩等(2002)认为,养老金隐性债务的计算还应当减去最初的储备。基于累积现值的定义,与第二类累积缺口的界定是较为接近的。但是,对养老金隐性债务的界定应当注意两点:一是所针对的对象应当是现有全部参保人员,未来新加入人员的养老金债务不应当包括在内;二是测算的收益和缴费都必须转化为现值,否则将不具备可比性。因此,在未来测算的对象和年份上,这种界定又与第二类缺口存在较大分歧。由于完全的基金累积制并不存在隐性债务,因此,也有一部分学者认为养老金隐性债务规模,应当等于现收现付制向基金积累制的转型成本。

相比而言,吉列恩等(2002)的界定更为符合政府隐性债务的性质,即当期养老金隐性债务应当等于现有养老金制度负有责任的所有人未来收益现值减去该人群将来缴费的现值,再减去当前已有的资金储备。根据前文对债务概念的界定,债务应当是指过去所形成的义务而导致的未来经济利益流出。所以某一时刻的养老金债务相应的对象应当是该时刻的全部参保人员,而上述第二类累积缺口同时还考虑了未来新加入人群。换言之,养老金隐性债务可以理解为在某一时刻终止该制度,但由于过去承诺而应当对这部分人群进行的偿付义务。只要这部分人全部去世,隐性债务责任和义务相应也就终止。

上述所界定的养老金隐性债务,与霍尔兹曼等(Holzmann et al.,2004)所总结的三种养老金负债中的第二种观点是相同的。根据其总结,养老金负债有三种最主要的定义:一是应计负债表示在应计权益基础上未来应付的养老金现值,既不包括未来的缴费,也不包括这些缴费所对应的应计权益;二是封闭群体方法计算的负债,即假定为养老金计划持续存在直到最后一个人死亡,并且未来不允许新人加入,现有人员的未来缴费以及他们新的权益是基于现有规则确定的,由此测算的当前员工和退休人员的预计负债;三是开放系统负债,包括新员工基于现有规则的缴费和养老金,选择范围从不包括劳动力市场的孩童到一个无限视角,一般可以选择任意时间段对此方法进行应用。

(四)养老金隐性或有债务测算

养老金隐性或有债务是十分重要的政府或有债务组成部分,但在宏观经济统计体系中,政府关于未来支付退休养老金的承诺不确认为负债,而不管社会保障基金或其他单立账户的资产水平如何(PSDS2011,3.57)。也就是说,在一般宏观经济体系中,并不确定养老金隐性债务的负债属性,而仅是将即将到期或已到期但尚未支付的养老金,确认为债务并处理为其他应付账款。这一点与前文分析的或有债务的处理是一致的,相应地 PSDS2011 和 GFSM2014 也都建议将养老金隐性或有债务记录到备忘项并做详细说明。然而,无论政府养老金隐性或有债务是否被确认为负债,测算债务规模或者说债务的衡量问题都是政府养老金隐性或有债务核算处理的关键。

根据前文定义,当期养老金隐性债务应当等于现有养老金制度负有责任的所有人的未来收益的现值减去该人群将来缴费的现值,再减去当前已有的资金储备。从而可以直接建立起养老金隐性债务的数学测算公式:

$$TTPL(t) = PL(t) - CA(t) - F(t) \tag{9-8}$$

其中,$TTPL(t)$ 表示 t 时刻的养老金隐性债务规模;$PL(t)$ 为全部参保人未来养老金支出总额在 t 时刻的现值;$CA(t)$ 表示在职员工未来缴费的现值;$F(t)$ 表示已有的养老金储备资金。

这一测算公式假定了该制度从 t 时刻不再有新人加入,t 时刻的隐性债务规模也就应按照当前的制度继续发展下去,直到全部的参保人员由于死亡而都退出养老计划,测算中需要对参保人员的未来缴费和收益情况进行假定。将上述公式进一步展开,可以得到更为具体的测算公式:

$$TTPL = \sum_{i=t}^{t+m} \frac{CA_i - PL_i}{\prod_{k=t}^{t+i}(1 + \delta_k)} \tag{9-9}$$

$$CA_i = c \times N_i^w \times \bar{W}_i \tag{9-10}$$

$$PL_i = k \times N_i^r \times \bar{W}_i \tag{9-11}$$

其中,m 表示从 t 时刻开始至全部已有参保人员死亡而退出养老计划的年限;CA 表示在职职工的缴款;PL 表示对已退休职工的给付;δ 表示未来年份的折现率;c 为养老金缴费率;N_i^w 为 t 时刻全部参保人,在未来 i 时刻的在职职工人数;$\bar{W}_i$ 为平均工资;k 为养老金水平决定值,也就是替代率;N_i^r 为 t 时刻全部参保人,在未来 i 时刻的退休职工人数。

这里所界定的方法实质上测算的是政府由于过去承诺而导致的未来利益的流出,强调的是未来流出利益大小的现值。因此,在假定现有养老制度较为稳定情形之下,未来年份的折现率 δ 的选择至关重要,将直接影响到最终的测算结果。也有一部分学者主张养老金隐性债务应当为假定制度立即停止,用于兑付已退休和正工作尚未退休职工承诺的养老金待遇,所应当积累的资金现值(何平,2000)。这类测算方法主要强调过去积累的不足,测算的重点也在于养老金转轨成本。虽然本书给出了养老金隐性债务的测算方法,但是目前为止,如何测算还有颇多问题尚未形成一致意见,并且我国问题非常特殊,应当根据具体实情对方法进行调整。

第四节　政府债务数据的编制方法

范围确定和计值选择,能够从内容和方法上保证政府债务核算的科学性和可靠性。进一步,如何在此基础上利用相关数据进行统计编制,保障最终核算结果的可靠性与及时性,则需要进一步考察。完善的债务统计编制体制安排、可靠的数据来源、科学的编制方法以及合理有效的数据列示,能够为债务核算及最终核算结果的科学可信提供有力保障。具体而言,地方政府债务数据收集、公布和编制的主要过程见图9-3。

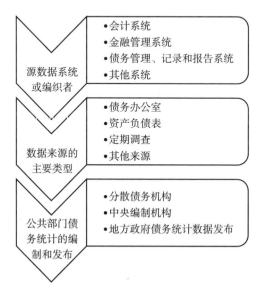

源数据系统或编织者
- 会计系统
- 金融管理系统
- 债务管理、记录和报告系统
- 其他系统

数据来源的主要类型
- 债务办公室
- 资产负债表
- 定期调查
- 其他来源

公共部门债务统计的编制和发布
- 分散债务机构
- 中央编制机构
- 地方政府债务统计数据发布

图9-3 政府债务数据收集、编制和公布的过程①

一、统计编制和公布的制度问题

(一)中央编制机构及职责

地方政府债务核算是一个自下而上、协调统一的过程,核算实践中必须有明确的机构,负责这一整套地方政府债务统计数据的编制和公布。这一负责机构一般被称为中央编制机构,一般而言主要是中央银行、财政部、独立债务管理部门或国家统计机构。中央编制机构的主要职责,在于将分散的地方政府债务数据集中,在此过程中对相关数据的生成机构②进行协调,避免重复工作的同时保证数据编制方法和内容上的一致性。因此,必须制定一整套完善

① 资料来源:参考 PSDS2011 中图 6.1 整理。
② 相关数据生成机构包括源数据生成机构和分散编制机构。

的机制或规定,为机构间的数据分享和协调提供便利,以及保证有效及时地将源数据提供给负责公共部门债务统计编制的中央(或分散)机构。

地方政府债务核算涉及范围较广,债务统计数据可能由不同机构共同编制,由此,中央编制机构必须从这样几个方面进行保障(PSDS2011,6.10):(1)保证编制过程中所用的概念和所列示的工具的一致性。中央编制机构应保证其他辅助机构清楚其核心概念及数据的提供要求,如地方政府债务核算基础、内容和计值方法上,必须保持一致性。总的来说,中央编制机构应制定有关数据提供的专业标准,并对这些标准进行监督,确保其他机构提供的统计数据符合数据范围、概念、评估原则、记录基础等要求,还应保证数据提供的频率和及时性。(2)保证统计数据能够满足数据使用者的需求。地方政府债务统计数据的使用者包括中央政策制定者、地方政府债务发行和管理者、市场投资者以及研究学者等,中央编制机构在制定有关标准时应当结合自身统计力量,充分考虑数据使用者的需求。(3)保障合理的统计数据纠错机制。中央编制机构应当制定定期对数据质量进行核查和评估的制度。一方面需要对数据进行审计,保证统计数据的真实性;另一方面对于同一数据但有不同来源时,应当对各来源数据进行充分比较和评估,选择更为合适的来源数据进行编制和公布。

(二)法律框架保障

地方政府债务涉及面较广,其统计数据及结果相对比较敏感。由于债务状况可能会对地方政府财政的收支治理情况、财政资源分配、领导政绩等产生重要影响,在数据收集及编制过程中,难免会出现人为的因素干扰最终的统计结果。由此,通过法律框架来保障地方政府债务统计工作的顺畅以及统计结果的真实性,也就变得尤为重要。地方政府债务统计核算,统计数据的收集、编制与公布是一个复杂、漫长的过程,涉及许多统计制度的执行问题,这也使得相关法律的支撑变得必不可少。良好的法律制度框架,不仅能够科学有效地组织和推进统计工作,还能规范国家机关、社会团体、各种经济组织以及公民在统计活动中的行为,保障统计资料的准确性、及时性和全面性。

由于历史惯例、政治体系等多方面原因,各国统计法律框架体系有所不同,因此针对地方政府债务统计核算,法律框架的建设应当充分考虑这样几个方面(PSDS2011,6.13):(1)编制机构工作、职责及监督。法律框架构建需要充分考虑中央编制机构可获得数据的实体类型及目的,明确各编制机构的职责。应当建立监管委员会,保证编制机构的专业性和客观性。(2)制定适当的惩罚机制。结合适当的法律实施制度,针对调查对象没有及时响应的情形,进行适当的惩罚。制定相关的数据保密规定,对泄露信息的编制机构以及个别员工施以适当的惩罚措施。通过惩罚措施和机制保证数据编制的独立性,禁止有关当局以统计数据编制外的其他目的使用个别实体提供的信息。

二、数据来源与编制实践

债务数据来源于多个方面,包括债务办公室、资产负债表、调查问卷和定期调查等,债务的编制工作也十分重要。

(一)债务数据来源

对于地方政府债务统计核算而言,如果各债务主体——地方政府——都完整地统计了相关债务信息,则债务统计数据很容易从相关财政信息管理系统或债务记录和报告系统中获得。然而事实上,受限于核算基础以及制度的完整性,许多债务都未能准确地被记录。总的来说,地方政府债务数据不能仅通过债务人角度的统计来反映,还应当考虑债权人所统计的信息,或者通过调查、监管报告、已公布的公共部门财务报表等形式来获取,甚至可以借助有关财政收支统计数据以及其他宏观经济统计数据。

　　根据 PSDS2011 的观点,应当特别区分债务工具的四种来源,它们分别是债务办公室、资产负债表、调查问卷(定期调查)以及其他来源,并且这些数据来源可以通过会计系统、财政管理系统、债务管理、记录和报告系统以及其他系统中的一个或者多个数据系统来获得(PSDS2011,6. 20—6. 40)。

　　(1)债务办公室。当地方政府作为独立的债务证券发行主体时,应当建立自己的债务办公室。政府债务办公室一般隶属于财政部、政府部门或中央银行下属的独立机构,需要履行七项基本职能:政策、监管、资源提供、记录、分析、控制以及运营。其记录职能主要负责记录所有相关债务管理信息的框架,并处理与贷款融资、偿债支付的预算及储备条款,以及偿债相关的活动,从而使其成为债务证券和贷款的存量(和流量)数据的主要来源。统计数据的准确性和及时性也是决定债务办公室能否有效履行职责的关键(无论运营能力还是分析能力),在进行债务统计编制、记录和公布时(如果债务办公室为中央编制机构),应该严格保证政府债务办公室工作的及时性和全面性。

　　(2)资产负债表。通常情况下,地方政府按照权责发生制会计基础,按照国际会计准则要求编制包括资产负债表在内的财务报表;而地方政府预算外单位、社会保障基金等单位,也应当按照国际会计标准编制资产负债表。资产负债表按照债务工具的形式,列示了金融负债的期初期末存量和变化量。应当注意的是,资产负债表的主表通常只能提供各债务工具的汇总数据信息,债务结构、对公司部门和个人的担保债务、不良债务等额外细节信息需要从注释和备忘项目中获取,无法得到的应当进一步通过其他来源进行补充。另一个需要注意的问题是,在利用资产负债表中债务数据来源时,应当明确债务的核算基础、分类以及计值方法。当资产负债表中的债务信息,与编制的地方政府债务统计核算结果存在偏差时,应当相应进行调整,保证其在数据上的一致性。

　　(3)调查问卷或定期调查。在很多国家,地方政府级的单位数量庞大,并且它们的数据报告经常不令人满意或不完整,而要想收集每个报告期数量众多的每个地方政府的详细数据可能是不现实的(Cotterell & Wickens,2007)。在这种情况下,通过调查的形式对地方政府单位进行科学抽样,借助抽样所得到的信息,可能可以估算出所有这些地方政府单位的债务信息。以调查作为数据获取方式,一方面可以解决债务办公室和资产负债表都没有数据的问题,另一方面也可以用于检验已有中可信度较低的债务数据。在组织调查时,所有的债务工具都应该包括到调查问卷和定期调查之中,并且应当制定清晰的报告说明。可以通过三种方法来确保编制机构对数据的获得:调查的法律支持、政策制定驱动以及鼓励形成"报告文化"①。对于调查所得到的数据,可以通过两种方法来检验数据的可靠性。一是如果所提供的调查数据来源于被调查单位的财务报表,数据可信度则相对较高;二是将调查数据与其他来源的关联数据进行核对比较,分析差异可能形成的原因,并据此检验调查数据的可信度。

(4)其他来源。当通过债务办公室、资产负债表或调查途径都不能得到所需的债务数据信息时,则考虑其他数据来源。对于地方政府债务而言,通常有两种类型的数据,需要使用其他类型数据来源:一是雇员养老金计划资金缺口所形成的负债;二是标准化担保计划准备金负债。这两类债务数据通常无法直接提供,需要借助精算等方法进行估算。

表9-13 编制各债务工具可能使用的数据来源

债务工具	货币和存款	债务证券	贷款	保险、养老金和标准化担保计划	其他应付款
地方政府债务	B;C	A;B;C	A;B;C	B;C;D	B;C

注:A=债务管理办公室,B=资产负债表,C=调查问卷/定期调查,D=其他来源。

① 鼓励形成报告文化的措施包括经常与潜在答复者举行会议,讨论相关问题;制定符合管理报告体系的报告,避免过于复杂;公正透明地公布最终结果;以及阐述最终结果的有用性。

上述四种数据来源,能够为地方政府债务统计核算提供数据支撑。但是,这些数据来源针对不同的债务工具,其作用有所不同,具体见表9-13。事实上,这里并没有包括地方政府为公司部门和私人部门进行一次性担保而可能形成的债务损失。后文中将深入介绍对一次性担保债务可能损失的衡量,其数据来源与保险、养老金和标准化担保计划相类似,为债务管理办公室、资产负债表以及调查问卷或定期调查。

(二)债务数据编制

数据的编制对地方政府债务统计核算十分重要,编制债务工具的细节和流程信息,是准确进行债务记录的关键。PSDS2011建议,债务数据的编制最好在工具对工具、款项对款项的基础上进行,并且以原始货币计价,借款工具应当编制的基本信息:一是可生成摊销和支付表的核心细节及条款;二是实际支付细节,以及未付金额因取消和(或)增长而产生的变动(如项目贷款);三是实际债务交易细节(PSDS2011,6.43)。

对地方政府债务的债务工具信息编制,应当尽可能地保证其全面性。对此,PSDS2011给出了编制各债务工具的建议信息,见表9-14。对债务工具信息的编制应当包括基本信息、细节信息以及条款信息。债务工具的基本信息可以从贷款或信贷协议或相关文件中获得,应包含借款人(借方)、承诺金额、宽限期和到期日、利率(可变或固定)、应支付的所有费用,利息支付的日期,以及本金还款类型等。债权人及债权人类型、支付货币,以及偿债等细节信息,对于分析债务人风险暴露水平等也较为重要。条款信息能帮助债务办公室预测每个债务工具的偿债要求。此外,债务办公室还需要编制各种支付费用,包括实际支付费用和预计支付费用等信息,有关偿债支付的所有数据也必须定期及时进行编制。

表 9-14　债务工具应编制信息

信息类型	描　述
一、借款工具和细节	
贷款目的	描述性标题
协议日期	签署协议的日期
工具类型	贷款工具的类型
生效日期	贷款生效的日期
贷款类型	单一币种、多币种或多款项
借款金额	原始借款金额或因取消或增加而更改后的金额
借款币种	原始币种及支付和偿还币种
参与方：	
借款人	地方政府部门（及其担保非地方政府部门借款）
执行代理机构	项目执行机构
债权人	姓名及债权人类型（多边或双边等）
支付代理机构	如与贷款人不同，请填写姓名
债权人保险人	姓名（如果不是本国居民，请注明国家）
担保状态	由地方政府担保的私营部门借款，以及担保比例
已投保	贷款是否已由出口担保机构在债权人国家进行担保，以及担保比例
经济部门	获得贷款的经济部门
基金使用	是否用于项目融资等
二、支付	
支付期限	支付持续的时间
支付方式	如直接支付或偿付
预期支付模式	针对贷款如何支付的预测
实际支付	币种，以及每次支付的金额
三、借款条款	
利息	利息类型（固定或可变利率）、可变利率（利息基础、参考及利润、差价）、利息时段（支付日期）、利息计算的基础（转换因素：每日、每月、半年、每年等）
佣金费用	未付金额的佣金费用（全部或部分）
罚金	延迟支付利息和本金的罚金
其他费用	如代理费用、管理费用、首次订购费
本金	到期（偿还期限）、偿还类型（等额或年金等）
四、实际偿还支付	每次支付（利息、本金和其他费用）
五、汇率	交易日相关货币和当地货币的汇率
六、利率	每个计息周期债权人使用的可变利率
七、债务重组	重排计划、再融资（自愿或非自愿）、勾销等重组产生的条款变更
八、金融衍生工具	金融衍生工具合同交易、市场价值和名义金额

三、核算结果的合并与列示

(一)债务统计核算数据合并及影响

所谓合并,是指将一组单位(或实体)的统计数据作为一个单位加以列报的方法,涉及被合并单位之间发生的所有交易和债务人(或债权人)关系(GFSM2014,3.152)。合并包括汇总和轧差两个过程,汇总是对框架内的数据进行加总,而轧差则是将内部之间的项目相互抵消。合并的结果是仅衡量被合并的单位与该范围之外的单位之间的交易或存量,合并后的总量不反映该集团之内的经济互动,而是仅反映那些涉及与其他所有机构单位的互动的交易或存量(O'Connor et al.,2004)。

合并的实施在SNA2008和GFSM2014中存在一些差异,而造成差异的原因主要是统计数据的用途有所不同。GFSM2014旨在编制适于分析政府运营影响的统计数据,强调的是整个政府的情况,因而需要通过合并来消除政府内部间的共同影响。据此,使用合并的统计数据相比未合并的来说,在评估政府运行对整个经济或政府运行可持续性的总体影响时更加有效。SNA2008旨在全面衡量生产和各部门之间的关系,一旦对部门间的交易进行合并,许多信息将不再能够反映出来,因此也就失去了其应有之义。对此,SNA2008对于产出和中间消费的衡量,建议应在基层单位的层次上按总额记录,部门账户也应在总额的基础上衡量产出和中间消费。本书探讨地方政府债务统计核算,其目的与GFSM2014更为接近。因此,需要对地方政府债务统计数据进行合并。

合并对统计结果最主要的影响是对总计大小的影响,除了内部之间的存量和流量,仅列入与其他部门或非本国居民进行跨境交易的资金流和存量状况。GFSM2014认为,对政府财政统计数据进行合并,能够消除不同国家或不同时间由于行政安排产生的扭曲效应,而且能够简化流量和存量的测算及避免重复计算(GFSM2014,3.158)。合并的主要原因在于合并统计数据的分析有效性,即合并可消除对各国不同行政安排汇总的扭曲影响。在同样的活动水平上,采用统一的预算机制进行交易的国家未合并的总量会小于进行同样水平的活动、使用预算外账户(资金来自预算)的国家(O'Connor et al.,2004)。合并只需要测算地方政府与其他部门间的存量和流量,而不需要测算各地方政府机构之间与内部情况,因而能够简化测算。合并能避免重复计算各单位之间的交易或存量,从而产生不受内部交易影响的总量,而这种避免重复计算使合并后的数据具有更高的分析效用(O'Connor et al.,2004)。

(二)合并实践的偏离问题及经验法则

根据 SNA2008、PSDS2011 以及 GFSM2014,每一笔交易的交易双方都应同时等值记录交易形成的流量。因此,对于每一笔已确定需要合并的交易,从理论上都可以在交易的对应方账户中获取相应的款项。然而,在对交易的实际合并过程中,合并单位之间的数据会存在差异。如上级地方政府对下级的一笔未付款的货物交易,在检查下级地方政府的账户时,可能没有记录这笔款项,或者记录款项的时期不同,或者记录的会计类别不同,甚至所记录的款项价值也不一致。这些偏离问题,是地方政府债务数据进行合并中需面临的主要困难。

导致合并双方记录结果偏离的原因是多方面的,其中,记录时间以及会计差异的不同可能是由于核算基础导致的。在权责发生制下记录时间能够保持一致性,但以现金收付制作为记录基础,合并双方都以实际现金流为记录标准,就很有可能造成记录时间的不一致。现金收付制由于无法反映应计利息等信息,也可能会导致会计差异的出现。此外,不对称记录可能来自两组账户的分类差异。

上述债务统计数据偏离问题是合并实践需要解决的主要困难,而一些实际的经验原则往往能够为编制者提供有用并且是必要的技术,并且有助于确定所需合并的交易是否存在、存量规模和收集成本的分析是否应当衡量以及哪个单位所记录的最为可靠。PSDS2011 与 GFSM2014 对这些经验法则和分析顺序的建议保持了一致性(PSDS2011,8.31;GFSM2014,3.165):(1)通过对所涉部门之间关系进行全面了解,确定是否需要进行合并的单位内部存量;(2)对关系了解后,需要进一步确定部门内和(或)部门间的存量是否可以计算或估测,以及所涉账户是否会对分析结果产生重要影响;(3)如果数额很大,则需要确定按合并目的收集数据及其他信息的成本,与预期账户及其对汇总结果的影响是否成正比;(4)合并中通常使用"单方"经验准则,将可信交易者记录数据估算到另一方;(5)自上而下的经验准则,交易的发起者的记录往往更加完整、及时、详细和准确,如果确定上级地方政府对下级地方政府的某项贷款,则可以将这笔交易、记录时间及其价值估算到地方政府;(6)债权人记录可靠原则,即债权人可保留大部分可靠记录,如二级市场可交易的无记名有价证券,只有债权人才可获得合并所需的信息。

(三)统计核算结果的列示

政府债务的核算结果对外公布,必须借助相关列表工具进行列示,列示与债务的分类密切相关。一般地,政府债务可以按照债务工具类型、计值类型、债务人层级、债权人类型、期限等进行单独分类或交叉分类。针对公共部门债务的统计,PSDS2011 建议用以列示的表格包括两个汇总表、五个细目表和六个备忘表。与公共部门债务有所不同,地方政府债务统计并不强调债务的净值结果。因此,列表内容应当不再含有与净值项目有关的表格,但同样应当包括汇总表、细目表和备忘表。

按统计的一般惯例,政府债务或地方政府债务统计的汇总表,是按照名义值和市场值计算的债务总额,见表9-15。这里用市场值计算的债务总额,是指债务证券按照市场价格计值,保险、养老金和标准化担保计划按照与市场估值相当的原则计值,所有其他债务工具都按名义价格估值,而并非全部债务工具都按照市场价格进行计值。汇总表首先按照债务工具类型列示合计债务总额,之后按照期限、债权人类型、债务人层级、利率类型汇总的债务总额,都按名义值和市场值列在细目表中。

表 9-15　地方政府债务汇总表

	按名义值计算的债务总额	按市场值计算的债务总额
债务总额合计		
按债务工具类型开列的债务总额 货币与存款 债务证券 贷款保险、养老金与标准化担保计划 其他应付账款		
按原始期限开列的债务总额 原始期限——短期 原始期限——长期 按剩余期限开列的债务总额 剩余期限——短期 剩余期限——长期		
按利率类型开列的债务总额 固定利率工具 可变利率工具		
按债权人居民地开列的债务总额 国内债权人 国外债权人		
按债务人层级①开列的债务总额 州政府 地方政府		
备忘项 地方政府为其他单位担保债务 拖欠款项(逾期债务)		

资料来源:参考 PSDS2011 表 5-1 整理。

　　细目表是在汇总表基础上,对相关分类统计的进一步拓展,包括债务工具期限和类型开列的债务总额、按利率类型和计值货币开列的债务总额、按债权

---

　　① 　本表是美国政府层级分类,将中央政府以外的其他政府分为州政府和地方政府,而我国可以将地方政府分为省级、市区、县级和乡镇级。

人居民地开列的债务总额以及未偿债务总额的偿债付款时间表等。备忘表包括按名义值计算且按债务工具期限和类型开列的地方政府担保债务、按拖欠类型和债务工具类型开列的拖欠款项、按债权人所在机构部门的常住地和类型对债务证券市场价值和名义价值的调整以及按原始期限和债务工具类型开列的平均利率。

第十章　政府债务统计体系改革与发展

目前我国政府债务统计存在诸多问题,特别是地方政府债务规模统计,而国际上已经初步形成了一个较为完整的政府债务统计体系框架。本章在对国际准则体系综合分析、评估的基础上,对比国际准则及主要发达经济体的政府债务统计体系的差异,发现国际上政府债务统计的先进经验。在对我国政府债务统计现状及尚存问题梳理的基础上,提出下一步改革重点。

第一节　政府债务统计标准研究

联合国、国际货币基金组织、世界银行、经济合作与发展组织(OECD)、国际清算银行(BIS)等先后制定了一系列统计指南,帮助各国发展和完善相关领域的统计体系。其中有不少手册或体系都涉及政府债务统计,现已初步形成了一个有关政府债务统计的国际准则体系构架。本部分重点研究、开发和应用《公共部门债务统计指南(2011)》等有关政府债务统计的国际标准,综合比较不同准则政府债务统计的基本概念、统计范围、主要指标、工具分类、会计原则和债务运作六方面,并对其差异进行协调,为中国政府债务统计体系的改革完善提供参考模式。

一、国际准则体系

从流程上看,统计产品的生成通常包括数据生产、数据发布和数据评估三大环节,每个环节一般都有相应的国际准则,必须遵循一定的原则、标准或规范。与统计数据生产流程三大环节相对应,如图 10-1 所示,有关政府债务统计的国际准则也包括三部分:一是生产标准;二是发布标准;三是评估标准。

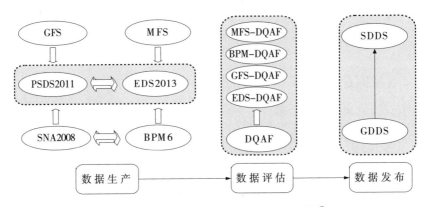

图 10-1　政府债务统计国际准则体系架构①

针对数据评估和发布环节,不同领域或专业的统计往往共性较多,一般以通用性准则为主,或者在通用性准则之下附加专项框架。例如,有关数据评估的国际准则主要有《数据质量评估框架(DQAF)》,但在一般性框架之外,DQAF 还包括七大专项框架,分别是国民账户、政府财政统计、货币统计、生产者价格指数、消费者价格指数、外债统计和国际收支统计数据质量评估框架。各专项评估框架是在评估要素基础上从共性到特性的深化,针对不同数据集提出其核心问题与质量特征描述要点,从而使 DQAF 体系具备从统计系统管理、关键统计过程和主要统计产品来评估数据质量问题的全局观。有关数据发布的国际标准包括数据公布通用系统(GDDS)和数据公布特殊标准

---

① MS-DQAF、BPM-DQAF、GFS-DQAF 和 EDS-DQAF 分别代表货币统计、国际收支统计、政府财政统计和外债统计数据质量评估框。

（SDDS），二者属于统计产品发布的通用框架。

　　针对数据生产环节，不同领域或专业的统计往往差异较大，一般各自有不同的国际标准。[①] 总的来说，在生产环节有关政府债务统计的主要标准或手册重点涉及以下三类：

　　（1）基础类准则，主要包括《国民账户体系》（SNA）和《国际收支手册》（BPM）。SNA作为当今世界主流宏观经济统计的基本框架，代表着国民经济核算和经济统计发展的方向和目标，至今已形成SNA1953、SNA1968、SNA1993和SNA2008四个版本。SNA是对国民经济的整体性综合核算体系，在经济统计体系中处于中心位置，为各专业领域的统计与核算提供基础概念和分类框架，其他诸多统计准则与手册都是基于SNA在特定领域的补充和扩展（聂富强等，2009）。1953年联合国经济和社会事务部统计委员会公布了"国民经济核算体系及其辅助表"，标志着SNA1953的正式诞生。在收入核算与生产核算的基础上，SNA1968引入了投入产出核算、资金流量核算和国际收支核算，形成了一个包含五大核算系统、较为完整的核算框架。1993年，联合国等五个国际机构联合修订的国民账户体系（即SNA1993）对外公布，呈现许多新特点，可以概括为更新、澄清、简化和协调。2009年2月，联合国统计委员会第40届会议对外发布了最新版本的国民经济核算标准体系，即SNA2008，该版本保持了SNA1993的基本框架，关键变化集中体现在资产、金融部门、全球化及相关问题、一般政府和公共部门、非正规部门等五大领域。

　　国际收支统计综合反映一国对外经济状况，是进行宏观经济决策的重要信息来源之一。目前世界上绝大多数经济体普遍采纳国际货币基金组织制定的BPM体系，对国际收支交易以及相应的头寸变化进行统计，编制国际收支平衡表和国际投资头寸表。《国际收支手册》第一版于1948年发布，内容包括国际收支平衡表标准项目的列示。此后该手册先后进行过五次修订，第二

---

①　这里侧重于从数据生产角度探讨政府债务统计的国际准则或指南。

版发布于 1950 年;1961 年第三版发布,包含了一整套世界各国适用的国际收支原则;1977 年发布的第四版详尽解释了居民、计值和其他会计原则;手册第五版于 1993 年公布,首次引入国际投资头寸的内容,在定义、术语等方面与 SNA1993 协调一致;手册第六版《国际收支和国际投资头寸手册(BPM6)》于 2008 年正式公布,在统计原则、经常项目、资本与金融项目等方面多处修订,在全球化背景下注重提高数据的国际可比性。总体上,SNA 和 BPM 对政府债务的统计指南侧重于概念和分类体系,不做直接调查,无法直接产生行政记录和指标数据(高敏雪,2013)。

(2)相关类准则,主要包括政府财政统计体系(GFS)和货币金融统计体系(MFS)。国际货币基金组织等制定的《政府财政统计手册》(GFSM)是政府财政统计的国际标准,与政府债务统计直接相关。财政统计作为社会经济统计中的一个重要组成部分,主要用于记录财政资金的汇集、使用和变动状况。经过不断发展和完善,国际货币基金组织的政府财政统计体系已成为和国民经济核算、货币和金融统计、国际收支统计并列的世界四大专业统计体系之一,被世界许多国家广泛采用。该体系最初产生于国际货币基金组织于 1986 年颁布的经过十多年研制的《1986 年政府财政统计手册》(GFSM1986),由此建立起一个完整的政府财政统计核算体系,其后经历了两次系统修订。第一次修订形成《2001 年政府财政统计手册》(GFSM2001),这是国际货币基金组织对政府财政统计标准的首次更新,在诸多关键领域作出重大变革,如拓展财政统计范围,以权责发生制取代现金收付制,发展财政统计分析框架,重新定义和整合政府财政收支体系,在财政统计的理论与方法上取得了巨大进步。第二次修订形成《2014 年政府财政统计手册》(GFSM2014),于 2014 年 3 月正式发布。财政统计是财政分析的关键,GFS 体系侧重于从政府财政的角度分析政府债务,有助于了解政府债务与其他财政数据之间的关系,例如,债务净额以及政府或有负债是分析人员在评估财政可持续性和政策宏观经济影响时越来越重视的领域。

MFS 体系主要包括国际货币基金组织于 2000 年颁布的《货币与金融统计手册》(MFSM2000)和 2008 年颁布的《货币与金融统计编制指南》(MFSCG2008),二者是目前货币与金融统计国际标准的核心框架,形成了一套系统的货币与金融领域的核算体系,与政府债务统计间接相关。该体系始于国际货币基金组织 1984 年 12 月出版的《国际金融统计中的货币与银行统计指南》(GMBSIFS1984),其主要目的是向成员国介绍《国际金融统计》中货币与银行数据的编制方法,但当时并未形成关于货币与金融统计数据收集、编制、汇总的一套准则。配合于 SNA2008 和 BPM6 的修订,国际货币基金组织统计部门于 2011 年 11 月正式启动对货币与金融统计标准的全面修订工作,确定了一系列修订议题,拟将 MFSM2000 与 MFSCG2008 合并形成《货币与金融统计手册和编制指南》(MFSMCG)。MFS 体系在侧重于金融公司及其子部门资产负债流量和存量的核算基础上,测定整个社会的金融活动状况,为分析其对整个国民经济的影响提供有效帮助。MFS 不仅表述了金融数据的统计与分析框架,并在此框架上核算了包括债务总额在内的一些重要总量指标。同时,MFS 对金融资产的分析和处理方法有着比其他手册相对更详细的指导,其中公共金融公司的债务负债是政府债务研究的一个重要部分。此外,存款性公司概览中对资产负债表的表述将存款性公司的广义货币负债与其国外资产和负债以及对中央政府的债权和负债联系了起来,这就将货币统计与国际收支和政府财政统计联系起来。

(3)专门类准则,主要包括《公共部门债务统计:编制者和使用者指南》(PSDS2011)和《外债统计:编制者和使用者指南》(EDS2013)。《公共部门债务统计:编制者与使用者指南》于 2011 年正式发布,是首份关于公共部门债务统计的全球指南,由国际货币基金组织、世界银行、国际清算银行(BIS)、经济合作与发展组织(OECD)、英联邦秘书处、巴黎俱乐部、欧洲央行、联合国贸易与发展会议、欧盟统计局等九大国际组织通过政府间财政统计特别工作组(TFFS)共同负责编写。该指南重点关注如何改善政府债务统计的数据质量和及时性,旨在促进不同经济体中各种记录做法统一,作为各国编制者和使用者的有用参考(IMF et al.,2011)。

外债代表未来对外偿债的责任,可能成为一国或地区易受清偿能力和流动性问题打击的重要源头,外债统计信息对政策制定和金融市场影响巨大。一些国家或地区频频爆发的金融危机突出表明可靠和及时的外债统计至关重要,是尽早发现各国对外脆弱性的关键因素,因此,测算和监控外债极其必要。外债统计指南旨在改善重要外债数据的质量和及时性,以及促进记录方法的一致。国际上最早关于外债统计的指导原则是1988年发布的《外债:定义、统计范围与方法》,提供了统计意义上的外债定义,为测算外债总额提供指导。2003年由国际货币基金组织、国际清算银行等八家国际机构通过金融统计跨机构工作组的机制联合负责编写的《外债统计:编制者与使用者指南》(EDS2003),为外债统计提供了改进的概念框架、新的表式结构及会计原则,特别是针对测算和表述外债净头寸提出了建议。外债统计也是宏观经济统计的重要组成部分,与国民账户体系、国际收支统计、政府财政统计、货币金融统计在概念、分类、核算原则与方法上保持一致。EDS2013出版后逐步成为各国外债统计工作的实践指南,但随着全球化的发展和2008年国际金融危机的爆发,面对日益发展的跨境金融活动和创新型债务工具,实践中该体系也暴露出一些不足。同时,作为基础性的经济统计框架,《2008年国民账户体系》(SNA2008)和《国际收支与国际投资头寸手册》(BPM6)等国际统计标准正式修订出版,对诸多概念、分类、核算准则作出了调整与变化,从而对外债统计方法的一致性提出了新的要求。在此背景下,外债统计指南的修订工作于2011年启动,2013年正式发布《外债统计:编制者与使用者指南》(EDS2013)。EDS体系重点在以下方面提供指导:一是外债统计的基本概念、定义和分类;二是数据来源和编制方法;三是外债数据的分析使用。

PSDS和EDS共同构成政府债务统计国际准则的核心框架,其中PSDS以公共部门单位的债务负债总额和净债务负债为重点,是针对公共部门债务的

专门指导性手册,而 EDS 则为测算和表述外债统计提供直接指导。PSDS2011
和 EDS2013 的概念、分类框架与 SNA2008 和 BPM6 协调一致,并且与
GFSM2014 也有着同样的分类和定义,但这些分类和定义与《2001 年政府财
政统计手册》(GFSM2001)略有不同。

二、综合评估

综合来看,生产环节的政府债务统计准则主要涉及 SNA、BPM、GFS、
MFS、PSDS 和 EDS 六大体系。上述准则或手册分别对政府债务统计有不同
程度的指导意义,各个体系相辅相成,互为补充,共同构成政府债务统计的国
际准则基本构架,见表 10-1。

表 10-1　政府债务统计国际准则概览

主要准则	基础类		相关类		专门类	
	SNA2008	**BPM6**	**GFSM2014**	**MFSM2000/ MFSCG2008**	**PSDS2011**	**EDS2013**
参考手册	—	SNA2008	SNA2008 BPM6	SNA1993	SNA2008 BPM6	SNA2008 BPM6
债务类别	内债和外债	外债	内债和外债	内债和外债	内债和外债	外债
基本表式	资产负债表	国际投资头寸表	资产负债表	资产负债表	债务统计表	外债总额头寸表
统计范围	经济体	经济体	公共部门及其分部门	金融公司及其分部门	公共部门及其分部门	经济体公共部门
负债分类	工具分类	职能分类工具分类	工具分类	工具分类	工具分类	职能分类工具分类

注:EDS2013 除考虑整个经济体外债负债外,第 5 章和第 11 章单独分析了公共部门外债统计及其数据
　　汇编,另外,MFSM2000/MFSCG2008 主要侧重于金融公司及其分部门的分析。

第一,SNA 和 BPM 作为宏观经济统计的基础性框架,在经济统计体系中
居于中心地位,二者共同为政府债务统计提供概念与分类框架基础。其中
SNA 为政府债务统计提供基本概念框架、分类体系及表式结构参考,诸如金

融资产分类、资产负债表式结构、一般核算原则及机构部门分类等;BPM 作为侧重于国际收支与国际投资方面的统计准则,除概念和分类框架之外,对政府债务统计的指导主要涉及政府债务中的外债部分。

第二,GFS 和 MFS 体系是与政府债务统计密切相关的领域。GFSM2014 在对资产负债表进行系统记录的基础上介绍了负债的定义、定值和分类等,是政府债务统计的重要基础。MFS 体系主要包括 MFSM2000 和 MFSCG2008,与 BPM类似,仅涵盖公共部门债务负债某方面内容。MFS 对金融资产工具、机构部门分类特别是债务工具类型等给出了更具操作性的指南(聂富强等,2009),关于债务负债主要集中于金融公司部门及其分部门的描述,涉及公共部门中的机构单位包括中央银行、公共存款吸纳公司(除央行外)以及国有金融公司的债务负债,货币与金融统计是评估各国财政和债务脆弱性的核心成分之一。

第三,PSDS 和 EDS 为测算政府债务提供直接指南,而其他手册从不同角度或侧面出发为公共部门及其分部门的债务统计提供参考或有效指导。PSDS2011目的是为测算和列示公共部门债务统计数据提供全面指导,主要以公共部门单位的债务负债总额和净债务负债为重点。原因有以下两个方面:一方面,通常情况下编制资产负债表的统计重点首先是债务负债,其次是债务工具形式的金融资产,然后再纳入非债务负债和其他资产;另一方面,政策制定者和分析人员对公共部门单位的债务总额和净债务的兴趣更大。PSDS 为编制公共部门债务统计提供了基本框架,该框架衍生于 SNA2008 和 BPM6,GFSM2014也采用同样的定义和分类,但 PSDS 与 GFSM2001 存在一定差异(IMF et al.,2011)。在这一概念框架下,公共部门债务包括公共部门单位的所有负债,但股权和投资基金份额、金融衍生工具和雇员认股权除外,除此之外的债务负债总额将作为被统计公共部门单位的债务头寸总额予以列示。EDS2013 提供了测算和表述外债统计的综合指导,与 SNA2008、BPM6 协调一致,但只涉及公共部门总债务的外债部分,为测算政府总外债和净外债提供直接指导。

第四,不同准则或手册之间的协调性不断增强。随着经济社会形势的变化,国际社会一般会适时对各种统计准则进行更新,包括 SNA、BPM、GFSM 等都先后经历多次修订,政府债务统计有关准则在更新中发展完善,协调性和一致性不断增强,初步形成了与 SNA2008、BPM6 的概念和分类框架协调一致的体系。

三、主要体系比较

不同准则编制背景、规范领域、主要目标、面向对象、指导重点不同,有关政府债务统计的指南或建议也各有侧重。因此,不同准则有关政府债务统计的指导内容既有一致性又有差异性。为了厘清政府债务统计的基本理论与方法,下面对不同准则做综合比较分析,重点包括基本概念、统计范围、主要指标、工具分类、会计原则和债务运作六个方面。

(一)基本概念

从统计视角看,界定政府债务的内涵必须厘清几个相关概念,主要包括广义政府部门和公共部门、负债与债务。

1. 广义政府

在经济统计中,不同体系基本都采用一致的机构单位概念,将经济体划分为非金融公司、金融公司、广义政府、为住户服务的非营利机构(NPISH)和住户五个机构部门。但各体系间也存在一些差异:①MFS 中将住户和 NPISH 合在一个单独的其他居民部门类别里;②BPM6 由于侧重于对外贸易与投资统计,将机构部门分为中央银行、央行以外的存款公司、广义政府和其他部门。政府债务统计一般都采用广义政府的概念,SNA、PSDS、GFS 和 EDS 都从机构单位的角度给出一致定义,认为广义政府是除了履行政治义务和经济监督职能之外,主要基于非市场基础为私人消费或公共消费生产货物或服务、对收入和财富进行再分配的机构单位。BPM6 和 MFS 未给出具体定义,但对广义政府涵盖范围进行了界定。

按政府级别以及是否包含社会保障基金来看,不同手册对广义政府部门分类主要有两种共同的划分方法:①在子部门的每一项中都包含非营利机构(NPI),但都不包含社会保障基金;②子部门的每一项中都既包含 NPI,又包含社会保障基金。对各分部门,一般还可以区分预算部分和预算外部分,这种区分有助于财政分析和风险评估。其中,PSDS 指出预算部分可以只包含主要(或总)预算,而预算外部分则由构成该级政府的其余实体组成,但不包括社会保障基金。实践中,某一实体到底应归入预算部分还是预算外部分主要取决于各国国情,其中预算中央政府通常是一个单一机构。

2. 公共部门

考虑到公共公司的负债能显性或隐性地被政府担保,了解公共公司的资产负债情况能在一定程度上反映广义政府的担保风险,这样,基于公共部门债务负债的统计更有助于分析其对财政政策以及财政可持续性的影响。公共部门是包含政府单位和公共公司的复合部门,不同手册中具体规定略有差异。

SNA 规定被归为公共公司的企业不仅必须是由另一个公共单位控制的,还必须是一个市场生产者,所谓控制是指有能力决定一个机构单位的总体政策或规划。公共公司在 SNA 中又进一步划分为非金融公共公司、除央行外的公共金融公司、中央银行三部分,EDS 中公共公司分为中央银行、除央行外的存款吸纳公司,以及其他部门中的公共公司三类。PSDS 与 GFS 关于公共公司的划分更具体,并对子部门做了详细描述(见图 10-2)。BPM 关于公共部门的划分参考SNA 和 GFS 体系,自身未列出公共公司的子部门,但指出可根据需要将公共公司作为补充项目,列在金融部门和非金融部门或其子部门下的"其中"项目中。另外,MFS 中除央行外的其他存款公司与 SNA 中定义有细微差别,SNA 未基于广义货币的角度定义,而 MFS 认为其他存款性公司主要是从事金融中介业务且发行包含在该国广义货币概念中负债的所有居民金融性公司和准公司。

3. 负债和债务

经济统计中,债务和负债是两个既有联系又有区别的概念。上述手册除

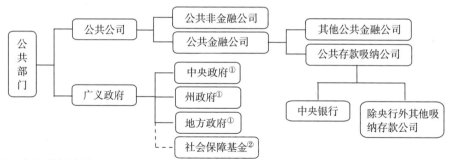

注：① 包括社会保障基金。
　　② 或者，可将社会保障基金并入一个单独的分部门，因此，图中以虚线方框表示。

图 10-2　公共部门及其分部门

BPM 未涉及负债的定义外，SNA、GFS 与 PSDS 关于负债的定义相同，都是从债务人的角度定义，即当一个单位（债务人）在特定条件下有义务向另一单位（债权人）提供资金或其他资源时，负债就得以确立。EDS 与之相反，是从债权人提供经济价值的角度进行定义。MFS 从信贷产生角度定义，即信贷创造涉及一家机构单位（债权人或贷款人）向另一家单位（债务人或借款人）提供资源，债权单位获得金融债权，债务单位产生支付负债。

针对债务，仅 SNA 和 PSDS 给出了其定义，认为债务是指在将来某个日期或某些日期需要由债务人或向债权人支付（本金或利息）的所有负债。债务是通过包括哪些金融工具类型或排除哪些金融工具类型来确认，例如，SNA 中债务不包括股份、股权和金融衍生品等负债；GFS 中股票和投资基金份额、金融衍生品和员工股票期权不为债务；EDS 中金融衍生工具头寸、股票、股权资本和外国直接投资的收益再投资不为债务工具。关于外债的概念，EDS 指出，如果一个居民对非居民在未来有偿还本金和/或利息的责任，这个负债代表对居民经济资源的索取权，即为外债。

此外，鉴于具体的法律、制度和实践安排，就所包含的工具而言，债务还有两种相对狭义的定义：一是认为债务仅包含货币与存款、债务证券及贷款；二是认为债务包含保险、养老金和标准化担保计划外的所有债务工具。针对债务和负债二者的关系,无论从定义还是从所包含的金融工具来看,显然债务必定是负债,但负债未必是债务。

(二)统计范围

政府债务是指政府凭借其信誉作为债务人,和债权人按照有偿原则发生信用关系来筹集资金的一种信用方式,也是政府调度社会资金、弥补财政赤字、调控经济运行的一种特殊分配方式。但西方财政学者认为,政府债务不仅仅指政府部门的债务,往往将政府举借的债务称之为公债,公债是公共债务或公共部门债务的简称,具体指各公共部门(主要是政府部门)以公共信用方式举借的各类债务(张雷宝,2007)。BPM6指出,政府部门可根据需要定义为广义政府或公共部门,可见政府债务统计的机构部门可以是公共部门或广义政府部门,以及其子部门。

(三)主要指标

统计指标是统计工作的归宿,政府债务统计旨在获得有关政府债务的统计指标,进而用于政府债务分析以及财政经济研究。如表10-2所示,各手册均提出了相应的政府债务统计指标,但由于各个体系侧重点不同,所提出的指标有所不同。具体分析如下:

表 10-2　不同体系中政府债务的主要统计指标

体系	SNA2008	BPM6	GFSM2014	MFSM2000/MFSCG2008	PSDS2011	EDS2013
指标	1. 负债总额 2. 或有负债	1. 负债总额 2. 或有负债	1. 债务总额 2. 净债务 3. 或有负债 4. 应付账款 5. 拖欠 6. 总养老金和保险负债	1. 债务总额 2. 外债总额	1. 合计债务 2. 净债务 3. 或有负债 4. 偿债指标 5. 其他指标	1. 外债总额 2. 净外债 3. 或有负债 4. 债务负担指标

（1）债务总额和净债务。SNA 和 BPM 中没有明确提出债务统计指标，在资产负债表中用负债存量或负债总额表示所有金融工具负债的总额，但可根据负债工具的统计间接测算债务总额。PSDS 中债务总额命名为"合计债务"或"合计债务负债"，由所有属于债务工具的负债组成，定义与 GFS 一致。MFS 未从债务工具方面确定债务总额，而是将经济体中的债务总额定义为对国内所有单位的债务进行汇总。另外，GFS 和 PSDS 还定义了净债务指标，即为总债务减去债务工具所对应的金融资产，包括债务工具中的所有金融资产/负债，在资产负债表的基础上也可测算出净债务，近年来财政分析人员对净债务指标越来越感兴趣。

（2）或有负债。无论是在理论还是实践中，或有负债都是政府债务统计中一个非常重要却又比较模糊的问题。一般而言，或有负债为只有在未来特定条件下才会产生的负债。或有负债和负债（以及公共部门债务）之间的一个主要区别是，在记录一项金融交易之前必须满足一个或多个条件。SNA 包括（合法）负债和推定负债①，但不包括或有负债。GFS 指出或有项目可能对总体经济产生重要影响，并将其作为一个债务指标列出，其他手册大多建议将或有负债在备忘项目中及时记录。

（3）外债总额和外债净额。EDS 和 MFS 都列出了外债总额指标，其中EDS 指出，外债总额是指任一时点上的实际（不是或有）负债余额，该负债要求债务人在未来某一时点偿还本金和（或）利息，并且是某一经济体居民对非居民的欠债。另外，净外债即为外债存量减去相应债务工具的对外金融资产。而 MFS 从债权人的角度出发，定义外债总额是在并表计算债务总额的基础上，剔除居民资产的所有债务，只留下对非居民的负债。

（4）偿债指标。政府债务体系与其他宏观经济体系的协调统一意味着政府债务数据可以和其他体系的统计数据结合，用来评估广义政府或公共部门

---

① 长期且得到普遍接受的惯例可以代替合同确立负债，这类负债称为推定负债。

债务相对于经济其他部分的状况,便于制定国际公认的标准对各国政府债务进行横向跨国比较分析。PSDS和EDS都给出了基于债务存量和债务流量与其他宏观经济变量(如GDP、出口和财政收入)的比率来衡量偿债能力与债务负担的指标。其一,基于存量指标,例如:①债务/GDP比率,定义为年末债务总余额与当年GDP的比率,可说明一国通过国内生产总值偿还债务的潜力;②债务/出口比率,定义为年末债务余额与当年出口经济货物和服务的比率,可说明一国今后是否有望获得充足的外汇来偿还外债;③债务/财政收入,衡量政府调动国内支付资源以偿还债务的能力。其二,基于流量指标,例如:①在PSDS中,利息/GDP比率或利息/收入比率(因资本化和指数化效应而调整利息)反映债务造成的经济负担;②在EDS中,债务还本付息额/出口比率定义为外债还本付息额(本金和利息)与当年货物和服务出口之比,可作为国家外债可持续性的衡量。

(5)其他指标。部分体系在上述主要指标之外,还涉及其他一些债务统计指标。例如,GFS中的应付账款指标包括贸易信贷和预付款,以及其他方面的应付项目;拖欠指未偿还部分和超过偿还日期的款项;总养老金和保险负债,为保险、养老金和标准化担保以及社会保障金的总和。其他手册虽然也涉及这些内容,但并未将其作为指标强调。此外,PSDS还包括其他衡量债务成本和风险的指标,如债务现值/GDP(假如是非优惠债务①,则为债务/GDP),同样反应债务负担程度。

(四)工具分类

债务负债由各种债务工具组成,债务工具分类与负债分类一样,主要以流动性程度以及工具中用以描述债权人债务人关系的法定特征为基础,表10-3

---

① 关于债务优惠性,宏观统计中对此没有一致的定义或测度,但一般认为优惠贷款是指一单位借款给另一单位,协议利率有意设立在同等情形下可能适用的市场利率以下,并可伴随宽期限、偿付频度和有利于债务人的到期日等增强优惠程度。

列示了各手册债务工具的主要分类。针对政府债务工具,BPM 中也包括工具分类,但在国际账户中负债的最高层分类为职能分类,职能分类是根据经济动机和行为模式将金融工具进行归类,除 BPM 和 EDS 外其他手册没有这种类别。

表 10-3　不同体系的债务工具分类

体系	SNA2008	BPM6	GFSM2014	MFSM2000/ MFSCG2008	PSDS2011	EDS2013
分类	1. 特别提款权 2. 通货和存款 3. 债务性证券 4. 贷款 5. 保险、养老金和标准化担保计划 6. 其他应付款	1. 特别提款权 2. 通货和存款 3. 债务性证券 4. 贷款 5. 保险、养老金和标准化担保计划 6. 其他应付款	1. 特别提款权 2. 通货和存款 3. 债务性证券 4. 贷款 5. 保险、养老金和标准化担保计划 6. 其他应付款	1. 存款 2. 贷款 3. 非股票证券 4. 其他应付款	1. 特别提款权 2. 通货和存款 3. 债务性证券 4. 贷款 5. 保险、养老金和标准化担保计划 6. 其他应付款	1. 特别提款权 2. 通货和存款 3. 债务性证券 4. 贷款 5. 贸易信贷和垫款 6. 保险、养老金和标准化担保计划 7. 其他应付款——其他

注:除 EDS 外,其他手册中其他应付款包括"贸易信贷、垫款"和"其他",其中"其他"是与税、红利、证券买卖、租金、工资和薪金、社会保障缴款有关的应收和应付款(SNA)。

(1)从债务工具整体类别来看,SNA、BPM、GFS 和 PSDS 和 EDS 关于债务工具的分类名称基本一致。MFS 只明确指出表 10-3 中所列各项为债务工具,虽然负债类别与 SNA1993 一致,但由于其他金融工具是否应作为债务工具尚存意见分歧,故没有列出。另外,第六类其他应付款中贸易信贷和垫款与其他应付款——其他在 EDS 中被划分为两个单独的类别,且其他应付款——其他与保险、养老金和标准化担保计划在表式中都列在其他债务负债中。

(2)从债务工具名称来看,MFS 中非股票证券是指可流通的工具,用来证明有关单位有义务通过提供现金、金融工具或具有经济计值的其他项目进行结算。SNA 等其他手册中债务性证券是指可以作为债务证据的各种可转让金融工具,实际与 MFS 中的非股票证券所描述类别一致,修订后的 MFSMCG 则与 SNA2008 一致,采用债务性证券的概念。

(3)从债务工具定义来看,关于贸易信贷和垫款,SNA、EDS 只描述贸易信贷和预付款不包括为商业信用融资的贷款,将之列入贷款类。BPM、GFSM和 PSDS 指出,由货物和服务卖主提供的卖方信贷不包括由第三方为资助贸易而提供的贷款、债务证券或其他负债。但 MFS 通过指出贸易信贷是非息的,而贷款是有息的对两者进行了区分描述。另外,MFS 给出了在不明显的情况下,存款和贷款、贷款和债务性证券的区分。

(4)从债务工具统计口径来看,不同体系中保险、养老金和标准化担保计划差异较大。首先,GFS 中的养老金福利与 SNA 口径不一,GFS 要求将所有短期就业养老基金确立为一项负债,而 SNA 相对更为灵活,允许其中一部分养老金负债不在核心账户而在补充表中记录。其次,GFS 中服务费或者其他费用无法和非寿险保费以及标准化担保等分开统计,而在 SNA 中可以分开获得,这主要是因为 GFS 只能通过考虑经济体中所有部门数据来间接估算其值。比如,非寿险保险保费和理赔在 GFS 中作为转移,在 SNA 中被分开成服务费和转移两项,造成这种差异的主要原因是 GFSM 侧重于财务交易,而 SNA 还侧重于商品和服务的生产和消费。再次,上述体系中保险、养老金和标准化担保计划都包含:非寿险专门准备金;寿险和年金权益;养老金权益;养老金经理人的养老基金债权;标准化担保代偿准备金。其中,SNA 和 EDS 在划分为前五类的基础上,还列出了非养老保险金权益。其他手册因为考虑到养老金以外的社会保险基金计划并不常见,故没有单独列出非养老金权益,但认为有些计划可能具有相关负债(如健康福利),列于非养老福利权益下。最后,BPM 中养老金权益、养老基金对养老基金管理人的债权,以及对非养老基金的权益归为一类讨论。因此,在测算保险、养老金和标准化担保相关数据时应在数据诠释中说明覆盖范围和估算性质。

(5)从债务工具二级分类来看,MFS 中金融公司持有的存款、贷款、非股票证券不按长、短期或者工具类别进行划分,只在区分这些证券是否包含在广义货币中时有必要划分,但其他手册一般都对债务工具按种类或期限进行次级划分(或作为补充分类)。

（五）会计原则

各体系都建议采用权责发生制来确定负债流量的变化,并按资产负债表报告日的市场交易价格对债务工具进行计值。权责发生制的使用可以提供对政府财政政策宏观影响的最好估计,所有货币和非货币交易都涵盖在内,能提供最全面的统计信息。基于现金流的记录方式限制在货币交易,已经不能完全满足政府的需求。广义政府单位最常见的债务交易是利息开支和偿还本金,债务人对债权人的负债金额即为本金,其中利息应按权责发生制记录。在编制资产负债表时,负债应按编制时的当期价格来记录,而不是按照原价来记录。实践当中,发达国家财政统计和政府债务统计已开始采纳权责发生制,许多发展中国家包括中国仍以现金收付制为主,向权责发生制转变的过程极为缓慢(朱志雯,2012)。为规范权责发生制政府综合财务报告制度改革试点期间的政府财务报告编制工作,确保政府财务报告真实、准确、完整、规范,根据《中华人民共和国预算法》《中华人民共和国会计法》《国务院关于批转财政部权责发生制政府综合财务报告制度改革方案的通知》(国发〔2014〕63号)、《政府会计准则——基本准则》(财政部令第78号)等规定,中国财政部2015年11月制定并颁布《政府财务报告编制办法》(试行),自2017年1月1日起施行,并且制定了《政府综合财务报告编制操作指南(试行)》和《政府部门财务报告编制操作指南(试行)》,具体指导政府财务报告的编制。上述文件均明确提出,政府部门财务报告以权责发生制为基础,主要反映政府部门(单位)的财务状况、运行情况等信息,包括财务报表和财务分析。但在实践当中,各地有关部门在落实政府财务统计特别是债务统计按权责发生制处理的原则方面产生了一些问题,由现金收付制向权责发生制过渡时尚存不少实践难题。

2008年国际金融危机引发各界对公允价值计量问题的重新思考,因此,政府债务统计必须厘清会计原则,进行有效的会计计量,避免因计值方法差异带来的潜在风险(王平、刘玉廷,2012)。市场价值计值是各手册一致认同的计值原则,在活跃市场上,被交易的债务工具如债务证券的市场价值取决于其现行市场价格。不在金融市场交易或交易不频繁的,应当以等价市场价值计值,也就是说,对这些资产和负债估计其公允价值是必要的,即用市场利率将未来现金流折算为现值,或者利用类似债务工具的市场价格来估值。同时,对于不可交易债务工具,一般以名义价值作为其市场价值的近似,例如,贷款、货币与存款以及其他应收/应付账款一般缺乏可观察的市场价,则采用名义价值计值。特别地,交易型债务工具应同时以名义价值和市场价值列示(当只列示一种计值时,另一计值记录在备忘项目中)。

此外,特别提款权(SDR)的价值由国际货币基金组织根据货币篮子每日决定,保险技术准备金由与市场价值相当的精算值得到。PSDS 和 BPM 指出,应同时将贷款的公允价值作为债权人的备忘项列示,对于货币与存款以及其他应收/应付账款,当名义值与公允值之差很明显时公允值作为备忘项目单列(IMF et al.,2011)。SNA 中其他应收/应付款虽未直接指出按名义价值计值,但按债务偿清时债务人有合同义务向债权人支付的本金额即为其名义价值。MFS 中估值方法与其他手册略有不同,对于没有利息的存款以名义值记录,而有息存款、通货、贷款和其他应收/应付款,以及保险技术准备金中的保险费预付和未决赔款准备金用账面价值计值。通常来说,实体企业一般较多地采用账面价值核算,MFS 采用账面价值计值的原因主要在于货币统计数据来源是基于金融公司部门的会计记录。

(六)债务运作

市场经济中,经济体或机构部门在履行其偿债责任过程中有时会遇到困难,或者债务人由于各种原因希望改变债务偿还状况。在这种情形下,往往需要进行债务重组或其他相关的债务运作,从而引发相应的会计核算。其中PSDS 指出,债务重组(也称为债务调整)一般是债权人和债务人(有时还涉及第三方)之间关于改变现有债务偿还条款的一项安排,政府往往作为债务人、债权人或担保人参与债务重组的过程。

从操作层面上看,债务重组类型较多(见表10-4),各个体系均从不同角度对政府债务运作提出了一些指南或相关建议。主要有如下特点:首先,SNA中债务预偿包含在债务转换中,其中债务转换指债权人将债务权益转换为具有经济价值的某物(而不是同一债务人的另外一项债务),而其他手册中债务预偿有单独的定义及统计处理方法。例如,BPM6规定,债务预偿包括以债权人和债务人约定的条件回购①或提前偿还债务。其次,GFS体系中政府债务重组类型划分与SNA、BPM一致,而MFS体系仅包括三种债务运作类型的定义,未涉及统计处理方法。并且,MFS将债务承担视作一种特殊的债务再融资形式,而在其他手册中将债务承担与代偿债务归为一类。再次,EDS中第四种类型未包括代偿债务,其所定义的债务承担是指在债权人、前债务人和新债务人之间达成的三方协议,协议规定由新债务人承继前债务人的未偿负债,负责向债权人偿还债务。但是,PSDS则与SNA2008、BPM6、GFSM2014一致,涵盖了代偿债务。所谓代偿债务,是指公共部门单位可决定由其代另一机构单位(原债务人)偿还政务或支付特定款项,而无须启用担保或继承债务。实际上,代偿债务由于现有债务的条件保持不变,本质上并不应视作债务重组。

表10-4 债务重组的主要类型

体系	SNA2008	BPM6	GFSM2014	MFSM2000/MFSCG2008	PSDS2011	EDS2014
分类	1. 债务豁免 2. 债务展望或再融资 3. 债务转换 4. 涉及第三方的债务承担和代偿债务	1. 债务豁免 2. 债务展望或再融资 3. 债务转换和债务预偿 4. 债务承担和代偿债务	1. 债务豁免 2. 债务展望或再融资 3. 债务转换和债务预偿 4. 债务承担和代偿债务	1. 债务再融资 2. 债务承担 3. 债务转换	1. 债务豁免 2. 债务展望或再融资 3. 债务转换和债务预偿 4. 债务承担和代偿债务	1. 债务豁免 2. 债务展望或再融资 3. 债务转换和债务预偿 4. 涉及第三方的债务承担

注:SNA中债务转换包括债权转股权,以及通过其他安排实现的债务预偿。

① 当涉及相对债务名义价值的折扣时提前偿债被称为回购。

四、不同体系差异协调

SNA 是宏观经济统计的中心框架,针对政府债务统计,不同准则或手册一般都与 SNA 保持协调一致,特别是机构单位概念和部门分类方法基本相同。同时,各体系在流量记录、计值原则、合并处理方法等方面也保持一致,都建议以权责发生制记录流量,以市场价值为债务工具计值。其中,SNA 虽不作合并处理,但承认合并对于广义政府部门是有意义的。实践中,除 PSDS、EDS 直接针对政府债务统计外,其他体系往往也可通过资产负债表间接获得有关政府债务数据。但正如前所分析,不同体系在某些概念定义、核算方法及项目处理等方面存在一定差异。因此,各国在采纳国际准则和构建本国政府债务统计体系时,应高度重视不同体系的差异协调问题。其中,重点涉及以下几个方面:

第一,关于涵盖部门,除 GFS 和 PSDS 以公共部门或广义政府部门为分析对象外,其余手册面向整个经济体。公共部门并非五大机构部门之一,却是一个具有重要分析意义的基本部门,MFS 明确指出,编制公共部门债务数据极有必要。公共部门统计有助于反映广义政府部门之外发生的财政交易活动,因此,各手册应明确以公共部门涵盖范围为基准,统计和发布公共部门债务数据,或借鉴 EDS 的列示方法,除统计经济体债务负债外同时单独列示公共债务和公共担保债务,以便开展公共部门债务比较分析。

第二,关于债务工具,MFS 只明确指出表 10-3 中四种工具为债务工具,可借鉴其他五个体系对债务工具类别进行修订,基本原则以 SNA 为基础,对因体系侧重点不同而导致涵盖范围不同的债务工具以备忘项目的形式加以记录。同时,对于定义略有差异的债务工具在不致引起混淆的情况下,以更详细、更明确的阐述为基础。另外,对统计口径不一致的债务工具应在数据诠释中加以说明。

第三,关于统计指标,SNA 和 BPM 作为概念性框架准则,并未列出债务统计指标。除 MFS 外,其他手册不仅关注债务总额,同时也对净债务进行了衡量,净债务的统计对监测政府债务风险有着重要作用。另外,PSDS 以及 EDS 提出了偿债指标和债务负担指标,有助于结合其他宏观经济变量分析政府财政和政府债务的潜在脆弱性,值得推广与借鉴。

第四,关于核算原则,GFS 体系虽明确提出采用权责发生制记录流量,这与其他手册一致,但 GFS 允许统计人员使用现金收付制作为编制权责发生制数据的近似,实践中应加快向权责发生制过渡。同时,各手册强调以市场价值为债务工具计值,但对于非交易债务工具,MFS 以账面价值计值,不同于其他手册以名义价值计值,为此,可将名义价值以备忘项目的形式加以记录。其中,针对面值和名义值可互换使用的情况,GFS 明确指出,除了在交易期限外,名义价值的理解不同于面值,故有必要加以协调以保持不同体系的一致性。

第五,关于负债分类,SNA、GFS 体系、MFS 体系和 PSDS 采用工具分类,与 BPM、EDS 存在差异。BPM 和 EDS 负债的最高层分类为职能分类,这是因为职能类别根据经济动机和行为模式将金融工具归类,能用于协助分析跨境交易和头寸。可根据职能分类与工具分类的关系将工具分类数据作为补充表列示,以便核算政府债务外债总额。

第二节　政府债务统计实践比较

本部分将对全球主要发达经济体的政府债务统计体系进行比较研究,探讨世界银行、国际货币基金组织(IMF)、经济合作与发展组织(OECD)和欧盟统计局(Eurostat)四大国际组织政府债务统计在参考标准、工具范围、涵盖部门和数据形式等方面的差异。同时,关注英、美、加、日代表性发达国家的政府债务管理体制,其重点为政府债务统计在概念、分类、指标、统计准则与口径、数据发布等方面的异同及主要特征,为中国政府债务统计体系的改革提供经验借鉴。

一、四大组织的政府债务统计体系

为了更好地提供各国政府债务信息,以便进行国际比较分析与监控,世界银行、国际货币基金组织(IMF)、经济合作与发展组织(OECD)和欧盟统计局(Eurostat)等国际组织都建立了政府债务统计体系,按照各自标准和统计口径对有关国家或地区的政府债务进行统计。

(一)世界银行政府债务统计

自 1951 年以来,世界银行一直通过"债务人报告系统"收集其借款国的债务统计信息,曾经多年一直发布《世界债务表》,其后发布《国际债务统计》,主要包括季度公共部门债务数据和外债统计数据,二者均包含对政府(广义政府)债务的统计。

(1)季度公共部门债务统计。季度公共部门债务(QPSD)数据库由世界银行与国际货币基金组织于 2010 年共同开发,并在世行网站上发布。该数据库汇集八十多个国家详细的公共部门债务数据,各国提供中央政府的季度债务数据,并尽量提供广义政府、预算中央政府、非金融公共公司、金融公共公司的债务数据。QPSD 数据库包括国家和跨国数据表格,使用户能够按照国家、国家组别及公共债务的具体构成查询和抽取数据。

(2)季度外债统计。季度外债统计(QEDS)数据库也由世界银行和国际货币基金组织联合推出,提供有关外债的详细数据,由同意接受国际货币基金组织数据公布特殊标准(SDDS)的国家及加入数据公布通用系统(GDDS)的国家各自发布,后者也有资格提供 SDDS 规定的外债数据。就政府债务统计而言,SDDS/QEDS 提供包括广义政府在内的经济体所有分部门外债,GDDS/QEDS 提供公共部门外债及公共部门担保的外债数据。

（二）国际货币基金组织政府债务统计

国际货币基金组织政府债务统计包含在每年出版的《政府财政统计年鉴》和每月出版的《国际财政统计》中，其中《政府财政统计年鉴》数据为涵盖成员国广义政府部门及其分部门的年度统计数据，具备国际可比性。相比之下，《国际财政统计》提供了更新和更频繁（每月和/或每季）的政府财政统计，但其数据在某些情况下仅包含中央政府或预算中央政府（即不包括预算外部分或社会保障基金）。国际货币基金组织《国际财政统计》中的政府债务统计由于各国机构覆盖范围不同，有时并不具备国际可比性①。

（三）经济合作与发展组织政府债务统计

经济合作与发展组织反映政府债务信息涉及两组数据：其中一个数据集针对中央政府债务，由经济合作与发展组织公共债务管理工作组（WPDM）主持编制，包含有关成员国和非洲国家中央政府债务工具数量和质量的资料，在《经济合作与发展组织中央政府债务统计》和《非洲中央政府债务统计年鉴》中发布；另一个数据集由财政统计工作组（WPFS）主持编制，包括一系列的财政资产负债表（作为国民账户体系的部分内容），涉及广义政府及其分部门的负债（和债务）资料，一般按金融工具分类。上述两个工作组，由经济合作与发展组织金融市场委员会主管。

（四）欧盟政府债务统计

为避免过度的债务水平，《马斯特里赫特条约》的附件《超额赤字程序议定书》（EDP），要求欧盟成员国的债务负担率应保持在60%以下，这里的债务即为马斯特里赫特债，也称 EDP 债。为对各成员国进行督促和监督，EDP 要

---

① 因此，后面的分析不涉及《国际财政统计》的债务统计数据。

求成员国在每年 4 月 1 日和 10 月 1 日之前向欧盟统计局提交年度政府赤字和马斯特里赫特债数据,欧盟统计局将在各成员国提交数据的三周后在其网站上公布这些政府债务数据。

二、四大体系的综合比较

四大国际组织政府债务统计体系互有差异,主要体现在参考标准、工具范围、涵盖部门和数据形式四个方面:

(一)参考标准

各国际组织政府债务统计均有各自的参考标准,见表 10-1。例如,世界银行公共部门债务统计和外债统计分别以《公共部门债务统计:编织者与使用者指南》(PSDS2011)和《外债统计:编织者和使用者指南》(EDS2003)为参考;国际货币基金组织的政府债务统计主要以《2001 年政府财政统计手册》(GFSM2001)为参考;经济合作与发展组织中央政府债务统计所采用的定义和概念,在可行情况下以《1993 年国民账户体系》(SNA1993)为基础,其广义政府债务统计所用概念和定义均遵循 SNA,部分概念和定义符合《2008 年国民账户体系》(SNA2008);马斯特里赫特债的定义由 EDP 给出,欧盟政府债务统计中政府部门及负债定义与《1995 年欧洲账户体系》(ESA95)保持一致。虽然上述参考框架不同,但不同标准之间存在联系,即所用概念均与 SNA 和《国际收支与国际投资头寸手册》(BPM)相一致。PSDS2011 概念与 SNA2008 和 BPM6 一致,而 GFSM2001、EDS2003、ESA95 中相关概念均与 SNA1993 和 BPM5 相一致。

鉴于 SNA 与 BPM 的更新,除公共部门债务统计标准外的其他统计手册也多数随之更新。欧盟统计局发布了《2010 年欧洲账户体系》(ESA10),并于 2014 年 9 月开始实施,同时发布《政府赤字和债务手册:实施 ESA10》,国际货币基金组织发布了政府财政统计最新国际标准《2014 年政府财政统计手册》

（GFSM2014），金融统计工作组（TFFS）在国际货币基金组织网站发布了外债统计标准的最新修订版本《2013 年外债统计：编制者和使用者指南》（EDS2013）。显然，政府债务统计的有关概念框架也有必要随之作出调整与修订。

（二）涵盖部门

在涵盖的机构部门方面，如表 10-5 所示，首先，世界银行公共部门债务统计涉及部门最多、最宽，不仅提供公共部门债务统计数据，还给出其分部门的债务统计数据；其次，经济合作与发展组织中央政府债务统计涉及部门最窄，仅为中央政府，且不包括社会保障基金；再次，国际货币基金组织广义政府债务统计、经济合作与发展组织广义政府债务统计和马斯特里赫特债务统计均涵盖广义政府部门及其分部门，但和经济合作与发展组织中央政府债务统计及世界银行债务统计有所不同；最后，尽管世界银行外部债务统计包括私人部门和公共部门，但就"政府"外债统计而言，还涉及公共部门和广义政府部门的外部债务数据。

表 10-5　国际组织政府债务统计参考标准及涵盖机构范围

主要体系	世界银行		国际货币基金组织广义政府债务统计	经济合作与发展组织		Eurostat马斯特里赫特债务统计
	季度公共债务统计	季度外部债务统计		中央政府债务统计	广义政府债务统计	
参考标准	PSDS2013	EDS2013 BPM6	GFSM2001	SNA1993	SNA1993 SNA2008	EDP ESA2010
涵盖部门	广义政府中央政府	广义政府	广义政府及其分部门	中央政府	广义政府及其分部门	广义政府及其分部门

注：根据相关资料整理。

（三）工具范围

四大国际组织政府债务统计所包含金融工具不同是不同体系最明显的差

别之一,如表 10-6 所示。首先,比较分析表明,不同统计体系在所包含金融工具上主要有以下特点:(1)同一种金融工具在不同体系中名称并不完全相同,表 10-6 中第 4 行的非股票证券即为债务证券,而第 6 行的保险技术准备金可分解为保险、养老金和标准化担保计划;(2)仅世界银行、国际货币基金组织及 BPM6 的债务统计包含特别提款权(SDR),其他体系政府债务统计不包含 SDR;(3)世界银行公共部门债务与国际货币基金组织广义政府债务所包含金融工具完全相同,所包含的金融工具也最多;(4)四大国际组织进行债务统计时均对通货和存款、债务证券、贷款进行统计。上述(1)、(2)两点反映了 SNA2008 对金融负债的修订:一是在 SNA2008 中非股票证券更名为债务证券,而保险技术准备金更名为保险、养老金和标准化担保计划;二是 SNA2008 承认特别提款权的负债属性。

其次,虽然各国际组织参考不同手册进行政府债务统计,但从所包含的债务工具来说,并非与参考手册完全相同。例如,国际货币基金组织广义政府债务统计按照 GFSM2001 处理数据,但广义政府债务统计包含 SDR,这与新修订的 GFSM2014 一致,而 GFSM2001 中特别提款权并未被视作债务工具。

表 10-6　国际机构债务统计中包含的金融工具

世界银行			国际货币基金组织广义政府债务统计	经济合作与发展组织广义政府债务统计	Eurostat马斯特里赫特债务统计
季度公共债务统计	季度外债统计	季度外债统计(BPM6)			
特别提款权	—	特别提款权	特别提款权	—	—
通货和存款	通货和存款	通货和存款	通货和存款	通货和存款	通货和存款
债务证券	货币市场工具债券与票据	债务证券	非股票证券	非股票证券	非股票证券
贷款	贷款	贷款	贷款	贷款	贷款
保险、养老金和标准担保计划	—	—	保险技术准备金	保险技术准备金	—

续表

世界银行			国际货币基金组织广义政府债务统计	经济合作与发展组织广义政府债务统计	Eurostat马斯特里赫特债务统计
季度公共债务统计	季度外债统计	季度外债统计（BPM6）			
其他应付账款	贸易信贷其他债务负债拖欠其他	贸易信贷与预付款其他债务负债	其他应付账款	其他应付账款	—

资料来源：根据相关资料整理；世界银行季度外债统计中其他债务负债包括保险、养老金、标准化担保计划及国际投资头寸（IIP）声明中涉及的其他应付账款。

再次，就马斯特里赫特债而言，其关于政府部门及负债的定义以 ESA95 中的概念为基础，但 EDP 债与 ESA95 有关债务的统计有所不同。这主要表现在两个方面：一是定义不同，ESA95 中政府债务为广义政府部门所有负债的市场价值之和，而 EDP 将政府债务定义为年末未偿付总债务的名义价值，且该总债务为广义政府部门的合并债务；二是两类债务所包含的工具不同，如表 10-7 所示，EDP 债务包含的金融工具仅为 ESA95 下金融工具的一部分，这是因为 EDP 测度的是债务名义价值，很难给金融衍生工具、其他应付账款、股票和其他权益、保险准备金等类资产确定一个合适的名义价值。

表 10-7　ESA95 与 EDP 下的债务构成

ESA95 下债务的存量	①通货和存款	②非股票证券（包括金融衍生工具）	③贷款	④其他应付账款	⑤股票和其他权益（如果存在）	⑥保险技术准备金（如果存在）
年末 EDP 债务总额	①通货和存款	②非股票证券（不包括金融衍生工具）	③贷款			

资料来源：Eurostat, Manual on Government Deficit and Debt: Implementation of ESA95, 2012 Edition, Luxembourg: Publications Office of the European Union, 2012。

最后，针对经济合作与发展组织中央政府债务统计而言，《经济合作与发展组织中央政府债务统计》涉及的金融工具为中央政府发行的可转让和不可转让债券,《非洲中央政府债务统计年鉴》涉及的金融工具为中央政府发行的债券,以及中央政府的双边贷款、多边贷款和优惠贷款。

(四)数据形式

各国际机构对债务统计数据的呈现方式各不相同:(1)国际货币基金组织广义政府债务统计数据和马斯特里赫特债统计数据形式简单,均按部门和金融工具类别列示债务数据,后者还提供不同部门未偿付的长(短)期债务证券和贷款数额;(2)世界银行外债统计数据呈现方式多样化,按 SDDS 发布的数据主要按原始期限(长期、短期)和金融工具、剩余期限(一年及以内支付)和工具交叉分组方式发布,按 GDDS 发布的统计数据主要按期限、期限和工具、期限和债权人部门的方式呈现;(3)世界银行公共债务统计数据形式也呈现多样化,主要按原始期限和工具、计值货币、债权人常住地等方式呈现;(4)与上述形式完全不同,经济合作与发展组织政府债务统计将债务工具分为可转让债务和不可转让债务,再列示每类下的债务,对于每类下的债务,其中《经济合作与发展组织中央政府统计年鉴》按债务工具类型列示,而《非洲中央政府统计年鉴》按期限(长、中、短)和计值货币、债权人类型和计值货币列示。

此外,《经济合作与发展组织中央政府统计年鉴》还提供如下数据:国内债务、对外债务和债务总额平均剩余到期日、按投资者类型(居民和非居民)分列的未偿余额。《非洲中央政府统计年鉴》还提供可转让及不可转让债务的剩余到期日和重新设定息票率、本币可转让债务的所有权以及利率(二级市场到期收益率)。

三、部分发达国家政府债务统计

不同国际组织政府债务统计体系之间存在一定差异,下面选取英国、美国、加拿大、日本为代表,考察主要发达国家政府债务统计发展情况,从国家层面对政府债务统计进行比较研究。

（一）英国

政府债务在英国产生较早,18 世纪早期银行与金融市场的建立使得政府可以通过发行债券来进行融资,由此英国国债开始出现。在英国,债务水平是用来衡量政府在公共财政管理方面表现的重要指标,但关于债务测度的定义和指标却不断演进,目前主要有国债、公共部门净债务（PSND）、排除金融干预暂时影响的公共部门净债务（PSND-ex）及广义政府债务（GGGD）。

（1）国债。国债是英国对公共债务最著名也是最早的一个统计指标,有关数据可追溯到 1691 年。英国的国家债务在相当长的时期内由合并基金（Consolidated Fund）的负债组成,但从 1968 年起由国家贷款基金的负债构成。国债这一指标的缺点是涵盖的部门较少,进行债务统计时不包括公共部门的非中央政府部门,甚至也不是对中央政府债务的综合测度,目前不再统计国债指标,相关数据截至 2004 年 3 月 31 日。

（2）公共部门净债务。公共部门净债务是英国政府当前最主要的债务指标,为公共部门总债务与公共部门流动金融资产的差额,测度英国公共部门对国内私人部门组织及海外机构的负债。国家统计办公室（ONS）与财政部（HM Treasury）每月联合发布《公共部门财政报告》,对公共部门债务情况做详细说明。如表 10-8 所示,其中公共部门合并债务总额以中央政府发行的国库券和金边债券为主,国库券是英国短期国债的典型代表,金边债券为除国库券外可在证券交易所买卖的所有政府债券,是伦敦证券交易所上市债券中价格最稳定的债券。

表 10-8　公共部门由总债务与净债务组成

公共部门合并债务总额	公共部门流动资产
中央政府的英镑总债务:	官方储备
英国政府金边证券	中央政府存款和其他短期资产
英镑国库券（Sterling Treasury Bills）	地方政府存款和其他短期资产

续表

公共部门合并债务总额	公共部门流动资产
国民储蓄债券	非金融公共公司存款和其他短期资产
税收工具	公共部门银行集团的流动资产
其他英镑债务(包括向英格兰银行的透支)	减:中央银行在公共部门银行集团的存款和短期资产
中央政府的非英镑总债务:	减:地方政府在公共部门银行集团的存款和短期资产
以美元发行的长期债券	
其他外币债务	
地方政府总债务:	
减:中央政府持有的地方政府债务	
地方政府持有的中央政府债务	
公共公司总债务	
减:中央政府持有的公共公司的债务	
地方政府持有的公共公司的债务	
公共公司持有的中央政府的债务	
公共公司持有的地方政府的债务	
公共部门合并债务总额	公共部门合并的总流动资产

资料来源:公共部门财政报告,国家统计办公室。

(3)金融干预暂时影响的公共部门净债务。该指标测度排除政府金融干预暂时性影响之后的公共部门净债务,其目的是得到公共部门财政的潜在真实状况,暂时性影响的说法本身反映了政府希望在将来让这些银行回归私人部门的意图(O'Donoghue,2010)。金融干预暂时影响的公共部门净债务产生的背景是为了应对全球金融危机,2007—2008年英国政府对金融部门进行直接干预,使一些根据国民账户应被划为私人公司的金融公司(如苏格兰皇家银行、劳埃德银行、北岩银行)被划归为公共金融公司,这对公共部门财政产生了明显冲击。金融干预暂时影响的公共部门净债务统计关键在于识别交易和负债表头寸是否为金融危机的暂时影响,与PSND的关系如表10—9所示。

表 10-9　PSND 与 PSND-ex 的关系

指标	2012Q3	2012Q4	2013Q1	2013Q2	2013Q3
PSND	2148.9	2187.8	2196.5	2172.9	2191.4
减:公共部门银行集团	960.5	956.9	962.9	917.8	926.8
减:中央政府干预					
借出	0.0	0.0	0.0	0.0	0.0
存款补偿	4.6	4.3	4.2	3.7	3.5
股份购入	53.8	53.8	53.8	53.8	51.2
费用	−9.3	−9.6	−9.6	−9.6	−9.6
北岩银行注资	0.0	0.0	0.0	0.0	0.0
中央政府干预总额	49.2	48.5	48.4	47.9	45.1
PSND-ex	1139.2	1182.4	1185.2	1,207.2	1221.0

资料来源:公共部门财政报告,国家统计办公室;单位:百万英镑。

(4)广义政府债务总额。广义政府债务总额为英国统计局发布的按《马斯特里赫特条约下的政府赤字和债务》统计的债务。作为欧盟成员国,英国每6个月需要向欧盟委员会报告其债务和赤字情况,为此,英国统计局发布广义政府债务总额,即英国统计局对广义政府债务总额的统计,其按中央银行的贷款、其他贷款、货币与存款、国库券与短期国债、中期与长期债券进行分类。在广义政府债务总额中,债务工具包括货币与存款、债务证券、贷款,其统计均为上述工具的名义值。

(二)美国

1776 年,美国大陆会议为了给独立战争筹集资金,决定发行公债,这是美国历史上首次发行公债。在美国,国家债务是指美国政府的直接负债,不同时期有不同的债务概念,主要有公共债务(Public Debt)、公众持有的公共债务(Debt Held by the Public)和总联邦债务(Gross Federal Debt)。

(1)公共债务及公众持有的公共债务。公共债务是指由美国财政部发行公共债务证券引起的债务,主要包括可交易债券、储蓄债券、向州和地方政府

政府债务管理与风险预警机制研究

发行的特别证券(SLGS)。公众持有的公共债务主要反映联邦政府为财政赤字而进行借贷中未偿还的累积额,是由财政部发行的被联邦政府以外投资者持有的债务,这些投资者包括个人、公司、州和地方政府、美联储、国外政府以及其他除联邦政府以外的实体。公众持有的公共债务以可转让国库证券为主,持有者可再次出售,包括短期债券、中期债券、长期债券以及防通胀债券。

表 10-10　公共债务及公众持有的公共债务构成

项目	未偿付数额		总额
	公众持有	政府机构间持有	
可转让证券			
短期债券	1788158	2794	1790952
中期债券	7428092	6896	7434988
长期债券	1278670	3491	1282161
防通胀债券	882497	296	882793
联邦融资银行	0	7112	7112
可转让债券总额	11377417	20589	11398005
不可转让证券			
国内系列	29995	0	29995
国外系列	2986	0	2986
州和地方政府系列	157814	0	157814
美国储蓄债券	181783	0	181783
政府账户系列	165586	4833409	4998995
希望债券(Hope Bond)	0	494	494
其他	1307	0	1307
不可转让债券总额	539471	4833903	5373374
未偿付公共债务总额	11916888	4854491	16771379

资料来源:美国政府月度公债声明,2013 年 3 月 31 日;单位:百万美元。

公共债务及公众持有的公共债务构成情况如表 10-10 所示,美国公债局负责公债及公众持有公债的统计工作,在其网站"TreasuryDirect"上公布未偿公债及公众持有的公共债务信息。这些信息主要包含日度未偿付债务总额、月度公债声明(MSPD)及年度未偿付债务总额,具体如下:①日度未偿付债务总额,提供 1993 年 4 月 1 日以后每天的未偿付公债总额、公众持有公债及政府持有公债总额,且将未偿付债务值精确到美分;②年度未偿付债务总额,提供 1790 年以后每个财政年度的未偿付债务总额,同样精确到美分;③月度公债声明,提供 1869 年以后每月的未偿付债务信息,并于每月的第四个交易日发布,包括未偿付国债汇总和详细信息,如债券发行日期、发行数量、利息支付日期、利率。

（2）联邦债务。联邦债务由财政部发行的公共债务证券和联邦政府其他机构发行的证券构成,联邦债务的大部分为公共债务,故联邦债务有时也被称为公共债务。美国财政服务局发布《美国政府月度收入和支出的财政部声明》对机构证券的发行以及联邦政府账户对联邦证券的投资情况做详细统计,按联邦证券和机构证券、公众持有和政府账户持有等分别进行,该声明于每月第 14 个工作日发布。

（三）加拿大

加拿大对政府债务的统计指标主要有债务总额、净债务以及联邦债务,其中联邦债务是联邦政府最重要的债务测度指标,上述三者之间的关系如图 10-3 所示。

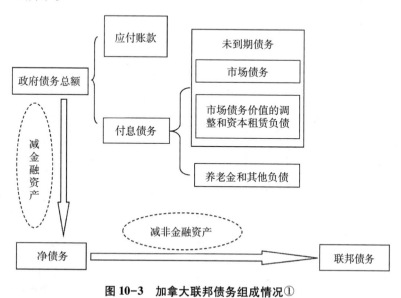

图 10-3　加拿大联邦债务组成情况①

---

① 引自《债务管理报告（2012—2013）》,加拿大财政部;其他负债包括其他员工的未来收益、存款、信托账户、其他指定用途账户。

政府债务管理与风险预警机制研究

(1)政府债务总额,也称为公债总额。政府债务总额包括政府所有负债,一般有付息债务、应付账款和应计负债,其中付息债务包括养老金和其他负债、未到期债务。加拿大财政部发布的《债务管理报告》《财政参考表》及《财政监察》均提供政府债务信息。不过,尽管《债务管理报告》《财政参考表》及《财政监察》均按图 10-3 所列项目对加拿大政府债务总额进行统计,但它们对未到期债务的统计口径有所不同。表 10-11 列示了不同公告中未到期债务的统计情况,首先,债务管理报告的分类比较简洁,主要包括市场债务价值的调整和资本租赁负债、市场债务、可交易的长期国债、短期国债、现金管理短期国债、零售债券、加拿大养老金计划长期债券、外国货币债券。其次,《财政参考表》对未到期债务采用如下两种方法进行统计:一是按持有人不同将未到期债务分为本国居民持有的未到期债务和非本国居民持有的未到期债务;二是将未到期债务分为可转让长期国债、短期国债、零售债券。最后,《财政监察》按如下分类对未到期债务统计:以加元支付的未到期债务、以外币支付的未到期债务、货币掉期的重新估值、未摊销的折价和溢价市场债务、与资本租赁相关的承付款、其他未到期债务。

表 10-11　财政部报告中未到期债务的统计情况

《债务管理报告》	《财政监察》	《财政参考表》	
市场债务价值的调整和资本租赁负债 市场债务 可交易的长期国债 短期国债 现金管理短期国债 零售债券 加拿大养老金计划长期债券 外国货币债券	以加元支付的未到期债务 　可交易的长期国债 　短期国债 　零售债券 　其他 以外币支付的未到期债务 货币掉期的重新估值 未摊销的折价和溢价市场债务 与资本租赁相关的承付款 其他未到期债务	本国居民持有的未到期债务 非本国居民持有的未到期债务	可转让长期债券 　国内可转让长期债券 　国外可转让长期债券 短期国债 零售债券 加拿大养老金计划长期债券 其他未到期债务 未摊销的折价和溢价市场债务以及货币掉期的重新估值

资料来源:根据加拿大财政部相关公告整理。

300

（2）净债务及联邦债务。净债务为政府总负债与其所持金融资产的差额，即政府债务总额与政府持有金融资产的差额，其中金融资产包括现金、应收账款、应收税收、外汇账户贷款、投资及预付款。联邦债务也称为累积赤字，是联邦政府净债务与非金融资产的差额，即总债务与金融资产和非金融资产的差额，非金融资产包括有形资本资产（如土地、建筑）、存货和预付开支。

（四）日本

第二次世界大战结束后，日本在很长一段时期内施行平衡预算政策，但1965年财政收入不足迫使政府开始发行债券，平衡预算政策宣告结束，自此日本政府发行证券进行财政筹资。日本有关政府债务统计的指标主要包括中央政府债务、政府债务、中央和地方政府的公债、中央和地方政府的长期债务及广义政府总债务。

（1）中央政府债务及政府债务。中央政府债务包括两部分：一是未偿付的政府债券和借款；二是政府担保债务。其中，未偿付的政府债券和借款反映中央政府的融资活动，包括政府债券、借款、财政投资和贷款计划（Fiscal Investment and Loan Program，FILP）、债券以及融资券（Financing Bill，FB）；政府担保债务是政府为政策性机构（Incorporated Administrative Agencies）担保的债务。未偿付的政府债券和借款以及政府债务的统计信息分别由财务省和日本银行发布，在日本银行的统计中未偿付的政府债券和借款即为政府债务。相比而言，财务省和日本银行这两个部门的统计有所不同。首先，债务数据的发布频率不同，日本银行每月发布一次债务数据，而财务省每季度发布一次。其次，债务的统计分类不同，主要表现为两方面：一是财务省仅按债务类别分类，而日本银行不仅按债务类别，还按债权人分类，其中债权人分为政府、日本银行、其他；二是财务省和日本银行对债务的分类不同，日本银行的统计中政府债务被分为五类，即在国内发行的政府债券、在国外发行的政府债券、借款、暂时借款以及短期折现国债，而财务省对债务的分类如表10-12所示，表中

"其他"包括津贴债券、捐献债券、对日本发展银行的债券、对核事故责任基金的债券、对日本高速公路控股和债务偿还机构的债券。

表 10-12　财务省对政府债务的统计分类

政府债券					借款		融资券（FB）	
一般债券		FILP 债券			其他	短期	长期	—
长期	中期	短期	长期	中期				

资料来源:根据财务省相关资料整理。

（2）中央和地方政府长期债务与中央和地方政府公债。中央和地方政府长期债务包括政府债券、借款、地方政府债务,此类债务的利息和本金支付主要依赖税收收入。中央和地方政府公债是中央和地方政府长期债务中由一般性政策支出引起的部分,包括政府债券、借款以及地方政府债券。

（3）广义政府债务。广义政府债务基于 SNA 的标准和概念计算,以便与国际比较,包括政府债券、借款、地方政府债务、短期折现国债、政策性公司机构以及社会保障基金债务。

四、实践比较与主要启示

（一）与国际组织政府债务统计体系比较

若将代表性国家的政府债务统计与国际组织债务统计体系作对比分析,主要有以下结论:

第一,从工具分类来看,与国际组织政府债务统计体系相比,各国政府债务统计中金融工具分类与国际组织统计体系类似,均未超出表 10-2 中所列的金融工具类别。

第二,从涵盖部门来看,英国公共部门净债务与世界银行公共部门债务统计相同,是对公共部门债务的统计,但前者为对净债务的统计,后者为对总债务的统计；美国、加拿大、日本的政府债务统计所涵盖部门和经济合作与发展组织的中央政府债务统计最为接近。

第三，从统计指标看，代表性国际组织着重关注总债务，各国（如英国、加拿大）政府债务不仅统计总债务，还会统计净债务。同时，主要国际组织多从债务人视角列示各国债务，而美国、日本等的债务统计还从债权人视角列示本国政府债务。

第四，从数据频率看，除国际货币基金组织每月出版的《国际财政统计》外，代表性国际组织开展政府债务统计以季度或年度为主，各国在进行政府债务统计时一般会发布月度统计数据，如英国、美国、加拿大和日本均是每月发布政府债务数据，频率高于国际组织政府债务统计。

第五，英国政府债务统计有一定特殊性。从涵盖部门、包含金融工具及计值三方面分析，英国的广义政府债务即为欧盟的马斯特里赫特债务。公共部门净债务统计与广义政府债务总额均以同样的数据来源为基础进行计算，定义和统计准则依据《1995年欧洲国民核算体系》和《政府赤字和债务手册》，并且遵循相同的政府会计准则。但二者也存在明显区别，一方面是涵盖的部门不同，前者测度公共部门的债务，即广义政府部门和公共公司，后者测度的仅仅是广义政府部门的债务；另一方面是前者为净债务，后者为总债务。

（二）代表性国家政府债务统计比较

实践上，各代表性国家政府债务统计之间表现出了一些共性：一是各国现行政府债务统计虽然在概念、分类、口径方面有所不同，但演进方向上逐渐趋于以SNA为框架基础，并与财政、金融、债务统计国际标准协调一致，例如在工具范围方面，各国政府债务统计均与国际标准相似；二是各国普遍依据本国国情、现实需求及统计能力来设置政府债务统计指标或指标体系，并且随着社会政治经济环境的变化做出适当调整；三是各国一般都较为关注对未到期债务期限结构信息的统计;四是各国普遍重视向社会公众披露政府债务统计信息。进一步地,对比分析英、美、加、日发达国家债务统计,彼此之间还存在诸多不同,主要体现在以下几个方面:

第一,各国对公债的定义不同。主要表现在不同国家的公债覆盖范围上,在英国和日本为公共部门债务,在加拿大为联邦政府的债务,在美国公债是指由财政部发行的债券构成的债务。

第二,各国对净债务的定义不同。主要表现为所统计的金融资产存在差别,例如,在英国公共部门净债务为总债务与流动金融资产的差额,在加拿大联邦净债务为总债务与金融资产的差额。

第三,各国政府债务统计涵盖的部门不同。其中,英国政府债务统计包括整个公共部门和分部门,美国和加拿大政府债务统计涵盖联邦政府,日本政府债务统计涵盖中央政府。

第四,在统计指标及口径上,各国互有差异。具体表现在:(1)美国、日本仅对总债务进行统计,而英、加两国不仅统计总债务,还对净债务进行统计。(2)加拿大通过政府非金融资产统计来得到联邦债务(即净债务与非金融资产的差额),而美国政府没有对净债务进行统计,原因在于:①美国政府的信用等级较高,当出现债务偿付问题时可以更容易地通过发行新债券进行再融资;②鉴于美元的国际地位,美联储可以通过发行货币来解决危机;③美国政府每年的债务发行额受债务上限的约束。(3)各国对债务工具的分类不同,反映出各国政府债务结构和所发行债券种类的差异。(4)不同于英国与加拿大,美国和日本不仅按金融工具类别统计债务,还按债权人类别进行统计,并对不同债权人持有的各类债务进行统计。

第五,各国政府债务数据发布频率不同。英国、加拿大的财政部及日本银行每月发布政府债务数据,而美国不仅每月发布债务数据,在财政部网站上还可以查询到自1993年4月1日以来每天的未偿付公共债务总额。

上述差异的形成有其社会与历史原因:首先,各国国情不同,社会结构、经济发展状况与水平各异,债务工具、规模、结构存在差异,对政府债务统计信息的需求也会有所不同,因此各国在债务分类、指标设置、数据信息发布等方面互有不同;其次,各国财政体制差异显著,中央政府与地方政府的关系不同,政府债务工具类型和所涉机构各不相同,因而政府债务统计中机构范围、统计口径、指标计算等方面也往往存在一定差异。

第三节　中国政府债务统计的改革与发展

目前,中国政府债务统计体系尚存诸多问题,如政府性债务统计口径滞后于债务形式多元化发展趋势,财政部门、央行、银监会、审计部门对政府债务统计口径不一,部门利益也影响着政府债务统计的准确性与数据质量。本节主要分析中国政府债务统计体系的演进及现状,在对比国际准则指导原则与部分发达国家政府债务统计体系标准的基础上,考察中国在政府债务统计的最新发展及尚存问题,并提出相应工作重点。

一、中国政府债务统计实践分析

改革开放前,中国政府公债发行规模较少,且于 1968 年均已还清,因此改革开放前中国处于"既无内债也无外债"的时期,尚无政府债务统计。目前,中国对政府性债务进行统计涉及的机构较多,包括国家统计局、审计署、财政部、银监会等,但不同机构之间的统计口径存在差异,有些机构统计信息未连续公布或不公布。国家统计局每年发布一次中央政府债务数据,仅公布中央政府的内债和外债数额,没有对债务结构等情况进行介绍。审计署近年来对中央及地方性进行常规审计,向社会公开统计结果,下面的分析主要以审计署统计为代表。此外,财政部、银监会等部门对地方政府性债务进行统计。

(1)政府债务概念。审计署将政府性债务分为政府负有偿还责任的债务、政府负有担保责任的债务及政府可能承担一定救助责任的债务(审计署,2014)。其中,政府负有偿还责任的债务属政府债务,后两类为或有债务。政府负有偿还责任的债务是指需由财政资金偿还的债务;政府负有担保责任的债务是指由政府提供担保,当某个被担保人无力偿还时,政府需承担连带责任的债务;政府可能承担一定救助责任的债务是指政府不负有法律偿还责任,但当债务人出现偿债困难时,政府可能需给予一定救助的债务。

(2)政府债务统计。审计署将中央政府债务分为中央财政债务和中央部门及所属单位债务,分别统计这两类债务下政府负有偿还责任的债务、政府负有担保责任的债务及政府可能承担一定救助责任的债务的规模。对于地方政府性债务,按照政府层级、举债主体、债务资金来源、未来偿债年度等方面,分别统计政府负有偿还责任的债务、政府负有担保责任的债务及政府可能承担一定救助责任债务的债务总额。

二、面临的主要问题

自"九五"时期以来中国政府债务规模迅速扩大,但相比之下政府债务统计发展严重滞后,透明度很低,尚未形成规范的政府债务信息披露制度(贾康、赵全厚,2010)。作为政府债务监管部门,财政部、中国人民银行、银监会及审计署等虽然采用不同方式对政府债务进行统计和管理,但除国家统计局、财政部和审计署外,多数并未向社会公布数据,特别是发布连续性统计的极少。国家统计局每年发布一次政府债务数据,但仅公布中央政府内债和外债数额,并未涉及债务结构等信息。近年来,审计署对中央及地方政府性债务进行常规审计,公开披露审计数据结果,对社会各界影响很大。

实际上,有关部门也曾对政府债务统计尝试作出改进,例如,国家外汇管理局根据 EDS 的要求,采用权责发生制和名义价值进行统计,并按 BPM6 的标准从 2015 年开始按季发布全口径外债统计数据,总外债头寸进行了部门和债务类型的划分,并包含长期、短期外债。① 但总体上看,中国政府债务统计起步较晚,在统计系统中受重视程度不高,无论是理论、方法还是实践上,尚存诸多问题,主要体现在:其一,中国财政统计体系尚处于 GFSM1986 和 GFSM2001之间的水平,离最新的国际标准还存在一定差距;其二,中国现行的政府债务核算准则使得诸多债务类别无法统计;其三,多个部门对政府债务进行统计,但相关概念和分类不明确、不统一,统计口径存在差异;其四,政府债务统计数据发布尚未形成规范、合理的制度,常规披露的政府债务信息太笼统、不详细,透明度低;其五,中国尚未开展国家及部门资产负债表编制工作,无法全面掌握国家资产负债状况;其六,现行统计主要涉及政府债务总额,对政府金融性资产无统计,无法获得政府债务净额数据。与国际标准及发达国家实践相比,中国政府债务统计存在不小差距(见表10-13),具体分析如下:

表 10-13　中国政府债务统计与国际体系比较

项目	国际准则	中国现状
统计范围	公共部门及其分部门	政府性债务(中央政府债务和地方政府债务)
统计指标	见表 10-2	政府负有偿还责任的债务 政府或有债务 债务负担指标 中央政府债务余额(包括内债和外债余额) 外债余额 外债负担指标
工具分类	见表 10-3	债券 贷款
记录原则	权责发生制	以收付实现制为主
计值原则	市场价值	中国企业按照公允价值对负债工具计值

---

① 国家外汇管理局:中国外债数据,见 http://www.safe.gov.cn/wps/portal/sy/tjsj_wzsj,2015。

项目	国际准则	中国现状
债务重组	见表10-4	包括以资产清偿债务;将债务转为资本;修改债务条件(如减少债务本金、减少债务利息等)这三种方式及其组合
表式形式	国家资产负债表	国家统计局正在着手编制国家资产负债表,但尚未对外公布相关数据(崔名铠,2015)
	外债总额头寸表	按部门划分的外债总额头寸表

注:①"政府负有偿还责任的债务"属政府债务,政府或有债务的列示指标包括"政府负有担保责任的债务"和"政府可能承担一定救助责任的债务";

②债务负担指标包括负债率、债务率、逾期债务率;外债负担指标包括外债偿债率、外债负债率、外债债务率;

③负债率=年末债务余额/GDP;债务率=年末债务余额/当年财政综合财力;逾期债务率=年末逾期债务余额/年末债务余额;外债偿债率=偿还外债本息/当年贸易和非贸易外汇收入(国际收支口径);外债债务率=外债余额/国际收支口径。

第一,政府债务统计范围不够明晰。财政部核算国债余额的口径为国债、国际金融组织和国外政府贷款,除此之外还涉及部分需要政府偿还的债务,主要是偿付金融机构债务以及部分政府部门及所属单位举借的债务等。目前,政府预算财务报告中采用收付实现制来处理政府债务,但仅反映直接债务规模,主要涉及国债(含本金及利息)、拖欠款(含欠发财政供养人员的工资)、应付未付款及社保资金缺口等,无法体现隐性债务及或有债务规模。而且,政府直接债务统计中范围也过窄,部分直接负债并未得到确认和列报,政府报表往往低估当年政府直接债务。值得特别关注的是审计署政府性债务统计,从涵盖范围来看,包括中央政府债务和地方政府债务,涵盖政府部门和机构、融资平台公司、事业单位以及其他单位,接近于国际准则体系中的公共部门债务概念。此外,政府性债务指标的统计范围内涵与外延不明,从政府层级来看仅包括省、市、县、乡,但没有涉及村。同时,各类政府性债务管理分别由财政部不同业务司局负责,尚未归口统一管理。

第二,政府债务工具分类较少。财政部一般定期发布中央政府债务余额季度和年度数据,其中季度债务数据按期限、工具类型、计值货币和债权人常住地进行分类统计,但所列示债务工具仅包含债券和贷款。目前,中国政府性债务大体上可分为这两类,其中又以贷款为主,债券在最近十几年增长较快,而其他债务工具有的存量较少(李杨等,2012)。与国际准则统计体系所列示债务分类相比,中国政府债务统计中对债务工具的分类明显较粗,尚存一定差距。

第三,政府债务统计指标体系单一。审计署关于政府债务一般分为国债和地方政府债务审计两块,审计范围包括负有偿还责任的债务、负有担保责任的债务和可能承担一定救助责任的债务三个指标,后两种为或有债务。政府性债务这一概念本身在统计口径上较为模糊,与国际准则中的标准统计指标在概念内涵上存在一定差异。更重要的是,中国开展政府性债务统计时未涉及净债务的统计,制约了对政府债务的可持续性与风险评估。

第四,目前仍以现金收付制为主。中国现行《行政单位会计制度》与《事业单位会计制度》中规定,除事业单位经营性收支业务可采用权责发生制外,其他交易事项均采用收付实现制来处理政府债务(财政部,1997、2013)。收付实现制只记录现金支付,仅体现直接债务规模,不能真实反映政府或有负债信息,在理论基础上限制了对政府或有债务的统计。这将造成政府债务规模的低估,不利于政府财政风险的控制。

第五,计值原则存在差异。目前中国对政府债务工具核算一般按公允价值计值,即其价值根据取得日或发行日的市场情况,或当前市场情况,或其他类似债务工具(包括类似的剩余期限、现金流模式、标价币种、信用风险、担保和利率基础等)的当前市场利率确定。对于存在活跃市场的金融负债,应以活跃市场中的报价来确定其公允价值。一般地,当金融工具的公允价值无法可靠计量时,中国的实践作法是记录其账面价值,这与 GFS 体系一致。相比于国际准则,中国的公允计值概念内涵更广,债务工具的市场价格也被视为公允价值而非市场价值。此外,国际准则中对不可交易工具多建议记录名义值,考虑到国际可比性,更好的做法是,中国在政府债务统计中对债务工具同时以备忘项目列示其名义价值。

第六,政府资产负债表核算滞后。政府资产负债表是政府债务统计的重要表式形式之一,在政府财政和债务监管分析中极为有用。编制中国资产负债表,在列示主要经济活动之间对应关系的基础上,能更深入地剖析中国债务的源流、现状及发展前景(李扬等,2012)。国家统计局于2007年出版了《中国资产负债表编制方法》一书,对政府资产负债核算的基本概念、核算原则、编制方法及国民资产的估价等问题进行了讨论,但迄今尚未对外公布相关统计数据结果。不过,中国2015年按季度公布的外债情况表已以BPM6为基础,其中按部门划分的外债总额头寸表涵盖各部门按期限与债务工具划分的全口径外债数额,列示工具包含除保险、养老金和标准化担保计划以外的所有分类,与国际准则基本一致。简而言之,资产负债表可以使账户流量和存量统一起来,有助于加强财政风险和脆弱性分析。

第七,政府债务重组关注类型单一。市场经济条件下,债务重组是政府债务运作的重要内容,政府债务统计国际准则均给予高度关注。目前来看,中国列示的政府债务重组方式较少,远不如国际准则规定详细,有必要借鉴国际准则体系中政府债务重组类型划分,进一步优化细分归类或统一名称,以提高政府债务重组核算记录的规范性。

第八,中国政府债务统计与国际通行的GFSM统计标准存在一定差距。中国政府财政统计体系核算体系是基于国际货币经济组织1986年版GFSM建立的,尚处于GFSM1986和GFSM2001之间的水平,主要来看有以下三个方面的差距:(1)中国政府在统计财政收支时,最终统计的财政收入与支出实际是财政部门管理的收入与支出统计,并不是财政收入与支出统计。(2)在政府收支分类统计中,中国现行政府财政收入统计主要由税收收入、社会保障基金收入、非税收入、贷款转贷回收本金收入、债务收入、转移性收入等构成,但GFSM2001和GFSM2014对政府收入的定义则为"政府收入的形成应源于交易,且应增加政府的净财富"。政府债务收入并没有增加政府净财富,其本质是"收入"转化为"负债",可知在统计中依旧列为财政收入,不利于中国政府债务的单独核算。(3)债务统计在中国财政统计体系中尚未处于重要位置,目前中国政府财政分析主要依靠财政赤字这一指标,但国际货币基金组织已提出,由于财政赤字是基于现金收付制为基础的政府收支核算指标,其不利于真实反映政府财政风险,因此在 GFSM2001 中,国际货币基金组织采用净运行余额、总运行余额和净贷款/净借款等核心指标替代财政赤字,如表 10-14 所示,这些指标的引入突出了政府债务单独在政府收入体系中的作用,全面反映了一国政府财政运行的情况,同时也强调了财政运行成本、债务规模和偿付能力等财政运行中的关键因素。

表 10-14　GFSM2001 中政府运营表(简表)

序　号	项　目	金　额
1	一、影响净值的交易	
2	收入	
3	支出	
4	净/总运行余额(4=1-2=6+7)	
5	二、非金融资产交易	
6	获得的非金融资产净额	
7	净贷款/借款(7=9-10)	
8	三、金融资产和负债交易(融资)	
9	获得的金融资产净额	
10	产生的负债净额	

第九,中国尚未形成政府债务数据披露制度。目前中国尚未形成完整的政府债务信息披露制度,包括中央政府债务和地方政府债务,政府债务信息与其他财政信息一起主要通过预算会计报告和财政决算报告的形式进行披露,公众只能得知零碎、分散的债务信息。而作为中国政府债务监管部门,如财政部、人民银行、银监会及审计部门等,虽然采用不同的方式对地方政府债务进

行了统计和管理,但除了国家统计局和审计署外,多数并未向社会公众披露具体的数据。相比之下,发达经济体以及受过债务危机的一些新兴市场经济体均有严格的透明度要求,向公众披露信息、提高政府债务透明度,满足公共知情权,提高政府公信度,这种做法有利于提高政府债务风险控制能力,防止债务风险恶化。国际货币基金组织的《财政透明度守则》、经济合作与发展组织《预算透明度最佳做法》以及主权财富基金国际工作组(IWG)提出的《圣地亚哥原则》等,都对政府财政透明度提出了严格的要求,从而对政府债务信息披露提出了明确的要求。

三、中国政府债务统计体系改革

20世纪80年代以来,国际上政府债务危机事件频频爆发,特别是欧洲主权债务危机让各国对政府债务风险倍加关注,加强和改进政府债务统计已成为研究者和政府关注的重要课题。与国际统计标准和发达国家实践相比,中国政府债务统计起步较晚,尚存诸多不足,如数出多门、口径不一、透明度低等,特别是地方政府债务统计准确性与可靠性不高(陈梦根、尹德才,2015)。构建一个科学高效的政府债务统计体系是中国财政体系改革的必然要求,一方面要充分考虑本国国情,另一方面应充分借鉴政府债务统计国际标准和发达国家先进经验。为此,提出如下几点改进建议:

第一,尽快实施GFSM2014。中国政府债务目前在国家财政统计中记录,主要包含在政府收入中,而GFSM2001中将政府收入划分为税收收入、社会缴款、赠与、其他收入四类。在中国现行体制下,政府收入包括广义收入和狭义收入,其中狭义收入为通常所说的财政收入;广义收入在狭义收入的基础上,还包括在一个财政年度内通过捐赠等其他方式获得的收入。目前中国政府收入分类科目中包括税收收入、社会保障基金收入、非税收入、贷款转贷回收本金收入、债务收入、转移性收入等。GFSM2001中并未将政府债务列为政府收入,而中国现行政府收入中则将债务列为政府收入的一部分。回顾中国国债发行历程,起初国债的发行为了弥补财政赤字,但自 1988 年国债规模突破 100 亿元后,国债已不再是弥补财政赤字的手段,而逐步成为财政收入来源。对地方政府而言,1994 年的分税制改革使得地方政府的财权减少,其财政收入远不能匹配其支出,开始通过大量举债缓解财政收入问题。因此,不同于西方国家财政收入与公债发行规模受到国会的严格监督和控制,中国将公债更多的是作为财政收入工具,不利于限制其规模,因为财政收入自然是越多越好。如此,导致中国 20 世纪 80 年代后国债发行规模越米越大,即使在通胀较高的年份也出现大规模发行,且每年实际发行规模均超过年初预算。然而,政府债务统计数据是分析政府财政状况和评估财政风险的重要依据,也是监测一国或地区经济潜在脆弱性的重要领域,若将政府债务视为财政收入,显然不利于提高对于债务规模统计监管的积极性。

第二,全面落实权责发生制的债务核算准则。中国过去除事业单位经营性收支业务可采用权责发生制核算外,其余核算均基于收付实现制实行借贷记账法。2014 年年底我国开始实施政府综合财务报告制度,要求实施权责发生制,成为我国政府债务核算准则的基础,这对完善政府债务统计、提高债务统计数据质量具有重要意义,对改进地方政府或有债务统计极为必要。收付实现制具有现金易于追踪和监管的特点,因此成为各国政府会计的传统基础,但也存在较为明显的缺陷:无法如实地反映一国真实负债情况和财务风险。收付实现制一般对于费用与负债的核算只有在实际发生现金收支时才进行,只要没有支付现金即使责任已经发生,也不需核算处理,若在政府财务报告中使用该核算准则,显然其仅体现直接债务规模,无法体现出隐性债务及或有债务规模,使得政府真实负债情况无法得到完整反映。波拉科娃(1998)指出,政府会计可提高政府财政信息透明度,为管理者进行政府财政决策提供重要信息,但以收付实现制为基础的政府会计会使政府应承担的已发生而未支付的支出责任不反映在政府财务报表中,使得财政风险逐步累积。但若采用权责发生制,对费用与负债核算时,通常会早于现金的流出和流入,该核算准则更接近于实际经济结果,能全面及时地反映一国的债务情况,因此,20 世纪 90 年代后,权责发生制逐步成为许多国家的政府核算准则,国际上对于公共部门采用权责发生制核算已是一个趋势。国际会计师联合会于 1996 年制定的《国际公共部门会计准则》(IPSAS)中与政府债务相关的准则《公共部门会计准则第 1 号》和《国际公共部门会计准则第 19 号》明确对政府债务定义为:政府债务是指政府由于过去事项而引起的现时义务,该义务的履行预期会导致政府资源流出,这种流出形式可体现为经济利益和服务。此外,该准则对政府预计负债、或有负债和或有资产的含义和内容作出规定,对预计负债的确认、计量和披露作了具体规范,要求在会计报表附注中适当披露或有负债、或有资产的情况。因此,从国际标准的角度看,应当采取权责发生制作为中国债务核算的准则,楼继伟早在 2003 年就提出,根据中国的现实条件,权责发生制这一会计基础应采用渐进式的改革,从近期看,可考虑将那些比较明确,近、中期对预算安排影响较大的政府债务,按权责发生制基础纳入预算会计的核算范围;从中、长期看,应选择在社会保险收支、国债收支、政府担保支出等方面实行权责发生制(楼继伟,2014)。娄洪(2008)同样认为,在政府会计中可对单项领域适当引入权责发生制,如政府显性直接债务(政府发行国债及其利息)和应付款采用权责发生制进行核算。

第三,统一政府债务统计口径。统计口径不一致是中国政府债务统计面临的首要问题,从国际上看,确立合理的政府债务统计口径是开展政府债务统计的中心任务之一。因此,中国应在加快实施 SNA2008、GFSM2014 等的基础上,依据 PSDS2008、EDS2013 等国际标准,采纳规范的政府债务统计概念、分类体系,加强不同部门之间的沟通与协调,尽快澄清和明确中国政府债务统计的概念与分类,统一政府债务统计口径,这将是改善中国政府债务统计和加强政府债务管理的重要前提。

第四,完善政府债务信息公开制度,定期披露政府债务信息。公开披露政府债务信息是发达国家的常规做法。国际会计师联合会于 1996 年制定的《国际公共部门会计准则》中的《国际公共部门会计准则第 19 号》对政府负债、或有负债和或有资产的披露做了具体规范,要求在会计报表附注中适当披露或有负债、或有资产的情况。该准则还对或有负债的披露做了具体说明:报告主体应在资产负债表下简单披露每类或有负债的性质,在可行的情况下要披露或有负债对财务影响的估计、与流出的金额或时间有关的不确定性的说明及补偿的可能性;仅当清偿义务时经济利益流出的可能性极小的情况下才可不披露。国际货币基金组织也致力丁在全球范围内推动各国建立良好财政管理体制的工作,以推动各国加强公共财政管理,提高财政透明度。国际货币基金组织于 2001 年公布了修订的《财政透明度良好做法守则》和作为守则解释文件的《财政透明度手册》,《财政透明度手册》中明确要求政府资产负债表应反映政府的全面负债情况,要求报告政府的全部债务、债务规模及比较信息,并披露债务的计量方法;要求没有确认的负债在备忘项目中反映;而且,要求在年度预算中,应当说明重大财政风险以及其影响因素,包括或有负债情况,包括担保、赔偿保证等事项。此外,该手册还要求审计机构应及时全面向立法机关和公众披露关于政府财务真实性的报告。

中国尚未建立定期发布政府债务信息的制度,有关部门发布的政府债务信息较为粗略。为增强财政透明度,促进各级政府更高效地使用债务资金,更好地发挥社会公众对政府举债行为的监督作用,中国必须进一步完善政府债务信息公开制度,尽快建立定期披露政府债务信息的机制。根据中国的实际情况,借鉴发达国家做法,重点可从以下三个方面入手:其一,进行政府会计制度改革,更科学、合理地确认和计量地方政府债务;其二,规范对中央政府和地方政府举债发行的审批、管理与监控制度,特别是加强对政府担保行为的监管;其三,成立专门的机构,负责管理政府债券发行、利息与本金支付等,以及政府债务统计和定期信息发布工作。

第五,尽快编制中国政府资产负债表。编制政府资产负债表是建立现代财政制度、实现国家治理体系和治理能力现代化的重要基础,政府资产负债表属于国家资产负债表的子表,是将一个国家政府部门的资产和负债进行分类,分别加总得到的报表。国家资产负债表综合反映一国在特定时点拥有的资产和负债情况,有助于更加全面地了解政府财政状况,监测、防范和化解潜在财政金融风险。国家统计局于 2007 年曾出版过中国资产负债表的编制方法,但迄今为止,资产负债表仍处于试编阶段,未对外公布过相关数据。随着近年来欧洲各国不断爆发的主权债务危机,国家资产负债表的编制显得尤为重要。

2013 年,党的十八届三中全会明确提出了"加快建立国家统一的经济核算制度,编制全国和地方资产负债表,建立权责发生制的政府综合财务报告制度"的战略任务。由此,应加快国家资产负债表包括政府及部门资产负债表的编制工作,以做到全面衡量政府财政风险,深入分析风险形成机理、传导机制及其对宏观经济的深刻影响,提高政府财政管理水平和效率,提高政府预算的公开透明度,并为经济运行分析提供基础数据,提高宏观经济决策的科学性和前瞻性。总体而言,加快编制政府资产负债表,有助于更加全面地了解政府财政状况,监测、防范和化解潜在财政金融风险。

第六,尽快开展政府净债务统计。当前,中国对政府债务的统计主要着眼于债务总额,没有统计政府净债务。国际货币基金组织目前对政府债务净额的定义是债务总额减去政府金融资产。而按照国际货币基金组织政府财政统计体系(GFSM),政府资产划分为金融资产和非金融资产,其中金融资产是可供政府用于清偿债务、或者为未来活动提供资金的资产。实际上,政府持有的金融资产特别是短期流动资产,可以保证政府在不对现有财政政策和宏观经济产生重大影响的前提下偿付未偿债务。因此,净债务可以更好地反映政府债务负担,更有效地开展债务风险管理和监控。特别是中国存在特殊的财政体制及中央对地方政府债务无限兜底的特点,尽快开展政府净债务统计实属必要,而且,不仅要统计广义政府净债务,还要统计公共部门净债务。

第七,健全政府债务统计指标体系。为了衡量政府债务负担状况,中国参考国际组织统计标准和部分国家统计实践做法初步建立了一套政府债务统计指标,包括总债务、负债率、政府外债与 GDP 比率、逾期债务率等。但从总体上看,现行指标体系还不全面,不足以全面、准确地反映政府债务综合状况、风险信息,难以为政府债务管理和风险监测提供有力支持。下一步,有关部门应致力于健全政府债务统计指标,尽快建立一套科学、完善的政府债务统计指标体系,例如,建立净债务统计指标,完善中央政府债务与地方政府债务的不同指标体系,建立担保债务和或有债务的相关统计指标,等等。

第八,还应特别关注中国地方政府债务统计问题。中国地方政府债务是一个特殊问题,因为中国《预算法》中明确规定,地方政府不能举债,但近年来,随着地方政府事权的增加及财政收入的下降,地方政府通过各类手段融资,形成了庞大的地方政府债务。由于法律明确规定地方政府不能举债,因此中国地方政府债务往往游走于监管之外,其规模不易统计,造成了较为严重的潜在财政风险。从基本类型上看,依据波拉科娃(1998)的划分方法,中国地方政府债务主要包括:

(1)直接显性债务,主要指财政部代发的地方政府债券、地方政府直接发行的债务、地方政府借贷的外债、拖欠工资而形成的债务。直接显性债务中,除欠发工资形成的债务没有统计数据外,财政部代发债券、主权外债的数据基本可以做到及时更新,直接显性负债的透明度相对较高。

(2)或有显性负债,主要指债务主体非地方政府本身或者部门,但地方政府公开承诺或者提供担保形成的债务。诸如政府贷款担保、城投债、地方金融机构的不良资产和支付缺口、国有企业拖欠的养老保险基金、政府担保的基建贷款、对自然灾害等突发事件的救助。

(3)直接隐性负债,主要有社会保障资金缺口所形成的债务。

(4)或有隐性负债,主要指政府既不是债务人,也没有作出承诺和担保的债务,但是债务风险一旦产生,政府从公共利益的角度出发,必须投入资金干预,最终承担偿付责任的债务。主要包括地方金融机构的不良资产、政府性基金违规操作形成的亏损、供销合作社股金、对地方商业银行的救助等。

目前,中国地方政府债务规模较大,应尽快从定量角度分析其规模与结构,比较其与经济规模、财政收入规模的相对大小,全面衡量地方政府债务风险,完善地方政府债务风险监测预警体系。

发达国家的地方政府一般采用发行债券的方式凑集资金,但中国《预算法》明确规定,"地方各级预算按照量入为出、收支平衡的原则编制,不列赤字。除法律和国务院另有规定外,地方政府不得发行地方政府债券"。但实际情况却是,各级地方政府往往通过各种变相的方式举债,且债务规模不断增大。特别是 2008 年国际金融危机之后,为了刺激经济的复苏和增长,地方政府债务规模增长异常迅猛,并逐步得到党中央、国务院的广泛关注,近年来,财政部、中国人民银行、国家统计局、审计署等机构均对地方政府债务规模进行过统计,但统计口径不一,给出的统计数据往往差异较大。由于中国地方政府举债主体、方式的多元化、举债的隐蔽性加上规模不断变化,导致目前中国地方政府债务规模究竟有多大谁也说不清楚,存在着较大的潜在债务风险,加强对地方政府债务风险的预警与控制实属必要。

一般而言,发达国家政府对地方政府债务的风险控制较为严格,发达国家在中央与地方财政的关系上有明确的法律法规约束。例如,美国绝大多数州的宪法规定,地方政府债务纳入预算管理。澳大利亚、新西兰等国对地方债务实行严格的预算管理,在政府预算体系上全面反映政府收入、支出及债务举借和偿还情况,确定地方债务的合理规模。澳大利亚、日本等国高度关注地方政府债务对其资产负债状况与风险大小的影响,并据此统筹考虑政府的公共资源配置。南非中央政府也曾补贴地方预算赤字,2003 年其《市政财政管理法案》立法颁布后,强化了地方财政责任的要求。如今,越来越多的新兴市场经济体通过立法形式实行硬预算约束。

国际上,对于地方政府债务规模的控制,主要体现为通过需求和供给两方面共同调控。需求控制包括债务余额控制和增量控制,主要指标有负债率、债务率、新增债务率、偿债率、担保债务比重、利息支出率、债务依存度和资产负债率等。供给控制的主要指标包括地方政府贷款与金融机构净资产比、地方政府贷款与地方政府净资产比、贷款损失债权人分担率。从红线指标看,普遍采用了欧盟对其成员国债务警戒线的标准,即当年财政赤字/GDP 不超过3%,债务余额/GDP 不超过 60%。2008 年国际金融危机的爆发,使得欧洲大部分主权国家及地方政府都突破了这一警戒线。但就许多新兴市场经济体而言,如阿根廷、巴西、哥伦比亚、印度等国普遍采取硬性规定的方式,对地方政府债务融资进行了严格限制, 一般都不会高于欧盟债务警戒线标准。

中国应借鉴已有较为成熟的地方政府债务管控体系的经验,改进中央对地方政府债务的统计监测与风险防控,规范中国地方政府债务的统计口径,将地方政府债务的主体范围扩大到地方政府部门,并对中国未来财政安全可能具有影响的或有债务纳入统计,在现有中国地方债务审计的基础上,尽快采纳公共部门债务统计、政府财政统计等的最新国际标准,对中国地方政府债务规模做全面核算,防范地方政府债务给中国财政安全可能造成的潜在风险。

第四节 中国地方政府债务总量测算的方法改进

中国当前地方政府债务规模与结构测算尚未形成完善的统计体系,统计过程中存在诸多难点与问题,未来有待进一步改进。相比而言,国外政府债务统计发展已较为成熟,许多具体做法在中国地方政府债务总量测算中可以选择性借鉴和吸收。

一、统计主体改进

分析表明,中国地方政府债务统计的主体界定存在诸多不足。为此,一方面需要将地方政府拓展到广义地方政府部门范畴,另一方面应当根据中国机构部门的实际分类,划分和确定广义地方政府部门的实际边界。

1. 将主体界定为广义地方政府部门

美国和欧洲的政府债务,所界定的债务主体都是广义政府部门,既非狭义的政府行政机关,与公共部门主体也存在明显区别。中国当前地方政府性债务,是以是否由财政资金偿还作为确定标准,并没有明确的主体边界。债务主体边界模糊不仅会增加统计核算实践的难度,还容易引起人为因素对统计结果造成影响。因此,中国有必要借鉴美国和欧盟的做法,将地方政府债务的主体界定为广义地方政府部门,即地方层级的广义政府部门。

对于广义地方政府部门的范围,美国和欧洲都提供了一套较为完善的确定制度。总的来说,两者对广义政府部门范围的界定,都与 SNA2008 保持了高度的一致性。前文对中国统计中广义政府部门的界定进行了详细介绍。中国的广义政府部门范围比 SNA2008 更为广泛,同样也比美国和欧洲的广义政府部门包括了更多的内容。对此,需要借鉴有关广义政府部门范围界定的经验,对中国的具体情况重新进行界定,以期更为合理、更具备可比性。

根据中国广义地方政府部门范围界定的具体经验借鉴,可以将美国和欧洲的情况进行综合。一方面,可以结合中国基本单位统计,在已有基本单位名录库的基础之上,按照欧盟 MGDD2014 所提出的一些实践准则,定期对中国基本单位的政府属性进行评估,来确定广义地方政府部门的具体构成;另一方面,根据相关界定结果,形成类似美国政府财务报告中的指定性标准的名录。这样,就可以将两者很好地结合在一起,相应也就能够形成中国广义地方政府部门的较为稳定的动态框架。当然,对于一些新成立或者发生改革的机构单位,应当利用有关实践准则确定其具体分类。

2. 中国广义地方政府部门界定讨论

中国广义政府部门在统计实践(CSNA2002)中的界定,与 SNA2008 以及美国和欧洲都存在较大区别,这将十分不利于中国地方政府债务统计。因此,有必要重新界定中国广义地方政府部门的范围。各级地方政府的行政机关、各级人民代表大会、各级地方党委机关、各级司法机关以及地方政协委员会,都属于广义地方政府部门范畴,一般都不存在争议。争议焦点主要是在于对各级地方政府所属各类事业单位、村民委员会、地方政府融资平台、社会组织以及国有企业的政府部门属性的界定。对于这些特殊机构的界定,可以借鉴美国和欧洲以及 SNA2008 中的普遍做法,从政府控制和非市场性这两个标准着手。

(1)事业单位。中国地方政府拥有大量各种类型的事业单位。按照经费来源状况,中国事业单位分为全额拨款事业单位、差额拨款事业单位和自收自支事业单位三类。全额拨款事业单位一般没有收入或收入不稳定,这类事业单位很显然其生产具有较强的非市场性,应当归入政府部门。自收自支事业单位经费完全来源于自身经营性收入,政府不提供任何财政拨款,这类事业单位生产具有明显的市场性,应当将其纳入非金融或金融公司部门。而对于差额拨款事业单位,由于其政府补贴的不一致,操作层面难以进行判断。实际上,对于差额拨款事业单位的政府属性界定,应当区别对待。由于差额事业单位仍然具有明显的政府控制特性,因此可以利用 MGDD2014 中的"50%检验"进一步甄别。如果该差额事业单位经营或销售所得小于总成本的50%,换言之,如果政府财政补贴(拨款)所得大于总成本的50%,则该差额拨款事业单位就属于广义政府部门。否则,则应将其分入非金融或金融公司部门。

(2)村民委员会。在中国,村民委员会并不是一级政权组织,也不是乡镇人民政府的派出机构,而是村民自我管理、自我教育、自我服务的基层群众性自治组织,属于 SNA2008 中的非营利机构(NPI)范畴。但是,乡镇与村委会之间存在着指导和服务的关系,村委会也必须接受乡镇党委的领导。中国村民委员会中村干部报酬、村办经费以及一部分其他必要支出,均来源于政府财政补助。村委会在某些时候,如计划生育政策执行时也必须接受乡镇政府领导。无论是从乡镇政府对村民委员会的领导还是其经费来源上看,村民委员会都符合 SNA2008 中的政府控制要求。而就其所开展的业务来看,大部分为配合上级政府单位的一些计划生育、统计普查和调查等以及一些居民管理活动,具有明显的非市场性。因此,村民委员会也属于广义地方政府部门范畴。

(3)地方政府融资平台。地方政府融资平台公司指由地方政府及其部门和机构等通过财政拨款或注入土地、股权等资产设立,承担政府投资项目融资功能,并拥有独立法人资格的经济实体。① 地方政府投融资平台是指地方政府以融资为目的组建的用于市政建设、公共事业等城市基础设施项目投资公司,包括城市建设投资公司(通常简称城投公司)、城建开发公司、城建资产经营公司等多种类型,为实现融资目的,通常需要借助地方政府财政资金作为还款担保(巴曙松,2009)。中国地方政府融资平台从设立到融资再到资金使用,都完全处于政府直接控制之下,而由于其融资主要投向于城市基础设施建设,地方政府融资平台具有明显的非市场性特点。地方政府融资平台,虽然形式上是公司,但实质上更像地方政府控制的特殊目的实体,而这里的特殊目的是指举债融资,可以参考欧盟 MGDD2014 中有关特殊目的的实体(SPE)独立性的判定标准,对中国地方政府融资平台的政府属性进行讨论。从实际情况来看,中国当前绝大多数的地方政府融资平台,其本身并不能独立行事,许多重大决定也都是由政府安排。因此,地方政府融资平台应当归入广义地方政府部门之中。

(4)社会组织。中国社会组织分为社会团体、基金会和民办非企业单位三类,相关法律都规定了其非营利性特点。可见,社会组织都具备明显的非市场性。但是,一些学者从控制角度对中国社会组织的民间属性提出了质疑,认为中国政府对社会组织实行的是双重管理体制,通过登记管理和业务管理两套管理体系分别对其实行管理。许多社会组织都是由党政机构发起成立的,其负责人、职责、活动、经费等均由党政机构管理和决定。还有一部分社会组织为了方便合法地位的取得,不得不采取挂靠党政机构的方式,成为党政机构的附属组织,其独立性与自主性受到严重影响(张宇、刘伟忠,2013)。此外,

---

① 《国务院关于加强地方政府融资平台公司管理有关问题的通知》(国发〔2010〕19 号)中的定义。

也有学者根据《国民账户体系非营利机构手册(2003)》中所介绍的"非营利部门"①的结构—业务定义②,认定中国许多社会组织,在私营性和自治性方面都或多或少地受到政府控制或影响,应当排除在为住户服务的非营利部门之外。笔者认为,对于社会组织的政府属性不能一概而论,需要根据实际情况来判定其是否受政府控制。对于符合政府控制的社会组织,应当将其纳入广义政府部门;不符合条件的则应当分入 NPISH。

(5)地方国有企业。中国国有企业虽然一直在不断改革,市场化程度不断提高。但是,还有一部分国企在生产、财务、关键人事任命等方面仍然受政府控制,具有较强的非市场生产者特性,政企分离改革还不够彻底。因此,对于地方政府控制的从事非市场性生产的国有企业,也应当作为广义政府的一部分纳入到广义地方政府部门范畴。在操作层面上,同样可以借鉴"50%检验"准确来区分是否属于广义地方政府部门。具体来说,如果地方国有企业销售所得大于成本的 50%,那么该国企就是市场生产者,应当划入公司部门;否则,该国企应当被纳入广义地方政府部门。

综上所述,中国地方政府债务的主体应当确立为广义地方政府部门,具体包括:各级地方政府的行政机关、各级人民代表大会、各级地方党委机关、各级司法机关和地方政协委员会;村民委员会和各级地方融资平台;符合条件的事业单位(全部的全额拨款事业单位和部分差额拨款事业单位)、社会组织和地方国有企业。

二、统计基础改进

中国目前政府财政报告制度,是以收付实现制(或者说是修正收付实现

---

① 这里的非营利部门可以对应 SNA2008 中所界定的 NPISH,即非政府控制的非市场性 NPI。

② 结构—业务定义认为,非营利部门必须包括所有属于以下情况的实体:组织、私营、非利润分配、自治和自愿,私营性即要求独立于政府,自治性则要求能够控制其本身的活动。

制)为会计基础的决算报告制度,在预算收支执行、管理和监督等方面发挥了重要作用。但是,收付实现制下的决算报告制度,无法准确、全面地反映政府债务存量和流量相关信息。除应计利息以及担保和其他或有债务无法得到的反映外,实际过程中发生的一系列涉及地方政府债务的重组问题,也无法被准确记录。中国政府也已意识到了这些问题,为此,2014 年 12 月 12日,国务院以国发〔2014〕63 号批转财政部《权责发生制政府综合财务报告制度改革方案》①,要求在权责发生制会计基础上建立政府综合财务报告制度。实际上,中国国民经济统计中,各种交易②的记录时间是按照权责发生制原则来确定的(CSNA2002,p9),这能够为权责发生制在中国的实施提供一定程度的经验借鉴。

虽然欧盟和美国等政府会计和统计核算都是提倡使用权责发生制基础,但是,中国当前预算为主体的收付实现制政府会计已"根深蒂固",短期内并不具备全面改革的条件和环境。对中国政府会计基础应当实行渐进式改革,现有的政府预算会计可以仍然按照收付实现制进行,而引入权责发生制构建政府财务会计体系。在财务会计体系下,实施权责发生制的地方政府债务统计,也应当稳步有序推进。对于广义地方政府部门主体的直接债务,应当严格按照权责发生制进行确认,并借助资产负债表进行反映;对于担保债务等或有显性债务,也应当按照权责发生制进行确认,并在资产负债表外进行披露;对于地方金融机构不良资产以及地方国有企业等(指广义地方政府部门外的机构单位)公益性项目举债,地方政府未担保但可能需要承担救助责任的债务,也应当在权责发生制下进行披露;对于养老金缺口隐性或有债务,在条件成熟时,也应当在权责发生制基础上通过精算方法进行统计,并对此进行披露。

---

① 下文简称《方案》。
② 包括机构内部之间的交易。

三、统计处理改进

国际上一些发达国家政府债务统计的实践,为中国地方政府债务统计,提供了诸多可借鉴之处。通过进一步梳理发现,中国地方政府债务统计处理可以在下述三个方面进行改进。

(一)债务统计中的分类改进

地方政府债务统计可以根据不同的标准进行分类,包括债务工具、原始期限、剩余期限、利率类型以及债权人类型等。中国地方政府性债务虽然提供了许多分类信息,但是还存在一些不足有待改进。

一是建立地方政府债务工具分类体系标准。中国当前地方政府性债务分类,与上述国家政府债务统计的分类相比,既不符合传统意义的政府会计财务报告中资产负债表的分类,也不符合统计中的金融工具分类。杜金富(2012)认为,建立科学、统一的金融工具分类,不仅是编制金融业综合统计采集指标体系的基础,而且对于准确计量金融负债,合理地进行国际间比较和分析以及客观评估金融市场稳定都具有基础性的重要意义。实际上,中国最新发布的金融工具分类与SNA2008、ESA2010等国际标准具有很好的衔接性,又立足中国国情保持了一定的中国特色,可以在此基础上建立中国政府债务工具分类体系标准。

中国最新金融工具分类标准采用三层次复合分类体系。第一层次按或有性分为现期金融工具和或有金融工具;第二层次根据流动性和法律特征,并参照国际分类标准,将现期金融工具分为12大类;第三层次结合主体、期限和会计基础等特征,划分为具体的中国化产品。参照中国最新金融工具分类标准,并结合中国地方政府债务的实际内容,提出如下分类标准,见表10-15。该分类分为三级:一级分类与最新金融工具分类一致,为现期债务工具和或有债务工具;二级分类参考中国地方政府债务情况,将现期债务工具分为存款、非股票证券、贷款、养老和标准化担保计划以及其他应付款五类,将或有债务工分为担保债务、救助责任债务以及养老金隐性债务;三级分类则参考地方政府性债务审计结果,进一步细分。

表 10-15 中国地方政府债务工具分类标准

一级	二级	三级
现期债务工具 (表内债务)	存款	下级政府未上缴财政收入;存款;其他存款
	非股票证券	地方政府债券(中央代发和地方自主发行);企业债券;中期票据;短期融资券;收益凭证;其他非股票证券
	贷款	普通贷款(银行贷款);拆借;信托融资;回购协议;融资租赁;转贷款(国债、外债等财政转贷);其他贷款
	养老和标准化担保计划	拖欠发放养老金(若存在);学生助学贷款担保;农业贷款担保;其他标准化担保计划
	其他应付款	垫资施工的延期付款;拖欠工资和工程款;预收款项(预收税收);应付未付款项;其他
或有债务工具 (表外债务)	担保	担保的外国政府贷款;担保的国际金融组织贷款;担保的国内金融机构借款;担保的融资平台债券融资;其他担保
	救助责任	广义地方政府部门外单位的未担保公益性举债;广义地方政府部门外单位破产清偿;地方金融机构不良资产和债务;地方政策性投资公司呆坏账损失;其他救助责任债务
	养老金隐性债务	精算的养老金隐性债务

实施该债务工具分类主要有这样几个优点:首先,与国际分类标准保持一致,有利于国际比较。中国地方政府性债务分类并不能很好地与国际标准和其他国家做法衔接,而将现期债务工具分为存款、非股票证券、贷款、养老和标准化担保计划以及其他应付款,对于和"马债"以及欧美国家统计账户体系所界定的政府债务,都很容易实施比较。其次,该分类能够较好地与政府财务报告进行对接。地方政府债务统计核算数据来源的基础是政府会计体系,目前审计有关数据也都来自于会计系统。虽然中国尚未建立起完善的政府财务报告制度,但是根据《方案》工作安排,要求 2016—2017 年需要制定发布政府会计

相关具体准则及应用指南,并开展政府财务报告编制试点。因此,保证与会计体系的对接也是债务工具分类的基本要求。再次,强调对或有债务进行统计,有利于全面反映债务的规模和风险。地方政府或有债务的统计核算对于全面反映债务规模与风险具有重要意义。当前,中国地方国有企业和其他非政府部门机构的公益性建设举债,普遍存在地方政府担保或者是具有救助责任,统计或有负债尤为重要。此外,中国地方政府在养老金方面存在缺口,这是不争的事实。虽然当前对于养老金隐性债务规模,还没有一个权威的说法,但是在或有债务统计体系之前,对养老金债务规模进行精算,不仅必要,而且迫在眉睫。

二是强化债务来源的部门统计分类。对债务按照债务来源(也就是债权人)进行分类具有重要意义,通过厘清债务资金来源有利于债务风险防范。中国地方政府性债务分类尚未建立起完善的债务来源统计,已有按照"债权人类别"的分类存在较多问题。针对中国地方政府债务来源分类,可以借鉴欧洲的"由谁到谁金融账户",对总债务以及各类债务工具根据部门进行分类(见表10-16)。

表10-16　地方政府总债务来源部门分类统计表

债权人 部门分类	非金融 公司	金融公司		广义政府		住户及为 住户服务的 非营利机构	国内	国外	总和
		银行	银行外	中央 政府	地方 政府				
债务额									

三是进一步加强对信贷市场的债务统计。信贷市场债务主要包括非股票证券和贷款,在大部分国家这都是政府债务的最主要组成,中国地方政府债务也是如此。信贷市场是一个十分敏感的地带,地方政府债务作为其中的一个重要组成部分,其对市场影响不言而喻。美国政府债务就非常注重信贷市场债务统计,这点非常值得中国借鉴。实际上,对于现期债务工具中的信贷市场债务,有必要对其进行专门统计,可借鉴美国的相关经验,具体见表10-17。对信贷市场债务统计,还应当专门对到期但未能及时偿付的违约规模进行统

计核算。另外,应当对信贷市场各债务工具的平均利率水平进行统计。

表 10-17　信贷市场债务分类统计表

分类标准	剩余到期期限	原始期限	债务工具	债权人居民地	利率
具体分类	1 年内到期 2—5 年内到期 5 年以上到期	1 年以内 2—5 年 5—10 年 10 年以上	债券 地方政府债券 城投债 其他债券 贷款 银行贷款 信托融资 其他贷款	国内 国外	固定利率 浮动利率

(二)债务统计中的统计计值改进

债务工具的统计计值,其涉及的核心问题主要有两个:一是计值方法的选择;二是应计利息的计算。除"马债"计值较为特殊外,美国、欧盟等国外以及SNA2008 和 PSDS2011 等国际标准,在统计计值方法和应计利息处理上都保持了较高的一致性。中国地方政府性债务的计值,无论是计值方法还是应计利息处理,都存在许多问题,有必要对此进行改进。

首先,确定以市场价值对中国地方政府债务工具进行计值的基本原则。美国政府债务统计中是以公允价值作为计价基础,并将公允价值计值分为三个层次,这点非常值得借鉴。以市场价值作为计值方法,也就是当能够在活跃市场上得到该债务工具价格时,则使用市场价值计值;如果市场上不能得到交易价格,则使用债务工具的名义价值进行替代。中国地方政府债务相关债务工具计值具体可见表 10-18。与美国相比,中国债务工具的计值相对更为简单,这主要是中国政府一般是到期赎回债券,而美国存在较多提前赎回现象。[1]

---

[1]　当然,需要注意的是,2015 年以来中国开启了地方政府债务置换计划,使用利率水平较低的政府债券来置换其他高利率债务,这在一定程度上拓宽了市场价值计值的应用范围。

表 10-18　中国地方政府债务工具计值方法

债务工具类型	计值方法
存款	名义价值进行计值
非股票证券	以市场价值进行计值； 若市场价值不可得,在没有通货膨胀和高利率情况下,市场价值可以由按面值发行的短期债券和短期贴现债券的名义价值近似估计
贷款	以名义价值进行计值,不论贷款是否为不良贷款
养老和标准化担保计划	标准化担保为预期的索赔减去预期收回的价值
其他应付款	名义价值计值

其次,选择恰当的方法计算应计利息。国际上有一些成熟的各类债务工具应计利息处理方法,这些方法也适用于中国地方政府债务利息的处理。此外,中国人民银行颁布的金融行业标准中的《金融工具统计计值》,也介绍了应计利息的处理,包括计息方法(积数计息法和逐笔计息法)、单利和复利计算以及分段计息。① 对此,应当选择合适的方法来计算对应债务工具的应计利息。

(三)或有债务统计处理改进

无论是在政府财务报告的资产负债表还是金融账户中,或有债务一般都不在主表中体现,而是在备忘录中反映。作为表外债务,或有债务信息实际上是非常重要的,尤其是中国地方政府债务中存在着大量或有债务的前提下。对或有债务的处理方法,美国、欧洲和新西兰都有自身的特点,与 SNA2008 和 PSDS2011等国际标准也有一定的差别。通过进一步梳理以及借鉴国际上有关或有债务的处理,中国未来或有债务统计应当在以下几个方面进行改进。

---

① 《金融工具统计计值》现仅颁布了两种金融工具的计值处理,分别是存款和贷款,其他金融工具包括非股票证券等计值标准,详细的计息内容可参见已发布的 JR/T 0064.1—2011 和 JR/T 0064.2—2011。

一是拓宽中国地方政府债务的披露范围。欧洲对政府或有债务的披露范围相对较窄,主要是政府担保或有债务,美国则进一步对环境相关或有负债以及确定收益型养老金负债进行了统计。新西兰则具有非常完备的或有负债披露和报告体系,或有债务统计经验十分值得借鉴。中国地方政府性债务中,是以担保和公益性举债的双重标准,来界定地方政府或有债务的。这样一种界定方式,在实际处理时具有很强的操作性。但是,其缺点也是显而易见的,或有债务的范围明显十分狭隘,无法覆盖全部的风险。因此,有必要拓宽中国地方政府债务的披露范围。

中国地方政府或有债务的披露范围应当包括三个方面:地方政府担保债务、救助责任债务以及精算养老金隐性债务。地方政府救助责任的债务,不仅包括对广义地方政府部门外单位的未担保公益性举债,还包括广义地方政府部门外单位破产清偿、地方金融机构不良资产和债务以及地方政策性投资公司呆坏账损失等。毫无疑问,地方政府担保债务都应当全部进行披露和报告,养老金隐性债务也应当借助精算方法予以披露。对或有债务披露范围的确定关键在于如何确定负有救助责任的债务范围,实际上,对中国地方政府承担救助责任债务的披露范围,可以借鉴新西兰的"重要性原则"。新西兰或有债务只要超过2000万新西兰元的都要进行报告,中国也可以根据实际情况设立一个特定的披露界线,作为是否进行披露的依据。

二是进一步完善担保或有债务的核算处理。将担保债务划分为标准化担保和一次性担保,这是美国、欧盟以及国际标准的普遍做法,本书在债务工具分类时已做出了区分,担保债务的统计处理难点在于一次性担保或有债务。在实践中,美国、欧洲和新西兰对担保或有债务的统计处理方法有所不同。美国的做法是评估担保启用的可能性,只要超过50%,则以预期未来现金流出的现值的最佳估计在财务报表中确认该债务。欧洲则是当能够借助判定准则,来判断政府偿还或者将会对担保债务偿还时,则确认该或有债务,并将担保债务计入对应的债务工具。新西兰则是在或有债务中,统一对担保等债务按照担保的总额在或有债务中进行披露。

中国地方政府一次性担保或有负债的处理可以将上述三者的特点有机结合起来。首先,对在统计时期能够判断政府偿还或者将会偿还(大于75%①)的担保债务(第一类),应当计入相应债务工具,并在表内债务中反映。具体相关判定可借鉴欧盟的判定准则以及美国担保债务发生概率的评估方法。其次,对在统计时期不属于第一类但是启用可能性较大(30%以上)的担保债务(第二类),应当重点关注。再次,对于上述两类之外的担保债务则仅以名义价值进行披露。

对担保或有债务的统计,还应当重点关注历史的到期债务的实际转化信息统计。地方政府担保债务都具有一定的期限,一般情况下,在到期日如果债务人无法偿还,则担保被启用。根据担保合约规定,一旦担保被启用地方政府则变为债务人,需要承担规定的责任。因此,应当对统计年度和之前担保债务启用的金额比率进行统计。

三是要强化对各类救助责任债务及其转化信息统计。在地方政府的全部或有债务中,救助责任的范围和内容都是最为广泛的。中国地方政府救助责任债务,包括广义地方政府部门外单位的未担保公益性举债和单位破产清偿、地方金融机构不良资产和债务以及地方政策性投资公司呆坏账损失等。对于救助责任或有债务的统计处理,可以参考担保债务。对在统计时能够判断由政府偿还或者将会偿还的情形,则应当按地方政府最佳的估计损失数额将该或有债务计入对应的债务工具;其他救助责任负债则以名义价值进行披露。此外,各类救助责任债务也应当对相应的转化信息进行统计。

四是精算养老金隐性债务及其披露。各方对中国养老金隐性债务的测算结果差异很大,而究其原因,主要集中在两个方面:一是缺乏权威普遍认可的

---

① 这里75%的概率界限和后面30%界限的确定,参考了中国银行贷款的五级分类。五级分类中,将贷款损失的概率在75%—100%界定为"损失贷款",将30%—75%界定为"次级贷款"和"可疑贷款"。

养老金隐性债务的界定;二是测算过程中的参数设定差别巨大。应当认识到,中国养老金隐性债务的测算是一个比较复杂、庞大的工程,实际测算必须得到官方有关部门的大力支持。一方面,应当统一讨论后由官方给出中国养老金隐性债务的界定,更能为大众所接受。另一方面,政府有关部门掌握了全部参保人的个体信息,有利于提高测算的准确性。养老金参与者的个人信息包括性别、年龄、缴费年限、缴费金额、养老金发放金额等信息,这些信息并没有对外公布,因此,测算中必须由相关部门进行协助。再者,还有一些信息如养老基金的资产以及相关收益率信息,也是测算过程中必需的数据。

此外,应当借鉴国际上对于确定型养老金债务统计处理的一般原则,在介绍具体精算方法的同时列出相关参数的假定结果,并且注重公布历史年份精算结果,以反映出未来发展趋势。

下 篇

政府债务风险监测和预警研究

第十一章　政府债务风险监测理论研究

本章拟梳理政府债务风险监控的相关文献,对政府债务风险监测理论问题开展研究,在考察国别间赤字率水平差异的基础上分析《马斯特里赫特条约》中所确立的赤字率(3%)和政府债务负担率(60%)警戒线对中国的适用性,为构建政府债务风险预警监测体系奠定理论基础。

第一节　政府债务风险监控:文献回顾

政府债务面临的风险主要包括市场风险、展期风险、流动性风险、信用风险、清算结算风险以及经营风险等。政府债务风险监控主要以市场风险、展期风险、流动性风险的研究占多,具体表现在对政府债务期限结构、利率、内外债搭配、基准投资组合、不良负债、或有负债等方面的风险讨论。从文献上看,学术界针对政府债务风险问题,从多角度、多层次开展了诸多研究,形成了大量相关成果,下面拟从政府债务影响因素、债务规模适度性、风险监测理论方法、债务风险预警、中国政府债务风险、国际债务危机六个方面分别做一简要回顾。

一、政府债务影响因素分析

政府债务规模与结构的影响因素历来是一个备受关注的问题,被国际各

335

大评级机构和投资机构及国内外专家学者高度重视。国债是世界各国政府筹集资金、缓解财政压力和实施宏观经济调控的重要手段。债务规模一般有如下几层含义:一是历年累积债务的总规模;二是当年发行的债务总额;三是当年到期需还本付息的债务总额(林晓宁,2013)。债务规模通常受认购人负担能力和政府偿债能力两个条件的制约,控制债务总规模是防止债务危机的重要环节,控制当年发行额和到期需偿还额具有明显的实际意义。威津伯根和布迪纳(Wijnbergen & Budina,2001)认为,政府债务同通货膨胀和财政赤字具有较高的一致性,并利用波兰1989年恶性通货膨胀前后的实际数据进行检验,发现政府合理的债务管理计划对实现通货膨胀调控目标和改善政府财政状况非常重要。艾曾曼和马里昂(Aizenman & Marion,2011)通过历史数据分析,考察了美国政府在高负债时期两次通过通货膨胀减少政府债务的基本事实及其动机差异。此外,阿伦(Allen,2005)通过运用新兴市场国家的案例分析了一国政府债务脆弱性的主要影响因素。

理论上,在给定支出的情况下,征税和发行国债是政府筹措资金的两种主要方式,有关这两种融资方式对经济的影响,经济学家们一直争论不休。对财政赤字的论述可以追溯到李嘉图,他在《政治经济学及赋税原理》一书中提出,政府无论是以税收还是公债形式来筹资,对于完全理性的个人和整个经济的影响都是一样的,公债无非是推迟了的税收。郭庆旺等(2003)依据政府跨时预算约束理论,运用协整分析从动态角度考察了改革开放以来中国财政赤字规模的可持续性及其对财政安全的影响。陈静和倪鹏(2012)总结了主权政府债务规模变动的主要影响因素及影响路径,根据建立的政府债务理论模型,将经济增长、通货膨胀、财政赤字及其他非常规财政因素对主权政府实际债务规模变动的影响进行定量分解,发现财政因素是美国政府债务规模急剧增长的主要原因,而面对同期的经济萧条和较高的债务负担,通货膨胀成为政府削减债务最重要的工具。

此外,周茂荣和骆传朋(2006)对债务、通胀、赤字、经济增长等进行理论建模,分析不同因素对政府债务规模的影响,并对欧盟财政的可持续性进行了研究。尹恒和叶海云(2006)通过面板数据研究各国政府债务的主要影响因素,选取经济发展水平、开放度、市场发育状况、总人口和民主程度等诸多指标,最终识别出政府支出规模、通货膨胀率和实际利率对政府债务规模具有显著且稳健的影响,政府支出规模越大,通货膨胀率越高,实际利率越高,国债负担率就越高,结论认为政府债务规模与结构的影响因素有经济增长、通货膨胀、财政赤字。实际上,政府债务规模反过来对通货膨胀和利率也存在影响,例如马拴友等(2006)采用向量自回归的分析框架,考察了政府债务规模对利率和通货膨胀率的影响,并由此对中国政府债务规模的可持续性进行先验检验。

二、政府债务规模适度性研究

汉密尔顿和福拉温(1986)提出,政府债务规模取决于未来各年预算盈余的现值和为了发行付息债券政府必须保证债权人平衡预期预算的现值,这就是经典的跨期理论。戈德斯特茵和沃格罗姆(Goldstein & Woglom,1991)研究发现,拥有更多股票债务、更大财政赤字以及相对于收入债务增长率更高的国家,会更加关注地方政府债券的市场,并且在其他条件不变的情况下,宪法制度越严厉的国家面临越低成本的借贷,因此国债规模应以利率上升为限。在汉密尔顿和福拉温(1986)提出的跨期理论基础上,查尔克(Chalk,2000)建立了跨期迭代模型,并结合财政赤字约束研究国债适度规模的决定问题。

不少学者对政府债务规模适度性开展了实证研究,如贝托克奇(Bertocchi,1993)从发行市场出发,建立了政策导向的宏观经济动态规划模型,用于分析国债的适度规模。贾康和赵全厚(2000)没有局限于债务规模的微观讨论,认为债务的适度规模是其正净效应最大化时的规模,而不是债务规模的单纯最大化问题。李扬(2003)从财政政策和货币政策协调配合角度,探讨了国债在金融体系中的特殊地位和作用,认为财政部门的国债规模与财政赤字相联系,而金融部门对国债的需求则是相对稳定且不断增长的,解决这个矛盾必须割开国债发行与财政赤字的僵硬关联,并提出了衡量国债规模适度性的若干指标,诸如负债率、偿债率、债务率等。高培勇(2003)认为,国债规模大小的衡量应基于存量和流量两类不同指标体系,而降低相对偏高的债务依存度是防范政府债务风险的主要着眼点。王维国和杨晓华(2008)基于格里因纳(Greiner,2012)提出的包括国债、赤字的内生增长框架,建立我国国债和经济增长的模型,基于扩展 VAR 模型的因果关系检验表明我国国债的主要用途是公共投资,而不是政府消费和转移支付,国债促进经济增长的路径也在于公共投资领域。

值得关注的是,梁学平(2009)通过建立 VAR 模型进行实证分析,结果表明,影响国债规模的主要因素是国内生产总值、居民储蓄、国债发行规模以及财政赤字。胡晖(2011)从促使国债适度规模扩大和制约国债适度规模两个角度引入了评价我国国债规模适度性的一系列指标,着眼于国民经济的偿债能力和财政的总体偿债能力,研究国债适度规模的监控指标,并探讨了我国目前国债规模的适度性。

三、政府债务风险监测理论与方法

(一)理论研究

从 20 世纪 50 年代起,国外已开始对政府债务风险监测理论展开全面、深入的研究,并取得了丰硕的成果。达夫隆(2002)对政府债务管理所面临的风险进行了系统的总结,将风险分为市场风险、展期风险、流动性风险、信用风险、清算风险、运营风险六种。具体而言,政府债务风险管理主要有以下三种理论:

一是财政效率理论。以泰尔博特(Tiebout,1956)、穆斯格拉夫(1959)、欧特斯(1972)为代表的第一代经典财政联邦理论对政府举债的可行性和必要性进行了研究,运用萨缪尔森在《公共支出的纯理论》中的定义比较财政收入与举借债务对资源配置效率的作用,认为在一定条件下,与使用当期的地方财政收入相比,以借债为地方政府投资项目融资更为可取,风险更小。

二是财政可持续理论。布依特(Buiter,1985)提出财政可持续理论,认为财政可持续性是指作为经济实体的国家财政的存续状态或能力,财政可持续性是政府债务风险评估与监控的主要目标。

三是财政风险矩阵理论。波拉科娃(1998)系统地分析了政府债务存在的风险,从政府负债的角度提出了著名的"财政风险矩阵"(Fiscal Risk Matrix),详细定义并阐述了政府的直接债务、显性债务、隐性债务及或有债务,认为政府面临的这四种财政风险中每一种风险从广义上都可以定义为负债,而每种负债均具有以下四个特征中的两个:显性的与隐性的、直接的与或有的。在从两个角度对政府负债作出划分之后,进一步把上述四种政府负债进行了组合,从而得到了财政风险矩阵中反映的四种政府负债类型,即直接显性负债、直接隐性负债、或有显性负债和或有隐性负债。为解决风险评价问题,还从可用财政资源的角度提出了财政风险的"对冲矩阵"(Fiscal Hedge Matrix),把两个矩阵联系起来,由此可得扩展后的资产负债管理框架,该方法中对财政风险分析起补充作用的对冲矩阵说明了政府用于偿付政府债务可能的收入来源。

(二)方法研究

关于政府债务风险监测的文献较多,但就风险监测方法而言,现有研究中常用的方法主要可分为如下三类:

一是单一指标法。单一指标法是将政府债务指标与国际上常用的政府债务风险警戒线进行对比分析。从世界各国债务管理的经验来看,有以下三个较为常用的测度政府债务规模的指标:债务负担率、债务依存度和国债偿债率(贾康和赵全厚,2000;赵晔,2011)。关于政府债务警戒线,西方经济理论认为,在完全市场化和举债不考虑预算外因素的情况下,财政赤字应由当期新增的政府债务和上一期财政赤字余额所产生的名义利息费用两部分组成,并由此可以推导出本期赤字率。《马斯特里赫特条约》规定"政府财政赤字率不超过3%,国债负担率不超过60%"的共同标准,被认为是对历史经验的总结,常被视作"警戒线"。

(1)债务负担率。债务负担率是当年债务余额占国内生产总值的比重,反映债务存量的总规模和国民经济对国债的负担能力与偿还能力,该指标是衡量债务风险状况的基本指标,从国民经济的总体和全局角度考察债务的数量界限。西方国家和国际经济组织经常使用这一指标,该指标国际公认的警戒线为45%—60%,一般认为发达国家应低于45%,欧盟国家加入单一货币联盟的条件是债务负担率小于60%。

(2)债务依存度。债务依存度是年度债务额占当年财政支出的比重,该指标从流量上反映当年财政支出有多少是依靠举借债务实现的,即财政支出对债务收入的依赖程度。在我国,这一指标的计算有两种不同口径:一是"国家财政的债务依存度",其计算公式为债务依存度=(当年债务收入额÷当年财政支出额)×100%;二是"中央财政债务依存度",其计算公式为债务依存度=(当年债务收入额÷当年中央财政支出额)×100%。我国由于国债只能由中央财政来发行、掌握和使用,所以使用中央财政债务依存度更具现实意义,国际上一般认为债务依存度的警戒线是20%。

(3)国债偿债率。国债偿债率是指一年的国债还本付息额与财政收入的比例关系。债务收入的有偿性决定了国债规模必然要受到国家财政资金状况的制约,国债偿还率即当年财政收入中用于偿还债务的部分所占的份额,用以反映债务主体每年的偿债负担比率。依据国际经验,偿债率的警戒线是10%。

然而,指标对比分析法是否适用于政府债务问题,学术界尚存争议(彭志远,2002)。由于各国经济及财政体制不尽相同、国家财政集中程度存在差异、债务增量和结构不同,并且债务资金的投向及使用效率也不一样,因此,直接以国际常用警戒线来判断一个经济体的政府债务风险可能存在一定问题。

二是综合指标分析法。鉴于简单对比分析法存在缺陷,一些学者尝试采用综合指标分析法,引入多元统计方法来设计政府债务风险监测指标并进行实证分析,大多以地方债务风险分析为主。例如,裴育和欧阳华生(2006)以A省与B省为例,从规模与结构两个方面对我国地方政府债务情况进行区域比较,认为中国地方政府债务在总量上呈现明显的区域性特征,债务规模大小与当地经济发展高度相关,但从债务负担率和偿债率等相关指标来看地区差异并不显著,甚至出现完全相反的现象。刘星等(2005)以重庆市数据为样本分析了地方政府债务风险与五类地方财政经济风险的相关关系,发现宏观经济风险对财政债务风险无显著影响,但财政收支风险、财政赤字风险以及财政调控风险对地方财政债务风险都有比较显著的影响。唐荣华(2013)试图运用熵模型理论和方法,设计地方政府债务风险监测指标,并采用地方政府债务风险动向图和债务风险信号图动态监测地方政府债务风险。

三是财政收支平衡法。部分学者通过考察财政收支是否平衡来间接反映政府所面临的债务风险,即财政赤字方法。例如,特勒罕和沃尔希(Trehan & Walsh,1988)在实际利率为常数的假定下进行了平稳性检验,发现包含利息支出的政府支出和收入是协整的。科拉和蒂默西(Cole & Timothy,1996)分析政府债务危机爆发的机理,认为政府是否必须采用借新债还旧债的方式来偿还债务,是判断政府是否爆发债务危机的关键,而公众信心是债务危机爆发的深层次原因。

(三)隐性债务风险测度

20世纪90年代后,西方经济学者开始从资产负债管理角度强调政府债务和资产的冲抵,重视政府净债务的变化及其影响。罗森(Rosen,1992)在其著作《财政学》第三版中正式提出政府有形资产和政府隐性债务的问题,指出隐性债务是由于政府承诺未来支付一定数额款项而产生的,政府债务的范围不仅仅局限在政府直接债务之内,还应扩展到隐性债务的范畴,但政府的隐性债务不明显,分析时很难确定如何界定政府债务范围。世界银行经济学家汉娜·波拉科娃在《政府或有负债:一个隐性的财政风险》(1998)、《财政调整与政府或有负债:捷克和马其顿的案例研究》(1999)、《政府或有负债:对捷克共和国的财政威胁》(2000)等一系列文章中对或有负债及特定国家的隐性债务问题做了专门研究。从国内来看,针对隐性债务,王燕等(2001)提出,单一制政体下中央政府对地方政府提供的隐性担保,引发了地方政府的道德风险问题,使得他们普遍具有较高的负债倾向。在此基础上,刘尚希(2002)进一步指出,"风险大锅饭"是我国政府(包括地方政府)债务风险的制度特征,政府不仅替国有企业承担风险,对政府各部门的预算外活动承担风险,而且中央政府替地方政府承担风险,这种"风险大锅饭"导致地方政府及其各部门对经济活动干预失当,追逐高风险,避险动机和避险能力严重不足,债务规模和债务风险不断累积。

(四)其他相关研究

还有一些学者从其他角度考察政府债务风险监测理论方法问题,如债务期限结构等,由于债务期限结构不合理而导致的流动性风险是欧债危机爆发的主要原因。卢卡斯和斯托克(1983)集中研究了政府债务的期限结构,指出政府选择合适的期限结构能够有效减少未来经济冲击可能带来的影响,期限结构搭配不合理可能造成展期风险、流动性风险以及市场风险,在展期过程中无法准确预测展期时的价格,可能会导致市场风险,在展期过程中无法寻求合适的展期对象或者展期时要承担十分高的成本,就可能造成展期风险。迪特拉吉克和斯皮利姆博格(Detragiache & Spilimbergo,2001)指出,短期债务相对于长期债务而言更有可能产生危机,原因是债务期限频繁错配留下了大量的对冲空间。尤斯皮和普瑞斯通（Eusepi & Preston, 2011）指出,更高的债务水平和中长期债务期限会引起经济不平稳,当政策规定较为单一时,与利率挂钩的积极财政政策能够更好地维持宏观经济稳定。

国内很少有人将债务期限结构理论应用于政府债务,相关研究仅有易千（2013）、秦凤鸣和王旭（2010）、刘昊虹（2011）。其中,秦凤鸣和王旭（2010）研究了欧元区成员国的长期国债占总债务与政府债务期限结构的比重,并与政府效用函数联系,将主权债务期限结构与宏观经济特性进行结合,认为主权债务结构的合理安排可以通过跨期平滑的方式进行宏观调控,防止发生主权债务危机。刘昊虹（2011）分析了日本的主权债务,并指出,日本地方债合理的期限结构使之避免了债务风险的产生。易千（2013）比较了日本、希腊、意大利、爱尔兰、葡萄牙等多个经济体政府债务结构的特点,并对长期短期债务结构进行比较分析,认为不合理的地方债务期限搭配会加大政府债务的风险。孙国伟（2012）采用定量方法分析公共债务期限结构管理,阐明了公共债务期限结构与金融体系稳定的关系,指出如果中央政府多发行短期债券、地方政府多发行长期债券,则可以降低地方政府发生债务危机的概率,此外,他还分析了公共融资效率与公共债务期限结构管理之间的关系,认为中央政府的短期融资更能产生成本节约效应,降低代理成本,减少挤出效应。

四、政府债务风险预警研究

从政府债务风险预警来看,国外很多国家已采用不同指标体系建立地方财政预警体系,诸如美国的"地方财政监控计划及财政危机法"、巴西的"地方政府借款限制"以及哥伦比亚的"交通信号灯系统"等,可见,各国多从宏观角度来研究政府债务风险预警,或是从立法的角度,以法律的形式来建立预警体系用于防范政府债务风险。参照国外案例,国内一些学者也尝试探讨了中国债务风险预警体系的构建问题（邵伟钰,2008;考燕鸣,2009）,但尚未制定相应的法律法规。

（一）方法研究

随着风险预警方法在宏观经济领域的应用,构建合理的债务风险预警模型已经成为控制政府债务风险的有效途径,其中最为重要的是预警指标和方法的选取(Perraudin et al.,2003)。到目前为止,国际上在宏观经济领域的风险预警研究主要是基于两类预警方法来开展:

一是参数模型预警方法(Parametric EWS Model)。参数模型预警方法主要是利用风险概率模型法、多元统计分析法以及横截面回归模型法等方法,建立以综合风险值为因变量的回归模型,然后由一系列样本数据估算模型中各解释变量的参数,最后以风险因素的取值,计算当年的综合风险值,从而判断和预测未来发生风险的可能性。归纳起来,经典的风险预警模型主要有:

（1）KLR 模型(Kaminsky et al.,1998)及其拓展模型。KLR 模型是基于指标信号分析的定量预警模型,采用相关的宏观经济变量作为预警指标。博格等(Berg et al.,2005)提出的 DCSD 模型在多方面拓展了 KLR 模型,如指标阈值的测定、多变量的 Probit 回归分析等。PDR 模型在 DCSD 模型基础之上,加入私人经济层面的资产负债平衡表变量和一些替代变量。

（2）多元统计分析方法。国际上较早采用这一方法开展政府债务风险研究,相关文献主要有萨克斯(Sachs,1990)、法兰克尔和罗斯(Frankel & Rose,1996)、佩劳丁等(Perraudin et al.,2003)。国内一些学者也采用该类方法进行了相关研究,例如,考燕鸣等(2009)运用"金融粒子理论"和"目标分解法"建立地方政府债务预警体系,计算出各指标、各环节的风险系数和债务的综合风险系数,并进行实证分析和验证。桑子涵(2010)建立囊括单省份债务风险预警体系和全国各省份的横向债务风险预警体系在内的风险预警体系方案,并进行综合比较评价。

二是非参数模型预警方法(Nonparametric EWS Model)。非参数模型预警方法主要是在设置预警指标体系的基础上利用某些统计、运筹和决策的理论方法,如层次分析法(AHP)、熵值法以及灰色关联评价法等,引入权重的概念,根据各预警指标对综合风险状态影响的重要程度,分别赋予其不同的权重,然后将各指标加权合成一个综合指数,以反映某一时点上的风险程度。

(1)层次分析法。许涤龙和何达之(2007)利用财政风险矩阵将我国财政风险进行分类,运用 AHP 法构建财政风险预警模型。洪源(2011)基于风险因子和 AHP 法,从预警指标体系的设立、预警指标数据的指数化处理、权重的确定、风险评价函数的建立以及预警信号系统的设计等五个方面构建了中国财政风险非参数预警系统,并对中国财政风险进行实证分析。

(2)熵值法。唐荣华(2013)运用熵模型理论和方法,设计地方政府债务风险监测指标,并采用地方政府债务风险动向图和债务风险信号图,尝试对地方政府债务风险进行动态监测。

(3)模糊综合评判法。王晓光等(2005)选取 8 个指标,运用模糊综合评判法对地方政府债务风险进行预警;刘星等(2005)按照上述思路采用政府债务危机指数反映地方政府债务综合风险,并用主要的辅助性指标测算政府债务危机发生的概率,从而确定预警度;谢虹(2007)从直接负债与间接负债的角度选择 12 个指标,采用模糊综合评判法对地方债务风险进行预警研究。

还有一些学者将人工神经网络模型引入风险预警评估,这些模型最初大都是为了研究货币危机预警而建立的,对于债务风险预警而言尚需进一步改进。宿钦兰(2008)利用可拓学理论建立政府性债务预警的可拓物元模型,包括单指标和多指标的风险预警可拓模型,研究了基于关联函数的可拓判定方法,并以某省为例对政府性债务风险进行实证分析。

此外,许多著名的国际金融机构也各自建立模型来预测债务风险,主要有:高盛的 GSWatch 模型;J.P.摩根公司的 ERI 模型;摩根大通的 LCVI 指数;德意志银行的 DBAC 模型;瑞士信贷第一波士顿(CSFB)的新兴市场风险指标模型;国际货币基金组织的金融压力指数 FSI 等(Eurostat,2011)。

(二)方法简评

总体来说,中国对政府债务风险预警(主要是地方政府债务风险预警)的研究已有不少。相关研究一般基本思路比较清晰,但存在概念界定不够严谨、指标体系设置过于主观、预警方法简单、研究视角僵化,以及概念、分类和指标设计相互脱节等问题(IMF 等,2011;唐荣华,2013)。具体来看:

第一,风险预警的基本理念和理论容易被忽视,致使债务风险预警指标体系的构建太主观。预警理念是整个预警系统的核心,不可或缺,现有预警研究要么避开理念不谈,要么盲目推崇"财政风险矩阵",这都是不可取的,脱离基本预警理念而提出的一些空洞原则也无法体现预警系统的科学性和合理性。预警指标体系是对债务风险的反映,必须建立在债务风险概念的界定和明确风险预警理念和依据的基础上,否则指标体系的选择难以摆脱主观性,风险预警也就难以科学(罗志红和朱青,2012)。如果将债务风险概念界定与预警指标体系构建结合起来看,二者之间往往存在相互脱节的情况,并没有将概念界定限定和收敛于"预警"层面,因此难以对预警指标设计及预警工作开展提供更为具体的指导。

第二,现有的预警方法往往过于简单,有待商榷和进一步完善。现有债务风险预警的最终目的是建立债务风险"值"的评估系统,并通过预先设置的预警区间来确定警度,并决定是否应该采取控制方案和措施。然而,不同指标权重的分配过于主观,往往根据个人的判断进行赋权,不同的主观赋权对风险计量和评价影响甚大。尽管有些学者采纳 AHP 等相对科学的赋权方法,但这些做法本质上也都是基于各指标与财政风险值之间呈线性相关关系的假设基础之上。此外,政府债务风险的形成和发展机理极其复杂,简单的线性关系往往难以奏效,未来在风险值的度量上可考虑引入非线性的评价方法(如神经网络法)来对风险进行评价和预警。

第三,已有研究多是基于历史资料的静态风险预警,难以满足基于未来的债务风险控制。这种预警方法和思路均是站在"即时"立场,基于历史数据的静态视角,仅能对当前债务风险状况给予评估和预警。然而,由于政府的公共主体特征,政府债务风险所面临的不确定因素远远多于企业的财务风险,基于当前的静态研究无法预测政府未来债务风险情况,为此,必须将研究视角进一步延伸,建立在动态的基础之上,风险预警才能更加具有"控制"意义。故而,动态和面向未来的风险预警系统更具实际意义,但这还需要大力发展新的预警方法。

（三）案例研究

国外对政府债务风险预警的研究,始于20世纪80年代。实践上,美国、新西兰、加拿大以及巴西等国家都在债务风险控制中做了诸多工作,并初步取得了一些成效。

（1）美国"地方财政紧急状态法"。1979年通过、1985年修正的俄亥俄州"地方财政紧急状态法"详尽规定对地方政府债务的监控,由州审计局负责执行（IMF等,2011）。首先对地方政府进行财政核查,以确定地方财政是否已接近紧急状况,如果出现紧急状况,州审计局就会发布书面通告,宣布对地方财政进行监视;在州审计局确定上述情况不再存在并宣布从"预警名单"中将其取消前,该监控程序一直有效;如果州审计局发现该地方政府财政状况进一步恶化,并达到"财政危机"的程度,则将该地方政府从"预警名单"中移至"危机名单"。

（2）巴西对地方政府借款限制。巴西政府在20世纪后期经历了三次地方政府债务危机,给中央政府造成巨大损失,促进了政府债务管理的发展。特别是1998年债务危机后,参议院签署了78号法案,明显加强了对地方借贷的监管和控制（Prasad,2010）。在新的体系下,只有极少数负债和资本性投资均很少的地方政府才有权借款,具体规定包括:地方政府不允许从该政府所有的企业和供应商借款;借款额必须小于或等于资本性预算的规模;新的借款不得超过经常性净收入的18%,偿债成本不得超过经常性净收入的13%,债务总额必须低于经常性净收入的200%;借款政府的财政收入超过非利息支出,则违约者不允许借款;政府签发的担保余额必须低于经常性净收入的25%;短期收入预借不得超过经常性净收入的8%;除展期外,禁止发行新的债券;债券到期时至少偿还余额的5%,如果借款政府的偿债支出小于经常性净收入的13%,则必须在债务到期时偿还10%以上的余额,或者将偿债支出提高到13%的经常性净收入。

(3)新西兰《财政责任法》。新西兰政府1994年通过立法规定,中央政府在其年度和每半年的财政报告中要包括或有负债,这些或有负债覆盖新西兰储备银行(中央银行)、国有企业以及政府机构(徐明棋,2010)。其主要的或有负债项目有:第一,担保和赔偿,政府为地方政府或企业在国内外借款提供的担保,来自私人公司和个人的有关财产损失或价值的索赔要求,政府提供的存款保险;第二,未缴资本,政府对国际金融机构的待、未缴认购股款;第三,诉讼程序和纠纷,政府机构和国有企业由于在诉讼判决中败诉而可能被要求支付的利息和本金;第四,其他可量化的或有负债,即与政府机构补助和赔偿的履约条件有关的或有负债,公民由于人身伤害向国际金融机构签发的应付票据,向国有企业要求的其他索赔;第五,其他无法量化的或有负债。

(4)哥伦比亚"信号灯"。哥伦比亚在1993年至1997年建立了关于各地方政府债务与支付能力的相关系统,通过两个指标作为"信号"来给中央政府预警潜在超额地方债务(刘志强,2011)。其中:第一个指标是储蓄利息率,代表了地方政府的资产流动性;第二个指标是目前收入债务比,代表了债务持续性。通过分别设置两个指标"红黄绿"的划分界限,用以对政府债务风险进行预警。

五、中国政府债务风险研究

中国政府债务风险问题已较为突出,但是未超过安全警戒线(彭志远,

2002；李扬等，2012）。裴育（2003）建立以预算为基础的直接显性财政风险预警模型，通过构造风险与指标的方程组来预警财政风险，其指标体系包括：（1）反映宏观经济总体态势的指标组；（2）反映财政收支状况的指标组；（3）反映财政分配体制的指标组；（4）反映财政支出效益的指标组。丛树海和李生祥（2004）根据财政风险的形成机制，从影响财政风险的主要方面选取财政内部风险指标 40 个、财政外部风险指标 30 个和财政抵御风险能力指标 8 个构成预警指标体系，又根据财政内部风险和外部风险各指标对风险的影响程度，分别选取 8 个和 12 个核心指标编制成衡量和预警财政风险的内部合成指数和外部合成指数，形成全部财政风险的预警指数，并确定各指标的预警区间，设置了财政风险预警信号系统，据此评价样本期内我国财政的风险状况。王晓光和高淑东（2005）提出建立综合反映政府债务运行的政府债务风险指标体系，该体系应包括政府债务总量风险衡量与控制指标、政府债务结构风险衡量与控制指标两大类。贺忠厚等（2006）将债务风险的预警机制指标分为宏观预警指标和微观预警指标，其中宏观指标包括：（1）债务预算系统基础指标；（2）综合债务负担指标；（3）风险预期指标；（4）政府承受能力指标。微观指标包括：（1）政府担保或有负债；（2）社会保障资金缺口；（3）地方政府金融机构资金缺口，并将其他风险预警指标作为辅助预警指标纳入指标体系，仿照哥伦比亚"债务报警信号（交通信号灯系统）"进行预警。

此外，马俊（2003）提出建立一套预警体系用于评估地方政府债务和地方政府的总体风险，并且指出，可选择偿债负担、赤字、债务水平、流动性比例作为风险预警指标，及时对这些指标跟进、预测。宓燕（2006）考察了地方政府债务绩效评价问题，认为系统评价地方政府债务绩效的统计指标体系应包括经济水平和产业结构调整、科技进步与人口素质提高及居民生活水平提高 3 大类 20 项具体指标。毛艺平（2011）构建了以风险影响因子组成的地方政府性债务风险子系统，并在基本子系统结构框架的基础上逐步细化影响因子为分析指标，用以衡量债务风险，其中子系统包括地方经济子系统、债务特征子系统、偿债能力子系统和资产质量子系统。孙玉栋和吴哲方(2013)结合 KMV 风险模型以及 ARMA 预测模型,建立新的国债风险组合模型,预测了我国国债规模和风险的走势,对如何将我国国债规模控制在科学合理的范围内具有一定的实践指导意义。

六、国际债务危机研究

从 20 世纪 80 年代拉美债务危机、90 年代东南亚金融危机到最近爆发的欧洲主权债务危机和美债危机,无不充分说明合理的政府债务规模和风险管理策略对经济金融稳健性意义重大(李翀,2011),而且对政府积极面对金融危机冲击、促进金融市场及汇率稳定以及经济持续健康发展至关重要。

(一)危机原因研究

债务危机是指一国政府不能及时履行债务偿付义务的违约风险,历次(主权)债务危机的成因有诸多相似之处,如大量举借外债、财政支出居高不下、税收锐减、经济结构脆弱、外部经济环境恶化等,无论是 20 世纪 80 年代拉美、2001 年阿根廷,还是 2009 年迪拜和 2010 年希腊债务危机,均是如此。现有文献对国际债务危机即拉美债务危机、东南亚金融危机、俄罗斯债务危机、迪拜债务危机、美国次贷危机、欧洲主权债务危机等的成因、影响及启示方面进行了大量研究,如高永华(1985)、江时学(1991)、高圣智(1998)、刘向耘(1998)、刘鸿儒(1998)、戴建中(1999)、晏露蓉(2011)等。特别是针对拉美债务危机和欧洲主权债务危机,不同学者从债务负担、经济增长实绩、贸易差额、宏观经济政策以及汇率波动等多方面对危机爆发原因做了系统分析与比较。

20 世纪 80 年代,拉美国家相继陷入了严重的债务危机,多数学者(如高永华,1985;江时学,1991;戴建中,1999)认为,拉美债务危机的原因包括:(1)大量举借外债导致支付困难,拉美各国为发展基础产业,一直借助公共财政赤字来推动经济的高速增长,为弥补财政赤字拉美各国不得不大量举借外债,其规模超过了支付能力,1982 年底拉美 19 国外债总额达到 3287 亿美元,其中墨西哥、巴西、阿根廷、委内瑞拉四国外债总额 2575.6 亿美元,占拉美外债总额的 83.58%,这样,外债还本付息额占当年出口收入的比重远远超过 20% 的债务安全线(戴建中,1999);(2)外债政策与管理失误,拉美各国经济发展计划都过于乐观,往往没有对本国的外汇储备、出口创汇能力、借债期限、偿债能力等进行实事求是地评估与周密合理地规划,一方面外债统计监督制度不健全,导致外债规模急剧增长,外债结构失调;另一方面拉美国家借入的外债大部分不是用于具有创汇能力的生产性投资,而是用于非生产性的消费支出,或者是用于弥补国营企业的亏损,导致外债偿还逐渐力不从心,加剧了债务危机(江时学,1991);(3)进口替代战略致使国际收支问题严重,进口替代战略虽曾给拉美地区带来了较高的经济增长,但也使拉美国家放松了对进口的管制,发展进口替代初衷是发展本国制造业来减少制成品进口,以解决国际收支不平衡问题,但在实施过程中国际收支问题不仅没有得到解决,反而更加严重;(4)国际经济形势恶化导致出口下降,第二次石油危机导致油价暴跌,市场需求萎缩,初级产品创收下跌,随着财政赤字不断增大,拉美国家进一步扩大外债规模来弥补财政赤字和偿还旧债,从而形成恶性循环,加重了拉丁美洲的债务危机(龚唯平,1998)。

　　始发于美国次贷危机的 2008 年国际金融危机对全球经济造成巨大冲击,其后的美债危机和欧债危机持续蔓延扩大,其影响至今仍在。欧元区主权债务危机自 2009 年 12 月在希腊显现以来,事件不断升级,危机逐渐向欧元区其他国家蔓延,转变为一场欧元区的主权债务危机。国内外学者从不同的视角对本次欧元区债务危机的根源进行了深入探讨和分析,主要解释与观点包括:(1)次贷产物论,主权债务危机主要是因为政府债务过重,根源是 2007 年爆发的美国次贷危机(Noyer,2010);(2)评级机构论,认为国际评级机构是引发此次主权债务危机的原因之一(Trichet,2010);(3)欧元区制度缺陷论,该观点对欧元区本身存在问题进行分析,认为欧元区主权债务危机的根源在于欧元区制度和经济管理上存在致命的缺陷(Panico,2010);(4)经济发展失衡论,认为引发危机的问题很大一部分是自欧元区成立以来内部经济结构持续不平衡所引起的(Higgins & Klitgaard,2010);(5)高福利制度与人口老龄化论,认为高福利制度和人口老龄化为政府制造了高额的债务,加重了政府的负担,是此次主权债务危机的罪魁祸首之一(Bruninger,2011)。

2008年国际金融危机之后的债务危机,主要是政府债务过重,但其导火线和根源是2007年爆发的美国次贷危机,这次金融危机给各国债务带来各种问题,为应对危机而采取的刺激计划和救援方案使发达国家的公共债务在2011年超过GDP的100%(OECD,2010)。冰岛、巴基斯坦、爱尔兰、希腊等国纷纷逼近"国家破产"的边缘,美国以及西班牙、意大利、法国、英国等欧洲国家都曾面临主权债务危机的困扰(Eurostat,2011)。以希腊为例,2010年4月标准普尔将希腊主权评级降至垃圾级,希腊政府难以通过发新债还旧债,危机正式爆发。希腊债务危机爆发原因如下:(1)债务负担沉重,2003年至2007年在国际金融市场较宽松的融资环境下,希腊政府不断举债,没有理性地控制债务规模,政府债务约2900亿欧元,甚至比GDP的规模还大,财政和贸易双赤字分别占GDP的比率为12.7%和12%,只能通过借入新债来弥补赤字,使债务陷入恶性循环;(2)经济结构单一,这种单一的经济结构导致希腊经济极易受到外部环境的冲击影响,随着美国次贷危机引发的全球金融危机蔓延,海运市场急剧萎缩,旅游收入也大幅下滑,政府财政收入相应锐减;(3)公共福利开支居高不下,希腊属于高福利国家,受金融危机影响,2009年希腊失业救济、医疗卫生、经济刺激等支出不断上升,而希腊政府希望通过削减福利支出来减少财政赤字,引发一连串严重的社会动荡;(4)欧元区统一的货币体制,欧元区各国财政分散,但货币却统一,无法通过单方面增发货币来缓解危机(Prasad,2010)。

(二)影响及启示研究

总的来看,欧元区主权债务危机的财政风险形成具有隐蔽性、互动性、转化性和传染性的特点,其形成路径也受到各国不同经济政策、发展模式和经济结构的影响,但深层次的制度性因素才是影响债务可持续性的根本原因,其中,过度负债就是最根本、最主要的因素之一(安宇宏,2010)。

主权债务危机是由企业破产引申而来的"国家破产",指一国政府失信、不能及时履行对外债务偿付义务的风险,即主权债务违约风险非常高时就会陷入主权债务危机(徐明棋,2010;李稻葵和张双长,2010)。一国主权债务危机甚至会引发或演变成该国较为严重的主权信用危机。国际货币基金组织等(2011)指出,债务危机的不断升级可能会导致赤字国家的贸易保护主义不断升级,最终可能导致贸易战。贡慧(2011)着重探讨了欧洲主权债务危机对东南亚经济的影响,认为欧洲主权债务危机会通过贸易渠道、主权债务融资渠道和投资者预期渠道对东南亚经济产生不良影响。归纳起来,国内外文献对欧洲主权债务危机影响的研究主要集中于两个方面:一是对向危机国出口国家的负面影响;二是主权债务危机导致全球经济面临第二次衰退。实际上,欧洲主权债务危机对危机国、英国、美国、中国以及全球都产生了深刻的影响(周茂荣和杨继梅,2010)。

研究表明,金融危机对主权债务危机的影响力在很大程度上取决于一国的储备基础和政府公信力的大小,外币债务占债务总额的比率越高,金融危机引发债务危机的风险就越大。在金融危机的冲击下,外币债务的风险暴露更大,这造成了一国显著的永久性产出损失,可见,金融危机是主权债务危机爆发的直接原因之一(贺力平,2010)。考察两次世界大战期间国际主要评级机构对外债危机的预见能力会发现,评级机构一般都没有表现出优于现有的市场价格的预报能力,甚至会很晚才认识到危机发生,危机发生后才采取大规模的降级措施。但没有证据表明"不道德"的银行家可能已经控制了现有国际评级机构的发言权,结论是危机的主要驱动力无法预料,而危机往往导致资产价格的下降,随着危机的传导和蔓延破坏了许多借款人的财政基础(刘元春、蔡彤娟,2010)。

理论上,债务危机可以在不同类型的国家爆发,这说明了债务问题的普遍性和严重性(Cecchetti et al.,2010;李翀,2011)。中国作为一个发展中国家,也有着相当大规模的政府债务,尤其是地方政府债台高筑,潜在风险不小(彭志远,2002;财政部国库司,2005;李扬等,2012)。因此,总结国际债务危机的教训,中国必须高度重视政府债务管理,科学防范和化解政府债务风险,消除经济、金融、财政体系的潜在脆弱性,尽可能避免危机的爆发。

第二节　政府债务风险监测理论与方法

我国经历了地方政府债务的快速扩张后,虽然政府债务总体风险可控,但个别地方存在一定的潜在隐患。政府债务作为一个衡量财政状况的重要指标,研究其是否面临风险对分析中国经济是否健康发展有重要作用。从实践角度看,我国应加快建立多层次的地方政府债务风险动态监测体系,积极防范和化解地方政府债务风险。因此,开展政府债务风险监测理论研究,可以为我国建立政府债务风险监测预警机制奠定方法论基础。

一、政府债务风险监测理论

进入21世纪后,国内学者将研究政府债务风险的焦点转向财政或债务可持续性领域,开展了大量的实证研究。一般认为,政府债务可持续性是指在现在及将来的任何一个时期,国家均可实现经济与净债务的同步增长,并保持财政收支平衡的状态。债务可持续性研究的基本理论大致可分为三类:一是基于债务偿还主体角度进行分析的政府预算约束理论;二是基于债务风险管理角度的"财政风险矩阵"理论;三是基于收入与支出平衡角度的资产负债分析理论。

（一）政府预算约束理论

债务可持续性是与政府偿付能力相联系的一个概念。张春霖（2000）认为所谓财政风险就是国家财政出现资不抵债和无力支付的风险,这种风险是和政府债务相联系的。政府债务的可持续性实际上就是政府财政风险的一种重要反映,说一国政府的债务不具有可持续性也就是说该国政府在现有债务水平上按某种模式继续借债将导致政府资不抵债和无力支付。由此,他给出了以下定义:

$$财政赤字 = 货币印刷 + 外汇储备使用 + 对外借债 + 对内借债 \quad (11-1)$$

直观地看,这个恒等式可以有两种解释,第一种解释是为财政赤字筹资只能或者通过货币创造,或者靠举借债务;第二种解释是为财政赤字筹资的资金来源只能或者来自国内,或者来自国外。具体表达式如下:

$$财政赤字 = （货币印刷 + 外汇储备使用）+（对外借债 + 对内借债）= 货币创造 + 借债 \quad (11-2)$$

$$财政赤字 = （货币印刷 + 对内借债）+（外汇储备使用 + 对外借债）= 在国内筹资 + 在国外筹资 \quad (11-3)$$

在过去的二十余年里,中国政府曾经多次依靠银行资产来进行债务的清理,也曾多次利用国有股减持收益充实社保基金,或是通过抵押国有土地或出售地方国有资产的方式偿还地方融资平台债务。因此,在这段时期,诸多学者运用预算软约束理论来解释中国政府债务的成因,例如,李善杰（2010）对"预算软约束"衍生的新理论及其计量检验展开探究,推动了预算约束理论在中国政府债务研究中的应用。

（二）"财政风险矩阵"理论

"财政风险矩阵"理论多运用于地方政府债务风险的测度。波拉科娃（1998）按照风险管理理论系统地分析了地方政府债务存在的风险,并将债务分为四类开展研究：一是直接显性债务，主要指在经济的运行过程中债务不需依附某些事件并且是必然发生的，直接债务可以通过对特定因素的分析来进行预测，风险概率小；二是直接隐性债务，是指并非基于法律或合同关系的政府责任，不易被发觉，当出于某种原因危机爆发，则发展比较迅速，政府部门由于公众预期的调整而难以维持财政平衡；三是或有显性债务，主要包括政府担保的主权外债、地方政府以担保或其他形式的国内贷款、其他项目融资担保等；四是或有隐性债务，指在一些特殊状况下政府承担的非法定性的责任或义务，是一种道义行为。

表 11-1　债务风险矩阵

债务	显性债务	隐性债务
直接债务	由法律或合同确立效力的，任何条件下都必须承担的债务	法律没有明确规定但政府职能隐含的无法回避的支出债务
或有债务	应当承担的担保类的法律或合同规定的偿债义务	出于公众预期和利益集团考虑而承担的道义责任

在中国，中央政府债务主要以国债、主权担保的外债为主，以直接显性负债体现，其数额与期限比较固定，可通过相关技术进行推算，风险概率较小。但地方政府的债务情况非常复杂，除去政府及职能部门的借入债务外，更多地体现为一种隐性负担，或有债务占比也较大。一般地，或有债务主要是由于地方政府的投资、融资行为所发生的连带性债务（张海星，2006）。

（三）资产负债分析理论

政府债务的资产负债分析理论源于资产负债管理，早在 20 世纪 60 年代，美国经济学家戈德史密斯（Goldsmith，1982）开始尝试将资产负债的独特分析功能引入国家治理。李杨（2014）试编了分部门及综合的国家资产负债表，分析了我国社会杠杆率、债务负担及风险状况。资产负债分析是从政府资产和政府负债状况来衡量政府的偿债能力、安全性和稳健性,突出需要依靠资产作为负债偿还的机制,从资产和负债的角度分析金融特性,以达到控制风险的目的(沈沛龙和樊欢,2012)。理论上,资产负债分析主要围绕下面恒等式开展研究:

总资产 = 负债 + 资产净值　　　　　　　　　　　　　　　(11-4)

近年来,资产负债分析框架已经逐步发展为宏观经济研究的有力工具。国际货币基金组织对货币与金融统计体系的最新修订中提出以各部门的资产负债表为起点建立资产负债核算矩阵(BSA Matrix),与金融规划中的流量分析的做法不同,该矩阵可用于进行存量分析,这种做法还可以更好地与 SNA 的分类核算体系以及 BPM6 等相协调,增进部门间的一致性(陈梦根、张唯婧,2013)。

编制国家资产负债表的工程浩大且非常复杂,自 2012 年以来,国内共有四个研究团队尝试编制了中国国家资产负债表尤其是政府资产负债表,分别为:由杜金富牵头的中国政府资产负债统计理论和政策研究课题组;由马骏牵头的复旦大学为主的研究团队;由曹远征牵头的中国银行团队;由李扬牵头的中国社科院团队。下面的分析将借鉴中国社科院团队编制的国家资产负债表,对政府债务的风险监测和预警研究做进一步的推进。在该研究中,政府资产资产负债表的基本项目和表式,如表 11-2 所示,类似地,按照偿还主体的不同对一般政府的部门进行分类,即中央政府、地方政府和对外部门。

表 11-2　中央政府资产负债表

总资产	总负债和净值
非金融资产	总负债
库存	货币性负债
建筑物	现金和存款
机器设备	交易性负债
无形资产	债券

续表

总资产	总负债和净值
金融资产	财政债券
现金和存款	外债
现金和可支付存款	其他借款
定期存款	贷款（抵押）
非官方外币	其他应付款
债券	其他（各种杂项负债）
贷款	
证券和投资基金份额	
中国人民银行自有资金	
公司权益证券	
行政事业单位权益	净值
社保基金持有的证券	
公共—私人投资计划的权益投资	
预付款	
其他应收款	
其他	

二、欧盟政府债务风险警戒线理论

（一）风险警戒线的起源

1991 年年底，欧洲共同体在荷兰的马斯特里赫特（Maastricht）召开首脑会议并通过《欧洲经济与货币联盟条约》和《政治联盟条约》，统称《欧洲联盟条约》，即《马斯特里赫特条约》（*Treaty of Maastricht*）。该条约为 1999 年欧元货币的推出奠定了基础；同时，政府债务风险"警戒线"应运而生（刘迎秋，2001；张志华等，2008）。欧元区货币联盟的形成条件在于成员国之间的政府运转及货币运转稳定，为了满足这些要求，《欧盟条约》提出一国进入欧盟的一系列收敛性和稳定性门槛标准：

第一,通货膨胀率不得超过当前欧盟成员国中最低三个国家通货膨胀率的 1.5 个百分点,该条款不仅能够确保整个欧盟货币政策的统一执行,也可有效衡量一个国家受到非对称冲击的脆弱程度。

第二,政府赤字率小于 3%,其中政府赤字率=政府赤字(盈余)/GDP。该项标准意在克服欧洲各国的赤字偏差,促进稳定。

第三,政府债务负担率不超过 60%,其中政府债务负担率=一国政府赤字(盈余)累积之和/GDP,也可用当年国债余额/GDP 计算得到。该项标准并没有被强制执行,因为大多数欧盟成员无法在 1999 年以前满足这一标准。在后续的实践中,申请成员国通过债务监测与管理达到了债务水平降低的效果,即被允许加入。

(二)风险警戒线的不足

《欧盟条约》提出的政府债务负担率不超过 60% 的准则,在提出之后受到了世界各国的高度关注,成为衡量债务风险水平的重要参考标准,被称为债务风险警戒线。有关该警戒线的设置初衷是给申请加入欧盟的国家一些压力和数量界限警示,也就是说,如果哪个国家有超过"警戒线"的势头,就迫使它们采取"整改措施",化解赤字、债务风险;如果成员国不采取整改措施,就有可能取消对该国提供的各种金融支持,以及成员国先前约定的各种投资贸易便利条件。上述规定,其目的旨在惩罚个别成员国超出控制线的行为。

尽管此标准写进了《欧盟条约》,各个国家纷纷将其作为控制债务规模的警戒线,但在具体操作过程中,并非全部国家都遵守该条规则。在国内外政府债务研究中,学者纷纷将欧盟政府债务风险警戒线视作一条重要的标准,也有很多学者依据这一标准来评判中国政府债务是否存在危机。然而,这一做法实际上存在诸多不妥之处,不同国家国情与经济发展水平存在差距,政府债务规模的评判标准也应有所不同,除此之外,还体现在以下方面:

首先,中国与欧洲发达国家举债历史不同。欧洲发达国家如英国、法国等已有百年以上的国债历史积累,而中国举债历史仅有 30 年左右,虽然在总量上中国目前国债规模远低于 60% 的警戒水平,但国债余额年均增长率已超过 GDP 的年均增长率,如果就此认为国债规模还可以进一步扩张,照此速度发展下去,国债规模很可能达到难以控制的程度(彭志远,2002)。

其次,通过数据的比对,欧盟国家的国债负担率往往在 50%—60% 之间,看似非常高,但同时也应注意到,这些国家的财政收入占 GDP 的比重在 40%—50% 之间,而中国该指标的大小仅在 15%—30% 之间。因此,该警戒线标准对于中国来讲其危机程度会加大。

再次,一国政府债务不仅包含中央政府债务,还应包含地方政府债务及外债,欧盟政府债务风险警戒线仅对中央政府债务中的国债作出约束,并无法全面衡量该国债务的安全性。

最后,欧盟政府债务风险警戒线是基于一国政府财政收入与财政支出设定的标准,并未考虑该国与债务对等的政府所拥有的资产总量。

因此,有理由认为,欧盟政府债务风险警戒线不具有普适性和可比性,应用时必须根据本国国情进行指标调整后才可作为评价的参考依据。

三、政府债务风险预警方法研究

实践上,国外很多国家已经采用不同的指标体系来建立政府债务风险预警体系,例如,从宏观的角度来研究地方政府债务,或是从立法的角度以法律的形式来建立预警体系用以防范地方政府的债务风险。从文献上看,国内学者也参照国外案例和经验,开展了大量的研究,从多角度探讨了如何构建政府债务风险预警体系(邵伟钰,2008;考燕鸣,2009;徐慧玲与许传华,2010),但远未达成共识,也没有形成一个各界普遍接受的方案。概括而言,国内外学者对政府债务风险预警方法的探究主要基于金融风险预警模型(Financial Risk Early Warning Model),在系统梳理已有预警研究成果的基础上,这里将相关研究方法归纳为三类:参数回归模型、经验判别预警模型以及非参数预警模型。

（一）参数回归预警模型

参数回归预警模型(Parametric EWS Model)，与非参数模型对应,可运用概率法、多元统计法或简单回归分析等方法,估计得到模型参数,进而建立以综合风险值为因变量的回归模型,经典的风险预警方法主要有:(1)FR 概率回归模型,该模型最早由法兰克尔和罗斯(1996)提出,在假定金融危机中金融事件的引发是离散且有限的基础上,根据危机发生概率和引发因素的联合概率来判断金融危机发生的可能性大小。(2)多元回归模型,最早的风险预警分析通常将政府债务指标与国际政府债务风险警戒线进行对比分析,从世界各国国债管理的经验来看,有以下三个较为常用的测度政府债务规模的指标:债务负担率、债务依存度和国债偿债率(贾康和赵全厚,2000)。多元统计方法是在单一指标分析法的基础上进行改进的,大多以地方债务风险分析为主(刘谊,2005;欧阳华生等,2006)。(3)横截面回归模型,例如,萨克斯等(Sachs et al.,1996)建立了横截面回归(STV)预警模型,可看作是多元回归模型的拓展,该方法突破了多元回归中无法刻画个体差异的缺陷,综合运用面板数据,采用 OLS 估计方法进行研究。此外,桑子涵(2010)建立了囊括单省份债务风险预警体系和全国各省份的横向债务风险预警体系在内的风险预警体系的新方案,并且对这个新预警体系进行了综合评价。

（二）经验判别预警模型

这里所谓的经验判别预警模型主要是指卡明斯基等(Kaminsky et al.,1998)创建的"信号法"模型。信号法模型的基本原理在于对危机发生的先行指标的历史数据进行统计分析,计算危机发生阈值,进而用当下数据与临界值对比,以发现危机发生的可能性。后期学者纷纷在此模型的基础上进行深入研究,发展了包括 DCSD 模型(Robert,1999)和 PDR 模型(Kumar et al.,2003)等拓展模型。

通常,信号法模型具有简单易行等优点,往往被嵌于其他模型中。例如,唐荣华(2013)运用熵模型理论和方法,设计地方政府债务风险监测指标,并采用地方政府债务风险动向图和债务风险信号图动态监测地方政府债务风险,提出帮助地方政府更好地管理和防范债务风险的方法。

(三)非参数预警模型

非参数预警模型(Nonparametric EWS Model)是利用统计、运筹和决策的理论方法,引入权重的概念,根据各预警指标对综合风险状态影响的重要程度,分别赋予不同的权重,然后利用权重将各指标合成为一个综合指数,以反映某一时点上风险的程度(闻岳春与黄福宁,2008)。常见的非参数预警模型主要有层次结构分析模型和模糊综合评判法两种,下面分别做简要介绍:

1. 层次结构分析模型(AHP)

该模型包括目标层、准则层、方案层三个层次,如图 11-1 所示,层次分析法主要步骤为:一是根据目标层、准则层和方案层构建预警指标体系;二是根据指标在目标衡量中的定性比例转化为定量权重;三是对预警指标数据的指数化处理;四是建立风险评价函数,进而形成预警机制。许涤龙和何达之(2007)、洪源(2011)等均曾利用财政风险矩阵将中国财政风险进行分类,然后运用层次结构分析模型方法构建财政风险预警模型。

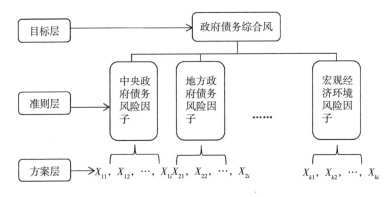

图 11-1　层次分析法模型

2. 模糊综合评判法

例如,卿固等(2011)曾采用模糊综合评判法得到政府债务危机指数,用以反映地方政府债务综合风险;王晓光等(2005)、刘星(2005)和谢虹(2007)等也运用模糊综合评判法,从不同的角度出发探析地方债务风险的影响因子,得到了诸多有益的结论。

(四)方法评述

从应用角度看,上述方法各有优缺点,各种方法所适用的条件不同,如表11-3所示。在实际使用时,应关注不同方法的不同的特性及使用条件,根据实际数据的可得性,利用计算机程序模拟检验和判断不同方法的实际效果,选择最可靠和有效的方法。

表 11-3　不同预警方法优缺点一览表

方法	优点	缺点
参数回归模型	简单易行且较成熟	偏差较大,模型变动跟随变量改变;个性化因素考虑不全
经验判别预警模型	可根据指标体系识别阈值;能够揭示危机发生的根源所在	临界值是按照样本标准差定义的,样本依存的临界值有一个固有的缺陷
非参数预警模型	可对一些较为复杂、较为模糊的问题作出决策、简便易行	权重矩阵判断较为主观化,需要对模型进行训练

第三节　政府债务动态风险警戒线的估计方法

本节将尝试借鉴《马斯特里赫特条约》确定"指导线"的方法,构建债务负担率—赤字率动态均衡模型,探讨以动态风险"警戒线"评估政府债务风险的机制。

一、赤字率—债务负担率均衡模型

政府财政赤字是政府财政支出大于财政收入的差额（王宁,2005;贾俊雪和郭庆旺,2011），因此,政府财政预算恒等式如下:

$$D_t - D_{t-1} = ND_t - ID_t \qquad\qquad (11-5)$$

其中,D_t 和 D_{t-1} 分别代表当年和上一年度年底政府债务余额,ND_t 代表政府当年新发行债务,ID_t 代表当年还本付息额。同时,从赤字角度定义,当年赤字总额 DEF 等于新发行债务减去到期债务还本付息后的差额,即 $DEF_t = ND_t - ID_t$,因此:

$$DEF_t = D_t - D_{t-1} \qquad\qquad (11-6)$$

即当年年底债务余额实际上是过去历年赤字余额的累积额。若等式两边同时除以当期 GDP,则有:

$$d_t - d_{t-1} = \frac{\tau}{1+\tau} d_{t-1} + def_t \qquad\qquad (11-7)$$

其中,d_t 和 d_{t-1} 分别代表当年和上一年政府债务负担率,是年底政府债务余额 D 与同期 GDP 的比率;τ 代表第 t 年名义 GDP 增长率;def_t 代表赤字率,即当年赤字总额 DEF 与同期 GDP 的比率(Fuertes,2007)。

该债务负担率—赤字率动态均衡模型中的赤字包括到期债务还息,即全额赤字,适合中国目前财政和预算体制,同时可以得到赤字率与债务负担率之间在某种情况下达到稳定状态的数值(陈共和类承曜,2002),后续的分析将围绕赤字率展开。

二、赤字率国际比较及决定因素分析

本节关于赤字率的讨论主要围绕美国、日本、俄罗斯、加拿大以及欧盟成员国等发达国家以及墨西哥等,从资产角度下诠释赤字率的决定因素(Cole & Timothy,1996;Easterly,2002),在考虑赤字率决定因素——经济增长率、通胀

率和债务期限结构三个方面的基础上,增加财政收入占 GDP 比重项。数据采
集区间 1995—2012 年,要求样本国家在 18 个年份中至少 8 个赤字率数据,且
时间分布应相对均衡(林双林,2010)。数据主要来源于世界银行 WDI 数据
库、经济合作与发展组织数据库以及欧盟统计局数据库。

(一)赤字率基本分析

通过表 11-4 对各国赤字率及债务负担率进行基本分析。在所选取的样
本中,赤字率均值为-1.7%,标准差为 4.6,债务负担率为 67.2%,标准差为
34.9。从债务负担率角度看,发达国家债务负担较重,9 个国家债务负担率均
值超过 60%,分别是:日本(160.3%)、希腊(116.7%)、意大利(108.5%)、加
拿大(107.0%)、美国(83.7%)、奥地利(69.6%)、葡萄牙(69.4%)、法国
(66.7%)、德国(64.6%),其中欧盟国家占 5 个;同一国家债务负担率的波动
也很大,变化最大的三个国家有日本(40.1)、爱尔兰(29.9)和葡萄牙(21.4)。
从赤字率角度看,欧盟国家超警戒线情况比较严重,希腊(-6.9%)、意大利
(-5.2%)、葡萄牙(-4.3%)位居前列,但同时也应看到,挪威(11.7%)、芬兰
(0.8%)政府部门存在现金盈余,且比较稳定。由此可见,赤字率和债务负担
率均值在国别间的差别很大。

表 11-4　描述统计分析

国家/地区	赤字率		债务负担率		时间跨度
	均值(%)	标准差	均值(%)	标准差	
澳大利亚	-1.4	2.6	38.9	10.8	1988—2012
奥地利	-2.7	1.3	69.6	6.7	1988—2012
加拿大	-1.2	2.8	107.0	13.8	1988—2012
中国	-1.3	0.7	—	—	1988—2012
丹麦	-0.3	2.9	48.5	12.9	1990—2012

国家/地区	赤字率		债务负担率		时间跨度
	均值(%)	标准差	均值(%)	标准差	
芬兰	0.8	4.6	44.3	6.6	1988—2012
法国	-3.6	1.6	66.7	10.0	1988—2012
德国	-1.9	1.7	64.6	7.9	1991—2012
希腊	-6.9	3.1	116.7	15.6	1995—2012
爱尔兰	-2.9	7.4	53.7	29.9	1990—2012
意大利	-5.2	3.8	108.5	7.2	1988—2012
日本	-5.1	2.9	160.3	40.1	—
韩国	1.8	1.0	28.7	6.3	1988—2012
墨西哥	-0.6	1.0	32.2	2.7	1990—2012
荷兰	-2.6	2.6	56.4	9.1	1988—2012
挪威	11.7	4.6	41.4	10.4	1996—2012
波兰	-4.2	1.3	45.2	5.6	1995—2012
葡萄牙	-4.3	2.0	69.4	21.4	1995—2012
俄罗斯	—	—	—	—	—
西班牙	-3.5	4.5	55.2	12.5	1995—2012
瑞典	-0.9	3.9	50.1	12.3	1993—2012
英国	-3.7	3.4	50.4	15.9	1990—2012
美国	-3.2	3.2	83.7	19.3	1988—2012
样本均值	-1.7	4.6	67.2	34.9	—
最高	11.7(挪威)	7.4(爱尔兰)	160.3(日本)	40.1(日本)	—
最低	-6.9(希腊)	0.7(中国)	28.7(韩国)	2.7(墨西哥)	—

(二)赤字率影响因素分析

运用面板数据分析方法能够综合更多国别间具有差异且相对易变的信息,诸如政府财政收入状况、通货膨胀率和实际利率与经济增长等(Ramey &

Ramey,1995;尹恒等,2006)。综合考虑赤字率决定的各方面因素,建立如下基本模型:

$$def_{it} = \beta_1 gdp_{i,t} + \beta_2 revenue_{i,t-1} + \beta_3 structure_{i,t-1} + \beta_4 GNI_{i,t-1} + \beta_5 M2_{i,t} + \beta_6 INF_{i,t} + C_{i,t} \tag{11-8}$$

其中,i 表示国家(地区),t 表示时间,$gdp_{i,t}$ 代表 i 国在第 t 期的经济增长率;$revenue_{i,t}$ 代表财政收入占 GDP 比重;$structure_{i,t}$ 代表中央政府债务占 GDP 比重,用于衡量政府债务结构;$GNI_{i,t}$ 为人均国民收入,$M2_{i,t}$ 为广义货币增速,用于衡量社会经济活跃程度,$INF_{i,t}$ 为通货膨胀率(Inflation)。这些因素在解释赤字率时可能会出现内生性问题,即某些影响赤字率的因素同时影响着财政收入、债务结构等,从而造成解释变量与残差相关,因此,采用这些变量的滞后一期(上年)数据 $revenue_{i,t-1}$、$structure_{i,t-1}$ 和 $GNI_{i,t-1}$ 作为解释变量。

从面板数据分析结果看(见表11-5),除人均国民收入因素外,其他变量均对赤字率呈现显著影响。经过变量剔除后得出,GDP 名义增长率、财政收入占比对赤字率存在显著且稳健的正影响。假定在其他条件不变的情况下,一国(地区)在一段时期内经济发展呈现平稳较快发展,其赤字水平可能较低,甚至出现现金盈余,挪威经济在近10年维持1%—2%的增长速度发展,是所选取样本中唯一一个多年保持财政收支现金盈余的国家。反之,若一国(地区)长期发展滞后,其赤字率将向负值扩大的趋势演变(如希腊)。同样,若一国(地区)在一段时期内财政收入占比提高,也会对弥补赤字产生正向作用。GDP 名义增长变量和财政收入占比变量都是从资产角度出发解释赤字率产生的机理,政府资产是政府债务顺利偿还的基础。因此,当一国(地区)政府拥有资产大于负债的情况时,其政府债务风险较低;反之,则债务风险较高。

债务结构与通货膨胀因素对赤字率存在显著且稳定的负影响,假定在其他条件不变的情况下,中央政府债务占 GDP 比重越高,必然导致赤字率负向

政府债务管理与风险预警机制研究

上升。通货膨胀与 GDP 名义增长是相斥的指标,高通胀率一方面意味着国民经济实际增长的下滑,另一方面,通货膨胀率较高的水平下,资金回报率低,将促使债务的形成,进而促进赤字形成。

此外,根据 Hausman 随机效应检验和 Likelihood Ratio 固定效应检验,面板数据分析最终给出随机时间效应模型估计结果,可以充分验证前文所提出的国别间赤字率水平差异显著的结论。因此,《马斯特里赫特条约》中所确立的赤字率(3%)和政府债务负担率(60%)"警戒线"不具有普适性。

表 11-5 面板数据估计

解释变量		(1)	(2)
常数	系数	−6.01	−9.18
	t 统计量	−1.5594	−4.6337 ***
GDP 名义增长	系数	0.39	0.41
	t 统计量	7.0800 ***	7.7713 ***
财政收入占比	系数	0.24	0.22
	t 统计量	4.9615 ***	4.8998 ***
债务结构	系数	−0.05	−0.05
	t 统计量	−6.8974 ***	−6.9176 ***
广义货币增长	系数	−0.01	−0.01
	t 统计量	2.3178 **	2.3042 **
通货膨胀率	系数	−0.06	−0.06
	t 统计量	−3.3184 **	−3.2348 **
人均国民收入	系数	−0.86	
	t 统计量	−0.9521	
固定效应	F 统计量	26.4534 ***	19.8427 ***
随机效应	Chi-Sq 统计量	4.5414(0.6038)	1.9167(0.8605)

续表

解释变量		（1）	（2）
常数	澳大利亚	0.76	0.53
	奥地利	−2.08	−2.10
	加拿大	0.93	0.88
	中国	−1.38	−0.91
	丹麦	−1.66	−1.64
	芬兰	−0.02	0.00
	法国	−2.80	−2.76
	德国	−1.17	−1.21
	希腊	−1.19	−1.08
	爱尔兰	−1.70	−1.98
	意大利	0.27	0.37
	日本	4.97	4.74
	韩国	3.63	3.44
	墨西哥	2.02	2.16
	荷兰	−0.80	−0.92
	挪威	8.52	8.42
	波兰	−6.47	−6.09
	葡萄牙	−1.51	−1.38
	俄罗斯	1.95	2.29
	西班牙	−1.62	−1.63
	瑞典	−0.27	−0.28
	英国	−0.81	−0.97
	美国	0.41	0.10

注:①固定效应指固定影响变截距模型,随机效应指随机影响变截距模型;
②关于统计量的原假设,t 统计量原假设:解释变量与被解释变量不相关,即 $\beta=0$;F 统计量原假设:固定影响模型中个体影响与解释变量不相关;Chi-Sq 统计量原假设:随机影响模型中个体影响与解释变量不相关;
③*** 代表在 0.01 的显著性水平下拒绝原假设,即系数显著;** 代表在 0.05 的显著性水平下拒绝原假设,即系数显著;* 代表在 0.1 的显著性水平下拒绝原假设,即系数显著。

三、基于情景分析法的均衡债务警戒线估计

借鉴《马斯特里赫特条约》的方法,根据样本国(特别是欧盟国家)经济运行数据与债务警戒线的关系,可尝试确定一个可供中国学术界进行讨论和实际工作部门政策制定的赤字率及其警戒线参考标准。在方法上,这里的研究主要基于情景分析法和动态赤字率—债务负担率模型,求解出一套中国均衡发展状态下的适度赤字率及债务负担率的参照系。

(一)情景假设与参数取值

根据上文分析得出赤字率的主要决定因素有 GDP 增长率、财政收入占比、债务结构、广义货币增长和通货膨胀率,因此将以上指标作为关键参数,对未来中国均衡发展状态下的赤字率水平进行情景预测。

首先基于中国历年经济发展数据分析及中央决策部门长远规划,对中国 2020 年、2030 年、2050 年政府财政构建一个参考方案,即"基准情景"。在此基础上,进一步提出两种极端情景,一种是"协调情景",假定未来中国不断健全财政预算方案、优化财政支出框架、全面协调经济可持续发展,这也是最优财政发展模式;另一种是"风险情景",即由于产业结构不合理、财政税收体制尚存问题进一步恶化,中国经济进入中等收入陷阱发展停滞阶段,政府资产无法维持债务规模的扩大,这是债务危机发展模式。当然,中国未来不一定会严格遵循所构建的三种情景方案中的某一种运行,情景分析只是给出不同政策导向下赤字率的上限和下限,为相关部门制定与实施财政政策发展战略措施提供理论参考。

(1)GDP 名义增长率。按照国家实现现代化建设战略目标的总体部署,中国经济全面转向实现高质量发展阶段,潜在经济增长率有所下降。在结合各方专家的观点后,假定中国 GDP 名义增长率在 2020—2030 年、2030—2050 年分别保持年均6%和5%的增长速度发展。

（2）财政收入占比，即财政收入占 GDP 比重。一般地，欧盟国家财政收入占 GDP 比重约在 40%—50% 之间，中国该指标的大小仅在 15%—30% 之间，相比而言，中国税负水平并不高，但当下中国税制结构不合理，税收大多来源于流转税，使得商品含税高，造成中低收入群体消费大众的税收痛苦指数高，因此，未来税制改革将从流转税逐步向财产税、个人所得税过渡。预测中国财政收入占比在 2020—2030 年平稳、2030—2050 年适度下降的过程，分别设定为 30%—40% 和 35%—40%。

（3）债务结构。中国政府债务分为中央债务、地方债务和外债三部分，中央债务占 GDP 比重维持在 15%—20%，相比发达国家并不算高，但中国地方债务规模不容小觑，中央政府债务风险相对可控。

（4）广义货币增长。1978 年中国广义货币存量占 GDP 的比例不过 32%，与发达国家经济质量相比，中国货币总量供给太多，存在一定的货币超发风险。

（5）通货膨胀率。关于中国通货膨胀未来趋势的预测，各界众说纷纭，这里假设中国通货膨胀合理区间在 2%—3% 之间。

表 11-6　情景分析指标临界值

年份	基准情景			协调情景			风险情景		
	GDP 增长	REVE 占比	INF	GDP 增长	REVE 占比	INF	GDP 增长	REVE 占比	INF
1995	10.9%	9.9%	2.2%	—	—	—	—	—	—
2005	11.3%	16.9%	3.2%	—	—	—	—	—	—
2015	6.9%	27.4%	1.6%	—	—	—	—	—	—
2020	2.3%	33%	2.5%	—	—	—	—	—	—
2030	6%	37%	2%	7%	35%	3.5%	6%	40%	0%
2050	5.5%	35%	2%	6%	35%	3%	4.5%	38%	1%

(二)情景模拟与分析

如表11-7所示,基准情景下分析了2030年和2050年赤字率分别在3.5%和4.5%状态下均衡债务负担率的合适区间,协调情景和风险情景分别对应各自发展状态的模拟值。总体来看,在基准情景、协调情景和风险情景下,中国均衡赤字率和债务负担率均呈现扩张趋势。若将中国赤字水平的指导性目标定为3%,其相应债务负担率水平在45.9%—53.5%之间,这明显低于欧盟所设定的警戒线60%。在后续中国政府债务风险预警机制构建过程中,则选择采用赤字率3%—4%,债务负担率45%—53.5%作为指导性进行风险监测与风险预警。

表 11-7 情景分析结果汇总

年份	基准情景		协调情景		风险情景	
	赤字率 (%)	债务负担率 (%)	赤字率 (%)	债务负担率 (%)	赤字率 (%)	债务负担率 (%)
1995	−1.0	15.1	—	—	—	—
2005	−1.2	13.2	—	—	—	—
2015	−2.3	35.2	—	—	—	—
2020	−3.7	38.5	—	—	—	—
2030	−4.0	61.8	−4.2	64.7	−4.1	83.2
2050	−4.5	79.5	−4.6	82.1	−5.2	122.6

第十二章　政府债务风险监测实践研究

从国际上看,近几十年来政府债务问题频频对有关国家经济和财政带来冲击甚至酿成危机,如拉美债务危机、欧洲主权债务危机、美国财政悬崖事件等。实践证明,各国政府债务统计与风险管理受其政治制度、社会制度、经济发展水平、地理环境、文化传统等因素的制约,不同的国体、社会制度以及历史环境对政府债务风险监控与管理要有所不同。2008 年国际金融危机之后发生的欧债危机中,欧洲各国都采取不同举措试图摆脱债务危机的困扰,并取得了一定的成效,获得了诸多应对政府债务危机的经验。在我国目前的经济形势下,学习借鉴其他国家政府债务风险预警管理的经验,对加强和改进我国政府债务的风险监测和预警具有重要意义。本章将从国际视角出发,分析和总结政府债务发行、管理等方面的国际经验,对主要发达国家和发展中国家政府债务的风险监控机制进行分析,为我国改进政府债务管理提供经验借鉴。

第一节　发达国家政府债务的风险监测

一、美国政府债务统计与风险监测

（一）美国政府债务发行规模与分类

美国是市政债券的起源国,市政债券也是美国地方基础设施融资的主要工具。2009 年美国政府通过了相应的再投资法案,根据该法案的内容,州政府可以根据需要发行市政债券,这种债券在刺激经济发展方面有重要的意义,其发行规模主要和当地经济发展状况有关。根据相关统计结果发现,2003 年、2014 年市政债券的平均发行量为 3000 亿到 4400 亿美元。

美国市政债券根据信用情况可以分为三类,分别是一般责任债券、收益债券和其他类市政债券,其中最主要的为收益债券。这种债券的发行比例较大,在 1996 年到 2014 年这些年间其发行比例一直维持在 60% 左右,而一般责任债券占总市政债券的 39.3%,具体情况见图 12-1。一般责任债券的作用主要和基建有关,常常是相关州政府为了开展水利道路建设而发行的,还款来源于政府的税收收入及其他全部收入,常以征税权利作保证。收益债券则是由一些公共服务类企业发行的,如电力公司、医院和加油站等。这类企业都有相应的营业收入,因而债券利息是自行支付的,政府不需要利用自身信用来担保,在偿债时主要利用这些企业的收益。即便这些项目所得收入较少,不足以还本付息,也不可以调用其他收入来补偿差距。

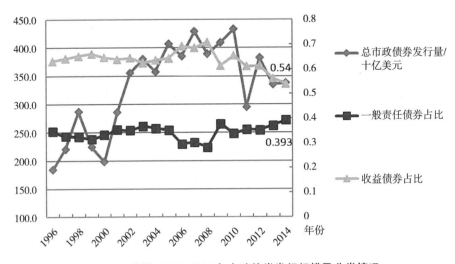

图 12-1 美国 1996—2014 年市政债券发行规模及分类情况

（二）美国政府债券的发行特点

根据用途来划分,美国市政债券可分为两部分:再融资与新融资部分。前者主要作用是借新债偿还旧债,后者则用于建设一些新项目,如图 12-2(左轴)所示,这两部分的比例略有差别,不同年份占比略有起伏,再融资占比一般维持在 40% 左右,而新融资占比一般维持在 60% 左右,近年来再融资占比有所上升,2011 年开始再融资占比开始超过新融资占比,2014 年再融资与新融资二者的比例分别为 57.1% 和 42.9%。美国地方政府主要通过市政债券来进行相关基础设施建设,其中市政建设支出所占比例也较大。这种市政债券和我国的地方政府置换债券和新增债券有很大类似性。从项目的具体用途看,这类债券的用途一般是确定的,主要用于基础设施建设方面。地方政府主要是发行市政债券来修建一些大型工程,此外还常用于教育、交通运输和一些水利建设方面。

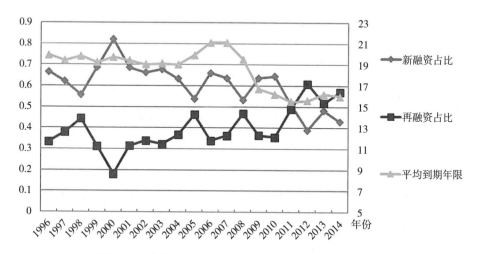

图 12-2　美国 1996—2014 年市政债券募集资金使用情况

从发行期限看,美国市政债券发行期限很长,从图 13-2 右边纵轴平均到期年限的统计数据看,1996 年以来美国市政债券平均期限均在 15 年以上,截至 2014 年年底,美国市政债券平均到期期限为 16 年。比较典型的偿债期限为 10 年、20 年、30 年,长期债务占美国地方政府债务的90%以上,较长时间的到期期限有利于匹配项目全生命周期,缓解其流动性压力。

美国市政债券的主要投资者为个人、保险公司、银行等,其中占比最大的为私人和基金公司。相关统计结果表明二者所占比例分别可以达到 42%、28%;银行机构和保险公司占比都为 13%;其他投资者占比为 4%。美国市政债券的风险很低,且超过 50%的美国市政债券都办理了保险,大大提高了债券的安全性。相对而言美国市政债券收益率更高一些,且所得利息可免征联邦和州地方所得税,使得个人投资者占比相对较大。

(三)美国政府债务的风险监控

美国在应对政府债务风险方面的经验非常丰富,针对近年来的政府债务风险,美国采取了很多应对措施。其在分类和风险监控等方面也走在世界的前列,形成了一套较为成熟的标准与监管模式。

1. 法律保障

美国联邦政府在平衡预算和财政收支的同时,注重加强政府债务的风险管理,特别是利用相应的法律条文来协助支持,如宪法第一条第八项、第二自由公债法(Second Liberty Act,1917)、战胜借款法(1919)、紧急救护及建设法(1932)、公共债务法(Public Debt Act,1942)等。美国地方政府与联邦债务在管理上有许多不同之处,如州政府的法律对地方政府债务的限制有直接和间接之分。在法律的直接线之上,尽管不同州的法律关于地方政府债券的具体操作有所差别,但总的来看,大多数州都从程序和数量上对地方政府进行限制,如政府必须以公共目的而非私人目的来发行债券,同时也不允许对私人进行负债担保。在发行债券的时候,首先要获得选民的同意,只有获得明确的法律许可的项目才可以进行融资,同时规定融资一般在同一个财政年度内偿还。其次,很多州政府和地方政府在其他法律中对政府负债规定了最高额度,大多是针对一般责任债券,并在偿还期限和投资收益等角度有所限制。

2. 严格的信息披露制度

美国市政债券实行严格的信息披露。美国市政债券市场已经建立了一套健全的运行体系,主要以信息披露为核心,并包括了信用评价和风险处理等相关内容,在此基础上形成了一套包括不同组织和部门的复杂监管体系。美国市政债券市场的监管主体有两个,分别是债券规则制定委员会和相关监管局,他们依据有关监管要求而建立起相应的监管制度和规范。美国的证券交易委员建立了信息披露制度,并取得了良好的效果,经不断完善和改进,1989 年市政债券披露的相关法规颁布,对市场的规范起到了很大的促进作用。

3. 规模控制

美国各级政府对政债券发行都有一定的限制,大多数是针对一般责任债券,为了避免出现较大风险问题,美国对政府债务的发行规模做了明确限制,并对政府负有担保责任的责任债券进行了相应的约束和监控。主要的监控指标包括:负债率、债务率、偿债率、资产负债率、人均债务率、偿债准备金余额等。另外,各州宪法同时对相应的地方政府责任债券限度进行了规定,同时规定了相应的负债率、债务率等参数。有的则对市政债券规模做了限定,一些行业自律组织则通过信息披露制度来实现相应的监控目的,有些则制定了有关自愿披露的规则。

4. 信用评级

美国市政债相关风险识别主要利用到信用评级数据,投资者可以根据这些信息来进行综合分析判断,避免出现债务危机事件。信用评级主要评估指标包括政府机构的债务结构、政府部门的稳健预算及相关真实信息、相关的收入情况、一定的社会经济发展状况。美国设立了三家信用评级公司专门来对各级政府的信用情况等进行评级,在判断相关债务风险方面,市政债的信用评级有很大的参考价值,可以为投资者提供决策依据,有利于形成合理的政府债务规模。

5. 偿债基金和偿债准备金制度

美国建立偿债基金和偿债准备金制度,以保障政府债务还付负息。美国地方债通常每半年还本付息一次,因此债券发行人每月应提取相当于下次还本付息总额 1/6 的资金充实偿债基金,以保证债务的顺利偿付。此外,部分地方债在发行时,为提高信用评级、吸引投资者、降低发债成本,债券发行人也会设计偿债准备金条款,从债务发行收入中提取一部分建立准备金,以便在将来地方税收或特定项目收益出现临时性不足时仍有能力按期偿还债务本息。实践上,偿债准备金通常交由专门的信托机构管理,并在保证流动性的前提下开展适当的投资增值运营活动。为防止地方政府利用地方债免税政策套利,相关税法规定偿债准备金提取金额应该低于其还本付息总额的一定比例,偿债准备金的用途是具体的,只可以用于投资一些风险较低的政府债券,且投资期限也应满足相关要求。此外,美国还建立了债券保险制度,债券市场上有专业的地方债保险公司,为地方债市场的各个环节提供保险服务。金融担保保险协会为协会成员承保的债券如发生违约,债券利息和本金都能及时足额得到支付。

6. 专业机构

美国对市政债券的发行设立了市政债券银行专业机构,州政府作为发起人承担市政债券银行的运营和管理费用。市政债券银行能够汇聚潜在的市政债务以形成投资组合,利用规模经济的优势,分散风险,还能够为小规模的借款打包、降低成本。市政债券银行主要是通过如下两种方式来发行债券:一是将相应的融资需求打包,然后直接发行;二是通过银行来发行,银行再利用所得资金来购买政府债。同时,债券银行还有权截留给予当地政府的国家援助,作为偿付贷款的保证。此外,针对一般责任债券,对政府债券发行规定最高限额进行数量控制,以降低地方政府破产的风险,并明确各级政府的债务责任,州政府不对市、县政府进行援助,联邦政府不对州政府进行援助。

二、日本政府债务的统计与风险监测

(一)日本政府公共债务的分类与发行

日本地方债制度是典型的中央集权国家的过渡性地方债券制度,为了填补地方财政的资金缺口,日本一直以来允许地方政府发行债券。但是,日本地方公债市场化程度较低,行政色彩较浓,具有转移支付性质的公共资金认购债券长期占据主导地位,市场型债券也是以银行等机构认购的私募债券为主。日本地方债相关制度和模式已经较为完善,由于其主要是由国家主导的,因而风险较低。相对来说,这种融资的成本较低,其在提供地方财源方面有重要作用,也显著地促进了公共事业的发展,有利于提高公共服务水平。

从发行形态来看,日本地方债可以分为证书借款和发行债券的两种形式;从偿还财源来看,可以分为由地方财政部门发行的普通会计债和由经营交通等业务的地方公营企业发行的公营企业债;从承购机构来看,其相应的承兑机构主要有银团和民间金融机构,可以分为公募债和私募债两种形式。除了发行上述的政府债务以外,日本实际上还大量发行其他形式的地方债,如表12-1所示。

表12-1　日本政府公共债务分类

大　类	小　类
一般会计债	一般公共事业
	公共住宅事业
	灾后重建事业
	义务教育基础设施建设事业
	社会福利设计建设事业
	普通废弃物处理事业
	一般独立事业

续表

大　类	小　类
一般会计债	地区发展事业
	地区合并事业
	防灾对策事业
	自然灾害防治事业
	临时性地方道路建设事业
	临时性河流建设事业
	临时性高等学校建设事业
	地区综合治理事业
	旧城改造事业
远郊地区及人口稀少地区对策事业债务	
首都圈建设事业	
公共用地建设事业	
公营企业债	上水道事业
	工业用水道事业
	城市高速铁路事业
	一般交通事业
	电力事业、燃气事业
	简易水道事业
	港湾建设事业
	医疗事业
	介护服务设施事业
	农场事业、畜牧事业
	区域开发事业
	下水道事业
	收费公路事业、停车场建设事业
	旅游事业
	国有森林建设事业、绿地开发事业

大　类	小　类
公营企业借还债	
特别转贷债	
减税补贴债	
临时财政对策债	

资料来源:《地方债手册(2008 年)》,地方债制度委员会主编。

(二)日本政府政府债务的发行特点

首先,地方债发行制度从审批制向协商制转变。日本是单一制国家,一级中央政府下属有都道府县 47 个二级政府,三级由 3000 多个市町村构成。中央政府独自负责地方债政策的制定和实施。2006 年以前,日本对发行地方政府债券实行计划管理,地方不能随意发行地方公债,必须由中央批准后才可以发行。2006 年以后,日本政府对相应的审批制度进行了转变,转换为协议制度,这样有利于提高地方自治的积极性,并对分权改革有一定促进作用。在协议制下,地方政府不需要经过上级部门的同意,只需要向地方议会报告就可发行地方债,但是在发行时要受到一定的约束和限制。此外,在筹措偿还本息资金的方式和时间等方面也受到一定的约束,比如,若实际偿债率是 18% 以下,则地方政府发行前只需征得总务省许可即可通过公共资金来发行,而且这些债务若被纳入税收分配体系中,还可以得到一些优惠待遇。如果相关的实际偿债率不高于 25%,则需要依据相应的公认标准,制订债券发行计划,并将其提交到总务省,在获得后者审批之后才可发行。这些债务主要是由地方政府偿还,并由地方政府负责管理控制。若其偿债率超过 25%,则发行债券的方式和种类就会受到一定约束限制。

其次,投资资金来源与用途限制。投资购买地方公债的资金来源主要是政府资金(其中主要是一些财政资金和储蓄资金)、企业和私人资金、银行和单位资金等,占比最大的为政府资金,其比例大约 50%,公库资金大约占 10%,市场资金约占 40%。日本地方政府发行市政债券所获资金的用途和美国很类似,主要是进行相应的道路建设、住房和公共设施建设、土地和公用事业建设等。地方公共企业债的发行主体是特定的,主要是公营企业,这种债务的担保人为地方政府,其用途也是确定的,主要包括下水道、自来水等相关公共设施建设方面。日本《地方财政法》第五条第一项规定,五种适用发行债券的项目如下:第一项为交通、煤气、水道、医院、地铁等公共团体经营企业所需经费;第二项主要是一些相关还本付息所需经费;第三项为灾害应急项目及救灾项目的所需经费;第四项为文教设施、福利设施、公园等公共设施的建设项目;第五项为公共性较高的法人出资和放款的相关经费。

再次,联合发行地方债。近年来,日本的地方政府债券趋向于联合公开发售地方政府债券(JLGB),利用聚合发行的规模优势,同时提高其发行的信用评级,降低发行债券的融资成本。目前,JLGB 已成为日本最大的非国家政府债券,并定期启动在海外市场发行以日元计价的欧元地方债。

(三)日本政府债务的风险监控

日本政府非常关注对政府债务风险的监控和预警,主要体现在以下五个方面:

1. 法律法规

日本《地方财政法》明确规定,地方债收入不可以作为财政支出,从某种意义上讲,也就是说地方不允许发行赤字债。另外,地方债的发行必须要遵循以下三个基本原则:一是对公共团体来说资本的作用比较明显;二是在自然灾害灾后重建不得已的情况下;三是争取实现以后各年度间居民负担的均衡化。鉴于其他政策的特殊性,有些项目不符合《地方财政法》的相关规定,日本地方政府也出台了相应的法律法规进行监管,以填补相关法律上的空缺,如表12-2所示,这一做法使得日本地方债发行的立法体系更为完备。

表 12-2　日本地方债发行的相关立法概览

年份	法规名称	内容
1962	关于偏僻地区公共综合建设的国家财政特别立法	偏僻地区对策事业债
1971	关于公害防治相关事业的国家财政特别立法	公害防治事业债
1972	关于防灾集团搬迁事业的国家特别立法	防灾集团搬迁事业债
1973	关于建设活火山周边地区避难设施的特别立法	活火山周边地区对策事业债
1980	关于振兴发展人口稀少地区的国家财政特别立法	人口稀少地区对策事业债
1982	地区改善对策特别立法	地区改善对策事业债
1987	关于地区改善对策的国家财政特别立法	地区改善对策事业债
1992	促进地方核心城市建设及产业业务设施再配置的相关法律	基础设施再配置事业债
1993	活跃特定农林地区产业基础设施建设的相关法律	基础设施建设事业债
1995	应对阪神淡路大地震的特别财政援助相关立法	自然灾害特别援助事业债

资料来源:根据有关资料整理。

2. 制度约束

目前,日本地方政府管理体制出现了明显的转变,也就是开始转变为制度约束模式。2006 年之前,其对地方政府债务一般是通过"审批制"进行管理的。在这种制度中,日本政府直接对地方政府的借债权利、借债用途以及借债规模等做事前约束,同时对地方政府财政活动进行事后监控,如制定地方政府每年的总体债务权限标准,审查地方政府债务的借款期限和借款条件,对地方政府债务的投资项目和一些投资情况进行相应的审查。传统的审批制度程序相对复杂,制度和要求相对苛刻,但是其最大的缺点是经过了中央政府的严格审批之后,地方自治体在发债的时候几乎不会承担未来的任何风险,风险全部集中在中央政府层面。久而久之,地方政府债务的规模没有得到有效的控制,政府依赖发债带动经济增长的趋势越来越明显,其规模也就膨胀得越来越大。

由于日本 2006 年实行分权化改革,为了适应相应的改革形势,原来的"审批制"也发生变化,转变为协商制,这就意味着中央政府赋予地方政府更多的举债权利,中央政府更注重制度的约束、简化行政审批过程。地方政府债务的

"协议制"于 2006 年开始实施,协议内容主要包括发债的目的、限额、方式、资金、偿还方式等。该协议简化了传统债务审批制度的程序,增加了地方发债的灵活性,但是并不是简单的权力下放,相对责任也一同下放。如得到上级部门同意之后,地方政府可以自行发债,即使得不到上级部门的同意,地方政府在没有超过发债限制比率时,依然可以在向地方会议报告的基础上继续发债。根据日本宪法规定,日本地方政府不可破产,在严重财政危机情况下也应偿债,为此,日本制定了一整套制度体系来监管和控制地方政府的债务风险。

3. 建立偿债资金

日本政府每年根据总务省的规定,地方政府每年必须按照债务余额的 1/3 提取偿债准备金,用于应急性的地方债务支付。为了确保流动性得以满足,日本还专门设立了专项偿债基金,以确保在某些特殊情况下可以保证还本付息不受影响。

4. 建立早期预警系统和重建系统

日本现有的早期预警体系已经较为健全,其中包括了五方面指标。主要有实际赤字率、综合赤字率、实际偿债率、负债率、公共企业资金不足率(如表 12-3 所示)。这些指标都需要满足相关规定,在其中某一财政指标出现问题的情况下,需要对此进行财政重建,提交的计划需要接受议会组织的审查。后者在审查后向中央报告,直至满足指标条件为止。地方政府每年接受外部评估后,必须向议会报告各指标的比例,并向公众披露。如果财政重整计划并不合理,则地方政府需要改变财政政策,其中常见的就是削减开支,并增加相应的政府收入。

表 12-3　日本地方政府财政预警指标体系

财政指标	预警界限		重建界限	
实际赤字率 = 赤字/标准财政规模	都道府县	3.75%	都道府县	5%
	自治市(依财政规模)	11.25%—15%	自治市	20%

续表

财政指标	预警界限		重建界限	
综合实际赤字率＝所有账户的综合赤字/标准财政规模	都道府县	8.75%	都道府县	15%
	自治市(依财政规模)	16.25%—20%	自治市	30%
实际偿债率＝政府一般收入偿还债务/标准财政规模	都道府县、自治市	25%	—	—
未来债务负债率＝公有制企业和政府附属机构为偿还债务/标准财政规模	都道府县、指定都市	400%	—	—
	自治市	350%	—	—
公共企业资金不足率＝公共企业上财年的资金不足额/该企业上财年的企业规模	管理改善界限	20%	—	—

资料来源:日本总务省(MIC)文件。

5. 建立完善的地方债支付保障系统

日本对地方交付税系统进行了多次改进,目前该系统已经较为完善,可以确保相应的地方政府更好地提供公共产品,并确保地方财政收入。地方政府如果相应的支付能力不足,则需要通过中央政府转移支付来实现。交付税没有使用方向的限制,所以成为地方债本利偿还的主要渠道。政府税务机构可以根据自己的权威,改变税率以确保税收收入。在这种地方交付税制度下,中央政府可以通过转移支付的方式来确保地方政府部门的公共服务质量不受到影响。为了满足相应的财政收支监管需要,日本政府还设立了相应的地方监察委员会来对地方财政收支情况进行监管,然后将所得监管报告提交给国会。国会在提出改进意见之后,通过管理部门来进行执行,通过这些制度有效地保障了地方债的安全运行。

三、其他发达国家政府债务风险监控的主要做法

(一)加拿大政府债务的风险监控

1. 法律法规

加拿大地方政府债务管理主要侧重于市场机制,州政府在进行举债时受到的约束较小,举债与否和举债规模的大小完全受金融市场的影响。相比其他国家,举债环境相对更为宽松。但是在举债前,需要一个或者多个国际投资机构评定,根据评定的等级结果授予可供举债的额度。举债之后,地方政府必须根据省政府的相关法律规定,合理的使用债务资金。例如,省政府要求地方政府必须保持预算平衡,其中涉及长期借款的地方政府资本性支出必须获得省政府的批准。联邦政府的资本性支出和经常性开支不受《宪法》的约束,省级政府的类似资本性支出的活动,也可以不受联邦政府和《宪法》的制约。同时,联邦政府和省级政府不需要每年满足预算平衡的原则,只是定时受国际评级机构的审计与监督。另外,加拿大联邦政府和省级政府为了降低金融市场波动和操作失误等因素给政府造成损失的概率或避免带来债务危机,还制定了"政府债务危机法"和"债务危机预算法"。联邦政府和各级政府需要定期对相应的债务管理绩效进行评估,并开展一些监控工作,一旦有风险信号发出,及时根据债务风险信号作出应对危机的方案。

2. 预算约束

加拿大地方政府实行硬预算约束要求,地方的税收收入和支出决策都要受到严格的限制,尤其是从省级政府获得的转移支付,其中转移支付的获得资金要按照比例要求进行分配,不得用于地方的一般性行政开支。加拿大地方政府如果需要举债,必须要经过省级政府的批准,并受到严格的限制。加拿大省级政府规定地方政府的举债条件、规模、预算要求、财政困境等方面不尽相同,例如,安大略省规定地方政府举债只能出于两个原因:一是在债务最终出

售前为建设中的融资项目;二是在税收征收和政府收入未获得前需要履行的短期债务责任。

3. 规模控制

加拿大根据其政府债务的相关立法对举债规模进行限制,主要目的是阻止地方政府对财政行为的滥用,但并非不支持或者控制地方行为。加拿大对地方政府的长期举债进行严格的控制,一些省份设立特殊的代理机构来代表地方政府举债,地方政府举债时会受到省级政府的规则限制,并且在程序上需要经过省级政府管理机构或者代理机构的批准。近年来,为了鼓励展开更多的举债业务,省级政府放松了地方政府在资本市场上的权利,并且为地方政府的举债能力、以国外货币的形式举债以及所使用的举债工具提供担保。同时,地方政府承担长期举债融资委托事项的步骤也得到了改进,当前有关债务总额的限定是自身总收入的 25%。

4. 政府债务担保和贷款的原则

为了防止政府过度举债,加拿大制定了政府债务担保和贷款的原则:第一,关于贷款的任何让步条件,如低于市场标准的利率或补助金太高等,全部贷款都被视为预算支出;第二,在政府担保前,举债部门要对投资项目进行全面评估,并且保证现金流量足以偿付债务本息和营业费用,确保在一定时间内能够得到有效的收益回报;第三,私人承担相应的风险,如果发生违约,私人利用自有资源提供所需资金的大部分比例,政府承担相对较小的比例。

(二)德国发行政府债务的经验

德国发行市政债券的主要特点有以下几个方面:第一,德国各州市政债券隐含了联邦政府担保,其信用风险很低,使得各州的信用评级与联邦政府的评级几乎一样。同时,联邦团结原则使得各州市政债券获得宪法层面的显性担保,即使有债务危机的州也可以获得联邦各州的支持。第二,德国市政债券还有一个重要的组成部分,由一组州政府集合发行的债券。联合发行能有效降低债券的融资成本,提高其流动性。第三,德国地方政府债券主要是由州政府发行的,此种债务的总体水平的控制是各州议会的权利,由于各州都追求平衡财政预算,地方政府举债的规模实际上受到严格的控制。在欧洲主权债务危机爆发后,德国联邦政府对地方债券实行严格控制,2009 年 6 月正式通过《债务刹车法》,规定 2020 年后德国各州的市政债券只能进行置换,不能再发行州政府层级的市政债券。

(三)法国地方政府债券的发行监管

为防范和控制地方政府债务风险,法国中央和地方政府间财政上不存在隶属关系,各级政府的举债,均由本级政府和议会自主决策,严格按相应法律法规运作。中央政府不承担地方政府债务的偿还责任,在地方政府偿债能力下降,并可能出现违约时,原有地方政府解散,所欠债务由中央先行代偿,待选举成立新的地方政府并对原有的财政计划进行改变之后将原债务偿还。

法国专门制定了监控地方债务的控制制度,具体包括:一是议会成立专门委员会对地方政府的预算进行表决并对地方政府财政支出进行审计;二是成立独立的审计法院,监督和检查地方政府的会计科目;三是财政部派出机构对各地的财政运行进行适时的审查,具体工作一般主要由银行负责;四是法国地方政府还设立了偿债准备金制度,以降低对地方财政的冲击风险。

第二节 发展中国家政府债务的风险监测

许多发展中国家也非常重视政府债务管理和风险预警问题,从法律和制度上作出详细规定,特别是举债权限、管理体系、危机化解、风险监测等方面,下面以俄罗斯和印度为例做简要介绍。

一、俄罗斯政府债务管理主要做法

(一)地方政府举债权限

俄罗斯对地方政府债务管理方面主要采取三级政府管理模式,具体就是通过中央政府、联邦政府和地方各级政府机构来协同管理。其中,第二级管理部门涉及到 21 个共和国、48 个州以及一些自治区和直辖市等,第三级则主要是一些大型城市的管理机构。这种债务管理模式的监督和约束作用有限,20世纪 90 年代一些地方政府大量举债进行公共建设,随后在通货膨胀影响下出现了债务危机(杨攻研、曲文轶,2018)。

在这种债务管理模式中,地方政府可以通过发行债券和向银行借款来获得资金,其在贷款中有很大的自由度。根据俄罗斯 1992 年的相关法律规定,各级地方政府可以根据实际需求情况进行举债,而不必考虑到相应的权限限制。但是,由于从金融市场获取信贷需要具备一定的条件,很多地方政府都不满足这些条件,因而很难从金融市场获取所需要的资金,这就需要利用到银行借款。1998 年债务危机后,俄罗斯对地方政府举债做了新的限制,规定这些债务只可用于资本性支出,且债务额度也显著下降。

(二)政府债务的管理体系

在管理体系方面,俄罗斯政府专门建立了多层次债务风险管理机制来控制地方政府债务,并设立了相应的债务控制指标,主要从规模、透明度、担保管理等方面进行控制。具体包括:首先,对地方政府债务的用途做了具体规定,也就是只局限于资本性支出,且举债额度不可高于预算支出的 15%。根据俄罗斯的《预算法》规定,政府债务的期限一般不超过 30 年,州政府比市政府的相对长一些。其次,此法还规定地方政府应该明确公布相关新债务预算和还款计划方面的信息。目前很多俄罗斯地方政府开始将债务的信息公布在一些政务网站中,并根据相关要求对这些数据进行及时更新。俄罗斯的债务担保机制较为完善,很少出现政府担保变为或有负债的情况,而其他国家则较常见,这其中的主要原因就是俄罗斯联邦的公共债务中已经将这些债务包括在内。

(三)政府债务危机的化解

俄罗斯有关法规规章和政策文件对地方政府的偿债情况做了具体规定,也就是说如果出现债务违约情况则需要通过破产程序或者财政管理的方法来解决。在通过破产方式来处理时,需要由司法部门来管理地方政府的财政行为,以此确保相应的债务调整计划得以顺利落实。同时,俄罗斯对地方政府的破产条件也做了相应的限制,也就是在因财政困难而无法支付工资、养老金等情况下才可以申请破产援助。如果只是一些暂时性的情况或不严重的支付困难则不可通过破产程序来解决。财政管理紧急控制则是在行政控制方式下来减少相应的经济损失和财政困难,和前一种方法相比,这种方法对地方政府举债有更强的约束作用,使得地方政府失去了举债自主权。

二、印度政府债务的风险管理

(一)举债规模限定

印度在政府债务风险管理方面主要参考英国的模式,通过三级政府来进行相应的债务管理,即中央政府、邦政府和地方政府。印度全国有 28 个邦,各个邦设立了相应的民选政府,联邦属地则是通过相应的联邦政府委派管理的。印度这种联邦制下相应的中央集权程度更强一些,中央政府对地方各邦有较强的控制力。1991 年以后,为了消除相关经济危机造成的影响,将中央财权进行了下放。但是,地方政府依然没有较强的财政支付控制能力,对中央政府补助的依赖程度很明显。因此,各邦政府在控制债务方面的能力较差,不同邦政府的财政情况也各有不同,众多地区要求通过转移支付来满足相关平衡要求。

印度《宪法》明确规定了邦及其以下各级地方政府的举债权限,以及相应的举债规模。邦政府在相关的法律约束条件下可以借款和提供担保,有关法律约束方面的限制不是很具体,因而操作性和约束性的作用也并不是很明确,为了解决这些问题一些具体法律条文对相关财政责任和预算管理做了补充解释。如果满足财政预算管理第 292 条规定,则印度中央政府为各邦政府进行借债担保。同时,相关法律还规定,如果邦政府的借债还没有全部偿还完毕,则不可以再举借新债,除非得到中央政府的许可。在出现债务危机的情况下,中央政府可制定相应的紧急财政方案,并对地方政府的相关举债行为进行严格限定,地方政府需要得到明确许可才能举债。

(二)债务预警与纠错机制

印度政府专门建立了相应的地方债务违约预警制度,以此来更好地对政府债务进行监管。根据这一制度的相关规定,在邦政府的偿债期限超过 14 天之后还没有偿还的,邦政府的债务基金账户会被银行自动冻结。在到期 5 天前银行会给出相应的警告信息,逾期 12 天时对邦政府发出第二次警告,逾期 14 天时印度储备银行将实行自动扣款机制。实践经验表明,这种制度对规范地方政府举债行为有积极的促进作用,并较好地避免了债务恶意拖欠等相关情况。

(三)债务的风险控制

印度财政委员会对地方政府的财政责任做了明确的要求,主要是严格控制地方政府举债。具体要求为:第一,财政部控制邦政府过度举债,同时设置了相应的限度;第二,邦政府可以通过多种方式来举债,例如通过资本市场来发行定期债券;第三,邦政府只允许与中央政府授权的商业金融机构进行举债。

另外,根据财政部改革计划要求,各级政府分别成立政府债务管理办公室,设定相应的标准来控制政府的举债行为,并对相关标准的约束作用进行了测试。根据这些标准规定,邦政府的债务占邦 GDP 的比重低于三分之一,赤字则不可超过百分之三,且债务利息低于财政收入的 20%。在这些标准的约束规范作用下,印度各级政府的相关债务风险问题得到了较好的控制。统计结果表明,2007 财年至 2008 财年印度有超过一半的邦实现财政盈余,且相应的利息支出也显著下降。

第三节 实践总结与几点评价

前面介绍了部分发达国家和发展中国家政府债务特别是地方政府债务的风险监管体系与措施,从中可见世界各国普遍高度重视对政府债务的管理,制定法律法规和完善制度体系以加强政府债务监管,同时从发行、偿还等日常管理体系与风险预警处置机制两个层面着手提高政府债务管理水平。本节将梳理和总结各国在政府债务管理与风险监控实践中的主要经验,为中国改进政府债务管理提供借鉴,并结合中国的现实状况做简要评价。

一、实践总结

综合政府债务管理与风险监控体系的国际实践,归纳起来主要有如下特点,或者说各国在政府债务管理与风险预警监测当中普遍高度重视建立以下几方面的制度体系:(1)政府举债行为管理;(2)政府债务规模管理;(3)财政预算管理;(4)政府债务信息披露制度;(5)政府债务风险预警机制;(6)政府债务危机处置机制。下面分别做具体分析:

(一)规范地方政府举债行为

从国际上看,各国控制地方政府举债的模式有明显的差异。如果一个国家的分权程度越高,则对地方政府的控制也越弱,其在举债时受到的约束也越少。通过对比可以看出,日本的集权程度相当高,因而其地方政府举债需要中央政府的审批,并在通过之后才可发行债务。但是在现行的财政体制下,地方政府不可以破产,在出现严重债务违约的情况下,一般由中央政府进行转移支付并避免出现债务危机,但是对中央政府的支付能力会产生一定影响。但部分国家中央政府对地方举债行为管控程度较弱,以俄罗斯为例,俄罗斯对地方政府债务管理方面主要采取三级政府管理模式,具体就是通过中央政府、联邦政府和地方各级政府机构来协同管理。在这种债务管理模式中,地方政府可以通过发行债券和向银行借款来获得资金,在贷款中有很大的自由度(杨攻研、曲文轶,2018)。但是在1998年债务危机后,俄罗斯对地方政府举债作出了更为严格的限制,地方政府债务只可用于资本性支出,且债务额度也显著下降。借鉴国际实践经验,我国应进一步规范地方政府举债行为,为了避免出现中央政府对地方政府举债行为的隐性担保和违约保护,需要严格限制地方政府的举债资格并进行相应的审查,通过立法来确定相应的举债权。

(二)控制地方政府举债规模

防范政府债务风险的最直接手段就是控制政府债务规模,这也是被世界各国广泛采纳的方式之一。借鉴国际经验,我国地方政府债务规模控制应当从需求和供给两方面双管齐下。从债务管理较成功的国家经验来看,这些国家大都制定了完善的地方政府债务规模控制指标,但不同国家的控制线的设置有一定差别,中央控制力度强的国家设置的发债规模一般较大。我国财政部门可以尝试从新增债务率、偿债率、债务依存度等方面综合考虑,根据相关规则设置控制线,通过这些指标对地方政府的举债规模进行控制,并且要求有关部门、银行等在审批新的债务(含贷款)时,对原有的控制指标进行定期审核。供给控制则是明确设定提供这种贷款的银行范围,从而避免相关债务风险转移情况出现。另外,应该通过立法规定只有满足一定条件的国有商业银行才可以为地方政府借债,在操作时应根据实际情况来设置相应的量化指标,并明确限定可贷款银行,将不满足要求的银行排除在外。

(三)强化财政预算约束

将政府债务全盘纳入预算管理体制,通过预算实现对债务的硬约束,这是各国控制地方政府债务规模膨胀的有效手段之一。从财政风险矩阵角度来分析,我国仅将直接显性负债纳入预算管理,且政府会计采用的是收付实现制原则,从而导致大量隐性债务游离于财政预算管理之外,对其缺乏有效的监控机制。

借鉴国际经验,我国应对政府债务实行全面系统的管理,将隐性债务纳入预算管理范围。对于或有负债,应当预测各项或有负债发生概率并进行披露,将或有负债风险控制在警戒范围之内。与此同时,我国还应该对政府债务实行硬预算管理,并实行"无援助"政策,促使各级政府真正落实硬预算约束政策。当然,我国要实施硬预算政策就需要中央政府改革现有的转移支付制度,避免地方政府在中央政府的援助中产生道德风险,将地方债务风险向上级政府转移。最后,还应建立严格的审批与信息披露制度,国外许多国家发行地方公债必须征得民众的同意后才能予以执行,我国在地方债务预算的编制过程中应当让公众逐渐参与并及时披露债务的相关情况。

(四)建立严格的信息披露制度

从国际实践上看,各国普遍高度重视建立和完善政府债务信息披露制度,提高政府债务发行、规模、结构、偿还、风险等各方面的透明度。例如,美国市政债券实行严格的信息披露制度,建立了一套健全的运行体系,主要以信息披露为核心,包括信用评级和风险处理等相关内容,在此基础上形成了一套涵盖不同机构和部门的复杂监管体系。美国市政债券市场的监管主体有两个:其一是债券规则制定委员会和相关监管局,他们依据相关监管要求而建立起相应的监管制度和规范;其二是美国证券交易委员会,其建立政府债务信息披露制度,并取得了良好的效果,特别是 1989 年市政债券信息披露相关法规的颁布,对市场的规范起到了很大的促进作用。此外,美国市政债券风险的识别主要利用信用评级的相关数据,投资者可以根据这些信息来进行综合分析与判断,避免出现债务风险状况。

(五)建立债务风险预警机制

加强对债务风险的控制应采取预防措施,各国大都积极建立相应的风险预警机制来对债务风险进行评估,监测政府债务风险的动态变化,然后根据不同的风险程度分别制定应对措施。例如,美国俄亥俄州"地方财政监控计划"的成功实施也表明,完善的风险预警机制对防范政府债务风险具有重要意义。我国应当在借鉴国外经验的基础上,尽快建立起债务风险监测和预警机制,对地方政府债务风险进行有效识别、预警和监控。在风险指标的设计上,可以采用债务规模控制指标,具体指标要量化到每一级政府和金融机构,并通过预警指标体系对地方政府债务风险进行实时监控,一旦地方政府的相应指标超过设置的预警值,便由上一级政府强行介入,按程序启动救助方案,直至政府债务风险水平达到预警标准以下。

(六)重视政府债务危机化解机制

一般来说,各国普遍非常重视建立一套完整的政府债务危机处置机制,以防不测,一旦危机事件来临可以从容应对。例如,美国建立了偿债基金和偿债准备金制度,以更好地应对政府债务危机事件。美国地方债通常每半年还本付息一次,因此,要求债券发行人按月提取相当于下次还本付息总额 1/6 的资金充实偿债基金,以保证债务的顺利偿付。再看日本,根据总务省的规定,地方政府每年必须按照债务余额的 1/3 提取偿债准备金,用于应急性的地方债务支付。为了确保流动性得以满足,日本还专门设立了专项偿债基金,以确保在一些不确定性事件发生时可以保证还本付息不受影响,这些资金的主要来源为相关发行机构的偿债准备金。俄罗斯也对地方政府的偿债情况作出具体规定,如果出现债务违约情况则需要通过破产程序或者财政管理的方法来解决。总之,建立政府债务危机处置机制,特殊时期实行财政管理紧急控制,则一旦潜在风险出现,可以减少相应的经济损失和财政困难。

二、几点评价

纵观各国政府债务风险的监控体系,不论是发达国家还是发展中国家,单一制国家还是联邦制国家,随着各国政府债务规模的不断扩张,政府债务风险预警已经成为财政金融领域的重大课题。世界各国纷纷依据本国国情建立政府债务风险监测和预警机制,其中不乏成功的经验和失败的教训,这些经验教训对我国建立规范的政府债务风险预警机制有着重要的借鉴意义和参考价值。随着中国政府债务规模的不断增大,政府债务在经济社会发展中扮演的角色日益重要,但债务结构也日益复杂,潜在债务风险特别是地方政府债务风险正不断加大。借鉴国际上有关政府债务管理的成功经验,防范和化解政府债务风险,已成为中国进一步规范和科学利用政府债务服务国民经济发展的必由之路。总的来看,中国借鉴国外经验完善本国政府债务风险监测和预警体系时应注意以下几点:

第一,科学认识政府债务风险监控的复杂性。政府债务规模控制、风险评估、风险预警是一套复杂、系统的工程,涉及财政金融的很多方面,国外成功的经验不能简单地复制,而需要结合本国的具体国情进行取舍才能真正发挥作用。

第二,建立适合本国国情的地方政府举债模式。当前,中国政府债务风险主要源于地方政府债务,个别地方过度举债、盲目举债,对债务资金使用不合理、低效,导致还本付息困难,进而导致地方财政压力巨大,出现潜在风险。从国际上看,各国多对地方政府举债行为进行严格控制,但不同国家控制地方政府举债的模式存在明显差异。一般地,如果一个国家的分权程度越高,则对地方政府的控制越弱,其在举债时受到的约束往往也越少。通过对比可以看出,日本的集权程度相对更高,其地方债务需要中央政府的审批,并在通过之后才可发行债务。在现行的财政体制下,地方政府不可以破产,在出现严重债务违约的情况下,一般由中央政府进行转移支付并避免出现债务危机,但是对中央政府的支付能力会产生一定影响。日本这种高度集权的举债模式与中国国情较为类似,据此来看,中国高度集权的政治和财政体制下也应实行集中管理型地方政府举债制度。

理论上,我国应适当加强对地方政府举债行为的控制,避免出现过度举债行为。一是需要严格限制地方政府的举债资格并进行相应的审查,通过立法来确定相应的举债权;二是应该明确这种债务的责任归属,并基于相应的借债还款原则对地方政府进行偿债约束,目前我国地方政府债务举债主体还不是很明确,存在很多混乱情况,对相应的责任划分也产生了一定影响,使得政府部门对地方债的监管难度也明显增加;三是需要对地方举债的理性度进行监督,如果地方政府无法对自身的相关借债情况进行合理评估,则可以通过独立的第三方来进行等级评价,确保在理性约束下举债,符合科学、适度举债的要求。

第三,应大力加强地方政府债务管理。中国在实施地方政府债务置换后,对政府债务管理有了很大改善,一些隐性及或有债务种类得到了有效遏制,债务信息透明度明显改善。地方政府债务预算管理、限额管理、还本付息等管理制度逐步得以建立和完善,政府债务管理规范化程度明显提升。但应该看到的是,中国在政府债务管理方面仍然存在不少问题,债务发行制度、结构与期限管理等方面都还有很大不足,完善政府债务管理与风险预警机制仍然任重而道远。

第四,应积极提高政府债务信息透明度。一直以来,中国对政府债务的会计与统计体系不够完善,中国财政统计体系尚处于 GFSM1986 和 GFSM2001

之间,离国际最新标准 GFSM2014 还有不小差距。政府债务在会计与统计核算处理上与发达国家水平和国际标准相比有不少差异,包括基本分类、核算处理、统计原则与口径等。而且,中国有关政府债务统计过去一直是数出多门,不同部门指标在统计口径上存在很大差异,数据可比性较差。这些不足制约了中国政府债务信息的透明度,不利于改善和加强政府债务管理,也不利于防范和化解政府债务风险。

第五,中国在政府债务风险监控方面还很薄弱。从国际经验看,政府债务风险监测要求建立一套机制对债务安全状态和风险情况变化提供有效的预测信息,及时提醒并警示政府通过一定的措施来控制债务风险,使其不超出合理范围。我国地方政府债务形式多样,债务风险成因复杂、来源广泛且隐蔽性强,因此,有关部门应充分借鉴国际经验,尽快建立一个科学高效的多层次政府债务风险动态监测体系,加强和改进政府债务风险监控(洪源等,2018)。

第十三章 中国政府债务风险监测的应用分析

政府债务对一国或地区经济社会发展具有重要作用,中国自改革开放以来逐步将政府举债作为推动经济发展和实现宏观调控的有力工具(林峰、邓可斌,2018)。前两章分别从理论与实践角度探讨了政府债务风险监测问题,本章将从应用角度对中国政府债务风险监测问题进行研究,提出中国政府债务风险监测的指标体系,建立债务风险评估模型,并进行实证分析,跟踪评估中国政府债务风险的动态变化趋势。同时,2015年中国实施了地方政府债务置换政策,势必对地方政府债务规模、结构和风险状况产生影响,本章第二节试图对该政策的内涵、实质和影响进行分析。

第一节 中国政府债务风险监测体系探讨

在前文的理论研究和有关中国政府债务风险扩张机理的基础上,本节将基于"可观察、可度量、系统性"原则梳理现有债务风险预警指标体系,运用层次分析法构建政府债务风险预警机制,根据中国现实情况设置指标体系,并对指标与风险之间的关系、指标计算等问题进行探讨。

一、政府债务风险评估指标体系

依照层次结构分析模型的思想,构建政府债务风险预警指标机制应依次确立目标层、准则层和方案层,在分解目标层、准则层和方案层的基础上,设置相应的指标体系。具体说明如下:

(一)目标层

显然,政府债务风险预警机制的总体目标在于综合评价政府债务风险。

(二)准则层

从文献资料上看,以往的研究大多从债务属性角度出发,将政府债务分为显性债务或隐性债务、直接债务或间接债务开展风险分析。本书则根据政府债务分类的不同,将目标层分解为以下方面:中央政府债务风险因子、地方政府债务风险因子和主权债务风险因子。这一分类方式主要考虑到不同类型的政府债务,其决定因素和影响机制各不相同。例如,主权债务偿债能力主要受外界经济环境影响,偿债来源为外汇储备;地方政府债务中多包含隐性债务及或有负债;中央政府债务更为直接,风险相对可控。这样设置可以更加直观地指向债务风险发生主体,从而有助于决策部门更加快速地作出反应,及时、妥善地解决风险问题。

(三)方案层

在分解准则层债务风险因子的基础上,进一步分解成若干可以表示其状态和变化趋势的风险预警指标,具体见表13-1。

表 13-1　方案层预警指标的对比与选择

预警指标	说　明	备　注
资产负债率	负债/资产	数值越大,风险越大
经营性资产/非经营性资产	反映资产结构	——
财政收入/GDP	反映政府收入能力	数值越大,风险越小
财政收入/GDP 增长弹性	动态指标	数值越大,风险越小
税收收入/财政收入	反映政府收入稳定性	数值越大,风险越小
财政收入/财政支出	反映财政分配能力	数值越大,风险越小
外汇储备资产	反映外债偿债能力	数值越大,风险越小
赤字率	具有代表性和可比性	数值越大,风险越大
债务负担率	具有代表性和可比性	数值越大,风险越大
债务率	具有代表性和可比性	数值越大,风险越大
债务增长速度	动态指标	数值越大,风险越大
短期债务占比	反映债务结构	数值越大,风险越大
外债/GDP	反映债务规模	数值越大,风险越大
外债增长速度	动态指标	数值越大,风险越大
GDP 增长速度	综合反映经济发展水平	数值越大,风险越大
通货膨胀率	反映价格水平变化	数值越大,风险越大
M_2 增速	流动性指标	数值越大,风险越大

(四)指标体系

在分解目标层、准则层和方案层的基础上,建立如表 13-2 所示的指标体系。该指标体系相比于已有体系的优点在于:一是加入资产要素,从可持续角度充分衡量政府债务的安全阈值;二是加入结构性指标(如短期债务占比等)、动态性指标(如财政收入/GDP 及增长弹性等),确保指标体系考虑更加全面。

表 13-2 政府债务风险预警体系

指标类型	指标名称	
	资产指标	负债
中央政府债务 X_1	中央政府资产负债率 X_{11} 中央政府财政收入/GDP X_{12} 财政收入/GDP 增长弹性 X_{13} 政府税收收入/财政收入 X_{14} 中央政府财政收入/财政支出 X_{15}	赤字率 X_{16} 债务负担率 X_{17} 债务增长速度 X_{18} 短期债务占比 X_{19}
地方政府债务 X_2	地方政府资产负债率 X_{21} 地方政府财政收入/GDP X_{22} 财政收入/GDP 增长弹性 X_{23} 地方政府财政收入/财政支出 X_{24} 经营性资产/非经营性资产 X_{25}	地方债务率 X_{26} 债务增长速度 X_{27} 短期债务占比 X_{28}
对外债务 X_3	外汇储备资产 X_{31}	外债/GDP X_{32} 债务增长速度 X_{33} 短期债务占比 X_{34}
宏观经济环境 X_4	GDP 增长速度 X_{41} 通货膨胀率 X_{42} M_2 增速 X_{43}	—

二、权重矩阵

在已建立层次结构模型和预警指标体系的基础上,采用比率标度法,对指标体系中各项指标的相对重要性进行两两比较,构造出判断矩阵,进而通过层次分析法判断函数计算出各指标权重,结果如表 13-3 所示。

表 13-3　权重矩阵

	指标名称	指标权重
中央政府债务风险 0.299	资产负债率 财政收入/GDP 财政收入/GDP 增长弹性 税收收入/财政收入 财政收入/财政支出 赤字率 债务负担率 债务增长速度	0.089 0.061 0.078 0.149 0.107 0.148 0.184 0.184
地方政府债务风险 0.460	资产负债率 财政收入/GDP 财政收入/GDP 增长弹性 财政收入/财政支出 经营性资产/非经营性资产 地方债务率 债务增长速度 短期债务占比	0.124 0.053 0.050 0.094 0.144 0.164 0.128 0.244
外债风险 0.143	外汇储备资产 外债/GDP 债务增长速度 短期债务占比	0.099 0.438 0.219 0.244
宏观经济环境风险 0.098	GDP 增长速度 通货膨胀率 M_2 增速	0.412 0.277 0.311

三、预警风险区间及临界值

由于所选取的指标分为正向指标和负向指标,因此需要对预警指标值进行归一化处理。参考洪源(2011)对指标值标准化的做法,运用分位数对应法将数值比例缩小或放大,这样既保证了预警指标数值的横向可比性,又可通过权重矩阵最终合成政府债务风险预警综合评价值。有关区间上下限、指标数值和区间临界值的说明如下:

（一）区间上下限

按照风险等级"安全"到"重度"的风险状态依次设定为 0—25、25—50、50—75、75—100,数值越大,风险越高。

（二）指标数值

按照指标的性质分为正向性指标和负向性指标。对于正向性指标,可直接按照指标值进行映射,即按照相同比例把原始指标区间的最大跨度缩小为 0—100 的上限和下限,若区间为开区间,上限或下限按相邻组的组距确定;对于负向指标,原理同正向指标,但需要在映射时变更上下限顺序。

（三）区间临界值

参考国际警戒线标准及其他学者在文献中的讨论成果,并结合中国数据特征汇总得到。具体的风险区间设置如表 13-4 所示。

表 13-4　预警指标风险区间值

指标名称	指标权重	预警指标风险区间(%)			
		安全	轻度	中度	重度
资产负债率	0.089	<40	40—60	60—80	>80
财政收入/GDP	0.061	>10	7—10	5—7	<5
财政收入/GDP 增长弹性	0.078	>1.5	1—1.5	0—1	<0
税收收入/财政收入	0.149	>90	80—90	70—80	<70
财政收入/财政支出	0.107	>2	1.5—2	1—1.5	<1
赤字率	0.148	>-2	-3.5—-2	-4.5—-3.5	<-4.5
债务负担率	0.184	0—20	20—35	35—50	>50
债务增长速度	0.184	<5	5—15	15—25	>25

续表

指标名称	指标权重	预警指标风险区间（%）			
		安全	轻度	中度	重度
资产负债率	0.124	<40	40—60	60—80	>80
财政收入/GDP	0.053	>15	10—15	5—10	<5
财政收入/GDP 增长弹性	0.050	>1.5	1—1.5	0—1	<0
财政收入/财政支出	0.094	>0.7	0.6—0.7	0.5—0.6	0.4—0.5
经营性资产/非经营性资产	0.144	<20	20—30	30—40	40—50
地方债务率	0.164	0—15	15—30	30—45	>45
债务增长速度	0.128	0—5	5—10	10—15	>15
短期债务占比	0.244				
外汇储备资产	0.099	10—15	15—25	25—40	>40
外债/GDP	0.438	0—15	15—25	25—35	35—45
债务增长速度	0.219	0—8	8—15	15—25	>25
短期债务占比	0.244	10—30	30—50	50—70	70—90
GDP 增长速度	0.412	7—9	5.5—7,9—10.5	3—5.5,10.5—17	<3 或>17
通货膨胀率	0.277	0—3	3—7,−1—0	7—10,−3—−1	<−3 或>10
M_2 增速	0.311	105—115	115—125	125—135	135—145

第二节　政府债务违约风险：或有权益分析法

一、国内外或有权益分析法应用的文献述评

或有权益分析法是常见的信用风险量化方法之一,不仅常被用于量化企业的债务违约风险,同样也适用于量化主权债务违约风险。随着政府债务风险事件频发,主权 CDS 等挂钩标的衍生产品的兴起,或有权益分析法逐渐成为了量化债务违约风险的主流。格雷等（Gray et al.,2006）提出将或有权益分析法引入到政府债务管理体系中,完整地论述了利用或有权益分析法量化政府债务违约风险的可行性。盖普恩等（Gapen et al.,2008）改进了原有政府资产负债表的处理方法,认为政府所有的负债可以分为外币债务、非央行持有的

本币债务以及基础货币,其中外币债务享有优先清偿权,本币债务则在危机发生时属于或有负债范畴。他将估计的风险利差与市场上的信用违约互换(CDS)进行对比,证实或有权益分析法具有稳健性。

格雷(2013)基于或有权益分析法,建立了国家间的债务风险联动模型,即 CCA-GVAR 模型,该模型可以用来量化由一个标准差带来的宏观、银行等系统性风险响应。博迪和布里勒(Bodie & Briere,2014)认为政府的资产负债管理问题需要与其收入和支出相匹配,最优的政府资产负债搭配的方法应当考虑到波动率、财政盈余、内外国债的组合成本,并基于或有权益法分析了智利政府的资产、负债的组合,证明智利的主权投资较好地分散覆盖了债务的风险。

随着国内金融产品的日益丰富以及政府债务的逐渐透明,国内许多学者也开始利用或有权益分析法来量化我国政府债务违约风险。其中,沈沛龙(2012)首次将或有权益分析法应用到中央政府债务风险的统计中,对我国中央政府的资产负债表进行了分类,认为当中央政府出现债务危机时,中央政府主要通过流动资产来清偿刚性负债。沈沛龙还认为,虽然依照盖普恩和格雷(2008)的理论,中央政府的外币债务应当是仅有的刚性负债,但由于我国中央政府的本币债务规模占中央政府债务总规模的绝大部分、占据着系统性重要地位,因此,中央政府的本币债务同样属于中央政府的刚性负债。杨胜刚(2012)利用格雷等(2007)的方法,计算了中央政府债务违约的可能性,创新性地利用标准普尔的评级信息,验证了或有权益分析法在量化我国中央政府债务违约风险中的稳健性。巴曙松等(2013)从或有权益分析方法的理论来源出发,介绍了系统或有权益分析(SCCA)方法的基本模型及其对金融机构相关风险指标的度量,同时对如何运用该模型度量金融体系的系统性风险和宏观经济风险进行了总结和梳理,在此基础上归纳、分析了或有权益分析方法的优缺点,指出了该方法在实践中需考虑的问题。

国内一些学者还尝试运用或有权益法对地方债务违约风险开展研究,例如,潘志斌(2014,2015)运用或有权益分析法对我国地方政府债务风险进行了分析,研究表明地方政府债务风险总体可控,但并没有涉及中央政府的转移支付以及中央政府对地方政府担保的处理。李腊生、耿晓媛(2013)强调 KMV 方法在政府债务研究体系中的作用,但 KMV 方法的实质仍然是或有权益分析法,并且研究指出,我国部分地方政府债务存在着区域性风险,当地方政府债务遇到债务危机时,中央政府会通过政府财政划拨等方式进行救助。

格雷等(2006)指出,央行和政府当局存在着一种合伙关系,因此存在于央行之外的本币债务实际上只是一种对政府资产的或有索取权,央行可以通过发放基础货币置换在央行外部的本币债务,减缓本币债务压力,相反地,由于央行无法对外币债务完成相应的置换,因此外币债务并不能轻易划账勾销。格雷等(2006)、盖普恩等(2008)、盖普恩和格雷(2008)、格雷和乔布斯特(Gray & Jobst,2010)都只将外币债务确认为政府的刚性负债,同时将本币债务和基础货币视为对政府资产的或有索取权(看涨期权)。

国内学者在研究中主要的处理是:沈沛龙(2012)把中国政府的资产负债表进行了简化,认为政府在出现债务危机时只有可以迅速变现的流动资产拥有偿付债务的功能,因此,他将"危机时期"政府的资产定义为外汇储备和黄金储备、政府在央行存款、营利性非金融央企业的国有资本,负债则分为内债、外债和本币或有债务,由于中央政府债务主要由内债组成,外债仅仅占有一小部分,所以在计算时应当将内债同样归入优先级,把内债视作刚性负债处理。李腊生、耿晓媛(2013)、潘志斌(2015)等认为,地方政府的还债资产主要为地方政府的一般财政收入和政府性基金收入的总和。潘志斌(2015)在研究地方债务问题时沿用了审计署报告的口径,将地方政府债务分为政府负有偿还义务的、政府有担保义务的、政府有救助责任的三种类型债务,地方政府债务的优先级仅为负有偿还义务的债务。

从现有文献来看,针对政府资产负债的价值估计的方法不少,主要可分为间接估计法和直接估计法两种:

间接估计法以格雷等(2007)、盖普恩等(2008)的研究为主要依据,用负债规模和负债波动率指标,通过布莱克-斯科尔斯-默顿(Black-Sholes-Merton)模型来间接估计政府资产价值和波动水平。这种方法可以避开政府资产的市场价值难以估计这一难题,但在发展中国家,获取政府债务的市场价值同样也面临着挑战。在国内的研究中,潘志斌(2015)估计政府债务规模时采用了线性插值的方法,利用已有的两年审计署数据以及其他年份的财政数据插值得到政府债务规模,而后通过负债规模和负债的波动率水平估计政府的资产价值和资产波动率。杨胜刚(2014)通过假设政府债务规模与地方债务规模之间的比例,用政府债务估计地方债务规模,进而估计政府的资产价值水平。

直接估计法是直接估计政府资产的市场价值和波动水平的方法。沈沛龙(2012)认为国企价值和资本市场价格之间具有强相关性,可通过上市国企的户均资本价值来估计所有政府资产价值,由此,通过将政府资产进行拆分,计算各个部分资产的波动率并将其汇总,得到总资产的波动率。杨胜刚(2012)则直接使用统计局和财政部的账面数据,利用账面溢价来估计资本市场的价值。李腊生、耿晓媛(2013)直接使用银行间和交易所上市的地方债作为地方政府债务规模数据。

二、或有权益分析法的基本内涵与监控指标

布莱克和斯科尔斯(Black & Scholes,1974)共同研究提出了 Black-Scholes 期权定价模型。在此基础上,默顿在 1974 年的跨期研究中将 Black-Scholes-Merton 的思想应用到了现代企业和金融机构的债务风险管理体系中去,提出了企业管理领域的或有权益分析法。他将企业的股东权益表示成一个以企业资产市场价值为标的,以刚性负债为行权价的看涨期权,通过围绕期权定价理论形成了新的企业估值理论体系。而后默顿(1977)又深入挖掘了该思路,认为担保企业对被担保企业承担担保责任,当被担保人资产的市场价值小于负

债价值无法履约时,担保企业承担赔付这份负债和资产的市场价值的差值,因此担保的价值实质上等价于被担保企业卖出以自身资产为标的,以担保企业刚性负债为行权价的一个看跌期权,从而量化了担保的或有损失。

默顿的研究主要集中在企业管理领域,格雷等(2006)和盖普恩等(2008)则首先将或有权益分析法运用到了中央政府债务违约风险的研究中。在使用或有权益分析法分析中央政府债务问题时,中央政府的资产负债恒等式可以表示成:

政府资产 + 对外担保(卖出看跌期权:被担保人依次可以为地方政府、商业银行、央企等)=政府外债风险部分 + 政府外债担保部分(看跌期权) + 政府内债风险部分 + 政府或有内债(卖出看涨期权:标的资产为政府资产)

$$(13-1)$$

对政府而言,政府履约的能力取决于中央政府的资产市场价值、中央政府资产的波动水平和中央政府的刚性负债之间的关系。当政府的资产足够覆盖债务时,政府将会承担履约责任。因此,如何正确的界定政府的资产 V_A 和政府的刚性负债规模 D_B 是使用或有权益分析法的前提,政府自身的债务的违约概率、Delta 和风险利差是或有权益分析法量化政府债务违约风险的结果。

(一)违约概率

根据格雷等(2006),若假设政府资产价值服从维恩分布,政府债务违约门槛为 D_B,政府资产价值为 V_A,t 代表距离到期期限,σ_A 是主权资产收益的标准差,$N(\cdot)$ 是标准正态分布的积累函数,则有:

$$\frac{d V_A(t)}{V_A(t)} = \mu_A dt + \sigma_A \varepsilon \sqrt{t} \qquad (13-2)$$

其中,μ_A 是资产收益率,用无风险收益率来代替;ε 服从标准正态分布。

$$P(V_A(t) \leq D_B) = P\left(V_A(0) \exp\left[\left(r_f - \frac{\sigma_A^2}{2}\right)t + \sigma_A \varepsilon \sqrt{t}\right] \leq B_t\right) = P(\varepsilon$$

$$\leqslant - d_{2,\mu}) = N(- d_2) \tag{13-3}$$

其中：

$$d_1 = \frac{\ln\left(\dfrac{V_A}{D_B}\right) + \left(r_f + \dfrac{1}{2}\sigma_A^2\right) t}{\sigma_A \sqrt{t}} \tag{13-4}$$

$$d_2 = d_1 - \sigma_A \sqrt{t} \tag{13-5}$$

因此,以 D_B 为违约门槛的政府债务的违约概率可以用 $N(- d_2)$ 来表示。

(二)中央政府负债的 *Delta*

中央政府的 *Delta* 表征了政府资产价值变动所带来的政府负债风险水平的变动规模。*Delta* 越大则资产规模变动引起的负债风险水平变动就越大,从而无风险部分负债的规模变动就越大。计算如式(13-6)所示,其中 V_{DCL} 是政府内币债(或有部分)的价值。

$$\Delta = \frac{\partial V_{DCL}}{\partial V_A} = 1 - N(d_1) \tag{13-6}$$

(三)中央政府负债的风险利差

主权债务的风险利差可以通过或有权益分析法得出,资产负债表的恒等式可以表示主权债务和或有债务之间的关系, $V_A = V_{DCL} + V_{FCL}$,或有债务又可以表示为方程式(13-7), V_{FCL} 为外币债的价值:

$$V_{FCL} = V_A(1 - N(d_1)) + D_B e^{-r_f t} N(d_2) \tag{13-7}$$

联立两个方程可以得到:

$$V_{FCL} = D_B e^{-r_f t} - [D_B e^{-r_f t} N(- d_1) - V_A N(- d_2)] \tag{13-8}$$

中央政府债务的风险溢价则可表示为:

$$y_t - r_f = - \frac{1}{t}\ln\left\{\frac{V_A}{D_B e^{-rt}} N(- d_1) + N(d_2)\right\} \tag{13-9}$$

（四）对地方政府的隐性担保价值

假设地方政府债务在到期偿付时,地方政府的资产价值小于须偿还的债务规模,即 $V_A' < D_B'$,则担保人(政府构成潜在担保)须承担的担保责任部分为 $D_B' - V_A'$。中央政府进行债务担保时实质上等价于卖出看跌期权,承担或有损失。担保部分的市场价值(中央政府的或有损失)可以由式(13-10)表示,其中 V_A' 为被担保地方政府资产的市场价值,D_B' 为被担保地方政府的刚性债务规模:

$$Collateral = V_A'(1 - N(d_1)) + D_B' e^{-r_f t} N(d_2) \qquad (13-10)$$

第三节　债务危机扩散模式分析

一、国外债务危机的一般扩散模式

以扩散主体为分类依据,20 世纪发生的几次重大的主权债务危机可以归类为以下三类模式:银行为中心的债务危机扩散模式、政府为中心的债务扩散模式、银行与政府交互反馈的债务扩散模式,其中以银行为中心的债务危机扩散模式是主要的债务危机扩散模式。危机以银行为主体呈现出由下至上的风险扩散路径,其主要表现有以下几种:

（1）宏观经济下行,不良贷款增加。宏观经济下行、企业的盈利能力下降会使银行回收贷款的能力下降,从而积累不良贷款。银行不良贷款水平上升影响银行贷款给企业的意愿,使银行出现"惜贷"的现象。这使得企业经营性流动资金融资和固定投资无法得到信贷保证,遏制了企业发展的意愿,影响了市场活力。不良贷款增加进一步加速了宏观经济的下行风险,循环催生了新的不良债务,引起整个资本市场和信贷市场恐慌。

（2）商业银行出现危机,政府部门隐形担保承压。集中、迅速上升的不良贷款比例一旦影响了系统重要性商业银行的正常运营、正常兑付,则政府不得不采取手段对系统重要性银行进行救助。无论政府采用举债增资,或是以债务重组的形式增资救助商业银行,都会变相增加政府的债务负担或变相降低政府的资产价值,从而降低财政调控的空间,易使政府部门陷入危机。

（3）商业银行承接杠杆,放大风险。商业银行是信贷融通的中心,商业银行一旦出现问题,则风险会通过货币市场、资本市场和信贷市场扩散到所有与商业银行有关的部门,并通过金融杠杆放大风险规模,加速风险扩散。因此,商业银行在债务危机扩散中占据重要的地位,如 20 世纪 80 年代末的日本、2008 年的次贷危机都是以银行为中心爆发的债务危机。

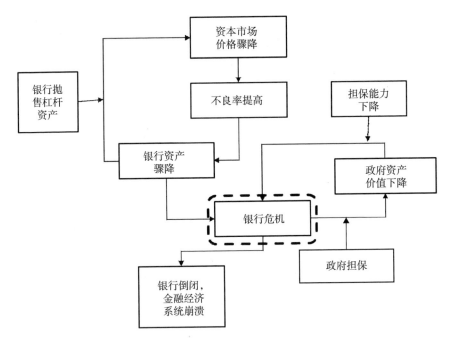

图 13-1　自上而下的银行为主的债务危机扩散模式

以政府为主的债务扩散模式主要体现在 20 世纪 80 年代的拉美和 21 世纪的欧洲主权债务危机上。以政府为主导的债务危机是一种自上至下的债务危机传导模式,其主要表现包括以下两个方面:

（1）政府出现债务违约，影响实体经济和资本市场。以 20 世纪 80 年代的拉美为例，政府疏于风险管理，举借大量浮动利率的外币债务，当政府收入难以覆盖债务偿付所需资金时，会以展期、铸币税或违约的形式进行自保，风险就以通胀、本币贬值等形式传递给实体经济。另一方面政府出现债务危机会制约政府的调控能力，使得政府无暇顾及汇率稳定和货币稳定，无力使用财政手段调控经济发展，从而引起资本市场和外汇市场出现大幅波动影响实体经济发展。

（2）政府出现债务问题，直接影响投资者。一方面，主权债务投资人多为无风险收益追求者，例如养老基金、企业年金等，政府债务出现违约风险则会直接将风险传递给这些投资人。另一方面，政府本币债务最主要的投资者为商业银行，政府债务违约引起商业银行资本安全性恐慌，而资本外逃压力将给商业银行带来风险。

政府和商业银行相互反馈的债务危机扩散模式是上述两种模式的补充。当商业银行出现危机时政府与系统重要性银行存在隐形担保关系从而影响到政府财政。政府出现危机则直接以铸币税或者债务违约等其他形式影响外汇市场、货币市场、资本市场和信贷市场的正常运行从而将风险反馈给银行。

（一）拉美危机的扩散模式

20 世纪 80 年代的拉美国家作为自上而下的债务风险扩散类型的典型与中国的相似程度并不高，究其主要原因是拉美的债务危机主要来源于大量的外币刚性债务。20 世纪七八十年代之间，由于受到欧美国家持续低利率水平的吸引，拉美国家普遍举借了大量浮动利率外债，如阿根廷债务与 GDP 增速的差值一度扩大到了 40%。第二次石油危机后，欧美大国开启了加息模式，这使得在阿根廷国内的外汇资本迅速回流。80 年代中期，拉美国家经济增速下行无法偿付，引发了政府债务问题，政府外汇储备稀缺，缺乏短期偿债能力，金融体系不稳定将风险传递给了实体经济，为了避免风险加快资产外流的过

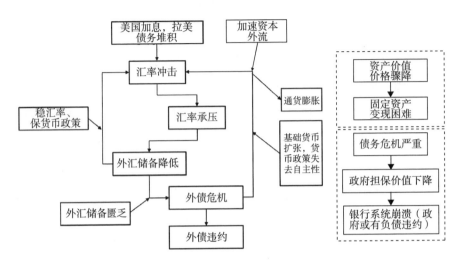

图 13-2 拉美国家自上而下的债务危机扩散模式

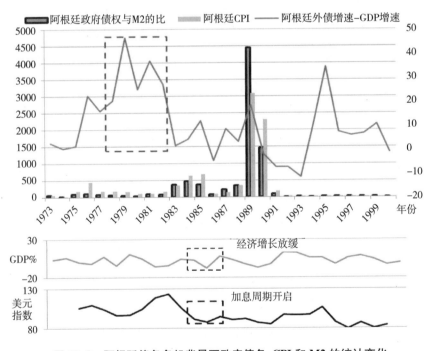

图 13-3 阿根廷债务危机背景下政府债务、CPI 和 M2 的统计变化

程。与此同时，阿根廷采用外币债务重组置换、借内币债还外币债等多种方式推升了本国的 CPI，彻底打破了原有的经济环境。此后，阿根廷由于债务压力过重，币值不稳定失去了汇率、货币政策的自主性。

分析拉美债务危机，主要经验有：首先，政府的非营利性公共投资在债务风险加速来临时无法快速变现吸引外部资金，资金出逃冲击加速风险向各个部门传递；其次，外汇储备减少使政府损失应对汇率冲击的能力，政府丢失货币自主性，以货币扩张应对外债，推高通货膨胀；再次，在危机过程中，拉美政府担保的或有负债和本币债在危机过程中以铸币税形式抵消，实质上是政府选择违约或有负债的一种方式。

（二）日本危机的扩散模式

当前我国经济增长已经进入"新常态"，经济增速下行、债务规模快速扩张等现象给我国经济发展带来了一系列新的问题。同样，20 世纪 80 年代的拉美和日本也都正值经济减速时期，经济发展中遇到的问题与我国当前的境况相似。因此，本节拟通过分析日本债务危机的发展和扩散模式，澄清中日之间政府债务问题的联系与差别，探讨我国当前债务问题的主要影响因素。20 世纪 80 年代日本危机的背景可以用经济减速、信贷扩张、资本市场膨胀来描述，进而导致汇率失守。

（1）经济减速。20 世纪 80 年代前五年，在经历两次石油危机重创之后，世界经济一蹶不振，G7 国家 GDP 年均实际增速为 0.9%，世界 GDP 年均实际增速为 1.5%，远低于日本 4%的年均实际 GDP 增长水平。快速的经济发展使得日本得到国内外投资者的热捧，然而，日本经济同样存在着许多问题。20 世纪 80 年代的日本面临两个重要的问题：经济增速下台阶和人口红利消失。日本经济增速在 20 世纪 80 年代初明显下了一个台阶，日本 1980 年、1981 年和 1982 年的名义 GDP 分别为 9.60%、7.5%、5.1%，但比 1973—1978 年期间 15%以上的增长率要低一个层次。经济增速下降反映了当时的日本实体经济不再景气的迹象趋于明显;同时,1985 年后日本的生产者价格指数一直处在下跌的态势中,实体经济发展面临着通货紧缩的考验。

与此同时,日本的人口红利在 80 年代逐渐消失。日本 15—24 岁新增就业人数自 1970 年开始下滑,到了 20 世纪 80 年代整体劳动力水平已达到巅峰。新增劳动力下降使得劳动力成本逐渐增高,另外,经济发展和石油危机推高了劳动力的工资水平,这使得以制造业为主要发展基础的日本实体经济在 80 年代初期逐步失去了成本优势。

(2)信贷膨胀。从信贷总体规模来看,日本 1985 年后信贷规模增长迅速。根据日本统计当局公布的贷款情况,金融和制造业的贷款以平均 13% 的速度增长,银行贷款大部分投向了房地产企业,房地产企业与大型制造业的贷款余额从 1980 年的 6000 亿日元扩大到了 18000 亿日元。如图 15-4 所示,日

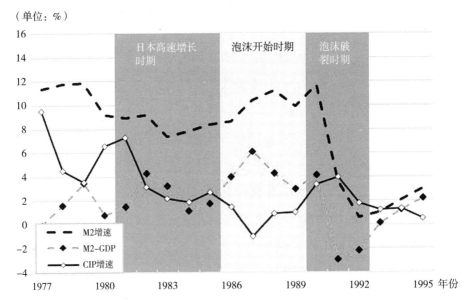

图 13-4　20 世纪 80 年代日本的货币增长情况统计图①

① 数据来源:CEIC 数据库。

本 M2 在这段时间内高速增长,1986 年后 M2 与 GDP 的差值不断扩大,1988 年日本的 M2 与 GDP 的差值达到 6% 之多,而当时的 CPI、PPI 则远小于该数值,政府货币超发现象严重。从信贷成本角度来看,80 年代的日本正在逐步消化利率市场化改革带来的影响。日本的利率市场化改革在 1981 年最终完成,存款利差的缩小推高了日本银行的成本,并且日本债券和股票市场改革逐步完成,压缩了银行的优质信贷资源。银行对于收益和风险的把控使得银行对实体经济贷款逐渐减少。同时银行的利润逐年下降,日本银行业 ROA 水平从 1978 年的 10.4% 下降到了 1982 年的 2.6%,这些都使得银行资金最终都投向了收益水平较高的股市和房地产行业。

(3)资本市场自由化改革和泡沫。20 世纪 80 年代日本股票、房地产市场有着很高的热度。1985 年至 1990 年,日本 Nikkie 指数从 1000 点以下暴涨至 35636.7 的最高位,如图 13-5 所示,1990 年日本房地产指数是 1985 年的 3.9 倍。1987 年投资房地产和股市的名义收益率与 GDP 增长率的比值为 247%。1991 年日本股票市场跌幅达 1990 年高点的三分之二,房地产价格则仅有 1991 年之前五分之一的价值。

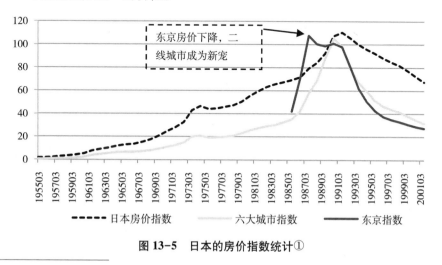

图 13-5　日本的房价指数统计①

① 数据来源:CEIC 数据库。

在这一期间,受广场条约的影响,日本资本市场迅速完成了自由化改革。如图 13-6 所示,1985 年签订的广场协议使日本迅速完成了资本项目的自由化改革,1 美元兑换 332 日元升值到 1 美元兑换 147 日元,压缩了日本贸易的优势空间。同时,由于资本市场迅速放开,大量套利资金进入日本。在 1985 年到 1987 年之间,日本迅速积累了大量外汇储备,但 1988 年美国加息周期开启后,日本外汇储备从 90 万亿美元直落至 66 万亿美元,资本外流严重。

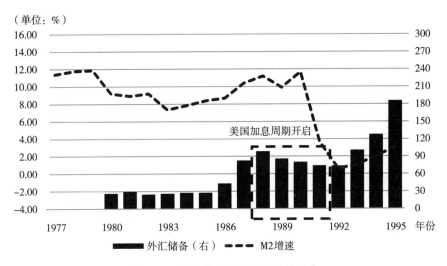

图 13-6   日本的外汇储备变化统计①

分析来看,日本危机扩散的主要触发因素主要有:

（1）货币政策收紧。1987 年美国开始新一轮加息周期,资本开始由日本回流美国。日本两年时间内消耗 30 万亿外汇储备维持汇率稳定,保证资本市场价格稳定。1989 年 3 月起日元开始贬值,1 年时间内日元贬值 20%。1985 年后进入日本市场的套利资金迅速流失,不得以日本只能改宽松的货币政策为紧缩的货币政策,加息试图控制汇率,但这加速了资本市场的杠杆泡沫破

———————————

①   单位:万亿美元;数据来源:CEIC 数据库。

裂,引发了大规模的不良贷款。

(2)资本市场价格快速下跌传递给银行。1989年7月起日经指数快速下跌,从35000点以上三个月的时间回落至20000点。东京房地产价格自1987年起开始回落,1991年起全国房地产价格加入快速下跌的阵营中,东京房价指数从100点快速回落至40点以下,一线城市房地产价格指数也从106点降低到33点。资本市场价格快速下跌恶化了居民部门和企业部门的资产负债表,使得居民和企业偿还贷款的能力下降,出现大量不良资产。不良资产风险随后传递给了银行,银行损失严重,更加重了银行惜贷。实体经济因此出现循环式的断血而引发了通缩,长时间通缩危及实体经济,反过来又恶化了银行的盈利空间。

(3)政府疲于应付银行危机。日本国有银行大面积不良出现使得日本政府通过举债的方式救助系统重要性银行,并加大了财政政策力度希望继续以设备投资重启日本经济发展,日本政府负债率因此迅速攀升至200%。然而,过度的债务压缩了日本政府的财政调控能力,暴增的债务压垮了日本经济,使日本最终走上了漫长的修复全国各部门资产负债表的路途。总之,日本危机的传导模式可以总结为:银行是扩散的中心,国有银行不能列入偿债资产。

一方面,从负债端考虑,银行是债务风险扩散的中心。银行作为金融市场的主要参与者拥有众多政府的债务资产,又与政府之间承担着众多或有担保责任,因此银行出现危机将会直接将风险通过担保传递给政府和企业。若政府出现偿债风险,由于银行持有大量金融资产,并表核算会增加债务统计的核算难度,因此银行不易与中央政府进行并表核算。

另一方面,国有银行不能作为偿债资产列入风险监控体系。当出现债务危机时,往往银行首先受到影响,并通过杠杆加速风险的传递,若将中央政府所有的国有银行计入政府资产范畴会高估政府的偿债能力。若将国有银行资产计入,在发生危机时政府的资产会加速坍塌,影响违约风险分析的精度。

二、我国债务问题的潜在风险

我国政府债务的风险状况与拉美、日本危机时期拥有一些相似之处,也有着诸多不同之处。根据拉美和日本的历史经验教训,结合我国当前的宏观经济实际,我国可能存在如下几种冲击的可能性:

(一)实体经济冲击

与 20 世纪 80 年代的日本相似,我国当前经济已从高速发展转入了"新常态",2016 年一季度我国 GDP 同比增长 6.7%,GDP 增速连续 3 个季度维持在7% 以下。而且,自 2012 年 3 月开始,我国的 PPI 保持了连续 50 个月的下降态势,经济增速放缓,价格水平下降,我国经济也面临着通缩的压力。我国的人口红利在近年也同样接近拐点,根据国家统计局公布的数字,我国 15—64岁人口占比从 2010 年开始逐渐下降,2015 年已降低到 70% 以下,而 2002 年至 2014 年 0—15 岁人口的数量逐步下降也使得未来我国劳动力资源更加稀缺。

因此,我国面临的经济增速下行冲击较为明显。一方面,实体经济持续盈利性低迷会增加银行收回贷款的难度,增加银行资产的不良率,从而增加了银行的压力,若国有银行出现问题则可能将救助风险传递给政府。另一方面,企业经营困难胁迫资本规避实体经济,企业后续得不到资金而减少生产,使生产资料价格继续下降形成通缩,在更大范围影响实体经济的营利能力,经济增长速率下降影响我国中央政府和地方政府财政收入,从而影响政府的偿债能力。

与我国当前仍处在经济转型阶段不同的是,日本经济在第二次石油危机到来之时已经将国家的支撑产业由传统的能源消耗性产业如钢铁等冶炼挖掘行业转变成了以汽车、高微电子生产为主的低能源依赖行业,并且在第二次石油危机之后,日本加快了资本输出,支撑日本发展的大型企业均在海外建立了生产、管理基地。通过合理的海外配置,降低了日本经济滑落的风险。相比之下,我国产业结构升级缓慢,实体经济相比于日本会更容易受到宏观经济周期的影响。

(二)外部汇率冲击

汇率风险是 20 世纪 80 年代的日本和拉美债务问题的直接导火索,当前我国也面临着较大的汇率风险。经济增速下行和美国加息可能性增加都使得我国汇率承压,加速资本回流美国。汇率冲击同样对我国的债务问题有很重大的影响。一方面,我国外汇储备规模大幅度降低会直接降低我国的偿债能力;另一方面,美国加息影响汇率水平,会降低我国资本市场的吸引力,从而影响资本市场的稳定性。

与日本不同的是,我国的资本项目自由化改革还并没有完成,资本市场还存在诸多监管。自 2005 年我国确定盯住"一篮子"汇率到 2015 年"811"汇改调整中间价报价机制,期间共经历了十年时间,中国的汇率市场改革并不像日本来得那么突然。同时,我国的经常项目、资本项目还并没有完全放开,境外投资者进行如外商直接投资、资本市场股权投资、债权投资等都还受到限制。相比日本完全自由化的资本市场,我国仍然对资本市场有着较强的控制能力。

(三)资本市场冲击

资本市场冲击主要来自于资本市场和房地产市场价格下降带来的冲击。由于我国股市热度已经逐渐消散,股票市场价格下降会引起我国政府资产市场价值下降,房地产价格下降会引起资本市场出现过度不良反应,从而引起银行风险上升。

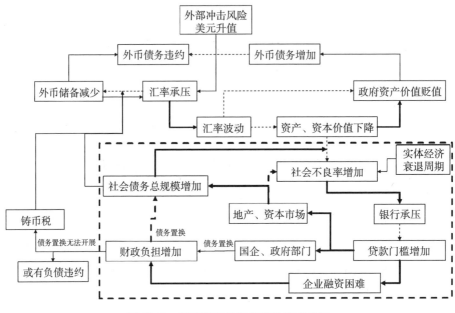

图 13-7　我国潜在的危机扩散模式分析

第四节　政府债务违约风险实证分析

一、中央政府偿债资产与刚性负债：基本概念

（一）中央政府的偿债资产

中央政府的资产包括广义外汇储备、政府财政收支净现值、其他公共资产。其他公共资产包括营利性央企资本、国家非营利性公益性资产、非排他性公共资源等。当政府债务出现危机时,根据拉美危机的经验以及沈沛龙(2012)的观点,由于非营利性、非排他性公共资源的变现需要有长时间的交易过程,非排他性公共资源以及非营利性资产不具备迅速变现抵债的能力。由此可知,中央政府的偿债资产中仅含外汇储备、财政收支净现值、营利性央企资本的市场价值。

另外,中央政府的债务多以国债的形式被商业银行等其他金融机构所持有,若将商业银行的资产负债并表计入政府资产负债表,则流通在政府外的负有偿还责任的债务规模不易界定,从而加大界定刚性负债规模的难度。同时,金融部门在出现系统性危机时往往首先受到威胁,金融部门的资产变动幅度过大不易反映中央政府真实的偿债水平,因此中央政府的资产中也不应包含商业银行等金融机构。

(二)中央政府的刚性负债

根据审计署(2013)的划分,中央政府的负债包括外债、中央政府负有清偿责任的债务、中央政府负有担保义务的债务、中央政府有救助义务的债务。中央政府负有清偿责任的债务又包括由中央财政资金偿还的国债、国际金融组织和外国政府贷款、特别国债、中投债、国有商业银行的资本金等。负有担保责任的债务分为转贷中央单位的非财政资金偿还的国债、国际金融组织和外国的贷款、中央汇金发行的用于商业银行配股的财政部担保的债券等。

由于中央政府负有偿还义务的内币债务规模是总的外债规模的 12 倍以上,因而内币债务在金融系统中占据重要的地位。根据沈沛龙(2012)的理论,在未出现外币债务危机时,政府内币债务应当被列为政府的刚性债务。因此,中央政府的刚性负债包括中央政府所欠的外币债以及中央政府负有偿还责任的本币债务。

新《预算法》规定,2015 年 4 月之后的地方政府自主发行的债券由地方财政自主归还,中央政府原则上与该部分债务并无连带担保关系。但由于地方政府债务违约并不利于地方政府债务置换顺利进行和金融市场的稳定,因此,在不存在系统风险时中央政府通过商业银行与地方政府之间存在着隐形担保关系。本书将地方政府负有偿还责任的债务归为中央政府的或有债务,因此在当前形势下对中央政府债属性做如下假设,见表 13-5。

表 13-5　中央政府债务属性的分类

中央政府刚性兑付债务	中央政府负有担保义务的债务	中央政府或有债务
中央政府外债	地方政府债务	中央政府或有债务
中央政府负有偿付责任的债务	中央政府负有担保义务的债务	地方政府担保债务
		地方政府或有债务

二、中央政府偿债资产市场价值

（一）广义外汇储备资产市场价值

本书在计算中央政府的外汇储备资产时,首先做以下几点假设:

(1)狭义外汇储备 $PureFR_t$ 以美元计价。外汇储备数据采用外汇管理局月度公布的月度数据。

(2)黄金价格 $Gold_t$ 以芝加哥商品交易所黄金的主力月期货结算价格为准。芝加哥商品交易所(CME)是全球最大的商品交易所之一,其黄金期货是全球主要的黄金价格参照。因此,金价采用的是该期货主力月合约的每日结算价格。

(3)SDR 提款权以国家外汇管理局公布的数据为准。

(4)外汇储备价值 FR_t 计算使用国家外管局公布的统计时间节点(2014、2015 年各季度最后交易日,下同)的外汇储备 $Pure\ FR_t$ 和黄金 $Gold_t$ 盎司数数据。

(5)人民币进入 SDR 国际货币正式生效之前忽略不计。

$$FR_t = PureF\ R_t + Gold_t \times GC.CM\ X_t + SDR_t \qquad (13-11)$$

统计结果显示,以美元计价的广义的外汇储备资产价值在 2014 年第二季度达到最高点 40382.12 亿美元。在 2015 年广义外汇储备资产价值持续下降,2015 年第四季度广义外汇储备资产价值相对于 2014 年第二季度下降了 16%,仅为 33904.50 亿美元。自从 2015 年第三季度汇改以来,外汇储备下降速率平均为 1490 亿美元/季,较上年同期下降了 17.2%,其中 2015 年最后一个季度广义外汇储备资产价值下降了 1848.89 亿美元,为三年来的最大降幅。如表 13-6 所示,我国的外汇资产价值配比中黄金的价值配比在逐渐提高。

表 13-6　2014 年至 2015 年我国政府广义外汇储市场价值季度统计表

日期	外汇储备资产价值(亿美元)	黄金外汇储备盎司数(万盎司)	COMEX黄金价格(美元/盎司)	黄金外汇储备资产价值(亿美元)	广义外汇储备资产价值(亿美元)
2014—03	39480.97	3389.00	1284.50	435.32	39916.29
2014—06	39932.13	3389.00	1327.80	449.99	40382.12
2014—09	38877.00	3389.00	1209.20	409.80	39286.80
2014—12	38430.18	3389.00	1183.20	400.99	38831.17
2015—03	37300.38	3389.00	1183.20	400.99	37701.37
2015—06	36938.38	5332.00	1172.10	624.96	37563.34
2015—09	35141.20	5493.00	1114.50	612.19	35753.39
2015—12	33303.62	5666.00	1060.50	600.88	33904.50

资料来源:WIND 金融数据库、国家外汇管理局。

(二)营利性非金融央企资本市场价值

1. 数据来源与估计方法

我国营利性非金融央企分为上市、非上市两部分,其中上市部分的市场价值可以直接用该央企的总市值表示,而非上市央企的市场价值则需要进行估计。

非上市央企的市场价值估计的方法有三种:现金流折现法、行业比较法以及统计建模方法如 CAPM、多因子方法等。三种方法中,行业比较法估计更加贴近市场价格。但由于非上市央企的行业数据公布频率较低,可用数据较少,因此行业比较法受到数据来源的限制可实现性较差。现金流折现法则常与市场价值出现偏差,而 CAPM 和因子法则相对更加准确。

单因子定价模型是常见的统计模型方法之一,常用的估值指标有股票规模指标、收益指标、动量指标等。本书选择归属母公司净利润这一指标估计央企的总市值,参照国资委对央企的定义,央企是国资委等部委作为直接控制人的企业,在我国 A 股上市的央企除中农工建交国有商业银行属汇金集团控制外,其余实际控制人均为国资委、国务院或财政部。在 A 股中筛选自 2014 年一季度以来存续经营、持续交易、连续停牌不超过一个季度实际控制人为财政部、国资委、国务院的企业共 250 家作为上市央企样本。央企的市场价值使用总市值,营利能力使用定期报告中公布的归属母公司净利润数据。

定义上市央企 i 的总市值为 $MarketValue[Public]_i$,上市央企的归属母公司净利润为 $Profit[Public]_i$。假设它们的对数服从如下关系:

$$\ln MarketValue[Public]_i = \alpha_i + \beta_i \ln(Profit[Public]_i) + \varepsilon_i \qquad (13-12)$$

$$MarketValue[Public]_t = e^{\widehat{\alpha_t}} Profit[Public]_t^{\widehat{\beta_t}} \qquad (13-13)$$

其中,β_t、α_t 为 t 期的参数,$\widehat{\beta_t}$、$\widehat{\alpha_t}$ 为当期的估计值。若假设上市央企和非上市央企拥有相同的系数 $\widehat{\alpha_t}$、$\widehat{\beta_t}$,则非上市央企的市场价值可以由式(13-15)求出,其中 $Profit[Total]_t$ 是所有央企的净利润数据之和,数据来源于国资委国有企业运行情况报告:

$$Profit[Private]_t = Profit[Total]_t - Profit[Public]_t \qquad (13-14)$$

$$\ln MarketValue[Private]_i = \alpha_i + \beta_i \ln(Private_i) + \varepsilon_i \qquad (13-15)$$

$$MarketValue[Private]_t = e^{\widehat{\alpha_t}} Profit[Private]_t^{\widehat{\beta_t}} \qquad (13-16)$$

2. 估值模型的估计结果

结果如表 13-7 所示,央企的总市值与归属母公司净利润之间有着明显的线性相关关系,且系数非常显著,p 值绝大部分都小于 0.01,R^2 平均达到 0.6。从估计结果来看,央企的归属母公司净利润为正时,央企总市值的对数与归属母公司净利润的对数成明显的线性关系,斜率稳定在 0.4—0.5 的水平之间,截距在 14—16 之间。

　　根据统计关系计算央企资产的市场价值,结果显示,2014 年第一季度至 2015 年第四季度,营利性非金融央企的市场估计价值分别为:5914.72 亿美元、5969.76 亿美元、6670.79 亿美元、8569.04 亿美元、10454.32 亿美元、13979.93 亿美元、11862.16 亿美元、10666.86 亿美元。其中汇率使用该季度最后一个交易日美元兑人民币的中间价。可以看出,由于股票市场中股票估值的一路走高,央企的价值在从 2014 年起直线上升,到 2015 年二季度央企的价值达到高点,此后逐渐回落。

表 13-7　上市公司市场价值与上市公司营利之间的关系

年份	归属母公司净利润为正的上市央企的总市值与归属母公司净利润的统计结果					归属母公司净利润为负的上市央企的总市值与归属母公司净利润的统计结果				
	Alpha	Beta	P-Alpha	P-Beta	R2	Alpha	Beta	P-Alpha	P-Beta	R2
2014Q1	15.34	0.43	7E-83	9E-41	0.62	16.87	0.31	1E-26	2E-07	0.36
2014Q2	14.26	0.48	6E-70	1E-41	0.64	18.58	0.21	3E-19	4E-03	0.16
2014Q3	14.34	0.48	4E-74	1E-45	0.68	20.93	0.09	1E-22	0.19	0.04
2014Q4	14.01	0.51	1E-64	4E-42	0.66	19.07	0.21	5E-20	6E-03	0.14
2015Q1	16.01	0.42	7E-76	3E-34	0.56	17.80	0.29	4E-25	4E-06	0.31
2015Q2	15.64	0.45	5E-78	7E-41	0.64	17.30	0.34	7E-20	4E-06	0.35
2015Q3	14.12	0.53	3E-55	1E-37	0.69	18.54	0.27	6E-33	5E-07	0.30
2015Q4	14.34	0.48	3E-24	8E-16	0.63	19.04	0.21	5E-19	1E-03	0.24

表 13-8　中央政府资产总价值估计

年份	2014Q1	2014Q2	2014Q3	2014Q4	2015Q1	2015Q2	2015Q3	2015Q4
上市公司归属母公司市值(亿元)	49799.90	50108.69	53018.09	66310.92	82863.92	105609.77	88214.30	81392.92
上市央企归属母公司净利润(亿元)	2717.72	3006.94	2977.64	1443.64	2411.25	3075.33	2131.37	-5639.84
全部央企实现净利润(亿元)	3107.00	3633.10	4259.90	3000.00	4362.15	4362.15	3735.10	3689.50

续表

年份	2014Q1	2014Q2	2014Q3	2014Q4	2015Q1	2015Q2	2015Q3	2015Q4
净利润差额（亿元）	389.28	626.16	1282.26	1556.36	1950.90	1286.82	1603.73	9329.34
Alpha	15.34	14.26	14.34	14.01	16.01	15.64	14.12	14.34
Beta	0.43	0.48	0.48	0.51	0.42	0.45	0.53	0.48
alpha1	16.87	18.58	20.93	19.07	17.80	17.30	18.54	19.04
beta1	0.31	0.21	0.09	0.21	0.29	0.34	0.27	0.21
exp(alpha)	4577640.41	1563053.46	1694498.23	1218720.34	8940885.10	6193247.62	1359947.74	1683933.42
profit*beta	35546.75	136413.09	223764.31	463203.80	60471.43	102770.39	802251.52	543441.54
资本市值（亿元）	1627.20	2132.21	3791.68	5645.16	5406.68	6364.82	10910.20	9151.19
总资本市值（亿元）	51427.10	52240.90	56809.77	71956.08	88270.61	111974.59	99124.50	90544.12
金融央企资本价值（亿元）	15135.55	15445.68	15765.72	19480.97	23969.24	26471.95	23573.21	21768.46
非金融资本价值（亿元）	36291.55	36795.22	41044.05	52475.11	64301.37	85502.64	75551.29	68775.66
汇率水平	6.14	6.16	6.15	6.12	6.15	6.12	6.37	6.45
非金融资本价值（亿美元）	5914.72	5969.76	6670.79	8569.04	10454.32	13979.93	11862.16	10666.86

（三）中央政府可用来偿债的资产市场价值总和

中央政府的偿债资产总价值的变化如表13-8、图13-8所示，2014年第一季度至2015年第四季度，我国中央政府的偿债总资产价值为：45831亿美元、46352亿美元、45956亿美元、47300亿美元、48155亿美元、47615亿美元、44571亿美元。2015年第二季度中央政府的偿债资产价值达到最高为48155亿美元。其中外汇储备资产总体占到总资产价值的75%以上。2015年第四季度比2015年第二季度下降了6971亿美元，下降了11.7%。下降的主要原因来自于资本市场价格持续下行、外汇储备流失迅速，但是相比于2013年公

布的约 3.5 万亿美元的广义政府总负债和 1.4 万亿美元的中央政府负有偿还
义务的债务而言,以我国 2015 年外汇储备下降速度来看,我国中央政府的外
汇储备资产的缓冲作用仍然存在且稳固。即使外汇储备以 2015 年 12 月的单
月最大降幅计算,整体外汇储备资产规模仍可以承受 28 个月的冲击,中央政
府的偿债资本实力在当前依然十分雄厚。

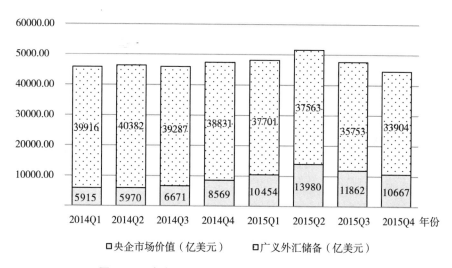

图 13-8 中央政府的资产价值总和估计统计图

(四)中央政府资产价值的波动率估计

中央政府资产由三部分组成,即企业资产 $AssetTotal$、外汇储备资产 FR
和财政净值资产 $Fiscal$。因此,中央政府的资产价值波动水平也等价于求当
期内企业资产、外汇储备资产以及财政净值资产之和的波动水平,如下:

$$\sigma^2(AT_t) = \sigma^2[AssetTotal(rDebt_t,\ r_{fx,t}, StockIndex_t) + FR(GC.CMX_t) + Fiscal(rf_t, r_{fx,t})]$$

(13-17)

由于当前阶段,财政净值资产 $Fiscal = 0$,因此变形可得:

$$\sigma^2(AT_t) = \sigma^2(AssetTotal) + \sigma^2(FR) + 2\rho(AssetTotal, FR)\sigma(AssetTotal)\sigma(FR)$$

(13-18)

受数据频率的限制,假设定期指标在当期均为定值,如月度公布的外汇储备数据、央企净利润数据等。与外汇储备数据相关的如外汇价格,与央企市场价值有关的如股票市场指数等高频指标在计算波动率时采用周为周期进行计算。以 2015 年三季度为例,计算过程如下:

1. 外汇储备资产波动率计算

外汇储备资产的波动率:

$$var(FR) = var(PureFR + Gold) = var(PureFR_0 + Gold_0 \cdot GC.CM\,X_t)$$

$$= Gold_0^2 \cdot var(GC.CM\,X_t) \qquad (13\text{-}19)$$

以 2015 年第三季度为例,国家外汇管理局公布的国家外汇储备资产相关信息显示,2015 年 7 月、8 月、9 月三个月的外汇储备为 36513.10 亿美元、35573.81 亿美元、35141.20 亿美元。黄金储备为 5393 万盎司、5445 万盎司、5493 万盎司,对应美元价值为 590.53 亿美元、617.50 亿美元、612.19 亿美元,总计外汇储备资产 37103 亿美元、36191 亿美元、35753 亿美元。因此,三季度广义外汇储备的标准差为 562.47 亿美元。

广义外汇储备的波动率估计结果如表 13-9 所示,受汇改、美国提高联邦利率以及中央政府增持黄金的影响,中央政府的广义外汇波动率在 2015 年逐步扩大,2015 年第四季度广义外汇储备标准差达到 810 亿美元,较 2014 年平均水平提高了 116%。

表 13-9 政府资产价值的波动率计算

季度	股票/汇率波动率(%)	央企市场价值(亿美元)	广义外汇储备(亿美元)	中央政府资产价值(亿美元)	央企波动水平(亿美元)	外汇波动率(亿美元)	相关性(%)	总波动率(亿美元)	波动率(%)
2014Q1	2.60	5914.72	39916.29	45831.01	151.14	340.31	-62.80	272.034	0.60
2014Q2	1.60	5969.76	40382.12	46351.88	95.84	66.77	42.70	138.249	0.30
2014Q3	4.00	6670.79	39286.80	45957.59	268.97	388.75	-69.60	279.314	0.60
2014Q4	21.70	8569.04	38831.17	47400.21	1860.65	39.38	-22.20	1852.314	3.90

续表

季度	股票/汇率波动率（%）	央企市场价值（亿美元）	广义外汇储备（亿美元）	中央政府资产价值（亿美元）	央企波动水平（亿美元）	外汇波动率（亿美元）	相关性（%）	总波动率（亿美元）	波动率（%）
2015Q1	7.80	10454.32	37701.37	48155.68	817.43	378.41	6.90	924.218	1.90
2015Q2	11.80	13979.93	37563.34	51543.27	1643.32	163.08	-22.90	1613.813	3.10
2015Q3	17.30	11862.16	35753.40	47615.56	2057.33	562.47	-3.60	2113.432	4.40
2015Q4	4.40	10666.86	33904.50	44571.36	469.44	810.44	-46.70	722.133	1.60

资料来源：Wind 金融数据库。

2. 中央企业资产价值波动水平的估计

估计中央企业资产价值需要从两方面入手，美元兑人民币汇率波动率和股票市场价值的波动率。以 2015 年第三季度为例，第二季度末时的美元计价的央企资产市场价值为 $MarketValue_0$，共计 13970.56 亿美元。以二季度末的股票市场价格和汇率为基准求解波动率，如式（13-20）所示：

$$var(MarketValue_t) = var\left(MarketValue_0 \cdot \frac{(1 + r_t)}{fx_0(1 + rfx_t)}\right) = \frac{MarketValue_0^2}{fx_0^2} \cdot$$

$$var\left(\frac{(1 + r_t)}{(1 + rfx_t)}\right) \tag{13-20}$$

估计结果如表 13-9 所示，股票/汇率的波动率在 2014 四季度和 2015 年三季度达到最大值，分别为 21.7% 和 17.3%，这使得中央企业资本的波动率在 2014 年第四季度和 2015 年第三季度分别达到 1860 亿美元及 2057.3 亿美元的高水平。

3. 相关性估计和总波动率分析

波动率计算的最后一个重要部分是外汇储备资产和央企价值波动率的相关性计算，如式（13-21）所示：

$$\rho = \frac{cov\left(\frac{MarketValue_0}{fx_0} \cdot \frac{1 + r_t}{1 + rfx_t}, PureFR_t + Gold_0 \cdot GC.CMX_t\right)}{var(MarketValue, FR)} \tag{13-21}$$

　　估计结果如表 13-9、图 13-9 所示,外汇储备资产和央企的波动水平在众多情况下呈现负相关关系,但相关性并不稳定。总体来看,中央政府的资产价值波动水平维持在 5% 以下,波动水平较低。中央政府的资产中外汇储备占比高,因而资产的波动水平受外汇的影响较大。由于 2015 年外汇储备以及股票市场的波动逐渐加大,中央政府资产的市场价值的波动率逐渐提升,2015 年第二季度和第三季度波动水平分别达到 3%、4.4%。

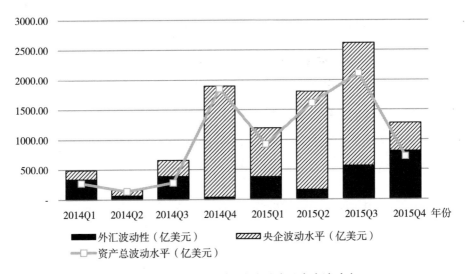

图 13-9　央企、外汇储备、中央政府总资产波动率

第十四章　政府债务风险预警机制研究

改革开放以来,我国政府债务规模逐年扩大,特别是 2008 年受国际金融危机的影响,我国实施积极的财政政策,各级政府债务规模急剧扩大,成为一个潜在的风险源。在政府债务风险状况纷繁复杂的情况下,建立一个科学且高效的风险预警系统显得尤为重要。本章在澄清政府债务风险预警机制的内涵与功能的基础上,分析传统预警指标的不足,提出政府债务风险监控和预警程序,最后设计和运用马尔科夫链模型对我国政府债务总体进行预警研究。

第一节　债务风险预警机制的内涵

一、政府债务风险预警系统的定义

在一些研究文献中,政府债务预警机制也被称为债务安全预警机制或者早期预警系统(ESW,Early Warning System),是指能够对债务安全状态变化提供有效的预测信息,及时提醒并警示政府通过一定的措施来控制政府债务风险,使其不超出合理范围。关于预警系统的内涵,国内外学者也对其有相关的定义。例如,博格和帕蒂罗(Berg & Pattillo,1999)将危机预警系统定义为通过某种统计学方法预测一个国家在某一个时点上将遭受经济危机的可能性大小的指标体系。显然,这个定义强调了指标体系的建立对危机预警的重要作用。唐旭和张伟(2002)认为,预警系统是运用恰当的统计方法在一定的时间范围内发现债务主体违约概率可能性大小,除了指标体系以外,还应该包括预警模型、必要的法律框架和组织结构等制度安排以及简化工作、提高效率的信息管理系统。本书认为债务预警系统应该是以一个债务的全面信息为基础,结合恰当的统计计量工具,能够及时识别债务相关风险波动的体系,并且,该体系要能够及时判断债务风险波动的具体原因,及时作出预警,从而防备债务风险的爆发。因此,债务风险预警系统应该是一个集安全状态识别、债务指标分析、安全因素分析、安全预警机制实现以及安全风险控制为一体的综合体系,是一个融合债务理论研究与统计、计量经济工具共同发挥作用的分析系统,更是统计指标体系运用与债务风险防范、化解的一个创新结合体。

二、风险预警系统构建的目标与方法

(一)债务风险预警系统构建目标

我国地方政府债务形式多样,债务风险成因复杂、来源广泛且隐蔽性强,建立一个科学高效的多层次监测体系尤为必要,该体系的基本目标大致可归纳为三个方面:

一是有效识别政府债务风险状况。风险监测首要目标是有效识别并防范地方政府债务领域所蕴藏的潜在风险。财政稳定直接影响着经济社会的稳定发展,某地一个财政指标的恶化,若风险暴露过大则可能引发危机事件,严重时会导致各个指标之间迅速相互交叉传染。识别和评估债务风险,是加强政府债务管理与保持地区财政可持续性发展的重要前提。

二是准确评估政府债务风险的未来走势。通过设计政府债务预警指标,反映我国财政体系运行状况,据此确立地方政府债务风险预警系统,对地方政府债务风险的未来走势作出预测,帮助财政部门采取措施调整政府债务规模,优化政府债务结构,保持地区财政的可持续性。

三是科学防范和化解系统性债务风险。债务风险监测体系应通过某种统计方法建立指标体系,及时预测一个地区在某个时点上将遭受危机的可能性大小(Berg & Pattillo,1999)。该系统应对风险来源进行定位、识别风险的构成、衡量风险的大小,增强监管部门对政府债务风险的可预见性,对潜在风险予以及时处理,做到实时监控,防患于未然,同时减少风险发生导致的损失。一个科学合理的地方政府债务风险预警系统,有助丁超前性地监管债务危机,增强防范政府债务风险发生的能力。

(二)债务风险预警系统构建方法

债务危机是政府债务风险长期累积的结果,而风险的累积通常有较强的隐蔽性。政府债务风险往往具有强突发性,如希腊主权债务危机,危机爆发通常以某些宏观经济、财政等指标的异常为先兆,这使得债务风险预警成为可能。目前,学术界有关政府债务风险的研究以财政风险矩阵最受关注,有关债务风险预警的理论和方法还很不成熟,使得政府债务风险预警指标体系与实际情况不符,且指标选择的科学性、全面性不足,从而导致预警结果总是不尽人意。为了防范和化解系统性经济、金融与财政风险,我国亟须构建一套具有全面性和统一性的政府风险预警机制。另外,国内对政府债务风险预警的研究多数更为关注对指标体系的研究,而对债务风险的测度研究及对债务安全因果关系的分析较少。从文献上看,目前关于我国政府债务风险预警机制设计的方法主要有两种:

第一种方法是给出政府债务风险预警指标的预警阈值,通过与阈值的比较判断各预警指标所处的风险状态,然后结合专家意见对风险预警指标赋予相应的权重,从而构造反映风险总体程度的综合指标。这种方法适合于预警指标较少的情况,由于政府债务的成因与结构等多方面的复杂性,注定了有限的指标可能无法涵盖政府债务预警的方方面面,而且预警指标阈值设置越来越复杂化,使得这种方法显得过于僵化和落伍。

第二种方法是在预警指标体系基础上建立相应的预警模型。当前,预警模型法日益受理到理论与实际部门的重视,与此相关的预警机制是由一套全面的指标体系和数据处理、输出方法构成的有机联系的整体。这种方法通常结合有关经济理论,以各种数学模型及方法为主要分析手段,通过监测网络,利用监测预警指标体系、监测预警模型以及监测预警结果,对财政运行状况进行整体模拟、分析、预测和反馈研究,从而用以指导政府债务管理,促进经济持续、稳定、协调发展。目前,这种方法在现实中得到了广泛的应用。

第二节　政府债务风险预警系统的构建

一、风险预警系统的构成要素与基本结构

根据前面债务风险预警系统的内涵、目标与方法,实际上可以通过预警系统外因素的数量特征的变化作出是否存在债务危机预警症状的判断,若表现的症状越明显,数量越多,程度越强,则未来出现债务危机的概率也就会随之加大。基于这种条件下开展债务风险预警的研究,需要将债务危机发生之前的过程以及各种债务因素综合比较并加以细致的划分,从而区别安全与不安全两种状态。因为各种指标在相同时间的波动程度不尽相同,可以根据这些不同状态的特点判断债务所处的阶段。为了表达债务预警安全或不安全的状态,则预警工具可以表达为:

$$\begin{cases} P(S_{t+n}=A)=f\left[P_1(S_{t+n}^1=A),P_2(S_{t+n}^2=A),\dots,P_k(S_{t+n}^k=A),M\right] \\ P_i(S_{t+n}^i=A)=F(\theta_t),\dfrac{\partial f}{\partial P_i}>0,\dfrac{\partial f}{\partial M}\geqslant 0,i=1,2,\dots,K \end{cases}$$

$$(14-1)$$

式(14-1)中 S_{t+n} 代表预警系统在 $t+n$ 时期状态;S_{t+n}^i 表示第 i 个指标在

$t+n$ 时期的状态；A 表示不安全时的状态；$P(S_{t+n}=A)$ 表示债务风险预警系统 $t+n$ 时期出现不安全的概率；$P_i(S_{t+n}^i=A)$ 表示第 i 个指标在债务风险预警系统 $t+n$ 时期出现不安全的概率；K 表示状态指标的数量；M 代表风险区分力相对明显的症状数量，具体指的是在 $t+n$ 时期出现不安全状态概率的指标数量；在这里首先假定 $P(S_{t+n}=A)$ 是大于 0.5 的状态指标的数量；θ 代表影响债务安全预警状态的因素的变量。实际上，函数 $F(P_i)$ 与 $F(\theta_t)$ 表现的就是预警系统中的预警机制。

预警系统的运行过程如图 14-1 所示，主要包括系统安全状态识别的过程、债务安全因素指标的因素分析过程、预警机制的实现过程、预警安全的总体判断过程、预警风险控制五个过程。

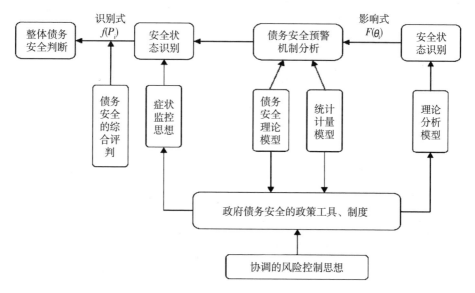

图 14-1　政府债务风险预警系统基本结构

从图 14-1 可以看出，债务安全预警系统的基本结构是影响式与识别式的综合模式。基于理论分析模型，首先考虑债务安全的因素，再应用到债务预警系统的识别过程，从而实现预警机制的启动。当然，在预警系统工程运行当中需要不断地考量债务安全理论模型与计量模型的准确精度，这一个过程是

动态调节的过程。通过预警系统结构图,可以清楚地认识到债务风险预警系统的核心环节:

第一,债务安全识别的过程在预警模型中发挥参考标准与基础目标的作用。安全状态的识别在很多预警研究中被称为"预警目的"或者"警讯"等,即预警模型的起点,一般地,安全状态的识别需要正确的描述与准确的识别,正确的描述依赖监测视角的维度与方向,标准的识别则需要实证的挖掘。通常来讲,这一识别过程需要具备数据充足性、指标灵敏性、理论完备性等基本条件,而具体的方法则是通过构造相应的指标体系,利用所处状态大量指标的样本来实现预警分析。

第二,政府债务安全影响因素分析。安全影响因素在很多预警模型研究中被称为"寻找警源"或者"债务风险识别"等,在整个识别的过程中起着核心的作用,为识别和判断债务安全预警状态的变化提供保障。在预警系统中,债务安全影响因素的识别是解释安全状态变化与波动的关键,不仅可以挖掘债务安全状态变化的原因,而且为相应的风险控制提供了有力保障,从而有助于更进一步的安全状态的识别与系统最终状态的综合判断。安全因素的分析依赖于债务安全理论的发展与演变,因此,以国内外债务安全理论为基础,结合我国经济发展环境的实际状况,是对我国现有债务安全状况开展影响机制分析的关键。

第三,预警机制的实现过程。预警机制的实现需要进行相应的模型对比和估算,这是预警系统发挥功能的核心。预警机制的分析方法和模型的选择依赖于影响因素对状态影响的理论解释;同时,预警的时间长度也是需要考虑的重要内容,还要考虑到预警机制实现与风险控制实现的可能性。

第四,风险控制的过程。在已有文献中,很多预警系统并没有考虑风险控制的过程,认为预警系统的任务只是"预测",并不需要"控制"的过程。实际上,预警与风险控制是统一的过程,单单的预测而没有风险控制等于没有预警,单纯的风险控制没有预测也会降低预警系统的判断精度。在实际的操作过程当中,防止各种因素之间的相互传导,交叉传染,从而导致预警程度升级是风险控制的重要任务。

第五,整体债务状况的安全判断。整体债务状况的安全判断就是对债务预警系统综合状况所给出的综合诊断,是预警系统的最终体现。一般来讲,这一结果正是按照上述预警结构的步骤实施后得出的最终判断,而另外一种方法则是先根据指数形成的最终指标应用模型来作出判断和分析。债务风险系统要坚持整体原则,这一原则指的是整体债务状况随着每一个状态质变概率的变化而正向变化,随着出现不安全问题指标的数量而正向变化。

二、风险预警模型的运行过程

债务风险预警模型的关键在于对债务安全状态的衡量,以及对未来是否存在不安全症状的综合判断。通过考察债务安全状态与安全影响因素两个指标体系之间的关联,利用因素的变化来判断状态指标的动态变化情况,这也就是预警系统过程当中预警机制的实现过程。具体地,债务风险预警模型一般包括如下步骤:

第一步,建立不同层次的债务安全状态指标体系,确定各项指标的影响因素。如果宏观经济情况有所异常,即安全影响因素指标的突变会影响债务相关指标的变化,二者之间相互影响,其中关键是分清因果关系,以目的状态指标为主,寻找 θ_t 和 K。

第二步,选择科学合理的计量经济模型和统计方法,区分不同状态下指标的差异程度,同时对指标预期的状态做出预判,即估计 $F(\theta_t)$。

第三步,对所有指标的症状汇总进行综合判断,即得出 $f(P_i)$,其综合判断的过程要符合模型所有的原则要求。

第四步,结合政策变量、安全状态指标、影响因素指标三者之间的影响机制进行数量分析,以便于债务风险的控制。

第五步,对数据和保障制度进行评价,得出最终的债务安全预警结论。

三、风险预警模型的识别

在政府债务危机预警前的债务安全状态一般可以分为两种:相对安全状态和相对不安全状态,政府债务的相关状态指标在上述两种状态下表现不同。通常,所观察到的状态结果有可能是两种状态的混合结果,有时安全状态在下降,有时不安全状态在下降,或二者交错上升与下降。对于每个时期债务预警系统运行状况,判断和识别在安全状态与不安全状态的具体数学表达式如下:

不安全状态 A:

$$y_t = H^1(a^1, y_{t-1}, \ldots) \Rightarrow P(y_t \in A) = F(\theta_t) \qquad (14\text{-}2)$$

安全状态 B:

$$y_t = H^2(a^2, y_{t-1}, \ldots) \Rightarrow P(y_t \in B) = 1 - F(\theta_t) \qquad (14\text{-}3)$$

其中, y_t 为观察到的状态指标或总体债务安全; A 表示债务的不安全状态; B 表示债务安全状态; H^1 和 H^2 分别表示 y_t 在上述两种状态下的函数关系; $F(\theta_t)$ 代表影响因素的函数;对于指标症状的监测思路, $P(y_t \in A) = F(\theta_t)$ 为状态指标出现不安全症状的概率。

第三节 理论模型转换与参数估计

一、马尔科夫链预警模型的转化

从文献上看,国外学者博格和帕蒂罗(1999)通过测定指标阀值等方法建立了 DSCD 模型进行市政债务预警,库里等(2003)认为应该从预警制度入手来加强政府债务管理。国内学者刘尚希等(2012)围绕新增债务压力测试,使用负债率、债务率、再融资率等单一指标进行了风险识别和事前预警研究。

在方法上,非线性时间序列模型是一种很常用的预测模型,在很多经济和金融领域有着广泛的应用。这种模型可以分为多种形式,其中常见的一种就是马尔科夫机制转换(Mrakov Switching)模型。最初的马尔科夫机制转换模型主要源于戈德福德和匡特(Goldfeld & Quantd,1973)的开创性研究;汉密尔顿(Hamilton,1989)将其进一步发展完善,运用马尔科夫机制转换模型描述美国的 GDP 与利率水平的变化得到了较好的效果;佩丽亚(Peria,2002)利用 Markov 模型对欧洲货币体系的冲击进行了分析。根据实际使用结果得知,这种转换模型在一些非线性时间序列分析方面有较高的应用价值,特别是在信贷、利率、股票等领域得到了广泛的应用。在进行时间序列的分析时,很多变量在各时间段内的变化特征有显著的差异,为了更好地描述这些变量的不同变化特点,往往需要确定这些变量在不可观测状态下的变化情况。马尔科夫状态转换模型中有很多结构方程,可以利用这些方程来方便地描述这些序列变量在各状态下的变化情况,且能够捕捉到时间序列变量更为复杂的动态演化过程。本质上,马尔科夫链模型是非线性动态随机模型,可以用来描述状态转化的离散随机变量。具体的表达形式可以设为:

$$y_t = u_{s_t^*} + \varphi_{s_t^*}(y_{t-1}, \dots) + \varepsilon_t \qquad (14\text{-}4)$$

其中,s_t^* 表示 N 个状态的 Markov 链,转移概率为 P_{ij};当 s_t^* 取不同的值时候,y_t 的数量也随着 s_t^* 的变化而变化,φ 代表转移概率。Markov 模型中的 s_t^* 表示描述指标安全与不安全状态的离散变量,并且这个变量不能直接观测到。所能观察到的直接描述指标安全的变量随着潜在变量 s_t^* 的变化而变化,不同的 s_t^* 状态下,症状指标的数量也是显著不同的。在现有的条件下,s_t^* 并不是确定的数值,因而无法直接确定相应的债务安全与否,需要通过反映债务安全与不安全的指标来界定。这些指标的外在表现形式也存在较大的差异,但是可以利用相关的变量来进行分析,并且对指标是否处于安全状态进行分析和判断。

归纳起来,Markov 模型应用于债务安全状态的识别和预警有如下优势:第一,Markov 模型是非线性模型,债务安全影响因素众多,各因素之间的关系错综复杂,使用非线性模型更具有说服力,并且模型具有较强的稳定性;第二,使用 Markov 模型进行债务安全预警,不需要对事先的安全状态进行识别或设定临界水平,识别和描述安全状态本身就是模型的估计结果与估计过程,同时避免存在过多主观因素的问题;第三,直接使用描述安全水平状态的变量避免了二元转化过程中可能带来的信息损失。

二、预警模型的参数估计

Markov 状态转换模型放松了样本总体在整个样本期间内服从单一分布的假设,认为样本的生成机制可以采用不同的过程,而这种生成机制又取决于不同的系统状态。在同一状态下,样本呈现出一致性,服从单一分布;但是不同的状态之间,样本相互区别,服从不同的分布。同时,与有些方法划分的状态不一样,Markov 状态转换模型假定系统状态是不能被直接观测到的,而且不同状态间的相互转换服从马尔科夫链过程,即系统下一期的状态只与目前的状态有关,而与历史的状态无关。随着时间变化,系统在不同的状态间以固定的概率随机相互转移。Markov 状态转换模型采用最大似然法估计风险发生概率,避免人为确定阈值所带来的问题。通过将其他外生变量引入 Markov 模型,修正后的模型如下:

$$y_t = u_{s_t} + f_{s_t}(y_{t-1}\dots) + \sum_{i=1}^{h} \beta x_{i,t-1} + \varepsilon_t \qquad (14-5)$$

根据 AIC 准则,政府债务风险综合指数在一阶滞后是比较合适的,因此,本书在分析时采用滞后一阶、两状态 Markov 状态转换模型,即政府债务风险综合指数服从一阶、两状态的自回归过程。所以,这里设定一个较为常见的含有机制转换的一阶自回归模型如下:

$$y_t = \mu_{s_t} + \beta x_t + f_{s_t} y_{t-1} + \varepsilon_t \qquad (14-6)$$

其中,y_t 表示 t 时期中的政府债务风险综合指数,S_t 表示不可观察的状态变量,取值 0 或 1,$S_t = 0$ 表示政府债务当前处于低风险期,$S_t = 1$ 表示政府债务处于高风险期。μ_{s_t} 表示 t 时期当政府债务处于 S_t 状态时 y_t 的条件均值。x_t

为状态 S_t 下外生变量即政府债务风险预警指标，β 是相应的回归系数，但不具有状态转移特征。ε_t 是随机扰动项，且服从正态分布，则可以确定函数表达式如下：当 $S_t = 0$ 时，式（14-6）为 $y_t = \mu_0 + \beta x_t + f_0 y_{t-1} + \varepsilon_t$；当 $S_t = 1$ 时，式（14-6）为 $y_t = \mu_1 + \beta x_t + f_1 y_{t-1} + \varepsilon_t$。$y_t$ 的条件分布为：

$$y_t \mid S_t \sim N(\mu_{S_t} + \beta x_t + f_{S_t} y_{t-1}, \sigma_{S_t}^2) \tag{14-7}$$

记 y_t 的均值随体制不同而转换，关于 S_t 条件概率密度记作 h_t，则 y_t 的条件密度函数为：

$$
h_t = \begin{bmatrix} f(y_t \mid S_t = 0; x_t, y_{t-1}; \theta) \\ f(y_t \mid S_t = 0; x_t, y_{t-1}; \theta) \end{bmatrix}
$$

$$
= \begin{bmatrix} \dfrac{1}{\sqrt{2\pi}\sigma_0} \exp\left\{ \dfrac{-\left[(y_t - \mu_0) - \beta x_t - \varphi(y_{t-1} - \mu_0) \right]^2}{2\sigma_0^{\,2}} \right\} \\ \dfrac{1}{\sqrt{2\pi}\sigma_1} \exp\left\{ \dfrac{-\left[(y_t - \mu_1) - \beta x_t - \varphi(y_{t-1} - \mu_1) \right]^2}{2\sigma_1^{\,2}} \right\} \end{bmatrix} \tag{14-8}
$$

其中 θ 为密度函数参数向量，$\theta(\beta, \mu_0, \mu_1, \sigma_0^2, \sigma_1^2, f_0, f_1)$。模型对 S_t 的变动引入一阶 Markov 概率转移状态，政府债务状态的转换只与其前一期状态有关，即 S_t 的取值只与 S_{t-1} 有关，并且由 S_{t-1} 到 S_t 的转变是依据一定概率变化的，即潜伏变量 S_t 的状态转换是通过转换概率矩阵实现的：

$$
P_t = \begin{bmatrix} p_{00}^t = pr(S_t = 0 \mid S_{t-1} = 0; x_{t-1}) = F(x_{t-1}); & p_{01}^t = pr(S_t = 0 \mid S_{t-1} = 1; x_{t-1}) = 1 - F(x_{t-1}) \\ p_{10}^t = pr(S_t = 1 \mid S_{t-1} = 1; x_{t-1}) = 1 - F(x_{t-1}); & p_{11}^t = pr(S_t = 1 \mid S_{t-1} = 1; x_{t-1}) = F(x_{t-1}) \end{bmatrix} \tag{14-9}
$$

上面概率矩阵是从第 $t-1$ 期状态 i 转换到第 t 期状态 j 的概率（$i, j = 0$, 1）。F 为累计概率分布函数，一般假设其服从对数正态分布，x_{t-1} 为外生变量。此处目标是估计从基期到 t 期的参数向量 θ 和转换概率矩阵 P_t，然后推断出某一时期因变量处于某种状态的条件概率。独立同分布下，通过 x_t 和 y_t 可以推断出 S_t。令 $P\{S_t = j \mid y_t, x_{t-1}; \theta\mid\}$ 表示关于 S_t 从基期到 t 期已获取的

数据和总体参数 θ 的推断。这些条件概率 $P\{S_t = j \mid y_t, x_{t-1}; \theta \mid\}$，$j = 1, 2$，列成一个 (2×1) 向量 ξ。关于 t 时期的最优推断和预测可通过以下两个方程的迭代求得：

$$\xi_{t|t} = \frac{\xi_{t|t-1}\psi\eta_t}{1'(\xi_{t|t-1}\psi\eta_t)} \qquad (14-10)$$

$$\xi_{t+1|t} = P \times \xi_{t|t} \qquad (14-11)$$

其中，η_t 表示 (2×1) 向量，其第 j 个元素为条件概率密度，P 为式（14-9）所示的转换概率矩阵。ψ 表示两个向量的点乘，$1'$ 表示元素均为 1 的 (2×1) 的行向量。给定初始值 $\hat{\xi}_{t|0}$ 和总体参数 θ 的假定值，在 $t = 1, \cdots, T$ 时迭代计算出每一 t 时期的 $\hat{\xi}_{t|t}$ 和 $\hat{\xi}_{t-1|t}$ 值。接着，利用最大似然法估计参数向量 θ，对各个时期边际密度函数 $P\{S_t = j \mid y_t, x_{t-1}; \theta\}$ 的对数值进行加和就可以确定相应的对数似然函数 $LL(\theta)$。

$$LL(\theta) = \sum_{t=1}^{T} \log f(y_t \mid x_t, y_{t-1}; \theta) \qquad (14-12)$$

其中，$f(y_t \mid x_t, y_{t-1}; \theta) = 1'(\xi_{t|t-1}\psi\eta_t) f(y_t \mid x_t, y_{t-1}; \theta)$。通过似然最大化条件，可以估计出 $\hat{\theta}$。与此同时，任一时期处于两种状态的条件概率 $P\{S_t = j \mid y_t, x_{t-1}; \hat{\theta}\}$ 的预测值也可以估计出来。

第四节　政府债务风险预警指标的构建

一、传统预警指标的不足

理论上，要建立一个精确的债务风险预警系统，确定科学、有效的指标体系是关键与前提。从实践上看，我国尚未建立一套完整的政府债务风险监测指标体系，现行债务风险指标还存在诸多不足。

首先，常用的风险指标有偿债负担、赤字、债务水平、流动性比例（如现金余额占支出的比重），通过衡量这些指标可以及时地预测政府偿债风险和流动性风险。但是，这些指标无法全面反映政府未来的负债，也不能用于预测地方政府负债给中央政府带来的压力。

其次，传统的政府债务风险指标只是单一地考虑债务本身的评价指标或指标体系。例如，负债率只是从自身的角度衡量政府债务风险状况，忽略了因地区经济结构的不同而可能带来的财政收支方面的差异，并不能精确地反映政府的负债规模及风险程度。

再次，传统的政府债务风险指标并没有从债务风险的多层次、多角度出发，全面考虑影响债务安全状态的因素指标，也并未考虑政府债务指标之间的相互联系与相互作用。在当前复杂的经济形势下，引起政府债务风险的因素除了债务管理本身之外，还有很多其他的影响因素，如债务本身以外的宏观经济环境、政府的财政支付能力和世界金融市场的形势及其他经济体的相关政策等，它们都能够直接或者间接的改变政府债务风险状况。

最后，传统的政府债务指标也未能反映或有负债和债务本身之外的因素导致未来债务偿付成本激增的可能性。

二、风险指标的构建原则

债务危机所引发的影响是全面的，政府部门尤其是财政部门应尽快建立起完备的风险预警和监督管理体系，以保证各级政府债务与自身经济发展水平和财政承受能力相适应。在建立风险预警机制时，应充分考虑经济发展水平、财政能力、负债率、偿债率、债务依存度等因素，并根据现实情况不断对预警系统进行调整和完善。理论上，构建政府债务风险预警系统应该遵循以下几个原则：

（一）代表性

政府债务风险监测应选择代表性好的指标，而且具有一定的稳定性、综合性与可控性。这些指标相对较为稳定,运动轨迹较为平滑,并且短时间内不会发生大的变动,另外,指标还应有相对稳定和可靠的数据来源。换句话说,构建债务风险预警系统要考虑指标的全面代表性,同时还要避免指标的重复计算与内生性影响。

(二)灵敏性

指标的灵敏程度即监测系统对因素变化的敏感度,代表着对政府债务运行过程中各种影响因素微小变化能够作出的反映程度。当地方政府债务收入和支出发生波动时,灵敏的指标一般具有明显的变动,一旦波动剧烈则这些指标将及时地发出预警信号。

(三)可操作性

这要求预警系统内的所选指标可以精确地描述,能够通过不同的角度来量化,并且容易取得相对可靠的数据来源。在实施过程当中,指标的设计要尽量简洁,力求做到重点突出、容易收集。

(四)规范性

我国政府债务统计口径不够明确,在指标设计方面着重要求反映政府安全状态的指标能够尽量规范,设计合理、来源可靠。

(五)开放性

构建债务风险预警指标要本着共性与个性相结合的原则,尽管相对政府债务危机而言,政府债务安全状态的变化相对稳定,但是对于其他能够引起状态变化的指标应及时地纳入状态指标集,避免遗漏重要线索,以防预警的失败。

（六）前瞻性

选取的预警指标还要具有前瞻性,能够对某项经济活动进行监督和提前预警,充分反映财政金融系统的运行状况特别是未来走势。这就要求指标必须具有一定的预测性,从规模、数量以及变动规律方面体现对未来趋势的分析,并作出相应的判断。

（七）国际性

政府债务预警指标的选取要符合国际惯例,并与国际标准接轨,如"巴塞尔协议"等。同时,还可以借鉴国外债务风险预警指标体系框架,如政府债务安全预警的指标范围与安全状态下的指标区间,借鉴国际上政府债务风险预警的经验教训,增强本国政府债务风险预警系统的国际可比性。

第十五章 结论与建议

第一节 主要结论

2008年国际金融危机之后,欧债危机、美债危机诱发了全球对主权债务违约的巨大忧虑,牵动着全球金融市场的敏感神经,各国对政府债务问题的关注空前高涨,研究人员在政府债务对经济增长的影响、债务规模适度性、债务安全警戒线、政府债务风险预警等问题上产生了极大兴趣。本书以政府债务为研究对象,全面整理了有关政府债务的理论及已有研究成果,系统考察政府债务的概念、起源、发展、发行、管理、风险监测和预警,归纳、总结各国政府债务发展和管理的实践经验与教训,为中国改革和发展政府债务管理体系提供理论方法与实践经验支持。同时,对政府债务风险预警监测所面临的理论与实践问题开展研究,为中国加快构建政府债务风险预警机制提供理论支持。本书研究内容主要涉及三大主题:政府债务经济效应、政府债务管理问题、政府债务风险预警。通过以上三大部分的理论、实证及应用研究,总结政府债务发行、管理、风险监测的理论与实践,本书得出了一些重要的结论,包括:

(1)在现代经济社会中,政府债务不仅仅是政府获取财政收入的手段,还已成为经济运行中重要的变量,即产生政府债务的经济效应,政府债务的经济效应可分为微观经济效应和宏观经济效应,诸如对经济增长、货币供给、利率、通货膨胀、储蓄率等都存在影响。

（2）政府债务与经济增长之间的因果关系具有明显的异质性,这种异质性存在于不同国家之间、同一国家的不同时期,这意味着政府债务与经济增长之间存在着复杂的关系,因此不能轻易地接受或拒绝政府债务与经济增长关系的某种判断。

（3）我国政府债务余额与不同层次的货币供给量之间存在着长期均衡关系,政府债务余额的变动将引起不同层次货币供给量的变动,意味着不同口径的货币供给均具有一定的内生性,将受到客观经济活动的制约,中央银行并不能根据自己的政策意图完全控制货币供应量。

（4）通货膨胀与政府债务增长、经济增长间存在长期均衡关系,不管在长期还是短期,实际经济增长对通货膨胀的影响是对称的,而政府债务增长对通货膨胀的影响是非对称的。长期内,经济增长、政府债务增长以及政府债务增长率正、负向冲击累积对通货膨胀产生显著的正向影响,非对称情形下经济增长、债务增长率对通货膨胀的影响更大。短期内,经济增长率和债务增长率的变化均对通货膨胀产生正向影响,债务增长率变化对通货膨胀的影响在对称下更强,非对称下债务增长率的提高对通货膨胀的影响不显著。经济增长率变化对通货膨胀的影响在非对称下略大,债务增长率变化对通货膨胀的影响在对称下更强,值得注意的是非对称下债务增长率的提高对通货膨胀的影响不显著,就系统的调整速度而言,两种情形相差不大,非对称情形下略快。

（5）政府债务对利率的影响具有不确定性,政府债务的增加可能导致利率提高、降低或者减少,这种不确定性源自政府债务对货币供给的影响,应充分重视政府债务政策的利率效应,增加货币政策管理利率的自由度,使财政政策与货币政策协调搭配,增强宏观调控的有效性。随着我国利率市场化改革和金融创新活动的发展,政府债务对货币供给的影响将不断增强。因此,政府在进行宏观调控的过程中应该注重财政政策特别是政府债务政策与货币政策的配合问题,以更好地实现对宏观经济进行调控。

(6)储蓄率对政府债务有显著负向作用,抚养比(包括总抚养比、老年抚养比和少儿抚养比)对储蓄率有抑制作用,老年抚养比对政府债务有直接显著的正向作用,老年抚养比越高,政府债务越多,而储蓄对政府债务有显著负向作用,抚养比会通过储蓄对政府债务产生影响。

(7)政府债务不同管理模式反映了一国政治、经济等历史背景以及财政、金融制度差异,一国应该选择什么样的模式应与该国国情相结合,且随着特定环境的改变而改变,相比而言,规则控制型可能是中国地方政府债务管理的可行模式。

(8)目前中国政府债务举债规模增大,举债方式及结构复杂,潜在风险越来越大,特别是地方政府财政风险不断升高,完善政府债务管理体系、健全债务管理法规、改进债务管理制度、建立政府债务风险预警机制已成当务之急。

(9)与国际准则及发达国家实践相比,中国政府债务统计主要存在如下问题:①政府债务统计范围不够明晰;②政府债务工具分类较少;③政府债务统计指标体系单一;④目前仍以现金收付制为主;⑤计值原则存在差异;⑥政府资产负债核算滞后;⑦政府债务重组关注类型单一;⑧中国政府债务统计与国际通行的 GFSM 统计标准存在一定差距;⑨中国尚未形成政府债务数据披露制度;⑩在相关一些研究中,政府债务的统计口径不一,估算结果相距甚大。借鉴国际经验,改革和完善中国政府债务统计,建立一个规范的政府债务统计体系,提高数据质量,是完善政府债务风险监管的重要前提。

(10)地方政府债务限额可以从收支平衡、负债率或债务率角度分别测算,当前我国政府债务总体规模可控,但个别地方存在较为严重的超出偿付能力的现象,可能是一个应引起重视的风险隐患。

(11)我国中央政府债务风险逐步降低,但是地方政府债务规模高速增长,短期到期规模过大,在经济新常态背景下未来地方政府债务风险将继续加大,应提前设计危机化解与处置机制,严格监测来自国际和国内环境的政府债务风险状况变化。

（12）或有权益分析表明，我国政府债务违约风险较小，与日本和拉美国家相比，我国政府债务存在经济下行风险、信贷风险、汇率风险、资本市场风险和财政风险。

（13）中国现行政府债务风险指标单一，只考虑债务本身的评价指标，不能全面反映或有负债和债务本身之外因素的影响，应尽快建立一个科学高效的政府债务风险预警体系。通过马尔科夫预警模型研究表明，政府债务安全与不安全状态均具有较强的持续性，安全与不安全两种状态的均值、标准差等数量特征的区别较为明显，我国政府债务安全状态的持续期长于不安全状态的持续期，政府债务安全状态的平均持续期为 5.88 年，政府债务不安全状态的持续期为 3.70 年。

第二节　政策建议

长期以来，政府债务问题受到各国政府部门和国际组织的高度关注，政府债务危机往往对有关国家社会经济发展造成严重危害，20 世纪 80 年代的拉美债务危机，以及后来的俄罗斯债务危机、墨西哥债务危机，无不如此。特别是欧洲主权债务危机和美国财政悬崖事件以后，各国普遍高度重视政府债务风险问题。我国自"九五"时期以来政府债务规模快速增长，为了应对 2008 年国际金融危机，实施包括"四万亿"在内的一揽子经济刺激计划，导致中央和地方政府债务急剧膨胀，成为财政和金融系统的一个潜在风险源。按照党中央、国务院决策部署，全面贯彻落实党的十九大精神，推动高质量发展，加强政府债务管理，加快构建多层次的政府债务风险动态监测体系，提出如下建议：

（1）拓宽地方政府融资渠道。采取措施优化地方政府融资模式，减少融资平台举债，转向发行债券。落实财政部《关于进一步规范地方政府举债融资行为的通知》（财预〔2017〕50 号）的要求，地方政府优化经济建设职能，将政府债务纳入公共监督范围,全面组织开展地方政府融资担保清理整改工作,积极采纳 PPP、BOT、TOT、特许经营权制度等多种融资模式,鼓励民间资本参与地方基础设施建设,严禁违规举债、违规担保、违法融资等行为。

(2)优化政府债券发行制度。按照新《预算法》《国务院关于加强地方政府性债务管理的意见》(国发〔2014〕43 号)等法律法规的要求,实行举债归口管理,严格控制债务增量,积极化解存量风险。地方政府赤字和发债实行硬约束,采取限额管理机制,明确政府债务限额决定方式,财政部门根据债务率等监控指标和可支配财力,确定年度新增债务和存量债务规模,依法规范地方政府债务限额管理与预算管理。同时,大力发展地方政府债券市场,稳妥利用银行间市场、证券交易所市场发行地方政府债券,积极探索在商业银行柜台销售地方政府债券,推动地方政府债券投资主体多元化,完善地方政府债券市场化定价机制。

(3)完善政府债务管理体系。采纳规则控制型政府债务管理模式,加强对政府债务的日常管理和监控,实行全过程管理,包括债务规模结构、还本付息、举债资金使用、举债成本管理、动态风险评估等。地方政府债务分类纳入预算管理,编制政府资产负债表与债务收支计划,建立动态监控制度,加强债务头寸管理,密切跟踪建设项目的投资规模、资金使用和还本付息等情况,提高债务资金使用效率。

(4)强化地方融资平台管理。按"分类管理、区别对待"的原则,整合各类地方政府融资平台,严禁融资平台变相形成新增政府债务,推行省—市—县—乡镇纵向一体化的管理模式,省级单位组建一两个大型融资平台,形成一批实力雄厚、管理规范、高效运营的融资平台,助力地方经济发展。进一步规范融资平台公司融资行为管理,推动融资平台公司尽快转型为市场化运营的国有企业,依法合规开展市场化融资,地方政府及其所属部门不得干预融资平台公司日常运营和市场化融资。

(5)改进政府债务统计。我国目前缺乏准确、全面、连续的政府债务核算管理,债务规模与结构信息不透明,良好的统计数据是政府制定债务管理、财政货币、宏观调控等政策的重要依据,大力改进政府债务统计也是加强和完善政府债务风险监测的前提。首先,明晰政府债务统计范围,全面落实政府会计准则和《政府财务报告编制办法》的要求,以权责发生制取代收付实现制核算政府债务,将隐性债务及或有债务纳入统计范围,拓宽政府直接债务统计范围进而反映当年政府直接债务,明确政府性债务指标的统计范围内涵与外延,将各类政府性债务管理归口统一管理;其次,统一政府债务的统计估算口径,完善中央财政债务、四大资产管理公司债务、铁道部债务、省市县地方政府债务、乡镇地方政府债务、养老保险隐性债务和地方公路债务的统一估算口径,进而可以从多角度测算出真实的政府债务规模;再次,增加政府债务工具分类,结合国际统计准则所列示的债务分类,进一步对债务工具的分类进行细化,更好地反映政府债务规模和结构;最后,拓展政府债务统计指标体系,依据国际准则中的标准统计指标,结合我国实际情况,明晰相关指标的概念内涵,在现有统计指标的基础上将净债务的统计纳入进政府债务统计中,以便更好地开展政府债务可续性与风险评估。

(6)完善政府债务信息公开制度,定期披露政府债务信息。一是进行政府会计制度改革,更科学、合理地确认和计量地方政府债务;二是试点编制政府资产负债表,规范对中央和地方政府举债的审批、管理与监控;三是成立专门机构,负责政府债券发行、还本付息以及统计和信息发布等工作;四是建立政府债务数据库,在依托大数据技术的基础上,借鉴欧盟、美国、加拿大等发达国家政府债务统计体系的主要指标及其统计口径,学习各国政府债务统计的数据来源、加工、发布和评估等环节的具体做法,加快建立我国政府债务数据库。

(7)构建多层次的政府债务风险动态监测体系。借鉴国际实践经验及政府债务风险管理主流理论,我国应尽快构建一个多层次的政府债务风险动态监测体系,包括两个部分:政府债务风险日常监测系统与政府债务风险预警系统,覆盖中央、省级、市级、县级及乡镇,从动态上持续监测各级政府债务风险状况。

(8)积极建立政府债务五大监管机制。多层次债务风险动态监测体系依赖于五大机制,作为防范和化解政府债务风险的支柱,避免危机事件,具体包括:①发行限额机制;②常规监管机制;③风险评估机制;④风险预警机制;⑤危机处置机制。

(9)建立和完善政府债务风险预警体系。第一,建立年度举债计划风险评估报告制度;第二,建立政府债务风险动态评估制度,做到全面实时监测;第三,完善政府债务风险预警指标体系,科学设定债务风险评估模型与标准;第四,确定政府债务风险预警指标权重矩阵,划分预警风险区间;第五,建立政府债务风险预警信号系统,及时发出预警信号。

(10)完善政府债务风险处置措施。按照党中央、国务院要求,全面落实《地方政府性债务风险应急处置预案》(国办函〔2016〕88号),构建和完善政府债务风险应急处置机制,加强政府债务管理,工作重点包括:一是全面落实和完善政府偿债准备金制度;二是积极完善政府债务风险应急处置预案;三是加快建立政府举债责任追究制度。

参 考 文 献

[1]安秀梅:《地方政府或有负债的形成原因与治理对策》,《当代财经》2002年第5期。

[2]安宇宏:《何谓主权债务危机》,《宏观经济管理》2010年第6期。

[3]巴曙松:《地方政府投融资平台的发展及其风险评估》,《西南金融》2009年第9期。

[4]包建祥、张文凯:《国债运行与货币供应量的实证研究》,《上海经济研究》1999年第8期。

[5]财政部国库司:《中国政府债务管理报告(2004)》,中国财政经济出版社2005年版。

[6]曹远征、钟红、廖淑萍等:《重塑国家资产负债能力》,《IT时代周刊》2011年第16期。

[7]陈共、类承曜:《关于我国债务负担率及债务依存度的考察》,《财政研究》2002年第11期。

[8]陈共:《财政学》(第四版),中国人民大学出版社2003年版。

[9]陈静、倪鹏:《主权政府债务规模影响因素的传导路径及定量分解:以美国为例》,《世界经济研究》2012年第4期。

[10]陈均平:《中国地方政府债的确认、计量和报告》,中国财政经济出版社2010年版。

[11]陈梦根、尹德才:《政府债务统计国际比较研究》,《统计研究》2015年第11期。

[12]陈梦根、章敏:《政府债务统计国际准则比较与借鉴》,《经济社会体制比较》

2016 年第 4 期。

[13]陈志勇、李祥云:《公债学》,中国财政经济出版社 2012 年版。

[14]程宇丹、龚六堂:《政府债务对经济增长的影响及作用渠道》,《数量经济与技术经济研究》2014 年第 12 期。

[15]丛树海、李生祥:《我国财政风险指数预警方法的研究》,《财贸经济》2004 年第 6 期。

[16]大卫·李嘉图:《李嘉图著作和通信集》,商务印书馆 1981 年版。

[17]戴建中:《拉美债务危机和东南亚金融危机比较研究》,《国际金融研究》1999 年第 8 期。

[18]邓淑莲、彭军:《地方政府债务风险控制的国际经验及启示》,《财政研究》2013 年第 2 期。

[19]邓晓兰、李铮、黄显林:《国债流通交易对货币供给量的影响研究》,《西安交通大学学报》2014 年第 6 期。

[20]邓子基、张馨、王开国:《公债经济学》,中国财政经济出版社 1990 年版。

[21]邓子基:《财政与宏观调控》,中国财政经济出版社 2005 年版。

[22]邓子基:《财政学原理》,经济科学出版社 1997 年版。

[23]地方政府债务课题组:《我国地方政府债务警戒线探讨》,《中国经济问题》2000 年第 5 期。

[24]刁伟涛:《我国地方政府债务分类纳入预算管理的初始状况分析:2014—2015》,《财政研究》2016 年第 8 期。

[25]董丽霞、赵文哲:《不同发展阶段的人口转变与储蓄率关系研究》,《世界经济》2013 年第 3 期。

[26]董丽霞、赵文哲:《人口结构与储蓄率:基于内生人口结构的研究》,《金融研究》2011 年第 3 期。

[27]杜萌、马宇:《国家政治风险、人口老龄化与主权债务违约——来自新兴市场和发展中国家的证据》,《国际金融研究》2015 年第 1 期。

[28]费尔南·布罗代尔著:《15 至 18 世纪的物质文明、经济和资本主义》,三联书店 1996 年版。

[29]伏润民、缪小林、师玉朋:《政府债务可持续性内涵与测度方法的文献综述——兼论我国地方政府债务可持续性》,《经济学动态》2012 年第 11 期。

[30]甘行琼、汤凤林:《我国政府债券流通的货币供给效应分析》,《中南财经政法大学学报》2008 年第 5 期。

［31］高培勇:《中国国债对社会总需求影响的实证分析》,《金融论坛》1996 年第 4 期。

［32］高培勇:《政府债务管理》,中国财政经济出版社 2003 年版。

［33］高永华:《拉美债务危机在对外关系方面的影响》,《世界经济》1985 年第 9 期。

［34］葛守中:《中国政府财政统计指标体系改革研究》,《兰州商学院学报》2012 年第 5 期。

［35］郭步超、王博:《政府债务与经济增长:基于资本回报率的门槛效应析》,《世界经济》2014 年第 9 期。

［36］郭红玉:《国债宏观经济效应研究》,对外经济贸易大学出版社 2005 年版。

［37］郭宏宇:《我国国债对民间投资需求的影响——基于 1985～2008 年间宏观经济数据的实证研究》,《金融理论与实践》2009 年第 11 期。

［38］国际货币基金组织等:《外债统计:编制者和使用者指南》,The International Monetary Fund,2003 年,见 http://www.imf.org。

［39］郭琳:《地方政府债务融资管理的现状、问题与对策》,《中央财经大学学报》2001 年第 8 期。

［40］郭庆旺、贾俊雪:《地方政府行为、投资冲动与宏观经济稳定》,《管理世界》2006 年第 5 期。

［41］韩立岩、郑承利、罗雯、杨哲彬:《中国市政债券信用风险与发展规模研究》,《金融研究》2003 年第 2 期。

［42］何杨、满燕云:《地方政府债务融资的风险控制——基于土地财政视角的分析》,《财贸经济》2012 年第 5 期。

［43］何振一:《理论财政学(第二版)》,中国财政经济出版社 2005 年版。

［44］贺力平:《希腊债务危机的国际影响和借鉴》,《经济学动态》2010 年第 7 期。

［45］贺忠厚、武永义、张召娣:《地方政府债务风险的防化与预警》,《财政研究》2006 年第 1 期。

［46］洪源、王群群、苏知立:《地方政府债务风险非线性先导预警系统的构建与应用研究》,《数量经济技术经济研究》2018 年第 6 期。

［47］胡光辉:《地方政府性债务危机预警及控制研究》,博士学位论文,吉林大学数量经济学专业,2008 年。

［48］黄芳娜:《中国地方政府债务管理研究》,博士学位论文,财政部财政科学研究所财政学专业,2011 年。

[49]贾俊雪、郭庆旺:《财政规则、经济增长与政府债务规模》,《世界经济》2011 年第 1 期。

[50]贾康、白景明:《县乡财政解困与财政体制创新》,《经济研究》2002 年第 2 期。

[51]贾康、赵全厚:《国债适度规模与我国国债的现实规模》,《经济研究》2000 年第 10 期。

[52]贾璐:《地方政府融资模式选择——基于政府债务风险治理视角的分析》,《财政监督》2012 年第 34 期。

[53]江时学:《拉美债务危机的出路何在——兼评"布雷迪计划"》,《拉丁美洲研究》1991 年第 4 期。

[54]姜洪:《日本会爆发主权债务危机吗?》,《国际经济评论》2012 年第 5 期。

[55]蒋洪:《财政学》,高等教育出版社 2004 年版。

[56]靳卫萍:《从内生性货币供给的角度看国债》,《当代经济科学》2003 年第 1 期。

[57]靳晓黎、郑志荣:《论地方政府举债——由财政政策两难困境引发的思考》,《财经研究》2003 年第 1 期。

[58]考燕鸣、王淑梅、马静婷:《地方政府债务绩效考核指标体系构建及评价模型研究》,《当代财经》2009 年第 7 期。

[59]科林·吉列恩等编:《全球养老保障——改革与发展》,杨燕绥等译,中国劳动社会保障出版社 2002 年版。

[60]李翀:《财政赤字观和美国政府债务的分析》,《经济学动态》2011 年第 9 期。

[61]李丹、庞晓波、方红生:《财政空间与中国政府债务可持续性》,《金融研究》2017 年第 10 期。

[62]李稻葵、张双长:《2010 欧洲债务危机:预判与对策》,《经济学动态》2010 年第 7 期。

[63]李京城、孙文基:《试论化解和防范地方政府债务的对策》,《财政研究》2007 年第 7 期。

[64]李腊生、耿晓媛:《我国地方政府债务风险评价》,《统计研究》2013 年第 10 期。

[65]李扬、张晓晶、常欣等:《中国主权资产负债表及其风险评估(上)》,《经济研究》2012 年第 6 期。

[66]李扬、张晓晶、常欣等:《中国主权资产负债表及其风险评估(下)》,《经济研

究》2012 年第 7 期。

　　[67]李扬、张晓晶、常欣:《中国国家资产负债表——理论、方法和风险评估》,中国社会科学出版社 2013 年版。

　　[68]李扬:《国债规模:在财政与金融之间寻求平衡》,《财贸经济》2003 年第 1 期。

　　[69]李永刚:《地方政府债务规模影响因素及化解对策》,《中南财经政法大学学报》2011 年第 6 期。

　　[70]林峰、邓可斌:《"双重赤字"联动的政府债务作用》,《金融研究》2018 年第 6 期。

　　[71]林双林:《中国财政赤字和政府债务分析》,《经济科学》2010 年第 3 期。

　　[72]刘昊虹、王晓雷:《论日本的主权债务问题》,《现代日本经济》2011 年第 2 期。

　　[73]刘洪钟、杨攻研、尹雷:《政府债务、经济增长与非线性效应》,《统计研究》2014 年第 4 期。

　　[74]刘鸿儒:《亚洲金融危机的教训》,《金融研究》1998 年第 6 期。

　　[75]刘慧婷、刘海龙:《基于 KMV 模型的中国地方政府债务风险评价研究》,《上海金融》2016 年第 6 期。

　　[76]刘铠豪、刘渝琳:《破解中国高储蓄率之谜——来自人口年龄结构变化的解释》,《人口与经济》2015 年第 3 期。

　　[77]刘溶沧、马拴友:《赤字、国债与经济增长关系的实证分析——兼评积极财政政策是否有挤出效应》,《经济研究》2001 年第 2 期。

　　[78]刘溶沧、夏杰长:《中国国债规模:现状、趋势及对策》,《经济研究》1998 年第 4 期。

　　[79]刘溶沧、赵志耘:《中国财政理论前沿·III》,社会科学文献出版社 2003 年版。

　　[80]刘尚希、赵全厚、孟艳、封北麟、李成威、张立承:《"十二五"时期我国地方政府性债务压力测试研究》,《经济研究参考》2012 年第 8 期。

　　[81]刘尚希、赵全厚:《政府债务:风险状况的初步分析》,《管理世界》2002 年第 5 期。

　　[82]刘尚希:《财政风险及其防范问题研究》,经济科学出版社 2004 年版。

　　[83]刘伟、李连发:《地方政府融资平台举债的理论分析》,《金融研究》2013 年第 5 期。

　　[84]刘星、岳中志、刘谊:《地方政府债务风险预警机制研究》,经济管理出版社 2005 年版。

　　[85]刘迎秋:《论中国现阶段的赤字率和债务率及其警戒线》,《经济研究》2001 年

第 8 期。

[86]刘优辉:《关于我国地方政府发行公债的必要性和可行性分析》,《财政研究》2004 年第 10 期。

[87]刘煜辉、沈可挺:《中国地方政府公共资本融资:问题、挑战与对策——基于地方政府融资平台债务状况的分析》,《金融评论》2011 年第 3 期。

[88]刘元春、蔡彤娟:《论欧元区主权债务危机的根源与救助机制》,《经济学动态》2010 年第 6 期。

[89]刘志强:《主权债务危机财政风险形成的制度分析》,《当代经济研究》2011 年第 7 期。

[90]楼继伟:《财政改革发展若干重大问题研究》,经济科学出版社 2014 年版。

[91]罗伯特·霍尔茨曼、爱德华·帕尔默:《名义账户的理论和实践——社会保障改革新思路》,郑秉文等译,中国劳动社会保障出版社 2009 年版。

[92]罗志红、朱青:《地方债务风险化解的国际经验:比较与借鉴》,《经济研究参考》2012 年第 52 期。

[93]马洪范:《地方政府债务管理:欧盟成员国的经验与启示》,《中国财政》2010 年第 17 期。

[94]马金华、李国锋、谢兴春:《美、日地方政府债务管理及其对我国的启示》,《创新》2010 年第 1 期。

[95]马金华、李国锋:《我国地方政府债务监管中存在的问题及对策分析》,《中央财经大学学报》2010 年第 7 期。

[96]马骏、张晓蓉、李治国:《国家资产负债表研究成果及其应用》,《科学发展》2013 年第 12 期。

[97]马骏、张晓蓉、李治国等:《化解国家资产负债中长期风险》,《财经》2012 年第 15 期。

[98]马骏:《中国国家资产负债表研究》,社会科学文献出版社 2012 年版。

[99]马龙、刘澜飚:《货币供给冲击是影响我国农产品价格上涨的重要原因吗》,《经济学动态》2010 年第 9 期。

[100]马拴友、于红霞、陈启清:《国债与宏观经济的动态分析》,《经济研究》2006 年第 4 期。

[101]马宇、王群利:《人口老龄化对政府债务风险影响的实证研究——基于 20 个发达国家动态面板数据的分析》,《国际金融研究》2015 年第 5 期。

[102]毛定祥、陈婷:《国债规模与货币供应量关系的实证研究》,《上海大学学报》

2008 年第 4 期。

[103]梅建明、雷同:《地方政府债务风险管理及控制的国际经验》,《经济研究参考》2011 年第 23 期。

[104]米什金:《货币金融学》(第七版),中国人民大学出版社 2007 年版。

[105]莫兰琼、陶凌云:《我国地方政府债务问题分析》,《上海经济研究》2012 年第 8 期。

[106]倪志良、赵春玲:《发行国债对货币供给和有效需求的影响与我国央行的公开市场操作》,《财政研究》2001 年第 10 期。

[107]潘志斌:《地方政府债务规模、资产价值与债务风险》,《华东师范大学学报(哲学社会版)》2014 年第 3 期。

[108]潘志斌:《基于或有权益模型的我国地方政府性债务风险度量》,《系统管理学报》2015 年第 6 期。

[109]裴育、欧阳华生:《地方债务风险预警程序与指标体系的构建》,《当代财经》2006 年第 3 期。

[110]裴育:《构建我国财政风险预警系统的基本思路》,《经济学动态》2003 年第 9 期。

[111]彭志远:《我国国债对货币供给量的影响分析》,《当代财经》2004 年第 4 期。

[112]彭志远:《现阶段我国政府债务警戒线的反思及债务风险的防范》,《管理世界》2002 年第 11 期。

[113]秦凤鸣、王旭:《欧元区主权债务期限结构的实证分析》,《经济理论与经济管理》2010 年第 12 期。

[114]邱东:《宏观测度的边界悖律及其意义》,《统计研究》2012 年第 8 期。

[115]任明东、王晨姝:《地方政府债券制度的国际比较及其对我国的启示》,《湖北财经高等专科学校学报》2011 年第 3 期。

[116]萨伊:《政治经济学概论》,商务印书馆 1982 年版。

[117]邵伟钰:《地方政府债务风险预警体系研究》,博士学位论文,苏州大学金融学专业,2008 年。

[118]沈沛龙、樊欢:《基于可流动性资产负债表的我国政府债务风险研究》,《经济研究》2012 年第 2 期。

[119]史锦华、杨松武、罗添元:《公债学》,中国社会科学出版社 2011 年版。

[120]史宗瀚:《中国地方政府的债务问题:规模测算与政策含义》,《中国教育财政科学研究所科研简报》2010 年第 2 期。

[121]斯蒂芬·切凯蒂:《Money,Banking and Financial Markets》,北京大学出版社 2007 年版。

[122]宋福铁:《国债对于私人投资挤出效应的实证研究》,《财经研究》2004 年第 8 期。

[123]宋立:《地方公共机构债券融资制度的国际比较及启示——以美国市政债券与日本地方债券为例》,《经济社会体制比较》2005 年第 3 期。

[124]孙国伟:《债务期限结构、流动性与公共债务管理》,《金融评论》2012 年第 5 期。

[125]孙玉栋、吴哲方:《我国国债适度规模的实证分析》,《经济理论与经济管理》2013 年第 10 期。

[126]汤凤林:《我国国债发行的货币供给效应分析》,《重庆工商大学学报（西部论坛）》2007 年第 1 期。

[127]陶雄华:《试析中国地方政府债务的债券化》,《财贸经济》2002 年第 12 期。

[128]王德文、蔡昉、张学辉:《人口转变的储蓄效应和增长效应——论中国增长可持续性的人口因素》,《人口研究》2004 年第 5 期。

[129]王静:《政府财政统计核算一体化研究》,中国财政经济出版社 2010 年版。

[130]王俊霞、李智慧、李雨丹:《我国国债利率效应及其实证分析》,《当代经济科学》2010 年第 6 期。

[131]王宁:《中国财政赤字率和政府债务规模警戒线初探》,《财政研究》2005 年第 5 期。

[132]王维国、杨晓华:《我国国债与经济增长关系的计量分析——兼论国债负担对国债经济增长效应的影响》,《中国管理科学》2006 年第 1 期。

[133]王晓光、高淑东:《地方政府债务风险的预警评价与控制》,《当代经济研究》2005 年第 4 期。

[134]王志浩、申岚、李炜等:《中国地方政府性债务规模估算》,《金融发展评论》2013 年第 12 期。

[135]王周伟、敬志勇、庞涛:《城镇化进程中地方政府性债务限额设定研究》,《山西财经大学学报》2015 年第 1 期。

[136]闻岳春、黄福宁:《国内金融风险预警系统研究综述及综合经营下的 EWS 框架构建》,《中国货币市场》2008 年第 9 期。

[137]吴延君、王玲:《中国地方政府性债务管理存在的问题及对策分析》,《经济研究导刊》2012 年第 6 期。

［138］谢虹：《地方政府债务风险构成及预警评价模型构建初探》，《天津财经学院学报》2007 年第 7 期。

［139］谢子远：《我国国债宏观经济效应实证研究》，浙江大学出版社 2008 年版。

［140］邢天才、杜萌、马宇：《人口老龄化会提高主权债务违约风险吗？——来自发展中国家的证据》，《财经问题研究》2015 年第 10 期。

［141］宿钦兰：《基于可拓理论的政府性债务风险预警研究》，《现代情报》2008 年第 11 期。

［142］徐明棋：《欧元区国家主权债务危机、欧元及欧盟经济》，《世界经济研究》2010 年第 9 期。

［143］徐奇渊：《我国政府债务中短期风险与长期风险考量》，《地方财政研究》2014 年第 11 期。

［144］徐瑞娥：《国外地方政府债务管理概况》，《地方财政研究》2009 年第 4 期。

［145］许涤龙、何达之：《财政风险指数预警系统的构建与分析》，《财政研究》2007 年第 11 期。

［146］许雄奇、张勋杰：《财政赤字与名义利率——基于 LA-VAR 模型的经验证据（1978—2005）》，《经济评论》2008 年第 2 期。

［147］许毅：《财经大辞典》，中国财政经济出版 1990 年版。

［148］薛军、闻勇：《地方政府债务管理：模式选择与制度借鉴》，《当代经济管理》2015 年第 2 期。

［149］晏露蓉：《欧债危机与德国政府债务管理的启示》，《福建金融》2011 年第 2 期。

［150］杨攻研、曲文轶：《俄罗斯政府债务演进的政治经济逻辑及风险研究》，《俄罗斯研究》2018 年第 4 期。

［151］杨继军、张二震：《人口年龄结构、养老保险制度转轨对居民储蓄率的影响》，《中国社会科学》2013 年第 8 期。

［152］杨胜刚、成程：《基于或有权益法的中国主权风险研究》，《国际金融研究》2012 年第 12 期。

［153］杨文奇：《论我国国债发行利率对央行利率调整的预测作用》，《金融研究》2004 年第 3 期。

［154］杨志勇、张馨：《公共经济学》，清华大学出版社 2005 年版。

［155］杨子晖：《政府债务、政府消费与私人消费与非线性关系的国际研究》，《金融研究》2011 年第 11 期。

[156]易千:《主要发达国家政府债务规模和风险问题研究》,博士学位论文,财政部财政科学研究所财政学专业,2013年。

[157]尹恒、叶海云:《政府债务规模的国际比较及决定因素研究》,《世界经济文汇》2006年第5期。

[158]尹恒、叶海云:《政府债务挤出私人投资:国际证据》,《统计研究》2005年第10期。

[159]尹恒:《政府债务妨碍长期经济增长:国际证据》,《统计研究》2006年第1期。

[160]尹恒:《政府债务问题研究》,北京师范大学出版社2007年版。

[161]余俊:《地方政府债务置换对商业银行的影响分析》,《当代经济》2016年第12期。

[162]余永定:《财政稳定问题研究的一个理论框架》,《世界经济》2000年第6期。

[163]约翰·穆勒:《政治经济学原理》,世界书局1936年版。

[164]张春霖:《如何评估我国政府债务的可持续性?》,《经济研究》2000年第2期。

[165]张海星:《政府或有债务问题研究》,博士学位论文,东北财经大学财政学专业,2006年。

[166]张雷宝:《公债经济学:理论·政策·实践》,浙江大学出版社2007年版。

[167]张启迪:《政府债务对经济增长的影响存在阈值效应吗——来自欧元区的证据》,《南开经济研究》2015年第3期。

[168]张馨:《公共财政论纲》,经济科学出版社1999年版。

[169]张屹山、张代强:《我国通货膨胀率波动路径的非线性状态转换——基于通货膨胀持久性视角的实证检验》,《管理世界》2008年第12期。

[170]张志华、周娅、尹李峰:《澳大利亚的地方政府债务管理》,《中国财政》2008年第11期。

[171]赵全厚、孙昊旸:《我国政府债务概念辨析》,《经济研究参考》2011年第10期。

[172]赵晔:《现阶段中国地方政府债务风险评价与管理研究》,博士学位论文,辽宁大学财政学专业,2009年。

[173]郑洁、陈建:《我国地方政府债务的风险评估及治理路径》,《经济研究参考》2018年第4期。

[174]郑联盛:《欧洲债务问题:演进、影响、原因与启示》,《国际经济评论》2010年

第 3 期。

[175]政府资产负债核算的理论和政策研究课题组、杜金富:《科学反映政府实力和调控能力——2012~2013 年中国政府资产负债表编制报告》,《中国金融》2015 年第 3 期。

[176]中国社会科学院财经战略研究院课题组、高培勇、杨志勇等:《推进财政支出领域的改革》,《经济研究参考》2014 年第 22 期。

[177]仲凡、杨胜刚:《人口结构、财政支出刚性对地方政府性债务的影响——基于中国省级面板数据的研究》,《财经理论与实践》2016 年第 4 期。

[178]周茂荣、骆传朋:《欧盟财政可持续性的实证研究》,《世界经济研究》2006 年第 12 期。

[179]周茂荣、杨继梅:《"欧猪五国"主权债务危机及欧元发展前景》,《世界经济研究》2010 年第 11 期。

[180]朱柏铭:《公共经济学》,浙江大学出版社 2002 年版。

[181]朱超、周晔:《储蓄率、经常项目顺差与人口结构变迁》,《财经研究》2011 年第 1 期。

[182]朱岩:《加拿大的国债市场管理》,《中国财政》2010 年第 21 期。

[183]朱志雯:《我国政府财政统计核算的记录基础及虚拟计算操作的改革研究》,《统计研究》2012 年第 3 期。

[184]兹唯·博迪、亚力克斯·凯恩、艾伦·J.马科斯:《投资学精要》,中国人民大学出版社 2016 年版。

[185]Abu Maji, Ali S.Yusufu Bagaji, Moses S.Etila, Jafa'aru Garba Sule, "An Investigation of Causal Relationship between Fiscal Deficits, Economic Growth and Money Supply in Nigeria(1970–2009) ", *Canadian Social Science*, No.2, 2012.

[186]Alberto Giovannini, "Government Debt Management", *Oxford Review of Economic Policy*, No.4, 1997.

[187]Alessandro Missale, Francesco Giavazzi, Pierpaolo Benigno, "Managing the Public Debt in Fiscal Stabilizations: The Evidence", *NBER Working Paper*, No.w6311, 1999.

[188]Alexandru Minea, Antoine Parent, "Is High Public Debt always Harmful to Economic Growth? Reinhart and Rogoff and Some Complex Nonlinearities", *CERDI(University of Auvergne) Working Papers*, No.1, 2012.

[189]Alfred Greiner, "Public Debt in a Basic Endogenous Growth Model", *Economic Modelling*, No.4, 2012.

［190］Aliona Cebotari，"Contingent Liabilities：Issues and Practice"，*IMF Working Paper*，October No.08/245，2008.

［191］Amnon Levy，Khorshed Chowdhury，"An Integrative Analysis of External Debt，Capital Accumulation and Production in Latin America，Asia-Pacific and Sub-Saharan Africa"，*Journal of Economics and Finance*，No.3，1993.

［192］Ana-Maria Fuertes，Elena Kalotychou，"Optimal Design of Early Warning Systems for Sovereign Debt Crises"，*International Journal of Forecasting*，No.1，2007.

［193］Andre O.Santos，Jorge A.Chan-Lau，"Public Debt Sustainability and Management in a Compound Option Framework"，*IMF Working Papers*，2010，No.10/2.

［194］Andrea Pescatori，Damiano Sandri，John Simon，Pescatori A.，Sandri D.，Simon J.，"Debt and Growth：Is there a Magic Threshold?"，*IMF Working Papers*，No.34，2014.

［195］Andreas Nastansky，Hans G.Strohe，"Public Debt，Money and Consumer Prices：A Vector Error Correction Model for Germany"，*Ekonometria*，No.47，2015.

［196］Andrew Berg，Eduardo Borensztein and Catherine Pattillo，"Assessing Early Warning Systems：How have They Worked in Practice?"，*IMF Staff Papers*，No.3，2005.

［197］Anita Ghatak，Subrata Ghatak，"Budgetary Deficits and Ricardian Equivalence：The Case of India，1950–1986"，*Journal of Public Economics*，No.2，1996.

［198］Anne Peguin-Feissolle，Birgit Strikholm，Timo Teraesvirta，"Testing the Granger Noncausality Hypothesis in Stationary Nonlinear Models of Unknown Functional Form"，*Communications in Statistics-Simulation and Computation*，No.5，2013.

［199］Apergis N.，Christou C.，"Dependency Rate and Savings：The African Evidence with Panel Data"，*International Journal of Business & Management*，No.4，2012.

［200］Ashoka Mody，Dilip Patro，"Methods of Loan Guarantee Valuation and Accounting"，*The World Bank Research Paper*，No.1，1996.

［201］B.Bhaskara Rao，"Time-series Econometrics of Growth-models：A Guide for Applied Economists"，*Applied Economics*，No.1，2010.

［202］Balázs Égert，"The 90% Public Debt Threshold，the Rise and Fall of a Stylised Fact"，*Applied Economics*，No.34–35，2015.

［203］Barry Bosworth，Gabriel Chodorowreich，"Saving and Demographic Change：The Global Dimension"，*Center for Retirement Research Working Papers*，No.2007–21，2007.

［204］Basil Dalamagas，"The Tax versus Debt Controversy in a Multivariate Cointegrating System"，*Applied Economics*，No.12，1994.

[205] Bernard Dafflon, "Local Debt: From Budget Responsibility to Fiscal Discipline", *Fses Working Papers*, No.1, 2010.

[206] Bernard Dafflon, *Local Public Finance in Europe: Balancing the Budget and Controlling Debt*, Edward Elgar, Cheltenham, UK; Northampton, MA, 2002.

[207] Bharat Trehan, Carl E. Walsh, "Common Trends, the Government's Budget Constraint, and Revenue Smoothing", *Journal of Econometrics*, No.2, 1987.

[208] BIS, ECB and IMF, *The Handbook on Securities Statistics-Part 1: Debt Securities Issues*, 2009, http://www.imf.org/external/np/sta/wgsd/pdf/051309. pdf.

[209] Bruce E. Hansen, "Sample Splitting and Threshold Estimation", *Econometrics*, 2000, 68(3).

[210] Bruce E. Hansen, "Tests for Parameter Instability in Regressions with I(1) Processes", *Journal of Business and Economics Statistics*, No.3, 1992.

[211] Bruce E. Hansen, "Threshold Effiects in Non-dynamic Panels: Estimation, Testing, and Inference", *Journal of Econometrics*, No.2, 1999.

[212] C.Checherita-Westphal, P.Rother, "The Impact of High Government Debt on Economic Growth and Its Channels: An Empirical Investigation for the Euro Area", *European Economic Review*, No.56, 2012.

[213] C.Ferreira, "Public Debt and Economic Growth, A Granger Causality Panel Data Approach", *ISEG-Technical University of Lisbon Working Paper*, No.24, 2009.

[214] C. Noyer, "Sovereign Crisis Risk Contagtion and the Response of the Central Bank", *BIS Review*, No.84, 2010.

[215] C.Trecroci, Simone Salotti, "Even Worse than You Thought: The Impact of Government Debt on Aggregate Investment and Productivity", *Ecomod*, No.7, 2012.

[216] Carlo Panico, "The Causes of the Debt Crisis in European and the Role of Regional Integration", *Political Economy Research Institute Working Paper*, No.234, 2010.

[217] Carmen M.Reinhart, Kenneth S.Rogoff, "Growth in a Time of Debt", *American Economic Review*, No.2, 2010.

[218] Catherine A. Pattillo, Hélène Poirson, Luca A. Ricci, "External Debt and Growth", *IMF Working Paper*, No.02/69, 2002.

[219] Catherine A. Pattillo, Hélène Poirson, Luca A. Ricci, "What are the Channels through which External Debt Affects Growth?", *IMF Working Papers*, No.04/15, 2004.

[220] Charles I.Plosser, "Fiscal Policy and the Term Structure", *Journal of Monetary*

Economics, No.6, 1987.

[221] Charles I.Plosser, "Government Financing Decisions and Asset Returns", *Journal of Monetary Economics*, No.3, 1982.

[222] Christopher A.Sims, "A Simple Model for Study of the Determination of the Price Level and the Interaction of Monetary and Fiscal Policy", *Economic Theory*, No.3, 1994.

[223] Christopher A.Sims, James H.Stock, Mark W.Watson, "Inference in Linear Time Series Models with some Unit Roots", *Econometrica*, No.1, 1990.

[224] Chryssi Giannitsarou, Andrew Scott, "Inflation Implications of Rising Government Debt", *NBER International Seminar on Macroeconomics*, No.11, 2006.

[225] Cordella T., Ricci L. A., Ruizarranz M., "Debt Overhang or Debt Irrelevance? Revisiting the Debt-Growth Link", *IMF Working Papers*, No.05/223, 2005.

[226] D. A. Aschauer, "Does Public Capital Crowd Out Private Capital?", *Journal of Monetary Economics*, No.2, 1988.

[227] D.Bruninger, "Retirement Pensions and Sovereign Debt in the Euro Area", *Deutsche Bank Research Working Paper*, No.032, 2011.

[228] Dale F.Gray, Robert C.Merton, Zvi Bodie, "Contingent Claims Approach to Measuring and Managing Sovereign Credit Risk", *Journal of Investment Management*, No.4, 2007.

[229] Dale F.Gray, "Modeling Banking, Sovereign, and Macro Risk in a CCA Global VAR", *IMF Working Paper*, No.13/218, 2013.

[230] Dale F.Gray, A.Jobst, New Directions in Finatrcial Sector and Sovereign Risk Management, *Journal of Investment Management*, No.1, 2010.

[231] Dale F.Gray, Robert C.Merton, Zvi Bodie, "A New Framework for Analyzing and Managing Macrofinancial Risks of an Economy", *NBER Working Paper Series*, No.12637, 2006.

[232] Damien Besancenot, Kim Huynh Radu Vranceanu, "Default on Sustainable Public Debt: Illiquidity Suspect Convicted", *Economics Letters*, No.2, 2004.

[233] Daniel Cohen, "Growth and External Debt: A New Perspective on the African and Latin American Tragedies", *Cepr Discussion Papers*, No.1753, 1997.

[234] David C.Rose, David R.Hakes, "Deficits and Interest Rates as Evidence of Ricardian Equivalence", *Eastern Economic Journal*, No.1, 1995.

[235] David Hauner, "Public Debt and Financial Development", *Journal of Development Economics*, No.1, 2009.

[236] David J. Smyth, Yu Hsing, "In Search of an Optimal Debt Ratio for Economic Growth", *Contemporary Economic Policy*, No.4, 1995.

[237] Developing Government Bond Markets, World Bank, *Developing Government Bond Markets: A Handbook*, World Bank, 2001.

[238] Donald W. K. Andrews, "Tests for Parameter Instability and Structural Change with Unknown Change Point: A Corrigendum", *Econometrica*, No.1, 2003.

[239] Dooyeon Cho, Dong-EunRhee, "Nonlinear Effects of Government Debt on Private Consumption: Evidence from OECD Countries", *Economics Letters*, No.3, 2013.

[240] Douglas Holtz-Eakin, Whitney Newey, Harvey S. Rosen, "Estimating Vector Autoregressions with Panel Data", *Econometrica*, No.6, 1988.

[241] Douglas W. Elmendorf, N. Gregory Mankiw, "Government Debt", *NBER Working Papers*, No.1, 1999.

[242] Edward L. Glaeser, "Public Ownership in the American City", *SSRN Electronic Journal*, No.8631, 2001.

[243] Efthymios G. Pavlidis, Ivan Paya, David A. Peel, "Nonlinear Causality Tests and Multivariate Conditional Heteroskedasticity, A Simulation Study", *Studies in Nonlinear Dynamics and Econometrics*, No.3, 2013.

[244] Elhanan Helpman, "Endogenous Macroeconomic Growth Theory", *European Economic Review*, No.2, 1991.

[245] Elizabeth Currie, Jean-Jacques Dethier, Eriko Togo, "Institutional Arrangements for Public Debt Management", *World Bank Policy Research Working Paper*, No.30-31, 2003.

[246] Eric M. Engen R. Glenn Hubbard, "Federal Government Debts and Interest Rates", *NBER Working Paper*, No.10681, 2004.

[247] Eric M. Leeper, "Equilibria under 'Active' and 'Passive' Monetary and Fiscal Policies", *Journal of Monetary Economics*, No.1, 1991.

[248] Eric M. Leeper, Tack Yun, "Monetary-Fiscal Policy Integration and the Price Level: Background and Beyond", *International Tax and Public Finance*, No.13, 2006.

[249] Eswar Prasad, "The Rising Burden of Government Debt", *Fiancial Times*, Nov. 1, 2010.

[250] Eurostat, "Structure of Government Debt in Europe in 2009", *Eurostat (ESTAT)*, 2011, http://ec.europa.eu/ Eurostat.

[251] Eyup Basti, Bülent Köksal, "Public Debt and Financial Development: Evidence

from Turkey", *Economics*, *Business and Finance*, No.299, 2011.

[252] F.Balassone, M.Francese, A.Pace, "Public Debt and Economic Growth in Italy", *Bank of Italy Economic History Working Paper*, No.11, 2011.

[253] Fernando M. Martin, "A Positive Theory of Government Debt", *Review of Economic Dynamics*, No.4, 2009.

[254] Fred C. Graham, "Government Debt, Government Spending, and Private Sector Behavior: Comment", *The America Econormic Review*, No.12, 1995.

[255] G. A. Bertocchi, "Theory of Public Debt Management with Unobservable Demand", *The Economic Journal*, No.419, 1993.

[256] Goohoon Kwon, Lavern McFarlane, Wayne Robinson, "Public Debt, Money Supply, and Inflation: A Cross-Country Study", *IMF Staff Papers*, No.3, 2009.

[257] Graham M.Voss, "Public and Private Investment in the United States and Canada", *Economic Modelling*, No.4, 2002.

[258] Guillermo A.Calvo, "Servicing the Public Debt: The Role of Expectations", *American Economic Review*, No.4, 1989.

[259] Harold L.Cole, Timothy J.Kehoe, "A Self-fulfilling Model of Mexico's 1994—1995 Debt Crisis", *Journal of International Economics*, No.34, 1996.

[260] Harvey S.Rosen, *Public Finance*, McGraw-Hill Education, 1992.

[261] Helmut Lütkepohl, *Introduction to Multiple Time Series Analysis*, 2nd *Edition*, Springer Berlin Heidelberg, 1993.

[262] Hiro Y.Toda, Peter C.B.Phillips, "Vector Autoregression and Causality: A Theoretical Overview and Simulation Study", *Econometric Reviews*, No.2, 1994.

[263] Hiro Y.Toda, Taku Yamamoto, "Statistical Inference in Vector Autoregressions with Possibly Integrated Processes", *Journal of Econometrics*, No.1, 1995.

[264] IMF and World Bank, "Helping Developing Countries Address Public Debt", *Management Challenges-Background Paper*, March 4, 2013.

[265] IMF, "Early Warning System Models: The Next Step forward", *Global Financial Stability Report*, IMF, 2002.

[266] IMF, "Government Finance Statistics Yearbook", IMF, http://www.elibrary.imf.org, 2012.

[267] IMF, "Guideline for Public Debt Management Amend", IMF, http://www.imf.org, 2003.

［268］IMF,"Guidelines for Public Debt Management:Accompanying Document and Selected Case Studies",IMF,www.imf.org,2002.

［269］IMF,World Bank,OECD,Bank of International Settlements,European Central Bank,"Public Sector Debt Statistics:Guide for Compiler and Users",IMF,http://www.tffs.org/ PSDStoc.htm,2011.

［270］J.Bai,P.Perron,"Computation and Analysis of Multiple Structural Change Models",*Journal of Applied Econometrics*,No.1,2003.

［271］J.Bai,P.Perron,"Estimating and Testing Linear Models with Multiple Structural Changes",*Econometrica*,No.66,1998.

［272］J.Bongaarts,"Population Aging and the Rising Cost of Public Pensions",*Population and Development Review*,No.1,2004.

［273］J.Bradford DeLong,Lawrence H.Summers,"Fiscal Policy in a Depressed Economy",*Brookings Papers on Economic Activity*,No.1,2012.

［274］J.M.Buchanan,*Public Principles of Public Debt*,R.D.Irwin,1958.

［275］J. R. Barth, G. Iden, F. S. Russek, and M. Wohar, *The Effects of Federal Budget Deficits on Interest Rates and the Composition of Domestic Output*, in Rudolph G. Penner (eds.) ,*The Great Fiscal Experiment*,Washington,DC:The Urban Institute Press,1991.

［276］Jakob De Haan,Dick Zelhorst,"The Impact of Government Deficits on Money Growth in Developing Countries",*Journal of International Money and Finance*,No.4,1990.

［277］James D.Hamilton,"A New Approach to the Economic Analysis of Nonstationary",*Time Series and the Business Cycle*,No.2,1989.

［278］James D.Hamilton,Marjorie A.Flavin,"On the Limitations of Government Borrowing:A Framework for Empirical Testing",*American Economic Review*,No.4,1986.

［279］James G.MacKinnon,Halbert White,"Some Heteroskedasticity Consistent Covariance Matrix Estimators with Improved Finite Sample Properties",*Journal of Econometrics*,No.3,1985.

［280］James L.Chan,"Government Accounting:An Assessment of Theory,Purposes and Standards",*Public Money & Management*,No.1,2003.

［281］James M.Poterba,Kim Rueben,"State Fiscal Institutions and the U.S.Municipal Bond Market",in James M.Poterba,Jürgen von Hagen(eds.) ,*Fiscal Institutions and Fiscal Performance*,University of Chicago Press,1999.

［282］James Tobin,"An Essay on the Principles of Debt Management",in James Tobin

政府债务管理与风险预警机制研究

(eds.),*Fiscal and Debt Management Policies*,Prentice Hall,1963.

[283]Jean-Claude Trichet,"Lessons to Be Learned from the European Sovernrign Debt Crisis:Interview with Liberation",*BIS Review*,2010.

[284]Jeffrey A.Frankel,Andrew K.Rose,"Currency Crashes in Emerging Markets:An Empirical Treatment",*Journal of International Economics*,No.41,1996.

[285]Jeffrey D.Sachs,"A Strategy for Efficient Debt Reduction",*Journal of Economic Perspectives*,No.1,1990.

[286]Jeffrey D.Sachs,Tornell Aaron,Velasco Andrés,"Financial Crises in Emerging Markets:The Lessons from 1995",*Brookings Papers on Economic Activity*,No.1,1996.

[287]Jeroen J.M.Kremers,Neil R.Ericsson,Juan J.Dolado,"The Power of Cointegration Tests",*Oxford Bulletin of Economics & Statistics*,No.3,1992.

[288]Jerry H.Tempelman,"Will the Federal Reserve Monetize U.S. Government Debt?",*Financial Analysts Journal*,No.6,2009.

[289]Jo T.Lind,Halvor Mehlum,"With or without U? The Appropriate Test for a U-Shaped Relationship",*Oxford Bulletin of Economics and Statistics*,No.1,2010.

[290]John H.Cochrane,"Long-term Debt and Optimal Policy in the Fiscal Theory of the Price Level",*Econometrica*,No.1,2001.

[291]John H. Cochrane,"Understanding Policy in the Great Recession, Some Unpleasant Fiscal Arithmetic",*European Economic Review*,No.1,2011.

[292]John J.Seater,"Ricardian Equivalence",*Journal of Economic Literature*,No.1,1993.

[293]Jon Vilasuso,"Causality Tests and Conditional Heteroskedasticity,Monte Carlo Evidence",*Journal of Econometrics*,No.1,2001.

[294]Jörgen Elmeskov,Douglas Sutherland,"Post-crisis Debt Overhang,Growth Implications across Countries",*SSRN Working Paper*,2012,http://ssrn.com/abstract=1997093.

[295]Joshua Aizenman,Nancy Marion,"Using Inflation to Erode the U.S. Public Debt",*Journal of Macroeconomics*,No.4,2011.

[296]Junsoo Lee,Mark C.Strazicich,"Minimum Lagrange Multiplier Unit Root Test with Two Structural Breaks",*The Review of Economics and Statistics*,No.4,2003.

[297]K.J.Arrow,M.Kurz,Public Investment,"The Rate of Return,and Optimal Fiscal Policy",*Journal of Finance*,No.4,2013.

[298]Keigo Kameda,"Budget Deficits,Government Debt,and Interest Rates in Japan:

472

An Analysis based on Published Budgetary Forecasts", *Journal of the Japanese and International Economies*, No.1, 2014.

[299] Kevin W.O' Connor, Ethan Weisman and Tobias Wickens, "Consolidation of the General Government Sector", *GFSM* 2001 *Related Materials*, 2004, http://www. imf. org/external/pubs/ft/gfs/manual/comp.html.

[300] Laubach Thomas, "New Evidence on the Interest Rate Effects of Budget Deficits and Debt", *Journal of the European Economic Association*, No.4, 2003.

[301] Lori L.Leachman, "New Evidence on the Ricardian Equivalence Theorem: A Multicointegration Approach", *Applied Economics*, No.6, 1996.

[302] Louis Kuijs, "How will China's Saving-Investment Balance Evolve?", *Policy Research Working Paper*, No.32, 2006.

[303] M. Arellano, S. Bond, "Some Tests of Specification for Panel Data: Monte Carlo Evidence and an Application to Employment Equations", *Review of Economic Studies*, No. 2, 1991.

[304] M.Baxter, R.G.King, "Fiscal Policy in General Equilibrium", *American Economic Review*, No.3, 1993.

[305] M.Bleaney, "Central Bank Independence, Wage-Bargaining Structure, and Macroeconomic Performance in OECD Countries", *Oxford Economic Papers*, No.1, 1996.

[306] M.Flodén, "The Effectiveness of Government Debt and Transfers as Insurance", *Journal of Monetary Economics*, No.1, 2001.

[307] M. Gómez-Puig, S. Sosvilla-Rivero, "The Causal Relationship between Debt and Growth in EMU Countries", *Journal of Policy Modeling*, No.6, 2015.

[308] M.Hashem Pesaran, Allan Timmermann, "Small Sample Properties of Forecasts from Autoregressive Models under Structural Breaks", *Journal of Econometrics*, No.1, 2005.

[309] M. Hashem Pesaran, Yongcheol Shin, Richard J. Smith, "Bounds Testing Approaches to the Analysis of Level Relationships", *Journal of Applied Econometrics*, No. 3, 2001.

[310] M.J.Boskin, "Federal Government Deficits: Some Myths and Realities", *American Economic Review*, No.2, 1982.

[311] M.Keivan Deravi, Charles E.Hegji, H.Dean Moberly, "Government Debt and the Demand for Money: An Extreme Bound Analysis", *Economic Inquiry*, No.28, 1990.

[312] M. Meador, "Notes and Comments the Independence of Federal Debt and the

Money Supply: An Empirical Note", *Review of Business and Economic Research*, No.4, 1984.

[313] M. Shahe Emran, Subika Farazi, "Lazy Banks? Government Borrowing and Private Credit in Developing Countries", Institute for International Economic Policy Working Paper, The George Washington University, No.IIEP-WP-2009-9, 2009.

[314] Majid Taghavi, "Debt, Growth and Inflation in Large European Economies: A Vector Auto-regression Analysis", *Journal of Evolutionary Economics*, No.1-2, 2000.

[315] Maria S.M.Peria, "A Regime-switching Approach to the Study of Speculative Attacks: A Focus on EMS Crises", *Empirical Economics*, No.2, 2002.

[316] Mario I.Blejer, Mohsin S. Khan, "Government Policy and Private Investment in Developing Countries", *IMF Staff Papers*, No.2, 1984.

[317] Mark Allen, "Debt-Related Vulnerabilities and Financial Crises-An Application of the Balance Sheet Approach to Emerging Market Countries", *IMF Occasional Papers*, No. 240, 2005.

[318] Mark Wheeler, "The Macroeconomic Impacts of Government Debt: An Empirical Analysis of the 1980s and 1990s", *Atlantic Economic Journal*, No.3, 1999.

[319] Martin J.Bailey, "The Theory of Public Finance: A Study in Public Economy", *Journal of Political Economy*, No.1, 1959.

[320] Matthew Higgins, Thomas Klitgaard, Saving Imbalances and the Euro Area Sovereign Debt Crisis", *Current Issues in Economics and Finance*, No.5, 2010.

[321] Matthijs Lof, Tuomas Malinen, "Does Sovereign Debt Weaken Economic Growth? A Panel VAR Analysis", *Economics Letters*, No.3, 2014.

[322] Maury R. Randall, David Y. Suk, "Sovereign Debt, Aging Populations, and Economic Growth: Differences between OECD and Less Developed Nations", *Global Journal of Business Research*, No.1, 2015.

[323] Mehmet Caner, Thomas Grennes, Fritzi N. Köhler-Geib, "Finding the Tipping Point-When Sovereign Debt Turns Bad", *SSRN Working Paper*, 2010, http://ssrn.com/abstract=1612407.

[324] Melike Bildirici, Ozgur O.Ersin, "Domestic Debt, Inflation and Economic Crises: A Panel Cointegration Application to Emerging and Developed Economies", *Applied Econometrics & International Development*, No.1, 2007.

[325] Michael Gapen, Dale F. Gray, Cheng Hoon Lim, Yingbin Xiao, M. Gapen, D. F. Gray, "Measuring and Analyzing Sovereign Risk with Contingent Claims", *IMF Staff Papers*,

https://ssrn.com/abstract=888024,2008,55(1).

［326］Michael Kumhof, Evan Tanner,"Government Debt: A Key Role in Financial Intermediation",IMF *Working Papers*,No.IV(4),2005.

［327］Miguel Puente-Ajovín, Marcos Sanso-Navarro,"Granger Causality between Debt and Growth: Evidence from OECD Countries", *International Review of Economics and Finance*,No.1,2015.

［328］Mok W. Mun, Normaz W. Ismail,"The Impact of Domestic Public Debt on Financial Development in Malaysia", *International Journal of Social Science Research*, No.2,2015.

［329］Morris Goldstein, Geoffrey Woglom,"Market-Based Fiscal Discipline in Monetary Unions: Evidence from the US Municipal Bond Market", *International Monetary Fund Working Paper*,No.89,1991.

［330］Muhammad J.Ahmad, Muhammad R.Sheikh, Khadija Tariq,"Domestic Debt and Inflationary Effects:Evidence from Pakistan", *International Journal of Humanities and Social Science*,No.18,2012.

［331］Mutasim A.A.Mohamed,"The Impact of External Debts on Economic Growth, an Empirical Assessment of the Sudan: 1978–2001", *Eastern Africa Social Science Research Review*,No.2,2005.

［332］Nathaniel H.Leff,"Dependency Rates and Savings Rates", *American Economic Review*,No.5,1969.

［333］Nicola Chiara, S.M.Asce, Michael J.Garvin, M.Asce, Jan Vecer,"Valuing Simple Multiple-Exercise Real Options in Infrastructure Projects", *Journal of Infrastructure Systems*,No.2,2007.

［334］Nicola Gennaioli, Alberto Martin, Stefano Rossi,"Sovereign Default, Domestic Banks, and Financial Institutions", *Journal of Finance*,No.2,2014.

［335］Nigel A.Chalk,"The Sustainability of Bond-financed Deficits: An Overlapping Generations Approach", *Journal of Monetary Economics*,No.2,2000.

［336］Nora Traum, Shu-chun Susan Yang,"Does Government Debt Crowd out Investment? A Bayesian DSGE Approach", *Congressional Budget Office Working Paper Series*, Washington D.C.,2010.

［337］O.David Gulley,"An Empirical Test of the Effects of Government Deficits on Money Demand", *Applied Economics*,No.3,1994.

[338] Paolo Paesani, Rolf Strauch, Manfred Kremer, "Public Debt and Long-term Interest Rates: The Case of German, Italy and the USA", *European Central Bank (ECB) Working Paper Series*, No.656, 2006.

[339] Paresh K. Narayan, "The Saving and Investment Nexus for China: Evidence from Cointegration Tests", *Applied Economics*, No.17, 2005.

[340] Paul Evans, "Do Budget Deficits Raise Nominal Interest Rates? Evidence from Six Countries", *Journal of Monetary Economics*, No.2, 1987.

[341] Paul Evans, "Do Large Deficits Produce High Interest Rates?", *American Economic Review*, No.75, 1985.

[342] Pene Kalulumia, "Effects of Government Debt on Interest Rates: Evidence from Causality Tests in Johansen-type Models", *Cahiers De Recherche*, No.10, 2002.

[343] Polackova, Hana, "Contingent Government Liabilities: A Hidden Risk for Fiscal Stability", *Policy Research Working Paper Series*, The World Bank, 1998.

[344] Polackova, Hana, "Contingent Government Liabilities", *Finance & Development*, No.1, 1999.

[345] Polackova, Hana, Allen Schick, "Government at Risk: Contingent Liabilities and Fiscal Risk", *World Bank Publications*, No.7, 2002.

[346] R. Beardt, W. D. Mcmillin, "Government Budgets and Money: How are They Related?", *Journal of Economic Education*, No.2, 1986.

[347] R. Bhattacharya, S. Mukherjee, "Private Sector Consumption and Government Consumption and Debt in Advanced Economies an Empirical Study", *Social Science Electronic Publishing*, No.264, 2010.

[348] R. Ford, D. Laxton, "World Public Debt and Real Interest Rates", *Oxford Review of Economic Policy*, No.2, 1999.

[349] R. Scott Hacker, Abdulnasser Hatemi-J., "A Bootstrap Test for Causality with Endogenous Lag Length Choice: Theory and Application in Finance", *Journal of Economic Studies*, No.2, 2012.

[350] R. Scott Hacker, Abdulnasser Hatemi-J., "A Test for Multivariate ARCH Effects", *Applied Economics Letters*, 2005, 12(7).

[351] R. T. Cunningham, "The Effects of Debt Burden on Economic Growth in Heavily Indebted Developing Nations", *Journal of Economic Development*, No.1, 1993.

[352] Raju Singh, Alexander Plekhanov, "How should Subnational Government Borrow-

ing Be Regulated? Some Cross Country Empirical Eveidence", *IMF Working Paper*, No. 2005/054,2005.

[353] Rati Ram, "Dependency Rates and Aggregate Savings: A New International Cross-Section Study", *American Economic Review*, No.3,1982.

[354] Raymond W. Goldsmith, *The National Balance Sheet of the United States 1953–1980*, University of Chicago Press,1982.

[355] Real Arai, Takuma Kunieda, Keigo Nishida, "Is Public Debt Growth-Enhancing or Growth-Reducing?", *KIER Working Papers*,2014.

[356] Richard Blundell, Stephen Bond, "Initial Conditions and Moment Restrictions in Dynamic Panel Data Models", *Journal of Econometrics*, No.1,1998.

[357] Robert C.Merton, "An Analytic Derivation of the Cost of Deposit Insurance and Loan Guarantees", *Journal of Banking and Finance*, No.1,1977.

[358] Robert D.Ebel, Serdar Yilmaz, "On the Measurement and Impact of Fiscal Decentralization", *World Bank Policy Research Working Paper*, No.2809,2002.

[359] Robert E. Lucas, Nancy L. Stokey, "Optimal Fiscal and Monetary Policy in an Economy without Capital", *Journal of Monetary Economics*, No.1,1983.

[360] Robert F.Engle, Clive W.J.Granger, "Cointegration and Error Correction Representation: Estimation and Testing", *Econometrica*, No.55,1987.

[361] Robert Holzmann, Robert Palacios, Asta Zviniene, "Implicit Pension Debt: Issues, Measurement and Scope in International Perspective", *World Bank Social Protection Discussion Paper Series*, No.0403,2004.

[362] Robert J.Barro, "Are Government Bonds Net Wealth?", *Journal of Political Economy*, No.6,1974.

[363] Robert J. Barro, "Government Spending, Interest Rates, Prices, and Budget Deficits in the United Kingdom,1701–1918", *Journal of Monetary Economics*, No.2,1987.

[364] Robert J.Barro, "On the Determination of the Public Debt", *The Journal of Political Economy*, No.5,1979.

[365] Robert J. Barro, "Optimal Debt Management", *NBER Working Papers*, No. 5327,1995.

[366] Robert-Paul Berben, Teunis Brosens, "The Impact of Government Debt on Private Consumption in OECD Countries", *Economics Letters*, Elsevier, No.2,2007.

[367] Roger C.Kormendi, "Government Debt, Government Spending and Private Sector

Behavior", *American Economic Review*, No.5, 1983.

［368］Rosella Levaggi, "Does Government Expenditure Crowd out Private Consumption in Italy? Evidence from a Microeconomic Model", *International Review of Applied Economics*, No.2, 1999.

［369］Rui Castro, Carlos Resende, Francisco J. Ruge-Murcia, "The Backing of Government Debt and the Price Level", *Cahiers de recherche Universite de Montreal*, No. 2003 - 22, 2003.

［370］S. Rao Aiyagari, Ellen R. McGrattan, "The Optimum Quantity of Debt", *Journal of Monetary Economics*, No.3, 1998.

［371］Serena Ng, Pierre Perron, "Unit Root Tests in ARMA Models with Data Dependent Methods for the Selection of the Truncation Lag", *Journal of the American Statistical Association*, No.429, 1995.

［372］Shahnawaz Malik, Muhammad K. Hayat, "External Debt and Economic Growth, Empirical Evidence from Pakistan", *International Research Journal of Finance and Economics*, No.44, 2010.

［373］Silvia Ardagna, Francesco Caselli, Timothy Lane, Ardagna S., Caselli F., Lane T. "Fiscal Discipline and the Cost of Public Debt Service: Some Estimates for OECD Countries", *Cepr Discussion Papers*, No.1, 2004.

［374］Soren Johansen, "Estimation and Hypothesis Testing of Cointegrating Vectors in Gaussian Vector Autoregressive Models", *Econometrica*, No.59, 1991.

［375］Stefano Eusepi, Bruce Preston, "Learning the Fiscal Theory of the Price Level: Some Consequences of Debt-management Policy", *Journal of the Japanese and International Economies*, No.4, 2011.

［376］Stephen G. Cecchetti, M. S. Mohanty, Fabrizio Zampolli, "The Real Effects of Debt", *BIS Working Papers*, No.352, 2011.

［377］Stephen M. Goldfeld, Richard E. Quandt, "A Markov Model for Switching Regressions", *Journal of Econometrics*, No.1, 1973.

［378］Stephen M. Miller, Frank S. Russek, "Do Federal Deficits Affect Interest Rates?", *Journal of Macroeconomics*, No.3, 1996.

［379］Sweder van Wijnbergen, Nina Budina, "Inflation Stabilization, Fiscal Deficits, and Public Debt Management in Poland", *Journal of Comparative Economics*, No.2, 2001.

［380］Teresa Ter-Minassian, Jon Craig, "Control of Subnational Government

Borrowing", in IMF, *Fiscal Federalism in Theory and Practice*, International Monetary Fund, 1997.

[381] Tetsuo Ono, "Social Security Policy with Public Debt in an Aging Economy", *Journal of Population Economics*, No.2, 2003.

[382] Thomas Herndon, Michael Ash, Robert Pollin, "Does High Public Debt Consistently Stifle Economic Growth? A Critique of Reinhart and Rogoff", *Cambridge Journal of Economics*, No.2, 2013.

[383] Toshihiro Ihori, Ryuta R. Kato, Masumi Kawade, Shun-ichiro Bessho, "Public Debt and Economic Growth in an Aging Japan", *Economic Development & Policy*, No.6, 2005.

[384] Ugo Panizza, Andrea F. Presbitero, "Public Debt and Economic Growth in Advanced Economies: A Survey", *Swiss Journal of Economics and Statistics*, No.2, 2013.

[385] Ugo Panizza, Andrea F. Presbitero, "Public Debt and Economic Growth: Is there a Causal Effect?", *Journal of Macroeconomics*, No.41, 2014.

[386] Vincent Reinhart, Brian Sack, "The Economic Consequences of Disappearing Government Debt", *Brookings Papers on Economic Activity*, No.2, 2000.

[387] Viral V. Acharya, Raghuram G. Rajan, "Sovereign Debt, Government Myopia, and the Financial Sector", *Review of Financial Studies*, No.6, 2013.

[388] Wallace E. Oates, *Fiscal Federalism*, Harcourt Brace Jovanovich, 1972.

[389] Willem H. Buiter, "Death, Birth, Productivity Growth and Debt Neutrality", *Economic Journal*, No.391, 1988.

[390] William G. Gale, Peter R. Orszag, "Economic Effects of Sustained Budget Deficits", *National Tax Journal*, No.3, 2003.

[391] Y. Schorderet, "Asymmetric Cointegration", *University of Geneva Working Paper*, No.2004-23, 2004.

[392] Y. B. Altayligil, R. C. Akkay, "The Effect of the Domestic Debt on the Financial Development: A Case Study for Turkey", *International Journal of Economics and Finance*, No.5, 2013.

[393] Yin-Wong Cheung, Kon S. Lai, "Finite-Sample Sizes of Johansen's Likelihood Ratio Tests for Cointegration", *Oxford Bulletin of Economics & Statistics*, No.3, 1993.

[394] Yongcheol Shin, Byungchul Yu, Matthew Greenwood-Nimmo, "Modelling Asymmetric Cointegration and Dynamic Multipliers in a Nonlinear ARDL Framework", *SSRN Electronic Journal*, 2014.

[395] Zvi Bodie, M. Briere, "Sovereign Wealth and Risk Management: A Framework for Optimal Asset Allocation of Sovereign Wealth", *Journal of Investment Management*, No. 1, 2014.

后　记

本书是在我主持的国家社会科学基金重大项目"政府债务管理及风险预警机制研究"（批准号：14ZDA047）成果报告基础上修改而成的。

政府债务是筹集财政资金和弥补财政赤字的一种信用方式，也是政府调度社会资金并借以调控经济运行的一种手段。中国自"九五"时期以来政府债务规模不断扩大，特别是为了应对 2008 年国际金融危机，实施积极财政政策，中央和地方政府债务规模快速上升，成为财政和金融系统的一个潜在风险源，受到社会各界的广泛关注。

本书旨在厘清政府债务的经济效应，对政府债务管理与风险预警机制开展创新研究，科学认识政府债务对经济影响的传导机制，系统分析政府债务管理模式与国际经验，考察中国政府债务管理存在的问题，完善政府债务管理制度，发展政府债务风险监测理论和方法，设计科学高效的政府债务风险预警机制，促进中国政府债务管理与风险监测的健康、可持续发展，由此为改善政府宏观经济管理服务。

这里要特别感谢国家社会科学基金重大项目的资助，课题于 2014 年批准立项，经过全体课题组成员的共同努力，于 2018 年 9 月顺利结项！参与课题研究和写作的人员还有张唯婧、盛瑞武、章敏、侯园园、张鑫和赵颂扬旸等同学，课题组在研究过程中参考了国内外大量相关文献资料，并得到了邱东教授、宋旭光教授、童行伟教授、白仲林教授、王亚菲教授、吕光明教授、赵楠教授、李昕教授、郝枫教授、石峻驿副教授、王远林副教授、张勋副教授、肖尧副教授、席玮博士、孙永强博士、徐军博士、唐军博士、吴敬博士等诸多老师与朋友的支持和帮助,在此一并致谢!

最后,本书的出版还要感谢人民出版社吴焰东同志的大力支持!另外,书中可能还存在诸多不足和错漏,敬请专家学者批评指正!

陈梦根

2021 年 5 月 30 日

于北京

责任编辑：吴焰东
封面设计：石笑梦
版式设计：胡欣欣

图书在版编目(CIP)数据

政府债务管理与风险预警机制研究/陈梦根 等 著. —北京：人民出版社，
　2022.3
ISBN 978－7－01－024305－4

Ⅰ.①政…　Ⅱ.①陈…　Ⅲ.①国债-财政管理-风险-管理-研究-中国
Ⅳ.①F812.5

中国版本图书馆 CIP 数据核字(2022)第 026487 号

政府债务管理与风险预警机制研究
ZHENGFU ZHAIWU GUANLI YU FENGXIAN YUJING JIZHI YANJIU

陈梦根　尹德才　刘　浩　彭　刚 等　著

人民出版社 出版发行
(100706　北京市东城区隆福寺街 99 号)

北京汇林印务有限公司印刷　新华书店经销

2022 年 3 月第 1 版　2022 年 3 月北京第 1 次印刷
开本：710 毫米×1000 毫米 1/16　印张：30.75
字数：420 千字

ISBN 978－7－01－024305－4　定价：125.00 元

邮购地址 100706　北京市东城区隆福寺街 99 号
人民东方图书销售中心　电话 (010)65250042　65289539